商管全華圖書
叢書 BUSINESS MANAGEMENT

統計學
Statistics

劉明德・蔡旭琛・陳哲炯

林貞純・柳克婷・徐惠莉

林弘文・王　愷・吳玉僑

編著

第5版

五版序 PREFACE

　　本書自 2004 年出版至今，期間承蒙各界先進及讀者提供指正與建議，已經多次改版，此版再將少數的疏漏加以修正，期盼更加完善與充實。本書強調以淺顯易懂的方式讓初學者掌握統計學基礎理論，並在閱讀上具有易讀性與親和力，編排亦考慮學習者逐步深化的需求與內容的完整性。

　　此外，第五版更新 Excel 求解統計值的計算內容，並納入 Excel 實作範例，可以讓學習者在掌握基礎理論後，運用套裝軟體來導入實務數據，藉以寬廣統計學的應用視野，同時強化理論與實務的實用銜接。本次修正時亦同時在每章後的習題增加選擇題，來驗證基本的學習理解。

　　本書內容涵蓋敘述統計（1～3章）、機率（4～8章）及推論統計（9～13章），共分 13 章。這是一本以商、管學院及工程學院初學者為對象的書，適合大專校院作為統計學入門的教材。改版的完成，也要藉此機會，感謝全華編輯團隊的協助。

　　最後，本書編寫雖力求充實，然筆者群才疏學淺，書中錯誤或遺漏之處仍在所難免，尚望各界先進、專輯及讀者繼續給予指正。

劉明德、蔡旭琛、陳哲炯、林貞純、柳克婷、徐惠莉、林弘文、王愷

謹識於台北
2020 年 10 月

目 錄 CONTENTS

提供各章例題與實作題 Excel 檔案（請連 QR Code）

(1) 例題：

(2) 實作題：

概　論

學習目標

1. 統計學是什麼
2. 母體與樣本
3. 敘述統計與推論統計
4. Excel 應用範例

前言

統計是數學的一支，用來研究數據資料的現象。對於人文社會領域的學習者來說，這些數據多半是來自於人文社會領域的各種現象，以下舉例說明。

1. 醫院為提升對急診病人的醫療服務品質，藉由調查來瞭解急診病人對其所提供各項服務的滿意或不滿意程度與內容，以作為急診醫療服務品質改進的依據。

2. 某研究者想要分析手機對大學生的重要性，因此調查手機功能是否符合他們的需要、這些功能的使用程度以及取消功能後的痛苦程度等，以解釋人手一機的校園中，手機功能對大學生的主要影響為何？

3. 「Always OPEN」、「全家就是你家」或是「總有新鮮事」，這些都是大家熟悉的便利商店廣告詞，目前全國總數已超過萬家，平均不到 2,500 人就有一家便利商店。便利商店可委託市調公司針對消費者對便利商店品牌的喜好度進行調查，來瞭解便利商店的喜好排名。

上述這些例子中，必須要蒐集足夠的資料，也就是有足夠的樣本數據資料才能進行判斷。因此統計學主要的目的是由資料中取出資訊來解釋數據的現象。

1.1 統計學是什麼

> 統計學是一種資料的量測、觀察、收集、歸納及整理，並且透過這些資料的分析，進一步形成推論的科學。

統計學（Statistics）是什麼？統計學家在作什麼？也許您認為統計學家就是在市場調查中提出產品市場佔有率、性別是否會對某品牌有偏好或飲食習慣與癌症是否有關的人。也許提起統計就會使你害怕。也或許您對統計一無所知，但無論如何，只要你觀看新聞、閱讀資料、雜誌或報紙，就會無法避免的遇到各種型式出現的統計資料。事實上，統計的應用與每天生活是密不可分的。

　　統計學是一種資料的量測、觀察、收集、歸納及整理，並且透過這些資料的分析，進一步形成推論的科學。對多數人而言，它是一種既新且不熟悉的語言，一旦統計語言被學習與了解，在許多不同的應用領域上，它提供強而有力的資料分析功能。

1.2　母體與樣本

> 母體：一個具有共同特徵的個體（人、事或物）所組成的集合。
> 樣本：母體中部份個體特徵所組成的集合。

　　一個具有共同特徵的個體（人、事或物）所組成的集合稱作母體（Population），母體中部份個體特徵所組成的集合稱作樣本（Sample）。統計學中，抽樣是統計最基本的概念之一，從母體中抽出部份個體，量測或觀察某種特徵，便是抽樣，如圖1-1，例如體溫實驗，是由世上所有健康人—母體，選出若干位健康人—樣本，針對其個體的體溫進行抽樣量測。

圖 1-1　抽樣

　　為什麼要抽樣？如果有人想要探討母體，但母體可能難以定義或範圍過大，例如分析美國大學應屆畢業生的起薪或中華民國選民對總統候選人的喜好，類似這樣的主題，並無法針對每一位母體中的個體進行量測，但卻可以試著由母體中找出具有代表性的樣本資訊，來描述或推論母體的行為。

　　當使用統計語言，必須先區別被量測的個體與所要得到的量測值。對實驗者而言，被量測的個體稱為實驗單元（experimental units）；被量測的特徵，如身高、體重、滿意度、重要度等則稱為量測值。

1.3 敘述統計與推論統計

> 敘述統計：資料特徵的表示程序。
> 推論統計：從母體中抽取一組樣本，藉由樣本，來推論母體特徵的程序。

　　統計學基本上分為兩大部份，分別是敘述統計（Descriptive Statistics）與推論統計（Inferential Statistics）。當呈現一組量測資料時，不論是樣本或母體，分析者必須依據某種處理程序來表示這些資料的特徵（Characteristic），統計學上有關於一組量測資料特徵的表示程序（Procedures）稱為敘述統計。事實上，許多不同形式的敘述統計處理方式，我們已相當熟悉，如長條圖、圓餅圖、線圖及電腦輸出報表中的繪圖與數值資料。若此量測組已經包括整個母體，則分析者僅須根據敘述統計便可分析母體。但是，通常分析者無法在一個合理時間或適當成本下，針對整個母體取得量測值。因此，從母體中抽取一組樣本，藉由樣本，來推論母體特徵的程序，則稱為推論統計。

　　推論統計是統計學內容的重心，學習者可依照以下步驟進行，從樣本中所獲得的資訊對母體進行推論。

1. 確認分析目標與母體

　　分析目標如果是在總統大選的民意調查中，誰將在投票日贏得最多選票。因此，母體就是在總統大選日，具有選舉權選民所組成的集合。

2. 選擇樣本

　　在選擇樣本時，樣本之母體必須以選舉當日具有選舉權選民所組成的集合為代表，而非僅在民意調查時有投票權的選民。此外，如何抽樣？這個樣本是否足以代表所有的選民？它是否足以回答分析目標的問題，都是本書所提及的課題。

3. 分析樣本取得資訊

　　樣本含有多少資訊，分析者必須用適當的統計方法來將它萃取出來，這些統計方法，也將在本書中逐一介紹。

4. 對母體進行推論

推論有許多種方法，各有優劣，分析者可以使用各種不同的方法來推論，但是可以找出一種較為準確的方法。

5. 提出推論的信賴度

既然只使用母體的一部份來推論，那就有可能犯錯，從另一個角度來說，提出推論的信賴水準，是統計上必須達成的目標。

本書各章也嘗試一一說明以上步驟中所提及之重要課題，每一章將逐步增加學習者對統計語言的瞭解及應用知識的擴大。

1.4　Excel 應用範例

一、Office 版本

查詢使用的是哪個版本的 Office？

STEP 1

開啟任何 Office 應用程式（例如 Excel），然後選取「檔案」→「帳戶」。（如圖 1-2、圖 1-3）

圖 1-2

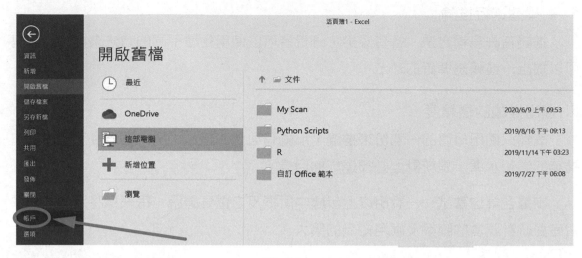

圖 1-3

STEP 2

您可以在「產品資訊」底下看見 Office 產品名稱，亦會顯示完整的版本號碼。（如圖 1-4）

圖 1-4

本書 Excel 操作範例運用以 Microsoft Office 專業增強版 2016 版為主。Excel 在統計功能上運用主要有兩大項功能：一個是「插入函數」選統計函數，另一個是增益集「分析工具箱」之「資料分析」功能。（如圖 1-5）

圖 1-5

二、安裝 Excel – 增益集的「分析工具箱」

Excel 增益集採外掛方式必須安裝「分析工具箱」，才能運用統計分析功能。

STEP 1

開啟 Excel，然後選取「檔案」→「選項」→「增益集」→「分析工具箱」→ 按「執行」。（如圖 1-6、圖 1-7）

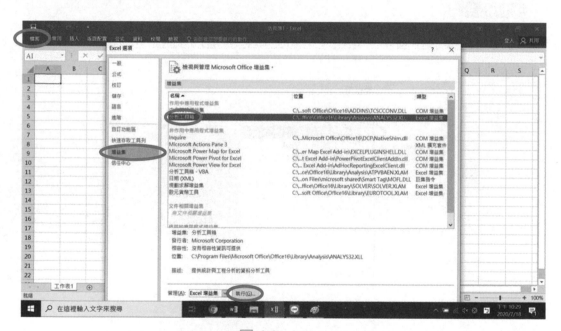

圖 1-6

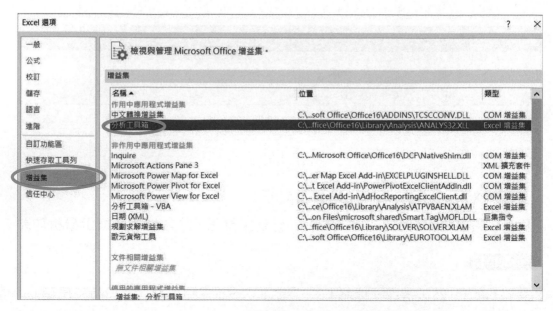

圖 1-7

STEP 2

在「增益集」視窗中,勾選「分析工具箱」選項 → 按「確定」。(如圖 1-8)

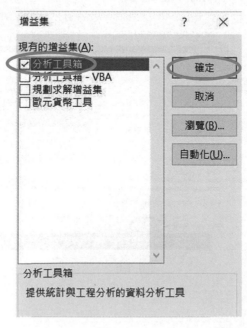

圖 1-8

三、 Excel 插入函數的方法

1. 使用插入函數引導功能輸入函數

   Excel 提供了 100 多個統計函數，每個函數又允許使用多個參數。要記住所有函數的名稱、參數及其用法是不太可能的。一般使用者可能只知道函數的名稱，但不知道函數所需要的參數，有時只知道大概要做的計算目的時，可透過「插入函數」對話框並根據引導一步步輸入需要的函數。

2. 手動輸入函數

   對 Excel 常用的函數熟悉後，直接在儲存格手動輸入函數，這是最常用的一種輸入函數的方法，也是最快的輸入方法。只要輸入相應的函數名和函數參數後按「Enter」鍵即可。

四、實作範例

OK 棒球隊球員身高資料如 Excel 試算表顯示，利用統計函數求平均身高。

STEP 1

開啓 Excel，輸入資料如下，游標停在 E2 儲存格。（如圖 1-9）

圖 1-9

「插入函數」→「選取類別」→「統計」→選「AVERAGE」→按「確定」。
（如圖 1-10）

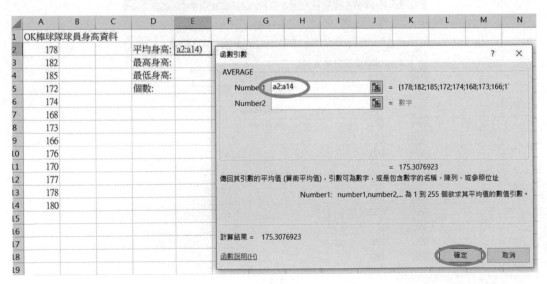

圖 1-10

在「函數引數」對話框之「Number1」參數輸入空格輸入資料範圍→ a2:a14 →
按「確定」。（如圖 1-11）

圖 1-11

STEP 2 ▶ 手動輸入統計函數

如果統計函數名稱熟悉後，可在空白儲存格直接輸入求平均數函數=AVERAGE
(A2:A14)。（如圖 1-12）

E2	▾	⋮	× ✓	*fx*	=AVERAGE(A2:A14)	
◢	A	B	C	D	E	F
1	OK棒球隊球員身高資料					
2	178			平均身高:	175.3077	
3	182			最高身高:		
4	185			最低身高:		
5	172			個數:		
6	174					
7	168					
8	173					
9	166					
10	176					
11	170					
12	177					
13	178					
14	180					

圖 1-12

常用統計函數：

求平均數：＝AVERAGE( )

求最高值：＝MAX( )

求最小值：＝MIN( )

求個數：＝COUNT( )

習 題

一、選擇題（*表示為複選題）

(   ) 1. 統計學之英文？ (A) State (B) Statistics (C) Sample (D) Spss。

(   ) 2. 敘述統計之英文？ (A) Inference Statistics (B) Descriptive Statistics (C) Population (D) Sample。

(   ) 3. 推論統計之英文？ (A) Inferential Statistics (B) Descriptive Statistics (C) Population (D) Sample。

*(   ) 4. 下列何種軟體，常用來作統計分析？ (A) EXCEL (B) SPSS (C) Word (D) PPT。

(   ) 5. T科大有 8,000 名學生，想調查大學生教科書使用情形，現在各系隨機抽樣學生，隨機抽取 80 名學生，平均每人購買 8.5 本教科書，請問此研究中母體為何？ (A) T科大 8,000 名學生 (B)抽取的 80 名學生 (C) 8.5 本教科書 (D)大學生教科書平均購買本數。

(   ) 6. T科大有 8,000 名學生，想調查大學生教科書使用情形，現在各系隨機抽樣學生，隨機抽取 80 名學生，平均每人購買 8.5 本教科書，請問此研究中樣本為何？ (A) T科大 8,000 名學生 (B)抽取的 80 名學生 (C) 8.5 本教科書 (D)大學生教科書平均購買本數。

(   ) 7. 請問以下何者的作法為敘述統計？ (A)估計下次台北市長選擇結果 (B)隨機選擇 100 罐罐裝玉米的平均重量，檢定包裝上 250 公克是否為真 (C)選擇 100 名去年新生兒，以此來估計去年新生兒的平均重量 (D)計算由宅急便所運送的 100 箱物品之平均重量。

*(   ) 8. 請問以下何者的作法為推論統計？ (A)估計下次台北市長選擇結果 (B)隨機選擇 100 罐罐裝玉米的平均重量，檢定包裝上 250 公克是否為真 (C)選擇 100 名去年新生兒，以此來估計去年新生兒的平均重量 (D)計算由宅急配所運送的 100 箱物品之平均重量。

(　　) 9. 我們想知道大學畢業同學之平均年薪資為何？因此隨機抽取了 80 位大學畢業同學研究。請問此研究之母體（Population）為何？ (A)所有大學畢業同學 (B)抽取的 80 位大學畢業同學 (C)抽取的 80 位大學畢業同學平均年薪 (D)大學生的平均年薪。

(　　)10. 我們想知道大學畢業同學之平均年薪資為何？因此隨機抽取了 80 位大學畢業同學研究。請問此研究中之變數為何？ (A)所有大學畢業同學 (B)抽取的 80 位大學畢業同學 (C)抽取的 80 位大學畢業同學平均年薪 (D)大學生的平均年薪。

二、實作題

請依 OK 棒球隊球員資料，利用統計函數求最高身高、最低身高、個數。

OK 棒球隊球員身高資料：

178	182	185	172	174	168	173
166	176	170	177	178	180	

NOTE

資料與圖表

CHAPTER 2

學習目標

1. 變數與資料
2. 類別資料的繪圖
3. 數值變數的繪圖
4. 相對次數直方圖
5. Excel 應用範例

前言

　　近年來臺灣女性在教育水平的提升下，自主能力大幅增強，加入勞動市場、與男性共同承擔家庭經濟責任情形日益普遍。然而男主外、女主內的傳統觀念卻仍普遍存在，也基於照顧子女或家人之母性天職，職業婦女並未因此走入就業市場而卸下家庭主要照顧者的責任，造成許多男性承受了更多的壓力，因而衍生出生育率下降以及兒童教養等問題，反映工作與家庭生活間的調和問題。

　　行政院主計處 2009 年對於工作與家庭進行專案統計分析，在兩性勞動參與、婚姻狀況與勞動參與率、子女養育與勞動參與、退出就業市場原因等部份，將統計結果歸納如下，也同時以線圖、長條圖、表及圓餅圖來說明圖表的數據，顯示其重要。

1. 兩性勞動力參與趨勢分析

　　女性勞動力參與成長快速，統計結果如圖 2-1。1996 年代為 45.76%；2016 年卻已達 50.8%，增逾 5.04%。反觀男性，走勢卻正好相反，10 年間降低逾 4.08%。

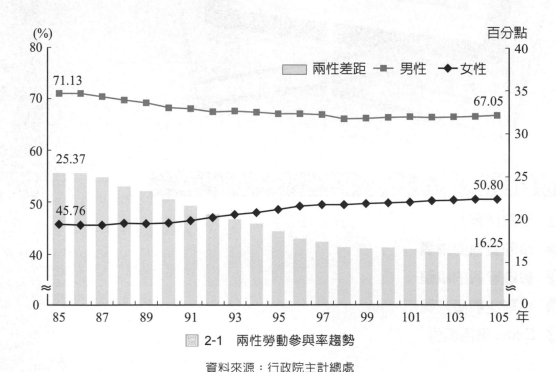

圖 2-1　兩性勞動參與率趨勢

資料來源：行政院主計總處

2. 婚姻狀況與勞動參與率

　　女性勞動參與率雖漸提高，惟以不同的婚姻狀況進行觀察，其統計結果如圖 2-2。兩性在未婚時的勞動參與率相當，差異不到 4%，但一進入婚姻，差距即刻拉大，男性往上竄升，女性則急轉直下，差距達 20.63%，顯示婚姻確實左右女性勞動參與意願。

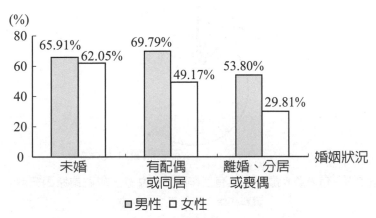

圖 2-2　2016 年兩性婚姻狀況別勞參率
資料來源：行政院主計總處

3. 子女養育與勞動參與

　　以育有未滿 6 歲子女之女性（不含單親女性）就業者為例，統計結果如表 2-1。她們平均每週經常工時以 40〜44 小時居多，且逐年成長，2009 年占 62.5%；工作 45 小時以上者則占 31.6%，顯示職業婦女在如此長的工作時間之下，若再加上操持家務，欲兼顧工作與照顧幼兒實屬不易。

表 2-1　有未滿 6 歲子女之女性平均工時

平均工時　　　年	2007	2008	2009
29 小時以下	1.8%	2.2%	1.8%
30〜39 小時	2.5%	2.5%	4.1%
40〜44 小時	55.5%	57.7%	62.5%
45〜49 小時	25.5%	27.1%	20.8%
50 小時以上	14.7%	10.6%	10.8%

資料來源：行政院主計總處

4. 退出就業市場原因

以 2009 年有未滿 6 歲子女且有工作能力的女性為例,統計結果如圖 2-3。因需要照顧家人而選擇離開就業市場之比率高達 89.3%,較子女平均在 6 歲以上的 61.4% 及尚無子女者的 37.6%高出甚多。

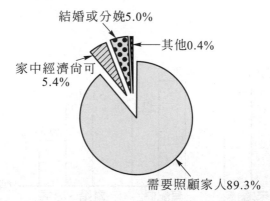

圖 2-3　有未滿 6 歲子女且有工作能力的女性,未就業原因統計

資料來源:行政院主計總處

2.1 變數與資料

> 變數:是隨著所考慮的不同個體或對象而變化的一種特徵,變數的型態分成兩大類,
>   分別是數值變數與非數值變數。
> 連續型資料:指資料值可以用小數點以下幾位數來表示。
> 離散型資料:指資料值以計數或計次來表示。
> 單元資料:係指對個別的實驗單元,量測或觀察一個變數,所得到的資料。
> 多元資料:係指對個別的實驗單元,量測或觀察二個變數以上,所得到的資料。

在進行敘述統計時,首先要能定義個體的特徵,實驗單元被量測或觀察的特徵必須以變數的方式來顯現,因為這些特徵,會根據所選擇的個體而改變,例如體溫對某人而言,是一個隨著時間變化而改變的變數,不同的人體溫度亦有差異,其他如職業、所得、身高、年齡、宗教、種族、血型、區域等都是變數。因此,變數被定義為隨著不同實驗單元或個體而變化的一種特徵。實驗單元為被量測的對象時,針對衡量變數,可得到一組量測值或資料組。蒐集所有實驗單元的量測或觀察值,其產生的資料組(Data Set),便構成母體。樣本則是自母體中選取的部分量測值所構成的子集合。我們以下例來說明變數的運用。

例題 2.1

選出某所大學的學生，一組六個人，依據性別、年級、所屬系別、平均總成績及已修學分數，紀錄每一個學生的量測值，於表 2-2。試找出母體、樣本、實驗單元、變數及資料組。

表 2-2　6 位大學生的量測記錄

學生	性別	年級	所屬系別	平均總成績	已修學分數
1	男性	一年級	企管系	76.4	18
2	女性	二年級	資管系	65.5	27
3	男性	三年級	財金系	82.2	59
4	女性	一年級	財金系	77.8	21
5	女性	二年級	應英系	71.2	38
6	女性	三年級	工管系	90.3	62

解

1. 本例中的實驗單元是在校園內的大學生。
2. 每位學生被量測五個變數：性別、年級、所屬系別、平均總成績及已修學分數。
3. 以平均總成績之資料組為例，此資料組之集合為{76.4、65.5、82.2、77.8、71.2、90.3}。
4. 如果研究者對這所大學所有學生的平均總成績感到興趣，而這所大學所有學生的平均總成績都已納入資料組之集合，則這個變數的整個母體已經產生。
5. 如果研究者抽取這六個學生的平均總成績代表這個母體，則此資料組為一組樣本。

變數的型態分成兩大類，分別是**數值變數與非數值變數**。例題 2.1 被量測的變數中性別、年級、所屬系別不屬於數值變數，這些非數值變數的資料被定義為**質化資料**（Qualitative Data）。平均總成績及已修學分數則屬於數值變數，它的資料被定義為**量化資料**（Quantitative Data）。

非數值變數產生質的資料，這些資料可以根據其性質是否相異而加以分類，也有人稱為**類別資料**（Categorical Data），例如：

・宗教：基督教、天主教、佛教、回教、道教、其他。

．服務的評等：非常滿意、滿意、普通、不滿意、非常不滿意。

．形狀：三角形、正方形、長方形、平行四邊形、菱形，多邊
　　　　形、圓形、不規則形狀、其他。

數值變數產生量的資料，例如：

．每日營業額。

．某城市每月暴力犯罪的次數。

．某國家每年的離婚對數。

．某區域的平均每月降雨量。

量化資料又可分為連續型資料（Continuous Data）及離散型資料（Discrete Data），如果資料值可以用小數點以下幾位數表示時，稱連續型資料，如高度、重量、時間、價格等；如果資料值以計數或計次來表示時，則是離散型資料，如：人數、種類、重要性、次數等。因此，分析者對於資料組為哪一型態的資料，也必須清楚區別，資料的型態整理為圖 2-4 來說明。

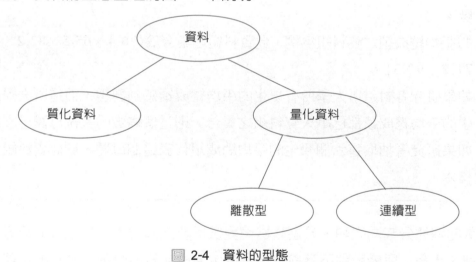

圖 2-4　資料的型態

此外，每個實驗單元，如果僅量測一個變數，所獲得的量測值，稱為單元資料；量測二個變數，所獲得的二個量測值，稱二元資料；如果實驗單元被量測二個以上的變數，所獲得的多個量測值，則稱為多元資料。如果測量 100 位人類的體溫，所得到的資料就是單元資料，例題 2.1 中，量測學生所獲得的（女性、二年級、資管系、65.5、27）便是多元資料。

2.2　類別資料的繪圖

類別次數：每類所包含的量測數。
相對次數：每類佔總量測數之比率。
類別百分比：每類佔總量測數之百分比。

　　當變數之量測或觀察值，產生的一組類別資料時，此資料組可以建構成為類別統計表，並且以不同統計圖形類型來顯示資料的分配。圓餅圖（Pie Chart）或長條圖（Bar Chart）是較常用的繪圖法，本節除介紹圓餅圖或長條圖外，亦延伸長條圖的應用來介紹柏拉圖（Pareto Chart）。在進行圖形顯示時，有三種數據是作圖的關鍵，分別是：

1.次數： 每類所包含的量測數。

2.相對次數： 每類佔總量測數之比率。

3.百分比： 每類佔總量測數之百分比。

我們令 n 表資料組中量測的總個數，利用如下之關係式，可得相對次數及百分比為：

$$相對次數 = \frac{次數}{n}$$

$$百分比 = 100 \times 相對次數$$

依上式，每類次數之和為 n，所有相對次數之和為 1，所有百分比之和為 100%。

　　作圖前，非數值變數的資料必須被清楚歸類，如食用的肉類產品，可分類為牛肉、雞肉、羊肉、豬肉、魚肉及其他；大學教師分類，可以用教授、副教授、助理教授、講師等四類。一旦量測值被歸類，並彙整於統計表，則可繪圖觀察量測值如何被分配在各類，本節以例題 2.2 來說明。

例題 2.2

某教育基金會邀請關心教育的專家學者為評鑑委員，依照若干指標針對該國 150 所
大學進行評鑑調查，最後分為甲、乙、丙、丁四等，這些專家學者的評鑑結果被歸
納成表 2-3，請繪出這組資料的圓餅圖及長條圖？

表 2-3　關心教育的專家學者對該國 150 所大學的評鑑結果

評鑑結果	次數
甲	25
乙	46
丙	50
丁	29
總計	150

解　建構圓餅圖，其次數、相對次數、百分比及角度的計算，如表 2-4，其中圓的
各個扇形表示各分類，因此，各分類的扇形角度所佔之比例為相對次數，計算
完成後，以 Microsoft Excel 製圖，圓餅圖及長條圖，分別如圖 2-5、2-6。

表 2-4　例題 2.2 次數、相對次數、百分比及角度的計算

評鑑結果	次數	相對次數	百分比	角度
甲	25	25/150＝0.17	17%	0.17×360°＝61.2°
乙	46	46/150＝0.31	31%	111.6°
丙	50	50/150＝0.33	33%	118.8°
丁	29	29/150＝0.19	19%	68.4°
總計	150	1.00	100%	360°

評 鑑 結 果

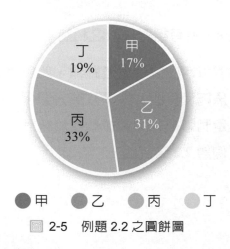

圖 2-5　例題 2.2 之圓餅圖

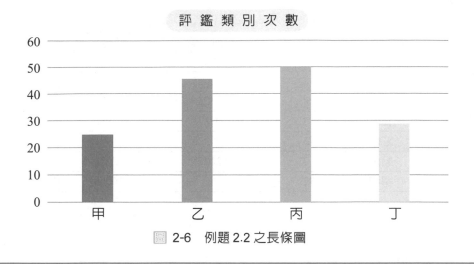

圖 2-6 例題 2.2 之長條圖

例題 2.3

某玩具公司設計的戰鬥機共分為六種顏色，製造完成後，此戰鬥機在某賣場鋪貨販售，一週內該賣場共銷售了 32 台，其銷售顏色整理如表 2-5。該公司擬分析銷售顏色之優先順序，以為後續生產之參考，試製作柏拉圖進行分析。

表 2-5 32 台玩具戰鬥機的銷售顏色

棕	藍	藍	棕	紅
棕	綠	棕	藍	黃
紅	紅	綠	棕	棕
黃	橙	綠	藍	綠
棕	藍	藍	棕	綠
橙	藍	棕	橙	橙
黃	棕			

解 顏色為類別變數，因此，將表 2-5 列出之六種顏色及其對應之玩具戰鬥機數依類別、計數、相對次數、百分比製成表 2-6，經分析可得棕色為出現次數最高的顏色，接著為藍色、綠色與橙色，經利用 Microsoft Excel 產生圖 2-7 之長條圖，並依長條高低由高到低排列，製成圖 2-8 之柏拉圖。

表 2-6　例題 2.3 之資料整理結果

類別	次數	相對次數	百分比
棕色	10	0.3125	31%
綠色	5	0.15625	16%
橙色	4	0.125	13%
黃色	3	0.09375	9%
紅色	3	0.09375	9%
藍色	7	0.21875	22%
總和	32	1	100%

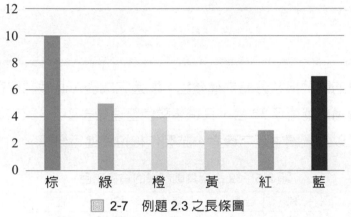

圖 2-7　例題 2.3 之長條圖

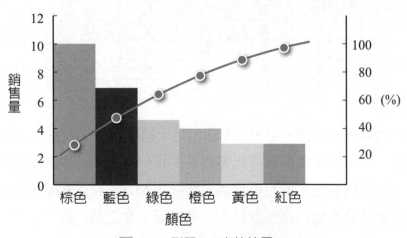

圖 2-8　例題 2.3 之柏拉圖

2.3 數值變數的繪圖

數值變數亦可用來繪製圓餅圖與長條圖，此外還可以用來繪製線圖（Line Chart），本節以下列範例來說明。

例題 2.4

某企業其會計年度經費中支出種類及支出金額兩個數值變數，如表 2-7，請建構圓餅圖與長條圖來描述資料，亦比較兩種表達方式之不同？

表 2-7 某企業年度經費中支用種類及支用情況

支出種類	支出金額（萬元）
人事費	2,700
維護費	700
材料費	4,300
設備費	2,200
研發費	1,250
行銷與公關費	450
總和	11,600

解 圓餅圖中人事費所佔百分比為 $\frac{2,700}{11,600}=23\%$，角度比率為 $\frac{2,700}{11,600}\times360°=83.8°$，經相同計算與繪製，如圖 2-9。

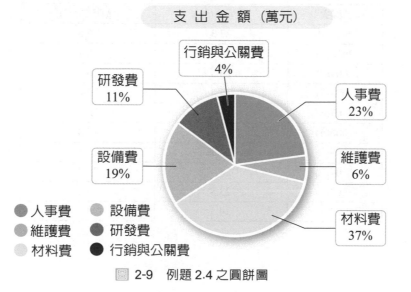

圖 2-9 例題 2.4 之圓餅圖

此例衡量兩個變數：支出種類（質化資料）及支出金額（量化資料）。將此兩個變數以支出種類為 X 軸，支出金額為 Y 軸，繪製長條圖，如圖 2-10。由圖觀察可知，**圓餅圖容易表示百分比，長條圖可清楚表示數據相對性**，由圖中，可以看出材料費比維護費高出甚多。

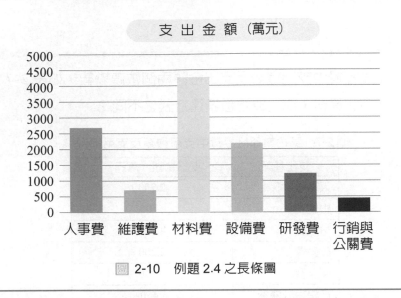

支 出 金 額 （萬元）

圖 2-10　例題 2.4 之長條圖

✏ 例題 **2.5**

某國 A、B 兩城市過去 10 年平均溫度如表 2-8，請以線圖表示。

表 2-8　A、B 兩城市過去 10 年的平均溫度

年度	城市 A(°C)	城市 B(°C)
2011(10)	27.3	26.5
2010(9)	26.4	26.1
2009(8)	26.5	26
2008(7)	25.4	25.8
2007(6)	26.3	25.3
2006(5)	23.1	24.4
2005(4)	24.4	23.1
2004(3)	24.6	23.4
2003(2)	23.8	23.3
2002(1)	24.5	24.1

解　此例有兩個變數：年度（質化資料）及溫度（量化資料），以年度為 X 軸，溫度為 Y 軸，因溫度分屬兩個城市，可以將此兩個母體放在相同圖形上進行比較並繪製線圖，如圖 2-11。由圖 2-11 可以清楚比較出，除 2008 年及 2006 年外，城市 A 均比城市 B 的溫度高，2006 年對城市 A 來說屬於溫度較異常的一年，另外，也可看出，兩城市溫度均有上升的**趨勢**。

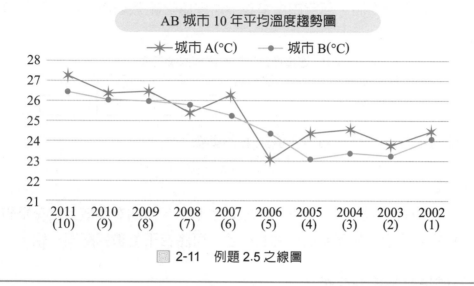

圖 2-11　例題 2.5 之線圖

2.4　相對次數直方圖

> 相對次數直方圖：數量資料組的相對次數直方圖為一長條圖所形成之分配，其長條高度代表被量測變數的某一組別或子區間所發生的比率或相對次數，各組別或子區間沿著水平軸繪製。

　　相對次數直方圖（Relative Frequency Histograms）類似於長條圖所形成之分配（Shape），其長條高度代表被量測變數的某一組別或子區間所發生的比率或相對次數，各組別或子區間沿著水平軸繪製。相對次數直方圖用於量化資料，此種圖形在統計學上，可以用來表示資料的分配，也可以找出離群值。因為每一個組別上的長條代表落於此組內量測值的比率或相對次數，因此每個長條的高度可以進一步提供，隨機抽取此資料組中一量測值，此值會落於某一組或組群的機率。

在進行作圖之前必須先將資料分組，區分為數個子區間或相等長度的組別，分類方式將最大量測值減去最小量測值後，除以組數來決定區間長度。根據經驗法則，通常分成 5 到 10 組，可用的資料愈多，分成的組數愈多。分組必須使得每個量測值可歸於其中一組也是唯一的一組中。一旦分組完成，每個量測值可歸於適當的類別中，並可繪出次數直方圖與相對次數直方圖。表 2-9 可作為選擇適當之組別個數的參考，但實際作圖時，可自由調整表中所建議之組數增減，以使得圖形之分配更具描述性。

表 2-9 選擇適當之組別個數的參考表

樣本數	25	50	100	200	500
參考組數	6	7	8	9	10

製作相對次數直方圖，通常可依據下列步驟：

1. 決定組數

通常 5 至 10 組，資料越多時，所需組數也越多。資料為離散型且為整數時，可用整數資料值來分組。如果整數值個數很多，可將若干整數歸屬同一組。

2. 決定區間長度及近似組距

區間長度為最大值減去最小值，近似組距為區間長度除以組數之值。

3. 決定組界

為避免量測值落入組界，應將近似組距適當取捨，以決定組界。最小及最大的量測值必須落入最前與最後兩組。

4. 製作包含各組次數及相對次數的表格。

5. 製作相對次數直方圖，水平座標軸繪製組區間，以相對次數的大小繪製長條形。

■ 例題 2.6

30 位大一新生學年學業總成績，如表 2-10，試繪製相對次數直方圖來說明其分配，成績 82 分以上的學生佔抽樣百分比為多少？

表 2-10　30 位大一新生學年學業總成績

70	71	72	85	74
83	56	91	88	81
79	80	77	75	54
77	75	84	90	84
76	78	65	77	89
67	78	52	73	63

解　30 位學生，我們選擇相同範圍的 7 個區間。因為學業總成績值的總長度為 91－52=39，故區間的長度大約為 (39÷7)=5.6，為簡化起見，將此區間長度四捨五入取 6，但第一組組界將以 51.5 為開始；以 57.4 為結束。選擇小數點第一位的原因是避免整數的量測值落入組界造成混淆，此時，如果選擇區間長度 5.5 也不恰當，因為 5.5+5.5=11，也會產生同樣的問題。根據 2.2 節中的說明，我們現在可以利用組次數或相對次數來計算每一組出現的頻率，表 2-11 列出這 7 個組別，並分別以數字 1～7 標示以為識別。這 7 個組別的組界以及於每一組內的量測個數同時列於表中。

表 2-11　例題 2.6 中資料的相對次數

組別	組界	組次數	相對次數
1	51.5～57.4	1	1/30
2	57.5～63.4	3	3/30
3	63.5～69.4	3	3/30
4	69.5～75.4	6	6/30
5	75.5～81.4	9	9/30
6	81.5～87.4	5	5/30
7	87.5～93.4	3	3/30

在繪製相對次數直方圖時，先沿水平軸標出各組之組界，再為各組之相對次數為高度繪出長條。圖 2-12 為大一新生學年學業總成績的相對次數直方圖，顯示在區間 51.5 至 93.4 間學年學業總成績的分佈情形。成績 82 分以上的學生佔抽樣百分比的 $\frac{8}{30}$。

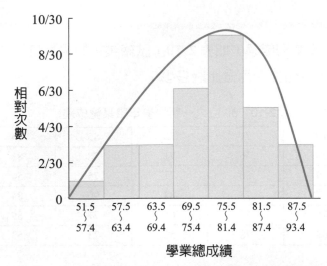

圖 2-12 為大一新生學年學業總成績的相對次數直方圖

雖然，上述例題對於 30 個值的量測組感興趣，但如果對於獲得量測組樣本的母體亦感興趣，母體則為該大學的所有大一新生學年學業總成績所組成。樣本相對次數直方圖，最重要的特性是提供敘述母體相對次數直方圖的資訊。另外一個重要的論點是來自相同母體，不同的樣本資料組，即使是在組界固定，其相對次數直方圖亦不可能完全相同。但是，樣本與母體的相對次數直方圖，即使是組界與組數不同，其直方圖長條分配亦應相似。

例題 2.7

台北市某鄰 40 個家庭的實際居住人口數被選作人口調查對象。表 2-12 列出了某一星期中調查的結果，請製作相對次數直方圖來描述資料。

表 2-12 40 個家庭的實際居住人口數調查結果

5	3	4	5	2
2	6	3	1	4
4	3	4	4	3
2	3	4	6	5
3	4	6	7	1
6	1	2	3	3
5	3	4	4	4
2	2	3	3	1

解 被量測的變數是家庭的實際居住人口數，為離散型且為整數的變數。繪製相對次數直方圖時，以觀察值範圍內的整數值 1, 2, 3, 4, 5, 6, 7 分組，為最簡單的分組方式。表 2-13 中列出各組及對應之次數與相對次數。再繪製相對次數直方圖，如圖 2-13。

表 2-13　40 個家庭實際居住人口數調查結果的次數分配表

人口數	次數	相對次數
1	4	0.1
2	6	0.15
3	11	0.275
4	10	0.25
5	4	0.1
6	4	0.1
7	1	0.025

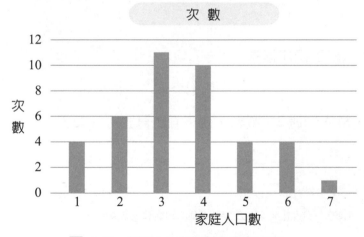

圖 2-13　例題 2.7 之相對次數直方圖

相對次數直方圖要如何來解釋，首先，圖形分配的中心如果是中間值又是最高峰，且分配的左右兩邊形成對稱，則稱此分配為對稱分配（Symmetric Distribution）。若直方圖高峰右邊的量測個數佔較多的比率，則此分配稱為左偏（Skewed to the Left）分配，左偏分配的左側包含一些不常見的小量測值，如圖 2-14(b)。若高峰左邊的量測個數佔較多的比率，則此分配稱為右偏（Skewed to the Right）分配，右偏分配的右邊包含一些不常見的大量測值，相對次數直方圖之圖形分配描述，如圖 2-14(a)。參照圖若分配只有一個高峰，則此分配為單峰（One Peak）分配；而雙峰（Two Peaks）分配則

有兩個高峰。若有找出不尋常的量測值遠大於或遠小於其他值，稱為離群值（Outlier），這些離群值必須詳加解釋。

圖 2-14 相對次數直方圖之圖形分配描述

2.5 Excel 應用範例

以例題 2.7 為例，利用 Excel 完成簡單敘述統計、相對次數直方圖、相對次數分配表。

(1)簡單敘述統計操作程序

STEP 1▶

進入 Excel，鍵入例題 2.7 資料，如下面試算表：（如圖 2-15）

	A	B	C	D	E	F	G	H
1	例題2.7 台北市40 個家庭實際居住人口數調查結果如下:							
2								
3	5	3	4	5	2			
4	2	6	3	1	4			
5	4	3	4	4	3			
6	2	3	4	6	5			
7	3	4	6	7	1			
8	6	1	2	3	3			
9	5	3	4	4	4			
10	2	2	3	3	1			
11								
12								
13	資料個數							
14	最大值							
15	最小值							
16	平均值							

圖 2-15

　　求例題 2.7 資料之資料個數、最大值、最小值和平均值等敘述統計參數。資料
範圍：A3：E10

STEP 2 ▶

直接在儲存格輸入統計函數公式

　　在 B13 儲存格輸入統計函數：

　　＝ COUNT(A3:E10)按「Enter」鍵，即求得資料個數 40。

　　在 B14 儲存格輸入統計函數：

　　＝ MAX(A3:E10)按「Enter」鍵，即求得最大值 7。

　　在 B15 儲存格輸入統計函數：

　　＝ MIN(A3:E10)按「Enter」鍵，即求得最小值 1。

　　在 B16 儲存格輸入統計函數：

　　＝ AVERAGE(A3:E10)按「Enter」鍵，即求得平均值 3.5。（如圖 2-16）

1	例題2.7 台北市40 個家庭實際居住人口數調查結果如下：					
2						
3	5	3	4	5	2	
4	2	6	3	1	4	
5	4	3	4	4	3	
6	2	3	4	6	5	
7	3	4	6	7	1	
8	6	1	2	3	3	
9	5	3	4	4	4	
10	2	2	3	3	1	
11						
12				鍵入		
13	資料個數	40		=COUNT(A2:E10)		
14	最大值	7		=MAX(A2:E10)		
15	最小值	1		=MIN(A2:E10)		
16	平均值	3.5		=AVERAGE(A2:E10)		

圖 2-16

(2)相對次數直方圖操作程序

STEP 1

原始資料分為 7 組，在儲存格 G4 至 G10，鍵入 1～7 各組組界資料。（如圖 2-17）

	A	B	C	D	E	F	G	H
1	例題2.7 台北市40 個家庭實際居住人口數調查結果如下：							
2								
3	5	3	4	5	2		組界	
4	2	6	3	1	4		1	
5	4	3	4	4	3		2	
6	2	3	4	6	5		3	
7	3	4	6	7	1		4	
8	6	1	2	3	3		5	
9	5	3	4	4	4		6	
10	2	2	3	3	1		7	
11								
12								
13	資料個數	40						
14	最大值	7						
15	最小值	1						
16	平均值	3.5						

圖 2-17

STEP 2

選取「資料」→「資料分析」→「分析工具箱」→「直方圖」→ 按「確定」鈕。（如圖 2-18、圖 2-19）

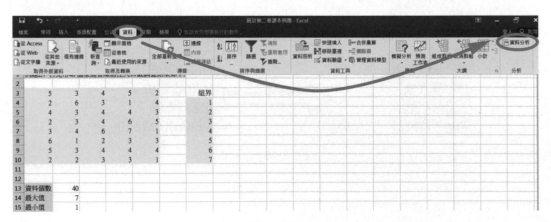

圖 2-18

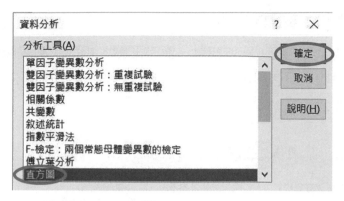

圖 2-19

STEP 3

　　在直方圖對話視窗之「輸入範圍」欄位，輸入[A3:E10]；在「組界範圍」欄位，輸入「G4:G10」，並在輸出選項中選取「新工作表」，且勾選「圖表輸出」，按「確定」鍵。（如圖 2-20、圖 2-21）

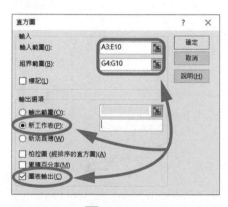

圖 2-20

	A	B	C	D	E	F	G	H	I
1	組界	頻率							
2	1	4							
3	2	6							
4	3	11							
5	4	10							
6	5	4							
7	6	4							
8	7	1							
9	其他	0							
10									
11									

圖 2-21

(3)相對次數分配表操作程序

可以把試算表內容，敘述統計、直方形圖、相對次數表彙整在一個試算表內。相對次數＝個別次數／全部次數，所以 I3 儲存格公式：＝ H3 ／ 40（如圖 2-22）

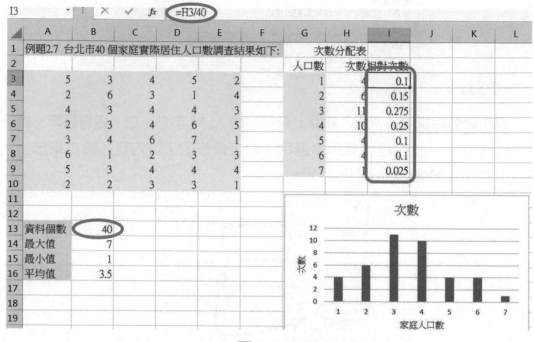

圖 2-22

習 題

一、 選擇題（*表示為複選題）

*( ) 1. 下列哪些資料是屬於質化資料（Qualitative）？ (A) Google 公司工程師之職位等級 (B)電子公司員工人數 (C)某國失業率 (D) A 公司員工之教育程度別。

*( ) 2. 下列哪些資料是屬於量化資料（Quantitative）？ (A)哈佛大學住校人數 (B)助教之平均身高 (C)冰淇淋之重量 (D)每日客服申訴電話通數。

*( ) 3. 以下量化資料，何者為連續型資料？ (A)薪資 (B)身高 (C)速度 (D)每日客服申訴電話通數。

*( ) 4. 以下量化資料，何者為離散型資料？ (A)統計學期末考及格人數 (B)統一棒球隊平均薪資 (C)每日客服申訴電話平均通數 (D)每個人 Line 好友個數。

( ) 5. 據報導，「北部地區大專院校學生騎機車比率高達65%」，以上言論，歸屬下列哪個統計範圍較適合？ (A)敘述統計 (B)推論統計 (C)資料採礦 (D)以上皆是。

( ) 6. 香蕉日報提出「相較 2 年前，《英雄聯盟》電競大賽，觀眾使用 FB 直播的比例顯著地提高」，以上言論，歸屬下列哪個統計範圍較適合？ (A)敘述統計 (B)推論統計 (C)迴歸分析 (D)變異數分析。

( ) 7. 下列何種圖是用來呈現資料隨著時間變化情形較合宜之方式？ (A)圓餅圖 (B)直方圖 (C)橫條圖 (D)時間序列圖。

*( ) 8. 對於質性資料，下列何種統計圖是呈現資料分類情形之合宜方法？ (A)莖葉圖 (B)圓餅圖 (C)長條圖 (D)直方圖。

*( ) 9. 對於計量資料，下列何種統計圖是呈現資料分類情形之合宜方法？ (A)直方圖 (B)圓餅圖 (C)長條圖 (D)柏拉圖。

( )10.直方形如圖所示，它的偏向是屬於？ (A)右偏 (B)左偏 (C)對稱 (D)中偏。

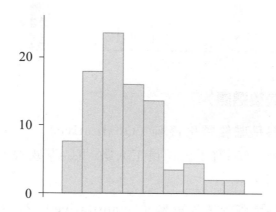

二、基礎題

1. 請找出被衡量變數的實驗單位？
   (1)台北市中正區市民的所得。
   (2)某路段公有停車場所停車輛的廠牌。
   (3)便利超商購物者停留的時間。
   (4)網站的進入人數。
   (5)各國人口的平均壽命。

2. 請指出下列變數何者為數值變數？何者為類別變數？
   (1)臺灣人口的出生率。
   (2)對教育改革的滿意程度。
   (3)每個家庭擁有的摩托車數。
   (4)科技公司員工的職別。
   (5)大學畢業生的起薪。

3. 請指出下列數值變數中，何者為離散的？何者為連續的？
   (1)臺灣某一區域的人口數。
   (2)大學生每天閱讀的時間。
   (3)某縣市每月的犯罪中的竊盜率。
   (4)某縣市每月的交通違規件數。
   (5)年國民所得。

4. 某立法委員的候選人，打算去調查選民對自己的支持程度。此候選人如何確認母體及選擇樣本來分析支持度？這個母體如何受時間的影響？

5. 某教育研究所老師正針對一種新的啓發性教學方法進行有效性評估。經過一段時間的教學評估，此種新的啓發性教學成效，將由學生的某學科測驗成績來衡量，請找出
   (1)被衡量之變數爲何？變數類型爲何？
   (2)實驗單元爲何？
   (3)實驗者感興趣的母體爲何？

6. 一家牛仔褲製造商擁有位於新北市（NP）、台中市（TC）、臺南市（TN）等三家生產工廠，從電腦資料庫中隨機抽取30件牛仔褲，並記錄其產地，結果如下：

TN	TC	TC	NP	TC
NP	NP	TN	NP	TC
TC	TN	NP	NP	TC
TN	NP	TC	NP	NP
NP	TN	TC	NP	TC
NP	NP	TN	TN	TC

   請完成以下各問項：
   (1)繪製圓餅圖來描述資料。
   (2)繪製長條圖來描述資料。
   (3)產自台中市的牛仔褲的比率爲何？
   (4)三個生產工廠的產量，從圖形中是否有所不同？

7. 民意測驗，正在調查一個民主國家中所享有最有價值的權利是什麼。八百位回答者對七項不同權利的選擇百分點如下所示。

最有價值的權利	百分比（%）
財產私有權	10
投票權	17
出版自由	7
選擇職業的權利	5
反對的權利	9
言論自由	33
宗教自由	19

請完成以下各問項：

(1)繪製圓餅圖來描述資料。

(2)繪製長條圖來描述資料。

(3)重新繪圖安排長條圖中的長條，以使各分類按最大百分點到最小百分點來排列。

(4)支持率最高的價值權利前三項人數各為多少？

8.某國人口中不同年齡層的分佈，如下表，請以適當的圖形來表示比例分配？

年齡層	人口數（萬）
≦9	642.3
10~19	681.5
20~29	856.7
30~39	790.6
40~49	690.1
50~59	682.1
60~69	604.4
≧70	542.6

9.下表為抽樣美國某大學30位新生學年結束後GPA（grade point average）值，請以相對次數直方圖表示資料的分佈，並解釋資料的分佈。

2.8	3.0	2.7	2.5	2.3
2.7	2.5	2.5	3.0	3.4
2.6	2.9	2.6	2.7	2.9
2.7	2.8	2.2	2.6	2.2
2.0	3.1	1.8	2.5	1.9
2.3	2.6	3.1	2.5	2.1

10. 以下列 50 筆資料製作次數分配表與相對次數直方圖，試說明其分配情形？是否有離群值？

3.9	2.2	3.5	4.0	3.7	2.7	4.0	4.4	3.7	4.2
3.7	6.3	2.4	2.9	2.8	5.1	1.8	5.6	2.2	3.4
2.5	3.6	5.1	4.8	1.5	3.6	6.1	4.7	4.1	3.9
4.3	4.7	3.7	4.6	3.8	5.6	4.9	4.2	3.2	3.9
3.1	5.9	2.8	3.6	2.5	4.5	3.5	3.7	4.1	4.9

三、進階題

1. 從某醫院抽取 50 位病人特定疾病記錄，該疾病由症狀開始到病發時間（小時）間隔如下：

14	18	16	16	18	24	21	18	15	16
21	15	12	20	19	17	20	19	13	17
14	20	14	12	16	13	13	22	15	23
15	18	20	17	15	18	14	21	14	16
15	20	15	17	16	22	17	13	21	17

試作：
(1) 製作次數分配表與相對次數直方圖。
(2) 題(1)中直方圖為對稱、右偏或左偏？
(3) 找出發病時間大於 18 小時的比例？

2. 為了決定配置賣場收銀機的數目，某連鎖超級市場想要取得顧客結帳時的資料。此賣場蒐集 1,200 個顧客的服務時間（分），再從 1,200 個中抽取 40 個顧客的服務時間如下列所示：

2.1	1.5	1.2	1.3	1.9	2.7	3.0	1.9	2.3	1.7
0.7	2.0	1.4	1.2	1.6	1.3	1.3	2.6	1.8	2.6
1.5	1.8	2.5	3.7	2.5	1.8	1.4	2.1	3.4	2.6
1.5	4.0	3.5	1.7	1.6	2.8	2.7	1.3	2.9	3.7

試作：

(1)製作次數分配表與相對次數直方圖。

(2)題(1)中直方圖為對稱、右偏或左偏？

(3)說明資料的分配是否有特殊之處？

四、實作題

把例題 2.6 資料，利用 Excel 完成簡單敘述統計、相對次數直方圖、相對次數分配表。

統計量

學習目標

1. 集中趨勢統計量
2. 變異性的統計量
3. 謝比雪夫定理及經驗法則
4. 相對位置統計量
5. Excel 應用範例

前言

　　一個小班制的培訓課程有 5 個學生，某次考試的成績如下：A － 90 分，B － 80 分，C － 70 分，D － 60 分，E － 50 分，全班的平均成績是 70 分。現在隨機選出二位同學，用他們的平均分數當作全班平均成績的估計值，因為只有 5 個人，從中隨機選出兩人只有 10 種可能，整理如下表。

表 3-1　可能被抽中的組合及平均分數

可能被抽中的組合	平均分數
AB	85
AC	80
AD	75
AE	70
BC	75
BD	70
BE	65
CD	65
CE	60
DE	55

以上結果，可以進一步想想以下三件事：

1. 結果顯示有 60% 的組合會高於 70 分，有 40% 的組合會低於 70 分，此比例與原考試成績分配比例相同，因為原來高於 70 分的人就比較多，占 60%。

2. 如果選中 AB，會把全班平均估計成 85 分，選中 CD，就會估計成 65 分。估計的結果最高是 85 分，最低是 55 分，兩者差 30 分；但原來最高分 90 與最低分 50，兩者卻差 40 分。若改成抽三位同學時，高低分差是否會更小？

3. 把 10 種可能被抽中的結果加總來計算其平均，也得到 70 分，和全班的真正平均一樣。

　　上述這些可不是巧合，是不是很有趣？試著自己舉一個 8 個學生成績的例子來比較看看，是否會得到什麼結果？

統計量：從樣本量測值計算而得的數值。

參數：從母體量測值的計算所獲得的數值。

　　圖形對於資料組的視覺敘述上很有用，但當要利用樣本資訊來推論母體時，圖形則很難詳細具體說明，因此，利用數值量測值的計算獲得樣本統計量（Statistic）來做為母體參數（Parameters）的估計，則可以克服這些問題。這些從母體量測值的計算所獲得的數值，稱為參數；從樣本量測值計算而得的數值，稱為統計量。本章將以四部份來說明統計量的計算，同時也包含母體的部份。

1. **集中趨勢統計量**：平均數、中位數及眾數。
2. **變異性的統計量**：全距、變異數與標準差。
3. **謝比雪夫定理及經驗法則。**
4. **相對位置的統計量**：z 分數、百分位數及四分位數。

3.1　集中趨勢統計量

樣本平均數（$\bar{x}$）：一組樣本量測值總和除以個數 n。

母體平均數（μ）：母體量測值的總和除以總量測數 N。

中位數（M_e）：將一組量測數由小到大排列後，其中央位置的數值。

眾數（m）：量測值中發生次數最多的數。

1. 平均數

　　一組量測值的算術平均值（Mean）是最常用的一種中心位置衡量。算術平均值也稱為平均數，為區別樣本及母體的平均數，我們使用符號 $\bar{x}$ 代表樣本平均數，符號 μ 代表母體平均數。

　　一組量測值的樣本平均數等於量測值總和除以個數 n，寫成公式為：

$$\bar{x} = \frac{\sum\limits_{i=1}^{n} x_i}{n} = \frac{x_1 + x_2 + \cdots + x_n}{n}$$

其中，n 表示一組量測值的個數，因此，變數 x 有 $x_1, x_2, \cdots, x_n$ 個，符號 $\sum\limits_{i=1}^{n} x_i$ 代表 $x_1, x_2, \cdots, x_n$ 的加總。母體平均數 μ 寫成公式為：

$$\mu = \frac{\sum\limits_{i=1}^{N} x_i}{N} = \frac{x_1 + x_2 + \cdots + x_N}{N}$$

其中，N 表示量測值的總數。

例題 3.1

試求例題 2.6 中 30 位大一新生學年學業總成績的平均數，並將此平均數和相對次數直方圖中心值做一比較。

解 學業總成績的平均數 $\bar{x} = \dfrac{70 + 71 + 72 + 85 + 74 + \cdots + 63}{30} = 75.5$

圖 2-12 之相對次數直方圖呈現些許左偏，左偏分配的右側包含一些大量測值，平均數落在 7 組中的第四組與第五組間，也符合此種描述，也可以說是高分的人造成此種結果。

2. 中位數

中心位置衡量的第二種方法是中位數（Median），將一組量測數由小到大排列後，其中央位置的數值，當量測組為奇數時，第 $\left(\dfrac{n+1}{2}\right)$ 位置的數值，即為中位數，可寫成 M_e；當量測組為偶數時，第 $\left(\dfrac{n}{2}\right)$ 位置的數值加上 $\left(\dfrac{n}{2}+1\right)$ 位置的數值，再取其平均數，即為中位數。

▬▬▶ 例題 **3.2**

求量測組 19、12、11、15、24、20、16 的中位數？

解　此 7 個量測值由小到大的排序為：

11　12　15　16　19　20　24

中間觀察值的位置為 $\dfrac{7+1}{2}=4$，即第 4 個位置的數值，因此，中位數$(M_e)=16$。

▬▬▶ 例題 **3.3**

過去十年經濟成長率資料如下：

1.98　2.67　2.55　2.88　2.78　2.92　2.99　3.57　3.17　10.12

試求其中位數？

解　此 10 個量測值由小到大的排序為：

1.98　2.55　2.67　2.78　2.88　2.92　2.99　3.17　3.57　10.12

因其為偶數，必須取位置 $\dfrac{10}{2}=5$ 及 $\dfrac{10}{2}+1=6$ 的兩數取平均值，

即$(2.88+2.92)\div 2=2.9$，因此，中位數$(M_e)=2.9$。

　　雖然平均數和中位數都是集中趨勢的良好衡量數，但中位數對於極端值較不敏感。例如例題 3.3 中，觀察值 10.12 遠大於其他 9 個觀察值。中位數 $M_e=2.9$ 不受極端值影響，但樣本平均數$\bar{x}=3.56$，卻明顯受到影響。

　　當資料組中有極大或極小的觀測值，樣本平均數之位置會偏向極端值的方向。如果資料向右偏，平均數移到右邊；資料向左偏，平均數移向左邊。中位數則不受極端值影響，因其計算過程中並未使用量測的數值。當資料兩邊對稱時，平均數等於中位數。也就是說，**如果資料組因一個或多個極端值而強烈偏移，則以中位數作為中心位置的衡量，優於平均數。**

3. 眾數

第三種找出分配中心位置的方法是找出量測值中發生次數最多的數,稱為眾數(Mode),可寫成 m。當連續型資料已分組為相對次數直方圖,最高峰那一組稱為眾數組(Mode Class),此組之中點取為眾數。離散型資料之相對次數直方圖,則其最高峰之分類為眾數組,也是眾數。

◀━━▶ 例題 3.4

十個家庭所擁有的機車數(台)資料如下:

1 2 0 1 1 0 2 3 1 2

試求其眾數?

解 1 台出現 4 次,故 m = 1。

眾數可能超過 1 個。例如,當 1 台與 2 台均為 5 次時,則可能出現雙峰分配。

3.2 變異性的統計量

全距(R):資料組中,最大及最小量測值間的差距。
母體變異數(σ^2):為 N 個量測值和平均值間的偏差平方和除以 N。
樣本變異數(s^2):為 n 個量測值和平均值的偏差平方和除以 1。
母體標準差(σ):為母體變異數的正平方根。
樣本標準差(S):為樣本變異數的正平方根。

當兩資料組的相對次數直方圖有相同的中心位置,但卻因資料由中心向外擴散的程度有所不同,而資料的分配亦有所不同。以圖 3-1(a)及 3-1(b)的二個分配為例。兩個分配之中心位置皆位於 $x = 4$,但量測值離散或變異的程度則有所不同。圖 3-1(a)中之量測值變動範圍為 2 到 6;圖 3-1(b)中之量測值變動範圍為 0 到 8。

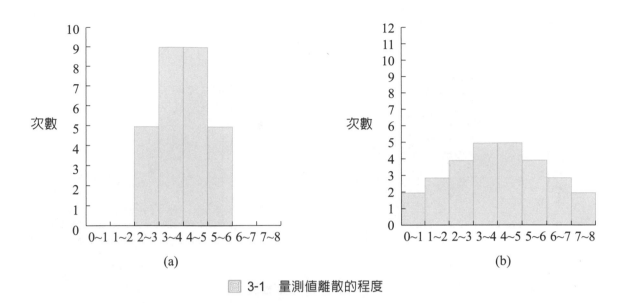

(a)　　　　　　　　　　(b)

圖 3-1　量測值離散的程度

1. 全距

　　全距是最簡單的變異統計量，一組 n/N 個量測值的資料組之全距（range），可寫為 R，被定義為最大及最小量測值間的差距。

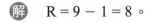 例題 **3.5**

求母體量測值 9、5、4、1、6 的全距？

解　R = 9 − 1 = 8。

　　全距並非是資料組最適當的變異衡量方式，如圖 3-2(a)及 3-2(b)的兩個相對次數分配有相同的全距，其資料分配及離散則明顯不同。以下我們來介紹統計學上資料離散程度最主要的表示方法，變異數的計算。

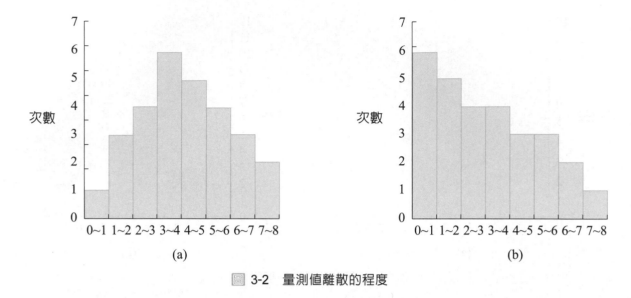

(a) (b)

圖 3-2 量測值離散的程度

2. 變異數

此處先以例題 3.5 之量測組 9、5、4、1、6 來說明,先計算每一量測值與平均數的距離值。如果,距離值很大,表示資料的離散比距離值較小者,離平均數較遠。計算結果,如下:

$$\mu = \frac{9+5+4+1+6}{5} = 5$$

x_i	$x_i - \mu$
9	4
5	0
4	-1
1	-4
6	1
$\Sigma 25$	0

由計算結果獲得總離散值為 0,此種結果並無法表示真正離散關係,因為平均數為 5,有四個量測值均與平均數有所距離,為了避免距離中負值因加法的關係被抵消,因此,將量測值與平均數的距離取平方,進一步調整離散值的計算,如下:

x_i	$x_i - \mu$	$(x_i - \mu)^2$
9	4	16
5	0	0
4	−1	1
1	−4	16
6	1	1
Σ25	0	34

　　現在，我們來定義變異數（Variance）及其公式，分為母體變異數（σ^2）及樣本變異數（s^2），母體中 N 個量測值的母體變異數定義為量測值和平均值 μ 間的偏差平方和之平均數，計算公式為：

$$\sigma^2 = \frac{\sum\limits_{i=1}^{N}(x_i - \mu)^2}{N}$$

根據母體變異數計算公式，可得

$$\sigma^2 = 6.8$$

此外，母體標準差（Standard Deviation）為母體變異數的正平方根，計算公式為：

$$\sigma = \sqrt{\frac{\sum\limits_{i=1}^{N}(x_i - \mu)^2}{N}}$$

所以 σ 為 $\sqrt{6.8} = 2.61$

　　樣本變異數定義為 n 個量測值的集合中，量測值和平均值 $\bar{x}$ 的偏差平方和除以 n-1，計算公式為：

$$s^2 = \frac{\sum\limits_{i=1}^{n}(x_i - \bar{x})^2}{n-1}$$

樣本標準差亦為樣本變異數的正平方根,計算公式為:

$$s = \sqrt{\frac{\sum\limits_{i=1}^{n}(x_i - \bar{x})^2}{n-1}}$$

計算樣本變異數時是除以 $n-1$ 而非除以 n,是因為當使用樣本變異數 s^2 去估計母體變異數 σ^2 時,以分母為 $n-1$ 計算所得之樣本變異數,較分母為 n 所得之樣本變異數,更能提供對母體 σ^2 良好的估計值,此種作法也經證明為不偏估計式,根據這個原因,當計算樣本變異數 s^2 及樣本標準差 s 時,分母以 $n-1$ 代入,詳細說明可參考後續估計之章節。由計算式,可以看出當資料離散程度大時,變異數與標準差會相對地大;當資料離散程度小時,變異數與標準差會相對地小。

■■▶ 例題 3.6

試求樣本量測值:9、5、4、1、6 之變異數與標準差?

解 $\bar{x} = 5$

變異數

$$s^2 = \frac{\sum\limits_{i=1}^{5}(x_i - 5)^2}{5-1}$$

$$= \frac{(9-5)^2 + (5-5)^2 + (4-5)^2 + (1-5)^2 + (6-5)^2}{4}$$

$$= 8.5$$

標準差 $s = \sqrt{8.5} = 2.92$

■■▶ 例題 3.7

試求樣本量測值:3.1、2.5、4.4、2.1、1.6、1.9、5.4、3.5、4.2、2.8 之變異數與標準差?

解 $\bar{x} = 3.15$

變異數

$$s^2 = \frac{\sum\limits_{i=1}^{10}(x_i-3.15)^2}{10-1} = \frac{\begin{aligned}&(3.1-3.15)^2+(2.5-3.15)^2+(4.4-3.15)^2+(2.1-3.15)^2\\&+(1.6-3.15)^2+(1.9-3.15)^2+(5.4-3.15)^2+(3.5-3.15)^2\\&+(4.2-3.15)^2+(2.8-3.15)^2\end{aligned}}{9}$$

$$= 1.5$$

標準差

$$s = \sqrt{1.5} = 1.23$$

上例中，因量測值稍多，計算已有些麻煩，如果有更多的量測值，可以簡化變異數的計算公式，使得計算上較為容易。簡化變異數的計算公式被推導如下：

$$s^2 = \frac{\sum\limits_{i=1}^{n}(x_i-\bar{x})^2}{n-1} = \frac{\sum\limits_{i=1}^{n}(x_i^2-2x_i\bar{x}+\bar{x}^2)}{n-1}$$

$$= \frac{\sum\limits_{i=1}^{n}x_i^2-2\bar{x}\sum\limits_{i=1}^{n}x_i+\sum\limits_{i=1}^{n}\bar{x}^2}{n-1} \quad (\therefore \bar{x}=\frac{\sum\limits_{i=1}^{n}x_i}{n}\because\sum\limits_{i=1}^{n}x_i=n\bar{x})$$

$$= \frac{\sum\limits_{i=1}^{n}x_i^2-2\bar{x}n\bar{x}+n\bar{x}^2}{n-1} = \frac{\sum\limits_{i=1}^{n}x_i^2-2n\bar{x}^2+n\bar{x}^2}{n-1}$$

$$= \frac{\sum\limits_{i=1}^{n}x_i^2-n\bar{x}^2}{n-1}$$

亦可寫為 $S^2 = \dfrac{\sum\limits_{i=1}^{n}x_i^2-\dfrac{(\sum\limits_{i=1}^{n}x_i)^2}{n}}{n-1}$

同理，母體變異數亦可獲得為：

$$\sigma^2 = \frac{\sum\limits_{i=1}^{N}x_i^2}{N}-\mu^2$$

亦可寫為 $\sigma^2 = \dfrac{\sum\limits_{i=1}^{N}x_i^2}{N}-(\dfrac{\sum\limits_{i=1}^{N}x_i}{N})^2$

依據上述式 s^2 的求法，例題 3.7 可被計算如：

x_i	x_i^2
3.1	9.61
2.5	6.25
4.4	19.36
2.1	4.41
1.6	2.56
1.9	3.61
5.4	29.16
3.5	12.25
4.2	17.64
2.8	7.84

$$\sum_{i=1}^{10} x_i^2 = 112.69$$

$$s^2 = \frac{\sum\limits_{i=1}^{n} x_i^2 - n\bar{x}^2}{n-1} = \frac{112.69 - 10(3.15)^2}{10-1} = 1.5$$

簡化計算公式所得結果與一般公式相同，如果量測值數量較多時，使用簡化變異數的計算公式，在計算上較為容易。除此之外，變異數與標準差有以下幾項特點：

(1) s 值永遠大於等於 0。

(2) s^2 值或 s 值愈大，資料之變異性愈大。

(3) 若 s^2 或 s 等於零，則所有量測值均為相同值。

3. 分類資料的平均數與標準差

假設有些資料出現不只一次，且是以次數分配的方式呈現，如下：

觀察值(x_i)	次數(f_i)
x_1	f_1
x_2	f_2
⋮	⋮
x_k	f_k

k 為觀察值分類，其資料組之樣本平均數與變異數之計算公式為：

$$\bar{x} = \frac{\sum\limits_{i=1}^{k} x_i f_i}{n} \qquad s^2 = \frac{\sum\limits_{i=1}^{k} x_i^2 f_i - \dfrac{\left(\sum\limits_{i=1}^{k} x_i f_i\right)^2}{n}}{n-1}$$

此計算結果與先前所提及之簡化計算公式與一般公式所得結果相同。

● 例題 3.8

樣本 $n = 15$ 的量測組：1, 0, 2, 1, 1, 3, 1, 2, 3, 0, 0, 3, 1, 3, 2，其次數分配表格如下，試求：

觀察值(x_i)	次數(f_i)
0	3
1	5
2	3
3	4

(1)對這些未分組資料直接計算 $\bar{x}$ 及 s^2。

(2)使用分類資料的公式計算 $\bar{x}$ 及 s^2，將結果和(1)做比較。

解　(1) $\bar{x} = 1.53$　$s^2 = 1.27$

　　(2)

觀察值(x_i)	次數(f_i)	x_i^2	$x_i^2 f_i$	$x_i f_i$
0	3	0	0	0
1	5	1	5	5
2	3	4	12	6
3	4	9	36	12
	$\Sigma = 15$		$\Sigma = 53$	$\sum\limits_{i=1}^{k} x_i f_i = 23$

$$\bar{x} = \frac{\sum\limits_{i=1}^{k} x_i f_i}{n} = \frac{(0)(3) + (1)(5) + (2)(3) + (3)(4)}{15} = 1.53$$

$$s^2 = \frac{\sum\limits_{i=1}^{k} x_i^2 f_i - \dfrac{\left(\sum\limits_{i=1}^{k} x_i f_i\right)^2}{n}}{n-1} = \frac{53 - \dfrac{23^2}{15}}{14} = 1.27$$

3.3 謝比雪夫定理及經驗法則

⬇ 謝比雪夫定理

一組 n 或 N 個之量測值的資料組，至少有 $\left(1 - \dfrac{1}{k^2}\right)$ 比率的量測值，會落在距離平均數 k 個標準差以內，此處之 k 大於等於 1。

⬇ 經驗法則

已知量測組近似鐘形分配，其區間在
a. $(\mu \pm \sigma)$ 將包含約 68% 的量測值；
b. $(\mu \pm 2\sigma)$ 將包含約 95% 的量測值；
c. $(\mu \pm 3\sigma)$ 將包含幾乎 100% 的量測值。

1. 謝比雪夫定理

蘇俄數學家謝比雪夫（Tchebysheff）提出對標準差的應用理論，此理論不限於量測組分配的型態，也不限於樣本或母體。謝比雪夫定理（Tchebysheff's Theorem）證明一組 n 或 N 個之量測值的資料組，至少有 $\left(1 - \dfrac{1}{k^2}\right)$ 比率的量測值，會落在距離平均數 k 個標準差以內，此處之 k 大於等於 1。標準差與謝比雪夫定理對應的比率，如表 3-2 所示。

表 3-2　標準差與謝比雪夫定理對應的比率

標準差(k)	區間		謝比雪夫定理比率 $\left(1 - \dfrac{1}{k^2}\right)$
	母體	樣本	
1	$\mu \pm \sigma$	$\bar{x} \pm s$	至少 0%
2	$\mu \pm 2\sigma$	$\bar{x} \pm 2s$	至少 3/4 = 75%
3	$\mu \pm 3\sigma$	$\bar{x} \pm 3s$	至少 8/9 = 89%

雖然一個標準差對於量測值區間的估算沒有幫助，但其他兩個及三個標準差的部份，則提供了有效的方式來說明量測值落於某特定區間之比率，當然，k 值之選擇並不限定為 $k = 1$、2、3，例如當 $k = 1.5$ 時，此區間之比率為至少為 $1 - \dfrac{1}{1.5^2} = 56\%$。

例題 **3.9**

樣本數 $n = 45$ 的某班英文考試成績，其平均值和變異數分別為 65 及 49，試用謝比雪夫定理來說明量測值落在 2 個及 3 個標準差的比例。

解　已知 $\bar{x} = 65$

∵ $s^2 = 49$，∴ $s = 7$

表 3-3

標準差(k)	區間	謝比雪夫定理比率 $\left(1 - \dfrac{1}{k^2}\right)$
2	$65 - 2(7) \sim 65 + 2(7) = 51 \sim 79$	至少 $3/4 = 75\%$
3	$65 - 3(7) \sim 65 + 3(7) = 44 \sim 86$	至少 $8/9 = 89\%$

由以上計算，可以說在 45 個學生中，至少有 75% 的學生成績落在 51 到 79 分間，至少 89% 的學生成績會落在 44 到 86 分間。

謝比雪夫定理適用於任何量測組分配的型態，因此，它屬於較保守的估計方式，也可以說它涵蓋範圍較大，但較不準確。因此，我們以下面之經驗法則（Empirical Rule）來說明，如何進行較準確的區間估算。

2. 經驗法則

經驗法則並不適用於估算所有量測組的分配型態，但它卻可以準確地估算近似鐘形分配量測組的分配型態，如圖 3-3，資料組的相對次數直方圖愈接近鐘形（Bell-sharped）分配，法則愈正確。也因為鐘形分配在實際資料組上經常發生，所以運用上也相當普遍。

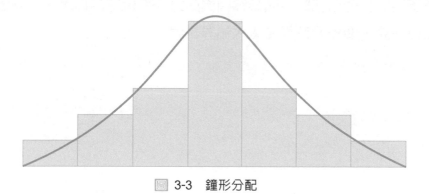

圖 3-3　鐘形分配

經驗法則被定義為已知量測組近似鐘形分配，其區間在

　　a.$(\mu \pm \sigma)$ 或 $(\bar{x} \pm s)$ 將包含約 68%的量測值。

　　b.$(\mu \pm 2\sigma)$ 或 $(\bar{x} \pm 2s)$ 將包含約 95%的量測值。

　　c.$(\mu \pm 3\sigma)$ 或 $(\bar{x} \pm 3s)$ 將包含幾乎 100%的量測值。

鐘形分配通常稱為常態分配，標準差非整數的部份及其他要點，將在後面的章節詳細討論。

例題 3.10

為了研究某項特定操作所需時間，抽樣對 100 位工作者進行量測完成此項操作所需要的時間，此項操作所需要的時間平均值及標準差為 8.8 分鐘及 1.3 分鐘，試以經驗法則來估算樣本資料分配的比例？

 解

表 3-4

標準差(s)	區間	經驗法則
1	$8.8 - 1(1.3) \sim 8.8 + 1(1.3) = 7.5 \sim 10.1$	約 68%
2	$8.8 - 2(1.3) \sim 8.8 + 2(1.3) = 6.2 \sim 11.4$	約 95%
3	$8.8 - 3(1.3) \sim 8.8 + 3(1.3) = 4.9 \sim 12.7$	約 100%

根據經驗法則，可以估算大約 68%的工作者其操作時間會落在 7.5 到 10.1 分鐘的區間，大約 95%的工作者其操作時間量落在 6.2 到 11.4 分鐘的區間，幾乎全部的工作者其操作時間會落在 4.9 到 12.7 分鐘的區間。

因為上題並無法確定資料是否為鐘形分配，僅是被要求以經驗法則回答，當實際資料無法確定為鐘形分配時或因某種因素必須採取保守的態度，則可改用謝比雪夫定理來進行估算，便不至於產生太大估算錯誤。

例題 3.11

某大學財務金融系正辦理招生甄選之第二階段面試，共 25 個學生參加，此部份成績佔甄選總成績之 30%，經面試委員評審成績，再將面試成績經加權計算，25 個學生的面試得分，如表 3-5。試用謝比雪夫定理及經驗法則來與實際資料分配的比率進行比較？

表 3-5　面試成績

18.3	23.5	25.6	16	19.2
21.2	20.8	24.7	21	21.6
22.7	26.2	23.6	22.8	24.5
21.5	28.4	21.8	23.1	20.9
20.2	21	20.2	19.6	24.1

解　先計算平均值及標準差，此處資料如以系為範圍，則以母體的方式來計算，可得到 μ=22.1 及 σ=2.62。此外，將 25 個量測值依 1, 2 及 3 個標準差的區間計算落入這些區間的量測值個數有多少。這些資料實際的次數及相對次數，顯示如下。

表 3-6

k	區間($\mu \pm k\sigma$)	落入區間的次數	相對次數
1	19.48～24.72	19	19/25 = 76%
2	16.86～27.34	23	23/25 = 92%
3	14.24～29.96	25	25/25 = 100%

依據謝比雪夫定理，至少 75% 的量測值會落在 16.86 至 27.34 之間；至少 89% 的量測值會落在 14.24 至 29.96 之間，依據計算結果發現謝比雪夫定理適用。但事實上，以「至少」來估算此例題的量測值比率，確實有些保守。

依據經驗法則，大約 68% 的量測值會落在 19.48 至 24.72 之間；大約 95% 的量測值會落在 16.86 至 27.34 之間；幾乎全部量測值會落到 14.24 至 29.96 之間。我們看到相對次數與經驗法則所得之數字十分近似，也可以說此量測組資料近似為鐘形分配，此題以經驗法則來估算為佳。

3. 標準差的檢查

　　由謝比雪夫定理與經驗法則，可以說大部份的量測值會落在距離平均數兩倍標準差的區間內。因此，資料組的全距（R），應大約等於四倍標準差，當然，這僅是一個近似值，應用時，可以轉換為標準差大約等於全距除以四，此種作法可用於找出標準差計算上的重大錯誤，而且在量測值愈多時，此近似值愈精確。數學式可寫為：

$$\because R = 4s \quad \therefore s = \frac{R}{4} \text{或} \because R = 4\sigma \quad \therefore \sigma = \frac{R}{4}$$

3.4 相對位置統計量

⬐ z 分數

某觀察值在一組資料中的相對位置，以 z 分數表示為 $\frac{x - \bar{x}}{s}$ 或 $\frac{x - \mu}{\sigma}$。

⬐ 百分位數

為一組已按大小排序之變數 x 的第 n 個量測值，其第 p 百分位數之大小為大於 $p\%$ 的量測值而小於剩下之（$100 - p$）$\%$ 的量測值。

1. z 分數

　　有時我們想知道某觀察值在一組資料中的相對位置。此 z-分數被定義為：

$$z \text{ 分數} = \frac{x - \bar{x}}{s} \text{ 或 } \frac{x - \mu}{\sigma}$$

■ 例題 3.12

某班管理學考試成績的平均值及標準差為 75 分及 6 分，甲的分數為 85 分，試以 z 分數來說明甲的成績在班上的位置？

解　z 分數 $= \dfrac{85 - 75}{6} = 1.67$

甲的成績 85 分比班上平均值高出 1.67 個標準差，根據謝比雪夫定理與經驗法則至少 75%，更可能是 95% 的觀察值會落於距平均數 2 倍標準差之內，因此，考試成績 85 分，對應之 z ＝ 1.67 已經是前段的成績。

2. 百分位數

百分位數（percentile）是另一種非常有用的相對位置的衡量，適用於大量的量測值，在使用上，百分位數對於少量的量測值並非很有用。其定義為一組已按大小排序之變數 x 的第 n 個量測值，其第 p 百分位數之大小為大於 $p\%$ 的量測值而小於剩下之 $(100 - p)\%$ 的量測值。例如，第 60 百分位數，若大小排序由左至右，即有 60% 的量測值落於第 60 百分位數的左邊，有 40% 的量測值落於第 60 百分位數的右邊，也就是說第 50 百分位數為中位數。

■ 例題 3.13

假設已知乙的基本學測成績為 250 分，在整體成績分配中為第 86 百分位數，則此 250 分和其他考試者成績的關係為何？

解　成績在第 86 百分位表示所有考試者中有 86% 的成績比乙低，有 14% 的成績比乙高。

百分位數中，第 25 及第 75 百分位數，分別稱為下四分位數與上四分位數，再加上中位數，則將資料等分為四份。第 25 及第 75 百分位數被定義為一組已按大小排序之變數 x 的 n 個量測值，其第 25 百分位數（下四分位數，Q_1），表示超過 $\frac{1}{4}$ 的量測值，並小於剩下 $\frac{3}{4}$ 的量測值；第 75 百分位數（上四分位數，Q_3），表示超過 $\frac{3}{4}$ 的量測值，並小於剩下 $\frac{1}{4}$ 的量測值。

計算第 25 及第 75 百分位數的方式為：

⑴當量測值已依大小排列時，第 25 百分位數（下四分位數，Q_1），是位在第 $0.25(n+1)$ 的位置，第 75 百分位數（上四分位數，Q_3）是位在第 $0.75(n+1)$ 的位置。

⑵當 $0.25(n+1)$ 及 $0.75(n+1)$ 之值不是整數時，以相對距離權數求四分位數，其值介於兩相鄰資料之間。

我們以下例來說明。

■▶ 例題 **3.14**

求以下量測值的下四分位數與上四分位數？

16, 25, 18, 12, 14, 20, 8, 11, 9, 6

解 將上列 10 個量測值由小到大排列：

6, 8, 9, 11, 12, 14, 16, 18, 20, 25

下四分位數是在位置 $0.25(n+1)=0.25(10+1)=2.75$ 之值，上四分位數是在位置 $0.75(10+1)=8.25$ 之值。

下四分位數之值等於第 2 個數加上第 2 與第 3 個數距離，上四分位數之值等於第 8 個數加上第 8 個數與第 9 個數距離的四分之一。因此，

$Q_1 = 8 + 0.75(9-8) = 8 + 0.75 = 8.75$

$Q_3 = 18 + 0.25(20-18) = 18 + 0.5 = 18.5$

3.5　Excel 應用範例

1. 以例題 3.11 為例，利用 Excel 求算母體資料之敘述統計：求個數、最大值、最小值、全距、平均值、中位數、四分位數、變異數、標準差、P20百分位數。

STEP 1

進入 Excel，鍵入例題 3.11 資料，如下試算表。（如圖 3-4）

	A	B	C	D	E	F	G
1	以例題3.11 某大學財務金融系推甄面試共25位面試成績如下：						
2		18.3	23.5	25.6	16	19.2	
3		21.2	20.8	24.7	21	21.6	
4		22.7	26.2	23.6	22.8	24.5	
5		21.5	28.4	21.8	23.1	20.9	
6		20.2	21	20.2	19.6	24.1	
7							
8	個數=			第一四分位數Q1=			
9	最大值=			第二四分位數Q2=			
10	最小值=			第三四分位數Q3=			
11	全距=			百分位數P20=			
12	平均值=			百分位數P70=			
13	中位數=			母體變異數=			
14	眾數=			母體標準差=			

圖 3-4

STEP 2

25 位面試資料在儲存格範圍:A2:E6，直接在儲存格輸入統計函數公式

在 B8 儲存格輸入統計函數：

= COUNT(A2:E6)按「Enter」鍵，即求得個數 25。

在 B9 儲存格輸入統計函數：

= MAX(A2:E6)按「Enter」鍵，即求得最大值 28.4。

在 B10 儲存格輸入統計函數：

= MIN(A2:E6) 按「Enter」鍵，即求得最小值 16。

在 B11 儲存格輸入統計函數：

= MAX(A2:E6)-MIN(A2:E6) 按「Enter」鍵，即求得全距 12.4。

在 B12 儲存格輸入統計函數：

= AVERAGE(A2:E6) 按「Enter」鍵，即求得平均值 22.1。

在 B13 儲存格輸入統計函數：

= MEDIAN(A2:E6) 按「Enter」鍵，即求得中位數 21.6。

在 B14 儲存格輸入統計函數：

= MODE(A2:E6)按「Enter」鍵，即求得眾數 21。

在 Excel 儲存格直接輸入統計函數求值是最快方法，但 Excel 統計函數有 100 多個，不可能每個函數名稱、函數引數都知道。可用「插入函數」方法，利用「函數對話」視窗選取函數，再用「函數引數」對話視窗輸入引數來求四分位數、百分位數、變異數、標準差值。

STEP 3

在 F8 儲存格，按「插入函數」f_x → 選取「選取類別」→「統計」→「QUAR-TILE.EXC」→ 按「確定」。（如圖 3-5）

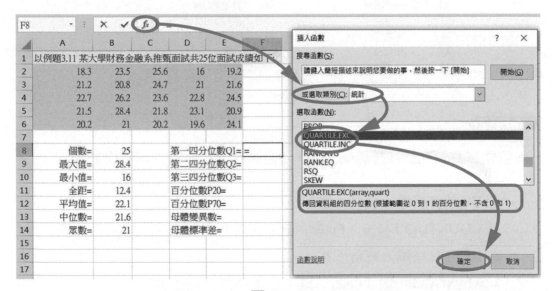

圖 3-5

STEP 4

在「函數引數」對話視窗的「Array」欄位輸入資料範圍：A2:E6，在「Quart」欄位輸入四分位數引數：1。

「Array」輸入：A2:E6 → 「Quart」輸入：1 → 按「確定」鈕 → 得第一四分位數：20.5。（如圖 3-6）

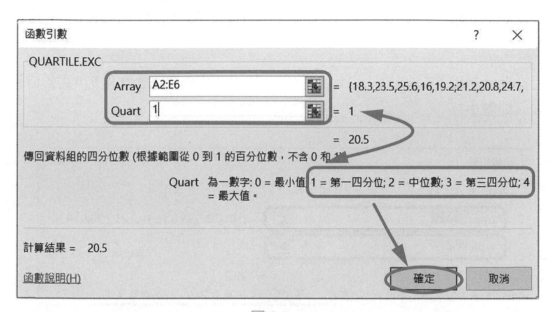

圖 3-6

STEP 5

如同步驟 3~4 操作，在 F9 儲存格，按「插入函數」f_x → 選取「選取類別」→「統計」→「QUARTILE.EXC」→ 按「確定」。

在「函數引數」對話視窗的「Array」欄位輸入資料範圍：A2:E6，在「Quart」欄位輸入四分位數引數：2

「Array」輸入：A2:E6 → 「Quart」輸入：2 → 按「確定」鈕 → 得第二四分位數：21.6

「Array」輸入：A2:E6 → 「Quart」輸入：3 → 按「確定」鈕 → 得第三四分位數：23.85

STEP 6

求百分位數P20,P70, 按「插入函數」f_x→選取「選取類別」→「統計」→「PER-CENTILE.EXC」→ 按「確定」。

在「函數引數」對話視窗的「Array」欄位輸入資料範圍：A2:E6，在「K」欄位輸入百分位數引數：0～1

「Array」輸入：A2:E6→「K」輸入：0.2→按「確定」鈕→得P20百分位數：20.2

「Array」輸入：A2:E6→「K」輸入：0.7→按「確定」鈕→得P70百分位數：23.52（如圖3-7）

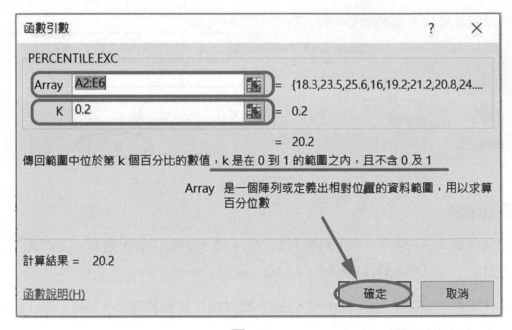

圖 3-7

STEP 7▶

　　求母體變異數，在 F13 儲存格輸入統計函數：＝ VAR.P(A2:E6)按「Enter」鍵，即求得母體變異數 6.8768。

STEP 8▶

　　求母體標準差，在 F14 儲存格輸入統計函數：＝ STDEV.P(A2:E6)按「Enter」鍵，即求得母體標準差 2.6223。

　　其實在儲存格只要輸入部分函數名稱，Excel 會篩選出符合之所有函數，再選取對應之函數和引數，也是一種快速方法。例如：求母體標準差值，當輸入"=STD"，Excel 自動篩選出 STD 開頭之所有函數，以下拉式選單顯示，選「STDEV.P」→按滑鼠兩次→輸入資料範圍 A2:E6→得到母體標準差值。（如圖 3-8）

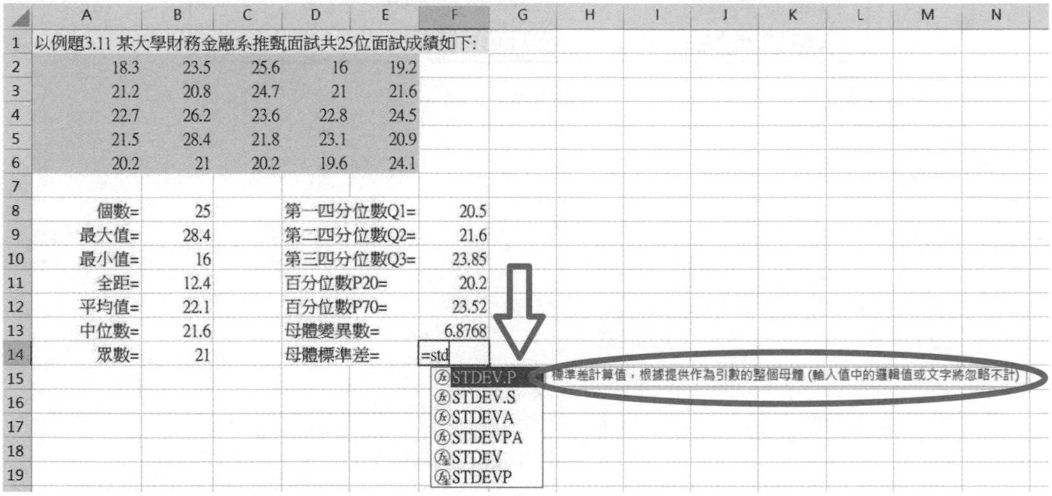

圖 3-8

統計函數彙整如圖 3-9，More Practice and Learn it, You Can Get it.

個數=	=COUNT(A2:E6)
最大值=	=MAX(A2:E6)
最小值=	=MIN(A2:E6)
全距=	=MAX(A2:E6)-MIN(A2:E6)
平均值=	=AVERAGE(A2:E6)
中位數=	=MEDIAN(A2..E6)
眾數=	=MODE(A2..E6)
第一四分位數=	=QUARTILE.EXC(A2:E6,1)
第二四分位數=	=QUARTILE.EXC(A2:E6,2)
第三四分位數=	=QUARTILE.EXC(A2:E6,3)
P20=	=PERCENTILE.EXC(A2:E6,0.2)
P70=	=PERCENTILE.EXC(A2:E6,0.7)
母體變異數=	=VAR.P(A2:E6)
母體標準差=	=STDEV.P(A2:E6)

圖 3-9

 習 題

一、選擇題(*表示為複選題)

*(　) 1. 統計分析中,哪些是集中趨勢之量數?　(A)平均數　(B)眾數　(C)中位數　(D)變異數。

*(　) 2. 統計分析中,哪些是屬於離散趨勢之量數?
(A)全距　(B)標準差　(C)變異數　(D)平均數。

(　) 3. 根據經驗法則,鐘形分配資料落在$(\mu - 2\sigma, \mu + 2\sigma)$之區間約有多少比例?
(A) 68%　(B) 95%　(C) 99.7%　(D) 92%。

(　) 4. 根據經驗法則,鐘形分配資料落在$(\mu - 3\sigma, \mu + 3\sigma)$之區間約有多少比例?
(A) 68%　(B) 95%　(C) 99.7%　(D) 92%。

(　) 5. 根據謝比雪夫定理,任何資料分配落在$(\mu - 3\sigma, \mu + 3\sigma)$之區間至少有多少比例?　(A) 88.8%　(B) 90%　(C) 99.7%　(D) 95%。

(　) 6. 根據謝比雪夫定理,至少90%的資料會落在哪個區間內?
(A) $(\mu - \sigma, \mu + \sigma)$　　　　(B) $(\mu - 2\sigma, \mu + 2\sigma)$
(C) $(\mu - 3\sigma, \mu + 3\sigma)$　　　　(D) $(\mu - 4\sigma, \mu + 4\sigma)$。

(　) 7. 下列何者為計算母體變異數之公式?

(A) $s^2 = \dfrac{\sum\limits_{i=1}^{n}(x_i - \bar{x})^2}{n}$　　　　(B) $s^2 = \dfrac{\sum\limits_{i=1}^{n}(x_i - \bar{x})^2}{n-1}$

(C) $\sigma^2 = \dfrac{\sum\limits_{i=1}^{N}(x_i - \mu)^2}{N}$　　　　(D) $\sigma^2 = \dfrac{\sum\limits_{i=1}^{N}(x_i - \mu)^2}{N-1}$。

(　) 8. 下列何者為計算樣本變異數之公式?

(A) $s^2 = \dfrac{\sum\limits_{i=1}^{n}(x_i - \bar{x})^2}{n}$　　　　(B) $s^2 = \dfrac{\sum\limits_{i=1}^{n}(x_i - \bar{x})^2}{n-1}$

(C) $\sigma^2 = \dfrac{\sum\limits_{i=1}^{N}(x_i - \mu)^2}{N}$　　　　(D) $\sigma^2 = \dfrac{\sum\limits_{i=1}^{N}(x_i - \mu)^2}{N-1}$。

( ) 9. 統計學考試成績總結如下表：

Variable	Score
N	50
Max	96
Min	38
Sum	3350
Range	?
Mean	?

請問此次考試成績平均成績（Mean）為何？
(A) 65　(B) 66　(C) 67　(D) 68。

( )10. 同上題考試成績資料，請問此次考試成績全距（Range）為何？
(A) 57　(B) 58　(C) 59　(D) 60。

二、基礎題

1. 已知 n = 12 的量測組為 3, 2, 5, 6, 4, 4, 3, 5, 4, 6, 1, 2。求下列各值：
   (1) $\bar{x}$
   (2) M_e
   (3) m

2. 已知 n = 11 的量測組為：3, 5, 4, 6, 10, 5, 6, 9, 2, 8, 6。求下列各值：
   (1) $\bar{x}$
   (2) M_e
   (3) m

3. 以下是對25個家庭所擁有桌上型電腦或筆電數量之調查資料：

2	0	1	1	1
1	0	2	1	0
0	1	3	2	2
1	1	1	0	1
3	1	0	1	1

(1) 算出平均值、中位數及眾數。
(2) 繪出資料組之相對次數直方圖，在水平軸上找出平均值、中位數及眾數位置。

4. 為進行動作與時間研究，對 10 個實驗者進行工作時間測量（秒），結果如下所示：

190	195	250	230	240
200	185	175	225	270

　(1)求工作平均時間。

　(2)求工作時間的中位數。

　(3)如果你要寫一個報告來敘述這些資料，你會使用那一種中央趨勢來衡量？解釋之。

5. 已知 $N = 15$，量測值分別為 17, 21, 22, 26, 24, 26, 23, 15, 23, 20, 18, 21, 24, 15, 30。

　(1)求平均數。

　(2)求變異數及標準差。

6. 已知 $n = 8$，量測值分別為 7, 1, 2, 6, 4, 6, 3, 5。

　(1)求全距。

　(2)求平均數。

　(3)求變異數及標準差。

　(4)將全距與標準差進行比較，全距約是幾倍的標準差？

7. 一量測組近似鐘形分配，平均數 60，樣本標準差 10，試求

　(1)有多少比率的量測值會落在 30 至 90 之間？

　(2)有多少比率的量測值會落在 40 至 80 之間？

　(3)有多少比率的量測值會落在 50 至 70 之間？

　(4)自此分配隨機抽出一量測值，此量測值超過 70 的機率為何？

8. 已知 $n = 15$ 之量測組為 7, 4, 3, 6, 2, 7, 3, 5, 1, 7, 5, 2, 5, 6, 4，試回答下列問題

　(1)利用全距估計 s 值的近似值？

　(2)計算 s 之值，將計算結果與(1)中之近似值比較，是否很接近？

　(3)運用謝比雪夫定理描述資料分配比率是否適當？為什麼？

　(4)運用經驗法則描述資料分配比率是否適當？為什麼？

9. 找出下列資料之中位數、下及上四分位數？

　21, 7, 16, 2, 14, 9, 6, 1, 12, 13, 10, 19, 7, 5, 18

　3, 9, 10, 2, 6, 7, 5, 8, 6, 6, 4, 9, 22

10. 上一學年度，你在班上學年總成績排名為第71百分位數，你的分數和其他人的成績如何比較，說明之？

11. 下列之事實被記錄在最近出版的刊物上：18歲到24歲的臺灣人，有26%擁有2雙或2雙以上的運動鞋；有41%擁有2部或2部以上的照相機，試提出這些資料所能決定的百分位數？

12. 若有一組資料如下：18，25，18，43，37，6，18，3，14，56，72，3，15，18，3，22。試求 P_{32}，P_{75}？

三、進階題

1. 下列為一家礦業公司，抽樣32個礦石，測量所獲得的重量（磅）如下：

1.28	1.18	0.99	1.08	1.41	0.83	1.14
1.08	0.75	1.14	1.06	0.96	0.87	0.92
1.24	0.99	0.89	1.01	1.12	0.93	
1.12	0.98	0.98	1.00	1.18	1.17	
1.11	0.97	1.32	1.38	1.12	0.96	

(1) 製作相對次數直方圖以展現重量之分配，此分配近似鐘形分配嗎？

(2) 求出平均數與標準差？

(3) 分別找出在區間 $\bar{x} \pm s$、$\bar{x} \pm 2s$ 及 $\bar{x} \pm 3s$ 內量測值的比率？

(4) 將(3)中所得百分比與經驗法則之值比較，結果如何？解釋之。

(5) 有多少比率的礦石重量超過1磅？

2. 人的呼吸頻率可能每分鐘低於4次，在劇烈運動下，也可能每分鐘高到70或75次。假設大學生休息時的呼吸率之相對次數分配為鐘形，每分鐘平均值13，標準差為2.2，試找出有多少比率學生之呼吸率會落在下列區間：

(1) 每分鐘10.8到15.2次。

(2) 每分鐘8.6到17.4次。

(3) 每分鐘超過19.6及少於6.4次。

3. 某公司有 45 位員工，去年一年他們投資股市的獲利率（%），統計如下：

3.2	−2.3	4.4	1.2	6.6	10.4	1.6	−3.2	−6.4
5.4	−1.3	7.4	−5.6	6.2	3.6	3.2	−11.3	−9
1.2	3.3	−5.4	8.9	3.8	−8.7	8.9	12.4	8.6
8.9	5.5	−10.2	2.3	10.6	−7.5	6.7	−7.4	2.3
10.5	6.5	12.3	7.7	15.7	1.5	3.7	9.4	4.2

(1)製作相對次數直方圖以說明資料分配。

(2)計算求出平均數與標準差？

(3)計算獲利率落入 $\mu \pm \sigma$、$\mu \pm 2\sigma$ 及 $\mu \pm 3\sigma$ 區間之比率？

(4)將(3)之結果與謝比雪夫定理及經驗法則進行比較。

4. 若有一組 100 筆的母體資料，資料已整理成次數分配表，如下表：

組界	0-20	20-40	40-60	60-80	80-100
組次數	12	23	30	25	10

試求出母體變異數(σ^2)及標準差(σ)？

提示：觀察值為組中點，如 20-40 的組中點為 30。

四、實作題

把例題 3.11 資料，利用 Excel 求 P32、P75 百分位數，樣本標準差。

NOTE

機率導論

學習目標

1. 實驗、樣本空間與事件
2. 事件機率的基本運算
3. 條件機率
4. 總合機率法則與貝氏定理

前言

　　2005 年，PTT 網站上的棒球迷們蒐集了 2004 到 2005 年球季以兄弟象隊為主的 200 場比賽記錄，並針對各種情況下觸擊戰術使用前後的得分機率與期望值作了詳細的分析。結果發現除了各種情況下觸擊成功後得分期望值均較低外，即使是搶分時最常見的無人出局一壘有人的情形，觸擊成功後得分機率也從觸擊前的 0.43 降為 0.40。球迷們的分析顯然是對當年戰績不佳卻又頻頻使用觸擊戰術的兄弟隊教練團作了一次無言的抗議。

　　近年來，棒球已成了臺灣的國民運動，而隨著中華職棒的電視轉播和球評的精采講評，許多棒球術語及統計數字如打擊率、防禦率等，都已成了球迷們可琅琅上口的討論話題。越來越多樣而精細的數據及分析也對球團和教練帶來很大的衝擊，戰術的選擇及使用的時機也有了更多的討論，而相關的統計數據也讓球迷對教練團的戰術質疑有了更強有力的說服力。

　　所謂的機率是用具體的數字來描述某特定事件發生之可能性的方法。我們將所有的可能性定義為一個介於 0 與 1 之間的數字，稱之為機率值。當機率值接近 0 時表示此事件非常不可能發生，而當機率值接近 1 時，則表示此事件幾乎確定會發生。其他介於 0 與 1 之間的值，則分別表示事件發生可能性的程度。

　　由以上可知，機率可將一個較模糊的程度敘述轉換為一個定量的數值。透過這樣的一個方法，我們能夠更有效地去測量、表達及分析各項不確定性的問題，以作為下決策時之重要參考。在以下章節中，我們將陸續示範機率在統計推論上所扮演的角色。

4.1 實驗、樣本空間與事件

　　我們將實驗（Experiment）定義為可產生各種可能結果的過程。舉凡觀察、調查、檢驗、抽樣等，都可謂之為實驗的一種。例如：投擲一枚骰子、從一副撲克牌中抽出一張、用電話抽測節目收視率等，都是一種實驗。而由實驗中所得到的某些觀察值或測量值，則稱為此實驗之出象（Outcome）。

表 4-1　各種實驗可能產生的出象

實　驗	可能出象
投擲一枚骰子	1 點、2 點、3 點……
丟一枚銅板	正面、反面
從一副撲克牌中抽出一張	黑桃 A、紅心 K、方塊 10……
進行一場棒球賽	勝、負、平手

　　更進一步來說，若一實驗未完成時，並無法預測其結果為何，則稱此實驗為隨機實驗（Random Experiment）。例如：投擲一個銅板，雖然明知可能的結果只有正面和反面兩種，但在落地之前，我們並無法確認其為正面或反面，此實驗即為一隨機試驗。因為非隨機實驗（實驗前已可預知結果的實驗）常造成非常嚴重的誤差產生，本書中將只針對隨機試驗做討論。

　　在一實驗中我們可能得到許多不同的結果，而這些所有可能得到的結果所成之集合，我們稱之為此實驗的樣本空間（Sample Space）。而任何一個特定的實驗結果，我們稱其為此樣本空間中的一個樣本點（Sample Point）。

■■▶ 例題 4.1

在擲兩枚硬幣的實驗中，試問其樣本空間為何？

解　　令出現正面爲 H，出現反面爲 T，則其樣本空間
　　S = {(H, H)，(H, T)，(T,H)，(T, T)}，共有四個樣本點。

例題 4.2

由一條燈泡的生產線上，隨機抽取 3 個燈泡來進行其是否為良品的實驗，試問此實驗的樣本空間為何？

解 用 G 表示良品，D 表示不良品，則樣本空間 S = {(G, G, G)，(G, G, D)，(G, D, G)，(G, D, D)，(D, G, G)，(D, G, D)，(D, D, G)，(D, D, D)}，共有八個樣本點。

依據樣本點的個數，我們可將樣本空間分為「有限樣本空間」及「無限樣本空間」。其中有限樣本空間僅含有限個樣本點，如計算次數、分數、人數等時（在有限整數的要求下）所形成的樣本空間；而無限樣本空間含有無限個樣本點，如討論身高、體重、時間時，因這些數可能出現無窮小數，此時之樣本空間為無限樣本空間。

對於樣本空間的子集合，我們稱之為事件（Event）。因為每一個樣本點都是樣本空間的子集合，故皆為一事件。像這樣僅包含一個樣本點的事件，我們稱之為簡單事件（Simple Events），而包含兩個以上樣本點的事件，則稱之為複合事件。在此，我們也對於樣本空間的兩個特殊子集合：空集合和樣本空間本身，給出特別定義。空集合因不包含任何一個樣本點，一般稱之為不可能事件；而樣本空間本身因包含了所有的樣本點，因此必然會發生，故稱之為必然事件。

例題 4.3

(1)令 A 代表擲一顆骰子點數為奇數的事件，而 B 為擲一顆骰子點數為 3 的事件，則 A = {1, 3, 5}，B = {3}，A、B 均為樣本空間 S = {1, 2, 3, 4, 5, 6}之子集合，故 A、B 為兩個不同的事件，此處 A 為複合事件，B 為簡單事件。

(2)令 C 表示擲兩顆骰子點數和為 7 的事件，則 C = {(1, 6), (2, 5), (3, 4), (4, 3), (5, 2), (6, 1)}為一複合事件。

4.2　事件機率的基本運算

在此一小節中，首先我們將介紹三種機率測度的方法，並分別說明如下：

方法一：古典機率方法

在一個隨機試驗中，假設其樣本空間 S 為有限，且所有樣本點發生的機率皆相等，則事件 A 發生的機率為：

$$P(A) = n(A)/n(S)$$

其中 $n(A)$ 和 $n(S)$ 分別代表事件 A 及樣本空間 S 所包含的樣本點個數。

上述方法因必須事先知道每一個樣本點發生的機率皆相同，因此用這種方法所求得的機率稱為「事前機率」。

例題 4.4

投擲兩顆骰子，試問點數和恰為 7 的機率為何？

解　令 S 為投擲兩顆骰子之樣本空間，C 為點數和恰為 7 的事件。因為 $n(S) = 36$ 且由例題 4.3 得知 $n(C) = 6$，由古典機率方法可知

$$P(C) = n(C)/n(S) = \frac{6}{36} = \frac{1}{6}$$

方法二：相對次數法

重複同一隨機實驗 N 次，若事件 A 出現 n 次，則事件 A 發生的機率為：

$$P(A) = n/N$$

在此一方法中，若隨機實驗重複次數為無限次時，此時所得到的機率會趨近於由古典機率方法所得到之機率。

▰ 例題 4.5

(1)重複投擲一個銅板 500 次後，發現正面出現了 250 次，則我們可稱投擲此銅板出現正面的機率為 $\frac{1}{2}$。

(2)重複檢驗 1,000 個生產線上之燈泡，發現有 20 個是壞的，則我們可稱此生產線之不良率為 $\frac{20}{1,000}=0.02$。

◢ 方法三：主觀法

當上述兩個方法無法使用時，通常會憑個人的經驗或直覺來決定事件 A 的發生機率，此一方法稱為主觀法。但主觀法所得之機率仍需落於 0 與 1 之間。

　　由於事件乃樣本空間的子集合，以下我們將透過集合的三種基本運算：交集、聯集和餘集，來得到一些事件機率的基本運算法則。給定一事件 A，則事件 A 的餘集（complement of event A，記為 A^c）是指樣本空間中不包含在 A 事件中之所有樣本點所成之集合。

🔆 定理 4.1

餘集規則
對於任意事件 A，$P(A^c)=1-P(A)$。

▰ 例題 4.6

(1)若明天台北市之降雨機率為 0.8，則明天台北市不下雨的機率為 0.2。
(2)若本期統一發票之中獎機率為 0.003，則不中獎之機率為 0.997。

定理 4.2

聯集規則

若 A、B 為兩事件，則 $P(A \cup B) = P(A) + P(B) - P(A \cap B)$。

例題 4.7

若已知 $P(A) = 0.3$，$P(B) = 0.4$，$P(A \cap B) = 0.1$，試求 $P(A \cup B)$、$P(A^c)$ 及 $P(B^c)$。

解
$$P(A \cup B) = P(A) + P(B) - P(A \cap B)$$
$$= 0.3 + 0.4 - 0.1$$
$$= 0.6$$
$$P(A^c) = 1 - P(A) = 1 - 0.3 = 0.7$$
$$P(B^c) = 1 - P(B) = 1 - 0.4 = 0.6$$

若兩事件 A 及 B 不可能同時發生，也就是說 $P(A \cap B) = 0$。此時我們稱 A、B 為互斥事件。對於互斥事件 A 和 B，我們可進一步改寫定理 4.2。

定理 4.3

互斥事件的聯集規則

若 A、B 為兩互斥事件，則 $P(A \cup B) = P(A) + P(B)$。

例題 4.8

由一副撲克牌中抽出一張牌，請問抽到紅心牌或梅花牌的機率為何？

解 設事件 A 為抽出牌為紅心的事件，事件 B 為抽出牌為梅花的事件。由於牌不可能同時為紅心牌及梅花牌，因此 A 及 B 為互斥事件。由定理 4.3 可知 $P(A \cup B) = P(A) + P(B) = \dfrac{1}{4} + \dfrac{1}{4} = \dfrac{1}{2}$。

4.3　條件機率

　　所謂的條件機率（Conditional Probability）是指在某一特定事件 B 已發生的條件下，另一事件 A 發生的機率，記為 P(A|B)。其計算的公式如下：

$$P(A \mid B) = P(A \cap B) / P(B)$$

✏ **例題 4.9**

已知企管系一年級甲、乙兩班之男女生人數如下表：

表 4-2　甲、乙班級男女之人數

		班 級		合計
		甲	乙	
性別	男	20	25	45
	女	40	35	75
合　計		60	60	120

試問

(1)任選一位企管系一年級學生為男生的機率為何？

(2)任選一位企管系一年級學生為甲班男生的機率為何？

(3)隨機選取一位學生，已知為男生，則此學生來自甲班的機率為何？

解　令 S 為自企管系一年級甲、乙班學生中選出一名之樣本空間，A 表示選出學生為男生之事件，B 表示為選出學生為甲班之事件，則

(1) $P(A) = n(A)/n(S) = \dfrac{45}{120} = \dfrac{3}{8}$

(2) $P(A \cap B) = n(A \cap B)/n(S) = \dfrac{20}{120} = \dfrac{1}{6}$

(3) $P(B|A) = P(A \cap B)/P(A) = (\dfrac{1}{6})/(\dfrac{3}{8}) = \dfrac{4}{9}$

由條件機率之定義，我們可推得下列定理：

💡定理 4.4

$P(A \cap B) = P(A|B) \cdot P(B) = P(B|A) \cdot P(A)$

當事件 A 的發生與事件 B 的發生無關時，我們稱 A、B 為「獨立事件」（Independent Events），其定義可以用條件機率的觀點來訂定。

定義：若 P(A|B) = P(A) 或 P(B|A) = P(B)，則稱 A、B 為獨立事件，反之，則稱兩者為相依。

由上述定義及定理 4.4，我們可推得下列定理。

💡定理 4.5

A、B 為獨立事件，若且唯若 P(A ∩ B) = P(A) · P(B)

✏️例題 4.10

令 A 為投擲一骰子出現奇數點的事件，B 為投擲一骰子出現至少 5 點的事件，請問 A、B 是否為獨立事件？

解　奇數點為 1、3、5，而至少 5 點的有 5 和 6

因此 $P(A) = \dfrac{3}{6} = \dfrac{1}{2}$，$P(B) = \dfrac{2}{6} = \dfrac{1}{3}$

$P(A) \cdot P(B) = \dfrac{1}{2} \cdot \dfrac{1}{3} = \dfrac{1}{6}$

又奇數且至少 5 點的只有 5

所以 $P(A \cap B) = \dfrac{1}{6} = P(A) \cdot P(B)$

由定理 4.5 得知，A 和 B 為獨立事件。

例題 4.11

令 A 為投擲一骰子出現偶數點的事件，B 為投擲一骰子出現 6 點的事件，請問 A、B 是否為獨立事件？

解 偶數點為 2、4、6

因此 $P(A) = \dfrac{3}{6} = \dfrac{1}{2}$，$P(B) = \dfrac{1}{6}$

$P(A) \cdot P(B) = \dfrac{1}{2} \cdot \dfrac{1}{6} = \dfrac{1}{12}$

又偶數且為 6 點的只有 6

所以 $P(A \cap B) = \dfrac{1}{6} \neq P(A) \cdot P(B)$

由定理 4.5 得知，A 和 B 不為獨立事件。

4.4 總合機率法則與貝氏定理

本節中我們將介紹兩種有用的機率結果，分別是總合機率法則（the Law of Total Probability）及貝氏定理（Bayes Theorem）。

1. 總合機率法則

若我們考慮兩個事件 A 及 B，無論其關係為何，我們發現當 A 發生的時候，或者 B 發生，或者 B 不發生。而事件 A 發生的機率正等於 A、B 同時發生的機率加上 A 發生而 B 不發生的機率。由此我們可以得到下列法則：

> **總合機率法則（基本型）**
>
> $P(A) = P(A \cap B) + P(A \cap B^c)$

上述法則可以擴及更複雜的情形，在敘述此一情形之前，我們必須先來定義何謂樣本空間的分割。若 $B_1, B_2, \cdots, B_n$ 為樣本空間 S 中 n 個彼此互斥的事件且 $B_1 \cup B_2 \cup \cdots \cup B_n = S$，則我們稱 $\{B_1, B_2, \cdots, B_n\}$ 為樣本空間 S 的一個分割。

若我們將樣本空間 S 分割為 n 個事件 $B_1, B_2, \cdots, B_n$，則我們可以得到下列之總和機率法則：

> ### ↘ 總合機率法則（一般型）
>
> $P(A) = \Sigma \, P(A \cap B_i)$

總和機率也可以用條件機率的形式來表示，由定理 4.4，我們可推得下列的表示式。

> ### ↘ 條件機率之總合機率法則
>
> （基本型）
> $$P(A) = P(A|B) \cdot P(B) + P(A|B^c) \cdot P(B^c)$$
> （一般型）
> $$P(A) = \Sigma \, P(A|B_i) \cdot P(B_i)$$
> 其中 $S = \bigcup_{i=1} B_i$，$B_i \cap B_j = \Phi$，$i \neq j$。

▬▶ 例題 4.12

某不動產經紀人試圖要賣掉手上一批房地產，根據過去的經驗，他相信若未來半年經濟情況改善，這批房地產售出的機率為 0.8；否則售出機率將只有 0.6。而根據最新的預測顯示未來半年經濟情況改善的機率為 0.6，請問這批房地產順利售出的機率為何？

解 我們定義 A 代表事件「賣掉房地產」，而 B 代表事件「經濟情況改善」，由題目之敘述，我們可得到 $P(A|B) = 0.8$、$P(A|B^c) = 0.6$ 且 $P(B) = 0.6$，再利用條件機率之總合機率法則，我們可以得到

$P(A) = P(A|B) \cdot P(B) + P(A|B^c) \cdot P(B^c)$

　　　$= 0.8 \times 0.6 + 0.6 \times 0.4$

　　　$= 0.72$

因此，這批房地產順利售出之機率為 0.72。

2. 貝氏定理

我們在前面幾節中所討論的機率問題，大多是屬於主觀的估計，也就是說，我們先去了解母體的特性後，再設法求出某一事件出現的機率，此種方法稱為事前機率。在實務上，我們也常利用事件所呈現的額外資訊去修正事前機率，此種方法所求得的機率稱為事後機率。而這些事件所呈現出的額外資訊大多以條件機率的形式表示。**這種結合事前機率和條件機率，以導出事後機率的過程，即為貝氏定理。**

假定任意兩個事件 A 和 B 的發生機率分別為 P(A)和 P(B)，若 P(A)為事前機率，且可得知額外資訊 P(B|A)，則依據貝氏定理我們可求得事後機率 P(A|B)，其過程如下：

$$P(A|B) = P(A \cap B)/P(B) = P(A) \cdot P(B|A)/P(B)$$

綜合以上所述，再利用總和機率法則，我們可用下列之數學式來表示貝氏定理。

💡 定理 4.6

兩事件之貝氏定理

設 A、B 為任意兩個事件，則

$$P(A|B) = \frac{P(A) \cdot P(B|A)}{P(B)}$$

$$= \frac{P(A) \cdot P(B|A)}{P(B|A) \cdot P(A) + P(B|A^c) \cdot P(A^c)}$$

📏 例題 4.13

大大公司有 A、B 兩條生產線，已知兩生產線之產量分佔此公司之 60%及 40%，且已知 A、B 兩生產線之不良率分為 0.05 及 0.1，請問

(1)此公司產出不良品之機率為何？

(2)不良品中為 A 生產線所生產之機率為何？

解 (1)令 F 表大大公司產出不良品之事件，則由題意得知

P(A) = 0.6，P(B) = 0.4，P(F|A) = 0.05，P(F|B) = 0.1

因此

$$P(F) = P(F|A) \cdot P(A) + P(F|B) \cdot P(B)$$
$$= 0.05 \times 0.6 + 0.1 \times 0.4$$
$$= 0.07$$

⑵ $P(A|F) = \dfrac{P(A) \cdot P(F|A)}{P(F)} = \dfrac{0.6 \times 0.05}{0.07}$
$$= 0.43$$

　　假設將樣本空間 S 分割為 n 個事件 B_1, B_2, …, B_n，則我們可將上述之定理推廣到更一般的狀況。

💡 **定理 4.7**

貝氏定理

設 B_1, B_2, …, B_n為樣本空間 S 之一分割，則對任意一事件 B，當 $P(B) \neq 0$，則

$$P(A_j|B) = \frac{P(A_j) \cdot P(B|A_j)}{P(B)}$$
$$= \frac{P(A_j) \cdot P(B|A_j)}{\Sigma P(A_i) \cdot P(B|A_i)} \, , \, 1 \leq i \leq n$$

■▶ **例題 4.14**

根據統計，今年某大學修習經濟學這一門課的學生中，大一、大二、大三及大四學生所佔之比例分為 35%、30%、20%及 15%，而由教務處的紀錄得知，修該門課之大一生有20%得到 A 的成績，且大二、大三、大四得 A 的比例分為 30%、35%、40%。今已知某學生的經濟學成績為 A，請問該學生為大三生之機率為何？

解　令 A 表成績為 A 之事件，B_1、B_2、B_3、B_4分表學生為大一、大二、大三、大四之事件，由貝氏定理可知

$$P(B_3|A) = \frac{P(B_3) \cdot P(A|B_3)}{\Sigma P(B_i) \cdot P(A|B_i)}$$
$$= \frac{0.2 \times 0.35}{0.35 \times 0.2 + 0.3 \times 0.3 + 0.2 \times 0.35 + 0.15 \times 0.4}$$
$$= 0.07/0.29 = 0.24$$

所以該生為大三生之機率為 0.24

習 題

一、選擇題（*表示為複選題）

（　　）1. 若 P(A)=0.4，P(B)=0.5，P（A∩B)=0.2，求 P(A∪B)=？
(A) 0.4　(B) 0.5　(C) 0.7　(D) 0.2。

（　　）2. 若 P(A)=0.4，P(B)=0.5，P(A∩B)=0.2，求 P(A|B)=？
(A) 0.4　(B) 0.5　(C) 0.7　(D) 0.2。

（　　）3. 若 P(A)=0.4，P(B)=0.5，且 P(A∩B)=0.2，求 P(B|A)=？
(A) 0.2　(B) 0.4　(C) 0.5　(D) 0.9。

（　　）4. 若 P(A)=0.4，P(B)=0.6，則 P(A∩B)之最大值為何？
(A) 0.4　(B) 0.6　(C) 0.2　(D) 0.8。

（　　）5. 若 P(A)=0.4，P(B)=0.6，則 P(A∪B)之最大值為何？
(A) 0.4　(B) 0.6　(C) 1.0　(D) 0.8。

（　　）6. 若 P(A)=0.4，P(B)=0.5，P(A∩B)=0.2，求 $P(A^C \cap B^C)$=？
(A) 0.2　(B) 0.3　(C) 0.4　(D) 0.5。

*（　　）7. 若 P(A)=0.4，P(B)=0.5，P(A∩B)=0.2，下列何者為眞？
(A) $P(A^C)$= 0.6　　　　　　　(B) $P(A^C \cup B^C)$=0.8
(C) A 和 B 爲互斥事件　　　(D) A 和 B 爲獨立事件。

（　　）8. 已知兩獨立事件之發生機率分別為 0.2 與 0.4，試問此二事件至少有一事件發生之機率爲何？　(A) 0.44　(B) 0.52　(C) 0.60　(D) 0.92。

（　　）9. 若兩事件 A 與 B 機率分別為 P(A)=0.4，P(B)=0.5，且 P(A|B)=0.2，求 P(B|A)=？　(A) 0.2　(B) 0.4　(C) 0.25　(D) 0.9。

（　　）10. E 和 F 爲互斥事件，其中 P(E)=0.3，P(F)=0.6，求 P(E∪F)=？
(A) 0.3　(B) 0.6　(C) 0.9　(D) 0.5。

二、基礎題

1. 設 A 與 B 為互斥事件，其中 P(A)=0.3，P(B)=0.5，試求下列各機率值：
   (1) P(A∩B)　　　(2) P(A∪B)　　(3) P(Aᶜ)
   (4) P(Aᶜ∩Bᶜ)　　(5) P(Aᶜ∪Bᶜ)　(6) P(A∩Bᶜ)

2. 已知 P(A)=$\frac{1}{3}$，P(B)=$\frac{1}{2}$，P(A∩B)=$\frac{1}{4}$，試求 P(A|B)、P(B|A)、P(Aᶜ|Bᶜ)及

   P(Bᶜ|Aᶜ)。

3. 某學生數學及格的機率為$\frac{4}{7}$，英文及格的機率為$\frac{3}{8}$，若其中至少一種及格的機

   率為$\frac{5}{6}$，則該生兩科成績皆及格的機率為何？

4. 擲一粒公正的骰子三次，設三次至少發生一次3點的事件為A，三次中至少發生
   一次5點的事件為B，試求 P(A)、P(B)、及 P(A∩B)、P(A∪B)。

5. 麥當勞推出一種新口味的漢堡，為了要瞭解這種新產品是否比舊產品更受到顧
   客的喜愛，行銷部經理決定做一次市場調查。今隨意調查四位使用者的意見，則
   由調查的結果
   (1)寫出樣本空間S。
   (2)寫出至少有兩位接受調查的使用者比較喜愛新產品的事件。
   (3)你是否可以求出(2)中事件的機率？若可以，則它為多少？若不可以，說明你
   的理由。

三、進階題

1. 若 A、B 與 C 為互斥事件，且P(A)=0.4，P(B)=0.3，P(C)=0.1，試求：
   (1) P(A∪B∪C)。
   (2) P〔B∩(Aᶜ∪C)〕。
   (3) P(Bᶜ∪C)ᶜ。

2. 設A、B兩事件互為相依，已知P(A)=0.25，P(B)=0.38，且P(A∪B)=0.51，試求：
   (1) P(Aᶜ∩Bᶜ)。
   (2) P(Aᶜ∩B)。
   (3) P(A∩B)。
   (4) P(B|A)。
   (5) P(A|B)。

3. 假設有一不公正的硬幣，連續投擲三次，長期觀察所得之相對次數如下表：

（H表正面，T表反面）

x	P(x)	x	P(x)
(HHH)	0.15	(THH)	0.15
(HHT)	0.10	(THT)	0.10
(HTH)	0.10	(TTH)	0.10
(HTT)	0.15	(TTT)	0.15

假如我們只對下列事件感到興趣：

E：少於2個正面；

F：三次均出現同一面；

G：少於2個反面；

H：三次均有不同面出現者。

試算出下列各題的機率：

(1) $P(E)$、$P(F)$、$P(E \cup F)$、$P(E \cap F)$。

(2) $P(G)$、$P(H)$、$P(G \cup H)$、$P(G \cap H)$。

4. 某公司有四位專案經理，其中有三位男性，一位女性。現有兩件專案要開始進行，若這四位專案經理要以公平抽籤的方式決定由誰去負責第一個專案，由相同方法再決定由誰去負責第二個專案，試寫出樣本空間S，並由此樣本空間求出下列各機率值：

(1)這兩個專案都由同一人負責的機率爲多少？

(2)這兩個專案都由男性去負責的機率爲多少？

(3)這兩個專案都是由女性負責的機率爲多少？

5. 有一位投資者預備由三家金融股、四家電子股與兩家食品股中隨意買進兩種股票，請問：

(1)他至少買進一種電子股的機率爲多少？

(2)他至少買進一種金融股或一種電子股的機率爲多少？

(3)他正好買進一種食品股與一種電子股的機率爲多少？

6. 某工廠由甲乙丙三台機器生產某一產品,甲生產全部產品的 50%,乙生產全部產品的 30%,丙生產全部產品的 20%,又依過去經驗得知甲的產品有 3%的不良品,乙有 4%,丙有 5%。今從產品中任取一產品,求:

   (1)選出產品為不良品的機率為何?

   (2)若選出之產品為不良品,則此產品由甲機器生產之機率為何?

7. 甲袋有 3 紅 5 白球,乙袋有 2 紅 3 白球,丙袋有 2 紅 2 白球。今從此三袋中任選一袋,再從選出之袋中取出一球,則

   (1)此球為紅球的機率為何?

   (2)若已知此球為紅球,則此球是由丙袋中取出的機率為何?

8. 一袋中有 4 白 3 黑球,今從袋中依次取出兩球,取後不放回,則

   (1)第一球為白球,第二球為黑球的機率為多少?

   (2)若已知第二球為黑球,則第一球為白球的機率是多少?

9. 已知 $P(A) = 0.45$,$P(B) = 0.32$,$P(\overline{A} \cap B) = 0.2$,請計算 $P(A \cap B^c)$ 與 $P(\overline{A \cup B})$。

10. 如果你和你的同學有 30 人,請問至少有兩人是同月同日生的機率?(註:一年有 365 天,列出公式即可,不必算出數學值)。

NOTE

隨機變數與機率分配

學習目標

1. 隨機變數
2. 機率分配
3. 期望值與變異數
4. 期望值與變異數的性質
5. Excel 應用範例

前言

　　2012 大年初二正好碰上大樂透開獎日，受到新春獎金加碼刺激，臺灣彩券預估今晚頭獎將上衝 4.3 億元。截至開獎日下午 4 時，台彩網站上公佈的頭獎預估金額已經來到 2 億 7,779 萬 2,575 元。

　　每年過年時的大樂透總是特別熱門。除了過年之外，大概只有連續幾期頭獎未開出時才會出現這種搶購的風潮，大家對特別的大獎總是充滿興趣的。不過，除了做公益和賭一次發大財的機會外，不知道你有沒有想過大樂透要怎麼買才會划算？

　　由於大樂透設定的獎金分配率為 55%，也就是說，如果沒有前期未中獎的累積獎金加入，一張 50 元大樂透彩卷得到獎金的期望值只有 26.5 元，如果希望買大樂透不要虧本，那只有在前期累積獎金超過本期銷售總額的 45%才有機會。以大年初二的大樂透為例，雖然有新春獎金加持，頭獎獎金高達 3.8 億，但得獎的期望值仍只有 31.56 元。而稍後開出的 10100009 期大樂透，則在前期 2.7 億未分配彩金的加持下，得獎期望值達到 57.36 元，除了贊助公益外，也稱得上是划算的投資。

　　期望值和標準差是我們一般評估是否划得來的理性準則，而隨機變數和機率分配則是如何求出期望值和標準差的關鍵，這也是這一章我們要介紹的重點。

5.1 隨機變數

　　在隨機試驗中，有時我們得到並不是數字，而是一種狀態。例如投擲一個銅板，我們得到的結果可能是正面或反面，而這樣的結果因為無法運算，便很難利用數學工具作更進一步的分析。有鑑於此，我們試著對隨機試驗所產生的樣本空間定義一個函數，滿足對此樣本空間中的每一個樣本點，都找到一函數值與其對應，此一函數稱之為隨機變數（Random Variables）。換句話說，我們可以把隨機變數看成是一個定義在樣本空間上的實數值函數。

　　我們一般習慣用大寫字母來表示隨機變數，如 X、Y、Z 等。而其函數值則以小寫字母表示，如 x、y、z 等。假設調查佳佳醫院今天早上最早出生之三個新生兒的性別，若以 B 代表男孩、G 代表女孩，則其樣本空間 S = {BBB，BBG，BGB，BGG，GBB，GBG，GGB，GGG}。若定義隨機變數 X 為三位新生兒中男孩的總數，則 X 之所有可能值為 x = 0, 1, 2, 3，我們可將樣本空間及隨機變數的函數值之關係以下列的圖形來表示：

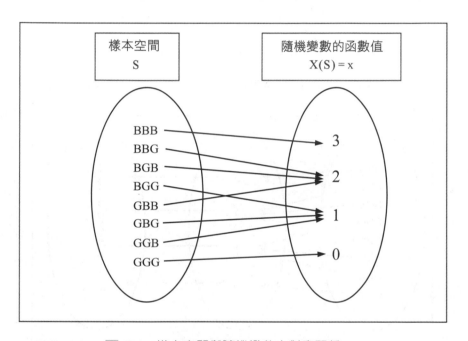

圖 5-1　樣本空間與隨機變數之對應關係

　　隨機變數中之「隨機」指的是我們無法確定隨機試驗的結果是什麼？即使如上例中我們已知新生兒非男嬰即女嬰，但我們仍無法確知結果會是兩者中之何者。

　　依隨機變數可能值之不同特性，我們將隨機變數分為兩大類：若隨機變數之可能值的個數為有限個或為無限但可數的（Countable），則稱之為離散型隨機變數；反之，若可能值為某區間內的任何值，也就是無限且不可數（Uncountable Infinite）時，我們稱之為連續型隨機變數。常見的離散型隨機變數如上例中之男嬰個數、投擲三個銅板所得之正面個數、某批產品中的不良品個數等；而常見的連續型隨機變數則多與測量有關，例如身高、體重、時間、溫度、速度等。

5.2 機率分配

　　上節中提到隨機變數的目的是將樣本空間中的每一個簡單事件數值化,若我們進一步討論這些由簡單事件數值化後所得隨機變數的發生機率,則可得出**機率分配**(Probability Distribution)的概念。機率分配本質上也是一個函數,我們承續上節中所討論之新生兒的例子,以下圖來表示樣本空間、隨機變數與機率分配三者間的關係。

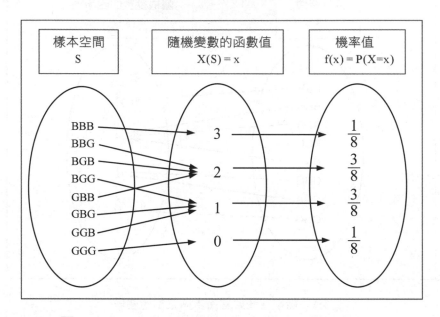

圖 5-2　樣本空間、隨機變數與機率分配之對應關係

　　由於離散型隨機變數和連續型隨機變數在本質上有相當大的差異,其機率分配亦有很大的不同,以下我們將分別討論之。

1. 離散型機率分配

　　由於離散型隨機變數的可能值為有限個或可數的無限多個,因此我們可將其可能值一一列出,再分別計算其機率,如此即可構成離散機率分配。

例題 5.1

令 X 表佳佳醫院今天早上最早出生之三個新生兒中男孩的總數,試求 X 之機率分配。(假設男女孩之出生機率相同)

解 由圖 5-2 可知 $P(X=0)=P(X=3)=\dfrac{1}{8}$,$P(X=1)=P(X=2)=\dfrac{3}{8}$,我們將以上結果彙整至下列機率分配表:

表 5-1 例題 5.1 之機率分配表

x	0	1	2	3
f(x)	$\dfrac{1}{8}$	$\dfrac{3}{8}$	$\dfrac{3}{8}$	$\dfrac{1}{8}$

定義:設 X 為離散型隨機變數,則對於任意實數 x,令

$$f(x)=P(X=x)$$

則稱 $f(x)$ 為 X 的**機率質量函數**(probability mass function)。

當我們討論一個離散型隨機變數時,其樣本空間中之每一個基本事件彼此為互斥且其聯集為整個樣本空間,基於此特性,我們可得到以下離散型機率分配之基本性質。

離散型機率分配之基本性質

設 X 為離散型隨機變數,$f(x)$ 為 X 的機率分配函數,則
(1)對於 X 中的每一個 x,$0 \le f(x) \le 1$。
(2)$\Sigma f(x)=1$。

機率分配除了用列表及公式來表示外,我們也可以用圖形來表示,稱之為機率分配圖。較常見的機率分配圖有線圖和長條圖兩種,圖 5-3 和圖 5-4 分別為例題 5.1 的機率分配圖。

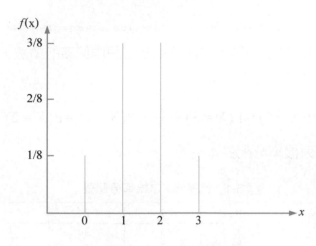

圖 5-3 例題 5.1 之機率分配線圖

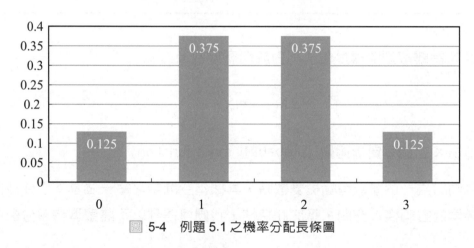

圖 5-4 例題 5.1 之機率分配長條圖

例題 **5.2**

已知在台北市某一社區中,家中安裝有線電視的比例為 0.6,現由此社區中隨機抽取 4 戶人家,令 X 表示其中已安裝有線電視的戶數,試求 X 的機率分配。

解 $f(0) = P(X = 0) = C_0^4 \times (0.4)^4 = 0.0256$

$f(1) = P(X = 1) = C_1^4 \times (0.4)^3 \times (0.6) = 0.1536$

$f(2) = P(X = 2) = C_2^4 \times (0.4)^2 \times (0.6)^2 = 0.3456$

$f(3) = P(X = 3) = C_3^4 \times (0.4) \times (0.6)^3 = 0.3456$

$f(4) = P(X = 4) = C_4^4 \times (0.6)^4 = 0.1296$

由以上的計算,我們可得到下列 X 的機率分配表:

表 5-2 例題 5.2 之機率分配表

表 5-2 例題 5.2 之機率分配表

x	0	1	2	3	4
f(x)	0.0256	0.1536	0.3456	0.3456	0.1296

由離散型隨機變數的機率分配，可看出該隨機變數在各個可能值上的發生機率。有時候我們對其累加機率（Cumulative Probability）也同時感到興趣，也就是說，我們可能想要知道隨機變數累加到 x 的機率為何。此一機率值等於所有小於或等於 x 之機率值的總和。我們稱其為累加分配函數（Cumulative Distribution Function），其定義如下：

> 📥 累加分配函數
>
> $$F(x) = P(X \leq x) = \sum_{y \leq x} f(y)$$

2. 連續型機率分配

設 X 為連續隨機變數，因為其可能值為討論區間中的任何值，即為無限且不可數，因此我們無法討論某一特定值之發生機率，而只能討論可能值落在某一區域間的機率。我們常用直方圖來表示連續隨機變數的分配情形，但與離散型隨機變數不同的是，我們不再以高度代表機率，而是以面積來代表機率。若我們能為連續隨機變數 X 找到一個函數 f(x)，滿足 X 落在 a 與 b 區間的機率恰等於 f(x)在 a 與 b 區間中與 x 軸所圍之面積，則稱此函數 f(x)為連續隨機變數 X 之機率密度函數（Probability Density Function）。

■──▶ 例題 5.3

今已知 236 路公車各班到站之間隔時間為 5 到 15 分鐘，假設其機率密度函數 f(x)＝0.1，即在此時間內之可能性一致。今某甲到站時有一班 236 公車剛離站，請問某甲在 10 分鐘內等到下一班 236 公車的機率為何？

解　f(x)＝0.1 的機率密度函數圖形如下：

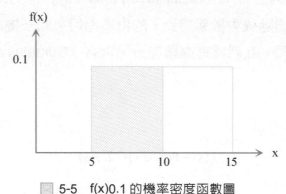

圖 5-5　f(x)0.1 的機率密度函數圖

陰影部分的面積為 10 分鐘內等到下一班車的機率

P(X ≦ 10)＝0.1 × (10 − 5)＝0.5

5.3 期望值與變異數

　　在第三章中，我們曾提到在蒐集資料後我們最感興趣的往往是該數據的集中趨勢與分散程度。而基於種種考量，我們最常用來衡量這兩項測度的統計量分別為平均值與變異數。本節中所要討論的重點其實與第三章中所提之平均值與變異數的概念相仿，惟其討論對象鎖定在機率分配。

　　隨機變數機率分配的平均值，也就是對機率分配集中化的一種測度。我們以可能值的發生機率為權數，所得之所有可能值的加權平均數即為此機率分配的平均數，我們稱此為該隨機變數的期望值。設 X 為一隨機變數，用符號 E(X) 表示其期望值，由於與第三章中所提之母體平均數 μ 為同一概念，此兩種符號亦時常交替使用。

1. 離散隨機變數的期望值

離散隨機變數 X 的期望值定義如下：

> ### 離散隨機變數 X 的期望值
>
> $$\mu = E(x) = \Sigma x_i \cdot f(x_i)$$
>
> 此處 $f(x_i)$ 為隨機變數 X 之機率分配函數。

例題 5.4

參考例題 5.2，請問 X 的期望值為何？

解　由例題 5.2 的解答中可得下表

表 5-3　例題 5.2 的機率分配與期望值計算列表

x	0	1	2	3	4
f(x)	0.0256	0.1536	0.3456	0.3456	0.1296
x · f(x)	0	0.1536	0.6912	1.0368	0.5184

所以 $E(X) = 0.1536 + 0.6912 + 1.0368 + 0.5184 = 2.4$

假設 g(X)為一隨機變數 X 之函數，則我們可利用 X 的機率分配求出 g(X)的期望值。由於 X 為一離散隨機變數，因此 g(X)亦為一離散隨機變數，且 g(x)的值乃由 x 所決定。基於以上之理由，我們可得到下列公式：

> 令 X 為離散隨機變數，f(x)為其機率分配函數，則 X 之函數 g(X)的期望值為：
> $$E[g(X)] = \Sigma g(x) \cdot f(x)$$

▬▬▶例題 **5.5**

大大公司某產品之銷售量被認為符合下表之機率分配，請計算出該產品月銷售額之期望值。

表 5-4　例題 5.5 之機率分配表

銷售量（個）x	3,000	4,000	5,000	6,000	7,000
f(x)	0.1	0.2	0.3	0.2	0.2

解　$E(X) = \Sigma\, x \cdot f(x)$

　　　$= 3000 \times 0.1 + 4{,}000 \times 0.2 + 5{,}000 \times 0.3 + 6{,}000$

　　　　$\times\, 0.2 + 7{,}000 \times 0.2$

　　　$= 5{,}200$

該產品月銷售量之期望值爲 5,200 個

▬▬▶例題 **5.6**

參考上例，若該產品每月固定生產成本爲 5,000 元，且每賣出一個可賺 2 元，請算出此產品每月之期望利潤。

解　此產品之利潤函數爲 g(X) = 2X − 5,000，由例題 5.5 之機率分配表可推得下表：

表 5-5　例題 5.6 之機率分配表

銷售量（個）x	3,000	4,000	5,000	6,000	7,000
利潤（元）g(X)	1,000	3,000	5,000	7,000	9,000
f(x)	0.1	0.2	0.3	0.2	0.2

因此，$E[g(X)] = \Sigma\, g(x) \cdot f(x)$

　　　　　　$= 1{,}000 \times 0.1 + 3{,}000 \times 0.2 + 5{,}000 \times 0.3 + 7{,}000$

　　　　　　　$\times\, 0.2 + 9{,}000 \times 0.2$

　　　　　　$= 5{,}400$

該產品每月利潤之期望值爲 5,400 元

2. 離散隨機變數的變異數

在上一主題中,我們以隨機變數 X 的期望值 E(X) 來代表其機率分配的中心點,在這邊,我們依據第三章中求母體變異數 σ^2 的概念,將平方差 $(X-\mu)^2$ 的期望值定為隨機變數 X 的變異數,記為 Var(X) 或 σ^2。

離散隨機變數 X 的期望值定義如下:

離散隨機變數 X 的變異數:

$$\sigma^2 = Var(X) = E[(X-\mu)^2] = \Sigma[(x_i-\mu)^2 \cdot f(x_i)]$$

此處 $f(x_i)$ 為隨機變數 X 之機率分配函數。

上列之公式在實際計算時常常會很繁瑣,有鑑於此,我們提供了下列的速算公式:

$$Var(X) = E[X^2] - [E(X)]^2 = E[X^2] - \mu^2$$

■▶ 例題 5.7

六和超商統計其店內光泉鮮奶之銷售量,根據過去一年的經驗,每天售出之盒數大概在 10 盒到 15 盒之間,且其機率分配如下表。請求出六和超商每天售出光泉鮮奶盒數之期望值、變異數及標準差。

表 5-6　例題 5.7 之機率分配表

銷售量（盒）x	10	11	12	13	14	15
f(x)	0.1	0.2	0.3	0.2	0.1	0.1

解　我們利用下表計算求解:

表 5-7　例題 5.7 之計算列表

銷售量（盒）x	10	11	12	13	14	15
f(x)	0.1	0.2	0.3	0.2	0.1	0.1
x · f(x)	1	2.2	3.6	2.6	1.4	1.5
x^2 · f(x)	10	24.2	43.2	33.8	19.6	22.5

因此，$E(X) = 1 + 2.2 + 3.6 + 2.6 + 1.4 + 1.5 = 12.3$，

$E[X^2] = 10 + 24.2 + 43.2 + 33.8 + 19.6 + 22.5 = 153.3$，

$Var(X) = E[X^2] - [E(X)]^2 = 153.3 - 151.29 = 2.01$

$\sigma = \sqrt{Var(X)} = \sqrt{2.01} = 1.42$

5.4 期望值與變異數的性質

本節中我們將介紹期望值與變異數的一些重要性質，以便有助於後續某些隨機變數之期望值與變異數的計算。所有計算皆以離散隨機變數為例，但對於連續隨機變數亦都適用。

1. 期望值的性質

對於一隨機變數 X，若存在函數 $g(X) = aX + b$，此處 a 與 b 為任意常數，則我們可得到 X 與 $g(X)$ 的期望值之關係如下：

$$E[g(X)] = E[(aX + b)]$$
$$= aE(X) + b$$

上式中，當 $a = 0$ 時，則得到 $E(b) = b$，也就是說，常數的期望值仍為常數本身；而當 $b = 0$ 時，則得到 $E(aX) = aE(X)$，這表示由隨機變數 X 乘上常數 a 倍後所得到的新變數之期望值恰為原來的 a 倍。

以下我們將介紹當牽涉到兩個或兩個以上的隨機變數之和、差與乘積時，相關的計算法則。我們以兩個變數為例，讀者可自行推廣到三個以上之變數。

設 X 與 Y 為任意兩個隨機變數，則其和與差的期望值可表為下列等式：
$$E(X + Y) = E(X) + E(Y)$$
$$E(X - Y) = E(X) - E(Y)$$
而若 X 與 Y 互為獨立隨機變數時，我們可進一步得到下列結果：
$$E(XY) = E(X) \cdot E(Y)$$

━━━ 例題 5.8

參考例題 5.6，利用上列公式重新計算該產品每月利潤之期望值。

解 $E[g(X)] = E(2X - 5,000)$

$\qquad = 2E(X) - 5,000$

$\qquad = 2 \times 5,200 - 5,000$

$\qquad = 5,400$，與原計算結果相同。

2. 變異數的性質

對於一隨機變數 X，若存在函數 g(X)＝aX＋b，此處 a 與 b 為任意常數，則我們可得到 X 與 g(X)的變異數之關係如下：

$$Var[g(X)] = Var[(aX + b)]$$
$$= a^2 Var(X)$$

上式中，當 a＝0 時，則得到 Var(b)＝0，也就是說，常數的變異數為零；而當 b＝0 時，則得到 Var(aX)＝a^2Var(X)，這表示由隨機變數 X 乘上常數倍 a 後所得到的新變數之變異數為原來的 a^2 倍。

在某些特殊情形下，我們可以得到兩個隨機變數之和與差的計算公式。

設 X 與 Y 互為獨立隨機變數時，則：

$$Var(X + Y) = Var(X) + Var(Y)$$
$$Var(X - Y) = Var(X) + Var(Y)$$

5.5　Excel 應用範例

1. 以例題 5.2 為例，利用 Excel 求二項式機率分配（Binomial Distribution）機率。

STEP 1

進入 Excel，鍵入資料如下內容：（如圖 5-6）

	A	B	C	D	E	F	G	H
1	例題5.2:台北市某一社區,家中安裝有線電視比例為0.6,隨機抽出 4戶人家.							
2	X:表示家中已安裝有線電視之戶數							
3	求X之機率分配							
4								
5	X:0,1,2,3,4							
6	p=0.6							
7	n=4							
8	=> X~B(4,0.6)　X：二項式機率分配							
9	X機率分配如下表							
10	X	0	1	2	3	4		
11	f(x)	f(0)	f(1)	f(2)	f(3)	f(4)		
12								
13	f(0)=							
14	f(1)=							
15	f(2)=							
16	f(3)=							
17	f(4)=							

圖 5-6

STEP 2

二項式分配機率，求個別機率 P(X=x)、累積機率 P(X≤x)。

利用 BINOM.DIST()統計函數求二項式分配機率值：

BINOM.DIST(x,n,p,0)：求 P(X=x)

BINOM.DIST(x,n,p,1)：求 P(X≤x)

求 f(0)=P(X=0),

在儲存格 B13 → 輸入統計函數 "=BINOM.DIST(0,4,0.6,0)" → 得機率值 0.0256（如圖 5-7）

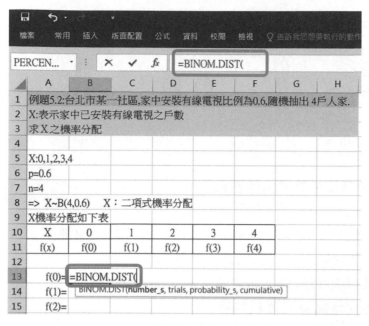

圖 5-7

其他機率值也是同上述做法,所完成機率分配表和統計函數公式如下: (如圖
5-8)

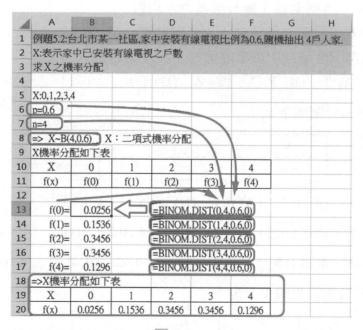

圖 5-8

習 題

一、選擇題

(　　) 1. 哪些是屬於離散型隨機變數？

　　　X：一批產品所含不良產品數

　　　Y：一輛汽車從基隆到高雄行駛高速公路之耗油量

　　　Z：一個保險員一月內所銷售保險單數

　　　U：某一天85℃板二店之營業額

　　　V：台北地區每天總耗電量

　　　(A) X, Z　(B) Y, U, V　(C) X, U　(D) U, V。

(　　) 2. 哪些是屬於連續型隨機變數？

　　　X：任一天新北市發生車禍總數

　　　Y：任選10個家庭，擁有帳篷之家庭數

　　　Z：85℃店家服務每位客人之供餐時間

　　　T：任選100個台中市家庭擁有小孩之家庭數

　　　(A) X, Y, T　(B) Y, T　(C) Z　(D) T。

(　　) 3. X之機率分配如下表：

X	0	1	2	3
P(x)	0.43	0.42	a	0.05

　　　求 a = ?　(A) 0.2　(B) 0.1　(C) 0.85　(D) 0.15。

(　　) 4. 承第3題，機率分配，求 $P(X<2)$=?　(A) 0.2　(B) 0.1　(C) 0.85　(D) 0.15。

(　　) 5. 承第3題，機率分配，求 $E(X)$=?　(A) 0.62　(B) 0.77　(C) 0.85　(D) 0.68。

(　　) 6. 判斷下列是否為機率分配？

(1)
X	0	1	2	3
P(X)	0.15	0.25	0.35	0.45

(2)
Y	2	3	4	5
P(Y)	-0.2	0.3	0.5	0.4

(3)

U	-2	-1	0	1	2
P(U)	0.1	0.15	0.45	0.25	0.05

(A) X (B) Y (C) U (D) X, Y。

( ) 7. 如果 E(X)=2 且 E(X²)=8，計算 E(X+5)=？ (A) 5 (B) 8 (C) 7 (D) 6。

( ) 8. 如果 E(X)=2 且 E(X²)=8，計算 V(X)=？ (A) 4 (B) 8 (C) 7 (D) 6。

( ) 9. 如果 E(X)=7 且 E(X²)=50，計算 V(2X+3)=？

(A) 4 (B) 8 (C) 2 (D) 5。

( )10.X 之機率分配如下表：

X	1	2	3	4
f(x)	k	2k	3k	4k

求 k=？ (A) 0.2 (B) 0.1 (C) 0.3 (D) 0.15。

( )11.隨機變數 X 的機率分配為

$P(X=0)=\dfrac{1}{2}$，$P(X=1)=\dfrac{3}{8}$，$P(X=2)=\dfrac{1}{8}$，試求 $E(X^2)=$？

(A) $\dfrac{7}{8}$ (B) $\dfrac{5}{8}$ (C) $\dfrac{3}{8}$ (D) $\dfrac{1}{8}$。

二、基礎題

1. 下列隨機變數中，哪些是離散隨機變數？哪些是連續隨機變數？
   (1)台北市一週內嬰兒出生的人數。
   (2)職棒一場比賽所需的時間。
   (3)國產汽車保養廠每天進廠維護之車輛數。
   (4)新竹科學園區每天的總耗電量。
   (5)翡翠水庫今年六月的降雨量。
   (6)一年甲班全班平均身高。
   (7)王小美參加今年學測國文科答對的題數。

2. 設 X 為隨機變數，它的機率分配如下表：

x	0	1	2	3	4
f(x)	0.2	0.4	0.3	0.05	0.05

⑴畫出 X 的機率分配線條圖與機率直方圖。

⑵計算期望值 E(X)。

⑶求 $P(X \geq 3)$ 與 $P(1 < X \leq 3)$ 的值。

⑷計算變異數 Var(X)。

3. 張老師在國文小考考卷上出了 3 題選擇題,第一題為 5 選 1,第二題為 4 選 1,第三題為 3 選 1。今有一位學生因考前毫無準備,故決定以隨機方式猜題;令 X 表此學生猜對之題數。

⑴請列出 X 之全部可能值。

⑵求出 X 之機率分配。

⑶計算 $P(X \geq 2)$。

4. 某賣場業務經理為了解顧客使用信用卡結帳之情形而做了一項研究,發現顧客使用信用卡消費之百分比為 70%。現有三位顧客剛結完帳,設 X 為這三位顧客中使用信用卡結帳的人數,則

⑴求 X 的機率的分配。

⑵求 $P(X \geq 1)$ 之值,並解釋它的意義。

⑶畫出 X 的機率分配直方圖。

5. 某公司在檢驗一批產品的過程中,規定出現 3 個不良品即予停止。令隨機變數 X 表示此檢驗過程中所出現的良品個數,設不良品的機率為 P:

⑴寫出此試驗的樣本空間,並列出 X 的值。

⑵求出 X 的機率分配。

⑶設 P = 0.05,計算 $P(X < 3)$。

6. 消保官接到民眾檢舉有廠商用舊的映像管拼裝新電視,故前往賣場抽查電視機。假定賣場的四台電視機中有兩台為拼裝貨,但消保官並不知情,而由此四台電視機中隨意檢驗兩部,設 Y 為抽出之拼裝電視機數。

⑴求 Y 的機率分配。

⑵以直方圖表示⑴中所得的機率分配。

三、進階題

1. 保險公司推出汽車竊盜險，約定若投保後一年內汽車被偷，保險公司要付出 30 萬的補償費。根據調查的結果，發現一部汽車一年內的失竊率為 0.0015，而一年內同一個人會失竊兩次或更多次的機率為 0。

   (1)若保險公司以不吃虧為原則，則每部汽車一年的保險費最少為多少元？

   (2)題中的失竊率降低為 0.001，而保險費為(1)中的最低額，則保險公司每年一部汽車的保險平均可賺多少元？

2. 設隨機變數 X 的間斷機率分配如下表：

x	0	1	2	3	4
f(x)	0.2	0.3	0.3	0.15	0.05

   求下列各值：

   (1) $P(X \geq 2)$　(2) $P(1 \leq X \leq 3)$　(3) $E(X)$　(4) $Var(X)$

3. 接續上題，設 $Y = X^2 + 3X - 4$

   (1)由 X 的機率分配，求 $E(X^2 + 3X - 4)$。

   (2)由 X 的機率分配，求 Y 的機率分配。

   (3)由(2)中 Y 的機率分配，求 $E(Y)$ 與 $Var(Y)$。

4. 設隨機變數 X 的機率分配如下：

x	0	1	2	3
f(x)	0.1	0.3	0.4	0.2

   試求隨機變數 $Y = X^2 - 2X$ 的期望值與變異數。

5. 麥當勞每天銷售麥香魚的情形如下：

X	500	550	600	650	700	750
P(X)	0.1	0.1	0.2	0.3	0.2	0.1

   X：麥香魚個數　　P(X)＝銷售 X 個麥香魚的機率

   求算麥當勞每天賣相於銷售量的期望值與變異數。

   依謝比雪夫定理（Chebyshev's theorem）求算麥當勞每天銷售的麥香魚至少會有 75% 的機會落在哪個範圍？

6. 某考試有 5 題選擇題，每題有 5 個答案，只有 1 個是正確的。若依考生全用猜測選答，設 X 為其答對的題數。

(1)試寫出 X 機率分配函數。

(2)計算此考生至多猜對兩題之機率。

(3)計算 X 之期望值 E(X)及變異數 V(X)。

7. 某餐廳接受客人訂位，該餐廳共有座位 4 桌，依過去經驗，訂位後會來用餐的比例為 80%，某天晚餐此餐廳接受 5 位顧客訂位，設 x 為訂位後有來用餐的顧客數，試問：

(1)試寫出 x 的機率分配表。

(2)該天晚餐時，已訂位顧客卻無座位之事件發生的機率為何？

(3)該天晚餐時，來用餐的顧客不到 50%的機率為何？

四、實作題

　　把例題 5.2 資料，利用 Excel 求 P(X≤3)、P(X≥2)。

離散型機率分配

學習目標

1. 離散均勻分配
2. 伯努利分配
3. 二項分配和多項分配
4. 負二項分配和幾何分配
5. 超幾何分配
6. 卜瓦松分配
7. Excel 應用範例

前言

　　國際新聞標題「逾半美國人，邊上廁所邊講電話」。一項新調查指出，超過半數（63%）擁有手機的美國民眾在廁所中接電話；將近半數（41%）從廁所中撥電話出去。甚至還在廁所隔間內看簡訊、上網漫遊、購物，此一發現顯示，人們已到了不顧時間、場合，任意使用手機的地步。

　　禮儀專家表示，在廁所內閒聊、上網，不僅粗魯無禮，對電話那一端的不敬，而且有妨礙他人「辦正事」之嫌。此外，高科技時代的衛生也受到破壞，因為雖然有92%的手機使用者事後洗手，但僅有14%會清潔手機。

　　這項調查發現，67%擁有手機者表示，他們在廁所看簡訊；39%表示，他們在廁所上網。年紀較輕的 Y 世代更厲害，16%表示，他們在廁所下單網購，且在廁所使用手機的比率也最高（91%）。X 世代的比率為 80%；嬰兒潮世代為 65%；1920至1950年代出生者在廁所使用手機比率則為 47%。另外又發現，三成的男性與二成的女性上廁所一定帶著手機。

　　從上面這篇報導，我們抽查美國某一間大學，調查平均會有多少學生會在廁所使用手機？平均有多少男學生在廁所上網？平均會有多少女學生在廁所下單網購？（資料來源：2012 年 1 月 31 日，聯合晚報）

　　我們可以應用離散型機率分配來解答這些問題。但要注意，要檢驗是否符合某特定機率分配的假設條件，否則是不能應用的。

　　離散型機率分配，通常以直方圖之圖形或公式就可以指出其分配。由不同之統計實驗所產生之觀察值若具有相同形式之圖形或公式，則可視為具有同樣的機率分配。而在實際應用時，我們需要有用的機率分配函數，不但使得機率計算容易，更奠立了統計推論的基礎。以下我們將介紹幾個常用的離散型機率分配。

6.1　離散均勻分配

離散均勻分配（Discrete Uniform Distribution）

設離散型隨機變數為 X，若 X 之所有可能值 x_1，x_2，$\cdots x_n$ 具有相同的機率，則稱 X 服從離散均勻分配，其機率分配函數為：

$$f(x) = \frac{1}{n} \, , \, x = x_1, \, x_2, \, \cdots x_n$$

例題 6.1

擲一公正的骰子一次，令 X 表出現的點數，試求 X 之機率分配。

解　因為一個骰子有六面，且每面出現的機率均等，故為離散均勻分配。

$f(x) = \dfrac{1}{6}$，$x = 1, \, 2, \, 3, \, 4, \, 5, \, 6$

離散均勻分配的直方圖為等高之長條形。例題 6.1 之直方圖為圖 6-1。

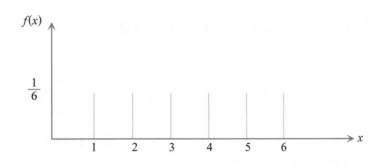

圖 6-1　投擲骰子的直方圖

定理 6.1

若隨機變數 X 服從離散均勻分配，則

$$E(x) = \frac{n+1}{2} \, , \, \mathrm{Var}(x) = \frac{n^2 - 1}{12}$$

■→ 例題 **6.2**

假設同例題 6.1，試求 $E(x)$ 及 $\text{Var}(x)$。

解 $E(x) = \dfrac{6+1}{2} = 3.5$

（或 $E(x) = 1(\dfrac{1}{6}) + 2(\dfrac{1}{6}) + 3(\dfrac{1}{6}) + 4(\dfrac{1}{6}) + 5(\dfrac{1}{6}) + 6(\dfrac{1}{6}) = 3.5$）

$\text{Var}(x) = \dfrac{6^2 - 1}{12} = 2.92$

（或 $\text{Var}(x) = (1-3.5)^2 \dfrac{1}{6} + (2-3.5)^2 \dfrac{1}{6} + (3-3.5)^2 \dfrac{1}{6}$

$+ (4-3.5)^2 \dfrac{1}{6} + (5-3.5)^2 \dfrac{1}{6} + (6-3.5)^2 \dfrac{1}{6} = 2.92$）

6.2 伯努利分配

📥 伯努利分配（**Bernolli Distribution**）

若一隨機試驗只有成功和失敗兩種結果。令隨機變數 $X=1$ 代表成功的事件，$X=0$ 代表失敗的事件，又成功事件發生的機率為 p，失敗發生的機率為 $1-p$，則稱 X 服從伯努利分配，其機率分配函數為：

$$f(x) = p^x (1-p)^{1-x}, \ x = 0 \text{ 或 } 1$$

■→ 例題 **6.3**

擲一公正的骰子一次，令出現點數 5 為成功事件，其它點數為失敗事件。設 X 表出現點數 5 的次數，試求 X 之機率分配。

解 此實驗分為兩類事件，出現點數 5 的為成功事件，以 $X=1$ 表示，且其機率為 $\dfrac{1}{6}$。另一類則為失敗事件，即出現的點數為 1, 2, 3, 4, 6 的其中之任一數，以 $X=0$ 表示，且其機率為 $\dfrac{5}{6}$，故 X 服從伯努利分配，所以機率分配函數為：

$$f(x) = (\dfrac{1}{6})^x (\dfrac{5}{6})^{1-x}, \ x = 0, 1$$

定理 6.2

若隨機變數 X 服從伯努利分配，則

$$E(x) = p \qquad \mathrm{Var}(x) = p(1-p)$$

例題 6.4

假設同例題 6.3，試求 $E(x)$ 與 $\mathrm{Var}(x)$。

解　$E(x) = \dfrac{1}{6}$

（或 $E(x) = 1 \times (\dfrac{1}{6}) + 0 \times (\dfrac{5}{6}) = \dfrac{1}{6}$）

$\mathrm{Var}(x) = \dfrac{1}{6} \times \dfrac{5}{6} = \dfrac{5}{36}$

（或 $\mathrm{Var}(x) = (1 - \dfrac{1}{6})^2 \times \dfrac{1}{6} + (0 - \dfrac{1}{6})^2 \times \dfrac{5}{6} = \dfrac{5}{36}$）

6.3　二項分配和多項分配

　　一項實驗通常包含多次重覆試驗，每次只有成功或失敗兩種結果。例如自一副牌中抽出一張牌，以抽出花色為紅心視為成功，其他花色視為失敗；若將抽出的牌放回並洗牌後重抽，則每一次的試驗與前次的試驗為獨立，像這樣的實驗稱為二項實驗。故一二項實驗具有以下的特性：

1. 實驗由 n 次試驗構成。
2. 每次試驗僅有成功或失敗兩種結果，又可稱為伯努利試驗。
3. 每次試驗成功的機率都相等。
4. n 次試驗彼此間皆獨立。

↘ 二項分配（Binomial Distribution）

若執行 n 次的伯努利實驗，設每次成功的機率為 p，且這 n 次實驗互相獨立。令 X 表 n 次實驗中成功的次數，則稱 X 服從二項分配，通常以 $X \sim B(n, p)$ 表示。其機率密度函數為：

$$f(x) = C_x^n p^x (1-p)^{n-x}，x = 0, 1, 2, \cdots, n。$$

其中
$$C_x^n = \frac{n!}{(n-x)!\, x!}$$

生活上屬於二項分配的例子很多。譬如，電話訪問 100 位台北市市民，贊成廢除路邊停車收費的人數；抽問 150 位中國技術學院的同學，有參加社團活動的人數；某藥廠研究 30 位病患服用新藥痊癒的人數；某公司品管部門隨機抽出 10 個產品，檢驗其中不良品的個數……等等。

▶ 例題 6.5

連續擲一公正的銅板五次，令 X 為出現正面的次數

試求：(1) X 之機率分配函數？

　　　(2) 出現二次正面的機會？

　　　(3) 出現至少三次正面的機會？

解 (1) 因為每次擲銅板只有可能出現正面或反面二種情形，且機會均等，故 $p = \dfrac{1}{2}$，

又每次丟擲銅板互相獨立，所以符合二項分配。

$$f(x) = C_x^5 (\frac{1}{2})^x (\frac{1}{2})^{5-x}，x = 0, 1, 2, 3, 4, 5$$

(2) $P(x = 2) = C_2^5 (\frac{1}{2})^2 (\frac{1}{2})^3 = 0.3125$

(3) $P(x \geq 3) = P(x = 3) + P(x = 4) + P(x = 5)$

$$= C_3^5 (\frac{1}{2})^3 (\frac{1}{2})^2 + C_4^5 (\frac{1}{2})^4 (\frac{1}{2}) + C_5^5 (\frac{1}{2})^5 (\frac{1}{2})^0 = 0.5000$$

由於二項分配的計算較為複雜，我們根據二項分配的計算式 $P(X \leq k) = \sum\limits_{x=0}^{k} C_x^n p^x (1-p)^{n-x}$，編成二項分配機率表，如附表 1 所示，可以快速得到機率值，以下利用附表 1 為例。

例題 6.6

某大學對全校學生所做的調查，顯示 80% 的人反對抽煙，今若隨機選取 10 位學生，求不贊成抽煙人數為下列之機率：(1)最多 5 人。(2) 7 至 9 人。(3)不低於 8 人。

解   設 X 為不贊成抽煙的人數，則 $X \sim B(10, 0.8)$

(1)$P(X \le 5) = P(X = 0) + P(X = 1) + P(X = 2) + P(X = 3) + P(X = 4) + P(X = 5)$

$$= \sum_{x=0}^{5} C_x^{10}(0.8)^x (0.2)^{10-x}$$

$$= 0.033$$

(2)$P(7 \le X \le 9) = P(X = 7) + P(X = 8) + P(X = 9)$

$$= P(X \le 9) - P(X \le 6)$$

$$= 0.893 - 0.121$$

$$= 0.772$$

(3)$P(X \ge 8) = P(X = 8) + P(X = 9) + P(X = 10)$

$$= 1 - P(X \le 7)$$

$$= 1 - 0.322 = 0.678$$

二項分配的機率密度分佈圖可根據附表 1 來繪圖。圖 6-2 為不同的機率值 p 下，二項分配機率密度的分佈情形。

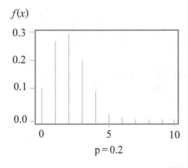

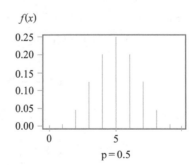

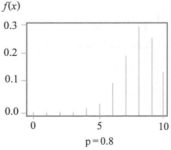

圖 6-2 $n = 10$，$p = 0.2, 0.5, 0.8$ 的二項分配圖

由圖 6-2 知，當 $p = 0.5$ 時，二項分配的圖形是對稱的；$p < 0.5$ 時，圖形右偏；$p > 0.5$ 時，圖形左偏。

定理 6.3

若隨機變數 X 服從二項分配，則

$$E(x) = np，\mathrm{Var}(x) = np(1-p)$$

例題 6.7

假設同例題 6.5，求 $E(x)$ 及 $\mathrm{Var}(x)$。

解 〈方法一〉利用例題 6.5 的機率分配函數：

x	0	1	2	3	4	5
$f(x)$	$\frac{1}{32}$	$\frac{5}{32}$	$\frac{10}{32}$	$\frac{10}{32}$	$\frac{5}{32}$	$\frac{1}{32}$

$$\therefore E(x) = 0(\frac{1}{32}) + 1(\frac{5}{32}) + 2(\frac{10}{32}) + 3(\frac{10}{32}) + 4(\frac{5}{32})$$

$$+ 5(\frac{1}{32}) = \frac{80}{32} = \frac{5}{2}$$

$$\mathrm{Var}(x) = (0 - \frac{5}{2})^2\frac{1}{32} + (1 - \frac{5}{2})^2\frac{5}{32} + (2 - \frac{5}{2})^2\frac{10}{32}$$

$$+ (3 - \frac{5}{2})^2\frac{10}{32} + (4 - \frac{5}{2})^2\frac{5}{32} + (5 - \frac{5}{2})^2\frac{1}{32} = \frac{5}{4}$$

〈方法二〉直接代入定理 6.3 的公式

$$E(x) = 5(\frac{1}{2}) = \frac{5}{2}$$

$$\mathrm{Var}(x) = 5(\frac{1}{2})(\frac{1}{2}) = \frac{5}{4}$$

例題 6.8

某科技大學統計學期末考,出 25 題四選一的選擇題,每題 4 分。甲學生完全以猜題方式做答,每題答對的機率為 $\frac{1}{4}$,求甲生期末統計學分數的期望值與變異數?

解

設隨機變數 X 為甲生答對之題數,則 $X \sim B(25, \frac{1}{4})$

故 $E(x) = 25(\frac{1}{4}) = \frac{25}{4}$,$\text{Var}(x) = 25(\frac{1}{4})(\frac{3}{4}) = 4.6875$

所以分數的期望值為 $4 E(x) = 4(\frac{25}{4}) = 25$(分)

分數的變異數為 $4 \text{Var}(x) = 4(4.6875) = 18.75$(分)^2

若每次試驗有多於兩個的可能結果,則稱為多項試驗。

多項分配

一試驗有 K 種結果 $E_1, E_2, \cdots, E_k$,其機率分別為 $p_1, p_2 \cdots, p_k$。而在 n 次的獨立試驗中,令 $x_1, x_2, \cdots, x_k$ 分別表示為各結果出現的次數,則 $X = (x_1, x_2 \cdots, x_k)$ 服從多項分配,其聯合機率分配為:

$$P(x_1, x_2, \cdots, x_k) = \binom{n}{x_1, x_2, \cdots, x_k} p_1^{x_1} p_2^{x_2} \cdots p_k^{x_k}$$

其中 $\sum_{i=1}^{k} x_i = n$,$\sum_{i=1}^{k} p_i = 1$,$\binom{n}{x_1, x_2, \cdots, x_k} = \frac{n!}{x_1! \, x_2! \cdots x_k!}$

例題 6.9

某公司主管參加會議可搭乘飛機、巴士、汽車或火車的機率分別為 0.4、0.2、0.3 和 0.1。若有九位主管將參加會議,求他們 3 位乘飛機、2 位乘巴士、3 位乘汽車和 1 位乘火車的機率?

解

設 $X_1 = $ 搭乘飛機的人數。

$X_2 = $ 搭乘巴士的人數。

$X_3 = $ 搭乘汽車的人數。

$X_4 = $ 搭乘火車的人數。

且 $p_1 = 0.4$，$p_2 = 0.2$，$p_3 = 0.3$，$p_4 = 0.1$

故 $P(X_1 = 3, X_2 = 2, X_3 = 3, X_4 = 1)$

$$= \frac{9!}{3!\,2!\,3!\,1!}(0.4)^3(0.2)^2(0.3)^3(0.1)^1$$

$$= 0.0348$$

6.4 負二項分配和幾何分配

考慮一種試驗，它具有二項試驗的特性，即每次試驗的結果只有兩種，成功或失敗，且每次的試驗互相獨立。但現在不是在求 n 次試驗中 x 次成功的機率，而是在求第 k 次成功是發生在第 x 次試驗的機率。這樣的試驗過程又稱為負二項實驗。若假設隨機變數 X 為 k 次成功的試驗次數，則 X 稱為負二項隨機變數，其機率分配定義如下：

> ### 負二項分配（Negative Binomial Distribution）
>
> 若在重覆獨立的試驗中，每次成功的機率為 p，失敗的機率為 $1-p$。令隨機變數 X 表第 k 次成功發生時的總試驗次數，則 X 服從負二項分配，其機率分配函數為：
>
> $$f(x) = C_{k-1}^{x-1}\, p^k (1-p)^{x-k}，x = k, k+1, k+2, \cdots\cdots$$

■▶ 例題 6.10

某城市中的人養狗的機率為 0.3，今若隨機訪問此城市的居民，求訪問到第 10 個人時，他是第 5 位訪問到有養狗的人之機率為何？

解　若將訪問到有養狗的人視為成功，則每次成功的機率為 0.3 即 $p = 0.3$。令 X 表示第 k 次成功的試驗次數，則 X 服從負二項分配，故第 5 次成功是發生在第 10 次的試驗機率為 $P(X = 10) = C_{5-1}^{10-1}(0.3)^5(0.7)^{10-5} = 0.0515$

定理 6.4

若 X 服從負二項分配，則

$$E(x) = \frac{k}{p} \text{ , } \mathrm{Var}(x) = \frac{k(1-p)}{p^2}$$

若考慮當 $k = 1$ 時，即得到第一次成功出現所需試驗數的機率分配，此為負二項分配的特例，通常稱此特殊情況為幾何分配。

↘ 幾何分配（geometric distribution）

若在重覆獨立的試驗中，每次成功的機率為 p，失敗的機率為 $1-p$。
令隨機變數 X 為第 1 次成功發生時的總試驗次數，則 X 服從幾何分配，
其機率分配函數為：

$$f(x) = p(1-p)^{x-1} \text{ , } x = 1, 2, 3, \cdots\cdots$$

▶ 例題 6.11

在某產品的製造過程中，已知 100 個產品會有一個不良品。試問當檢驗至第六個產品時，才發現第一個不良品的機率為何？

解 令 X 表為檢驗出第一個不良品所需的檢驗次數，則 X 服從幾何分配。又不良品的比例為 $p = \dfrac{1}{100} = 0.01$，所以檢驗到第六個產品，才發現第一個不良品的機率為

$P(X = 6) = (0.01)(1-0.01)^5 = 0.00951$

6.5 超幾何分配

　　若母體有 N 個元素，且分成兩類，具有某種特性者歸為成功，共有 M 個；另外一類不具某種特性者歸為失敗，共有 $N-M$ 個。假設每個元素被抽中的機會相同，以抽出不放回的方式自母體中隨機抽出 n 個元素。我們想知道的是從 M 個視為成功的元素中選出 x 個，和從 $N-M$ 個視為失敗的元素中選出 $n-x$ 個的機率，這就是超幾何實驗。故一超幾何實驗具有以下的特性：

1. 從一含有 N 個元素的有限母體中，以抽出不放回的抽樣方式，自母體隨機抽出 n 個元素。
2. N 物中有 M 個屬於成功類；$N-M$ 個屬於失敗類。

> ### ↘ 超幾何分配（Hypergeometric Distribution）
>
> 若母體含有 N 個元素，且分為成功和失敗兩類，其中 M 個元素為成功，$N-M$ 個元素為失敗。今以抽出不放回的方式，自母體中抽出 n 個元素，令隨機變數 X 表 n 個元素中屬於成功的元素個數，則 X 服從超幾何分配，其機率分配函數為：
>
> $$f(x) = \frac{C_x^M C_{n-x}^{N-M}}{C_n^N} \text{，} x \in Z \text{，且 Max}\{0, n-(N-M)\} \leq x \leq \min\{n, M\}$$

■■▶ 例題 6.12

自 3 位男同學和 6 位女同學中隨機抽出 4 位組成一委員會，求此委員會中女同學人數的機率分配。

解　令 x 表委員會中女性的人數，則 x 服從超幾何分配，故其機率分配為

$$f(x) = \frac{C_x^6 C_{4-x}^3}{C_4^9} \text{，} x = 1, 2, 3, 4$$

💡 定理 6.5

若隨機變數 X 服從超幾何分配，則

$$E(x) = n \cdot \frac{M}{N} \text{，} \operatorname{Var}(x) = \frac{N-n}{N-1} \cdot n \cdot \frac{M}{N} \cdot (1 - \frac{M}{N})$$

◼━━ 例題 6.13

假設同例題 6.12，試求 $E(x)$ 與 $\operatorname{Var}(x)$。

解　〈方法一〉利用例題 6.12 的機率分配函數

x	1	2	3	4
$f(x)$	$\frac{6}{126}$	$\frac{45}{126}$	$\frac{60}{126}$	$\frac{15}{126}$

故 $E(x) = 1 \cdot (\frac{6}{126}) + 2 \cdot (\frac{45}{126}) + 3 \cdot (\frac{60}{126}) + 4 \cdot (\frac{15}{126})$

$$= \frac{336}{126} = \frac{8}{3}$$

$$\operatorname{Var}(x) = E(x-\mu)^2 = (1 - \frac{8}{3})^2 \frac{6}{126} + (2 - \frac{8}{3})^2 \frac{45}{126}$$

$$+ (3 - \frac{8}{3})^2 \frac{60}{126} + (4 - \frac{8}{3})^2 \frac{15}{126} = \frac{5}{9}$$

〈方法二〉直接代入定理 6.5 的公式

因為 $N = 9$，$M = 6$，$n = 4$

所以 $E(x) = 4 \cdot \frac{6}{9} = \frac{8}{3}$

$$\operatorname{Var}(x) = \frac{9-4}{9-1} \cdot 4 \cdot \frac{6}{9}(1 - \frac{6}{9}) = \frac{5}{9}$$

事實上，超幾何分配與二項分配有密切的關係。以抽牌問題為例，N 張牌分為紅色（成功）與黑色（失敗）兩類，紅色有 M 張，黑色有 $N-M$ 張。今自 N 張牌中隨機抽出 n 張，令隨機變數 X 表 n 張牌含有紅色牌的張數。若以抽出放回的抽樣方式，即每次抽出一張，放回後再抽，連續抽 n 次，則為 n 次相互獨立的試驗，且每次抽中紅色牌的機率 $p = \frac{M}{N}$，故 X 服從二項分配；若以抽出不放回的抽樣方式，即

每次抽出一張，不放回再抽，連續抽 n 次，所以每次抽到紅色牌的機會都會受到上一次抽牌的影響，則為 n 次非獨立的試驗，故 X 服從超幾何分配。但當 N 很大時，僅抽出有限的 n 張牌，並不足以影響到母體，我們發現超幾何分配可視為二項分配。利用表 6-1 來比較超幾何分配與二項分配的機率值。當 $\frac{n}{N}=\frac{5}{10}=0.5$ 二者的機率值差異頗大；當 $\frac{n}{N}=\frac{5}{100}=0.05$ 時，二者的機率值相近。而在實際的應用上，當 $\frac{n}{N}\leq 0.05$ 時，超幾何分配近似二項分配。

表 6-1　超幾何分配與二項分配機率值比較

x	二項分配 $n=5$，$p=0.5$ $f(x)=C_x^5(0.5)^x(0.5)^{5-x}$	超幾何分配 $N=10$，$M=5$ $f(x)=\dfrac{C_x^5 C_{5-x}^5}{C_5^{10}}$	超幾何分配 $N=100$，$M=50$ $f(x)=\dfrac{C_x^{50} C_{5-x}^{50}}{C_5^{100}}$
0	0.0313	0.0040	0.0281
1	0.1563	0.0992	0.1529
2	0.3125	0.3968	0.3189
3	0.3125	0.3968	0.3189
4	0.1563	0.0992	0.1529
5	0.0313	0.0040	0.0281

此外，若令 $p=\frac{M}{N}$，則二項分配與超幾何分配的期望值是相等的，但變異數會差一個 $\frac{N-n}{N-1}$ 的式子，稱為修正因子（Correcting Factor）。當 $\frac{n}{N}\leq 0.05$ 時，修正因子可寫成

$$\frac{N-n}{N-1}=\frac{1-\dfrac{n}{N}}{1-\dfrac{1}{N}}\approx 1$$

則超幾何分配的變異數近似二項分配。所以在 N 夠大且符合 $\frac{n}{N}\leq 0.05$ 的條件時，以二項分配來計算超幾何分配的例子時，結果也頗為理想。

例題 6.14

某量販店宣稱，在上個月售出的 1,000 瓶洗髮精中，有 700 瓶為 A 牌洗髮精。若隨機抽取 10 瓶，求恰有 6 瓶為 A 牌洗髮精的機率。

解 設隨機變數 X 表抽出的 10 瓶洗髮精中為 A 牌的瓶數，則 X 服從超幾何分配，且 $N = 1,000$，$M = 700$，$n = 10$，因為 $\frac{n}{N} = \frac{10}{1,000} = 0.01 \le 0.05$，故可用二項分配來逼近。

又 $p = \frac{M}{N} = \frac{700}{1,000} = 0.7$，所以 $X \sim B(10, 0.7)$，則利用查表得

$P(X = 6) = P(X \le 6) - P(X \le 5) = 0.350 - 0.150 = 0.200$

6.6 卜瓦松分配

若一實驗是求某特定事件在一段時間或一特定區域內發生的次數，通常稱為卜瓦松實驗。例如總機小姐 10 分鐘內所接聽的電話數目；中山高速公路上每天的車禍次數；一頁報告中出現的錯字等。故卜瓦松實驗具有下列性質：

1. 每一個時間或區域內事件的發生皆是互相獨立的。例如某速食店在 8:30～9:00 間顧客到達的人數與在 9:30～10:00 間顧客到達的人數無關。
2. 在一固定的時間或區域內，事件發生的機率 p 均相等。
3. 事件發生次數的期望值與時間或區域的大小成正比，即時間或區域愈大，期望值 μ 愈高。例如總機小姐每五分鐘接聽電話次數的期望值為 10 通，則每十分鐘接聽電話次數的期望值為 20 通。
4. 在一極短的時間或區域內，僅有兩種情況，即發生一次或不發生，而發生兩次或以上的情形不予考慮。且兩個相隔的極短時間或區域內，事件的發生仍互相獨立。

↘ 卜瓦松分配（**Poisson Distribution**）

令隨機變數 X 代表在所設定之一段時間或區域內某特定事件發生的
數目，則 X 服從卜瓦松分配，通常以 $X \sim P(\mu)$ 表示，其機率密度函數
為：

$$f(x) = \frac{e^{-\mu}\mu^x}{x!} \text{，} x = 0, 1, 2\cdots\cdots$$

其中 μ 為時間或區域內事件發生的平均值，$e \doteq 2.7183$。

由於卜瓦松分配的函數用到 $e = 2.7183$，計算不易，我們根據卜瓦松分配的計算
式 $P(X \le k) = \sum\limits_{x=0}^{k} \frac{e^{-\mu}\mu^x}{x!}$，編成卜瓦松機率表，如附表 2 所示，可以快速得到機率值。

■▶ 例題 **6.15**

某速食店平均每 10 分鐘有 2 人進入。試求下列之機率

(1) 10 分鐘內，少於 4 人進入該店的機率？

(2) 10 分鐘內，恰有 5 人進入該店的機率？

(3) 5 分鐘內，沒有人進入該店的機率？

(4) 30 分鐘內，至少有 2 人進入該店的機率？

解 (1) 令 X 表 10 分鐘內進入速食店的人數，則 X 服從卜瓦松分配，即 $X \sim P(2)$，

且 $f(x) = \frac{e^{-2}2^x}{x!}$

$\therefore P(X < 4) = P(X \le 3) = \sum\limits_{x=0}^{3} \frac{e^{-2}2^x}{x!} = 0.857$ （附表 2）

(2) 同 (1)

$\therefore P(X = 5) = P(X \le 5) - P(X \le 4)$ （查表）

$\qquad = 0.983 - 0.947 = 0.036$

(3) 令 Y 表 5 分鐘內進入速食店的人數，則 $\mu = \frac{2}{2} = 1$

即 $Y \sim P(1)$，且 $f(y) = \frac{e^{-1}1^y}{y!}$

$\therefore P(Y = 0) = \frac{e^{-1}1^9}{0!} = e^{-1} = 0.368$

⑷令 Z 表 30 分鐘內進入速食店的人數，則 $\mu = 3 \times 2 = 6$，即 $Z \sim P(6)$，且 $f(z) = \dfrac{e^{-6}6^z}{z!}$

$\therefore P(Z \geq 2) = 1 - P(Z \leq 1)$ （查表）

$\qquad\qquad\quad = 1 - 0.017 = 0.983$

卜瓦松分配的機率密度分佈圖可根據附表 2 來繪圖。圖 6-3 為不同的平均值 μ 下，卜瓦松分配機率密度的分佈情形。

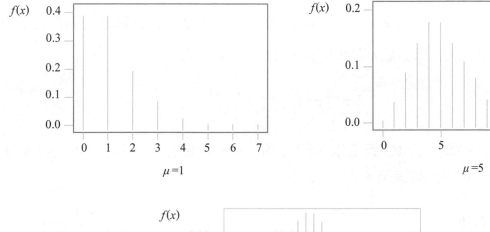

圖 6-3 $\mu=1$，$\mu=5$，$\mu=10$ 之卜瓦松分配圖

由圖 6-3 知，當 μ 較小時，卜瓦松分配為右偏，隨著 μ 的變大，逐漸成為對稱分配。

定理 6.6

若隨機變數 X 服從卜瓦松分配，則

$$E(x) = \mu \text{，} \operatorname{Var}(x) = \mu$$

在卜瓦松分配所具有的特性中，假設整個時間內或區域內事件發生的期望次數為 μ，若將整個時段或區域再加以細分 n 個微小時段或區域，使得事件在這些微小區間內，只有發生（成功）和不發生（失敗）兩種可能。則每個微小區間相互獨立，且事件發生的機率為 $p = \dfrac{\mu}{n}$。若隨機變數 X 表為整個時間或區域內事件發生的次數，則 X 可視為二項分配 n 次試驗事件發生的次數，即

$$\lim_{n \to \infty} C_x^n p^x (1-p)^{n-x} = \frac{e^{-\mu} \mu^x}{x!}$$

也就是說當 n 夠大時，二項分配近似卜瓦松分配。而在實務上，只要 $n \geq 100$，$p \leq 0.01$ 或 $n \geq 20$，$p \leq 0.05$ 即可適用。

例題 6.16

設有一產品其不良品在 100 件中有 1 件。今自一批產品中抽取 300 件，試求有 2 件不良品的機率為何？

解　令隨機變數 X 表 300 件中不良品的件數。

〈方法一〉以二項分配求解。

因為 $p = \dfrac{1}{100} = 0.01$

所以 $X \sim B(300, 0.01)$

故 $P(X=2) = C_2^{300}(0.01)^2(0.99)^{298} = 0.2244$

〈方法二〉以卜瓦松分配求解

因為 $\mu = n \cdot p = 300\left(\dfrac{1}{100}\right) = 3$

所以 $X \sim P(3)$

故 $P(X=2) = \dfrac{e^{-3} 3^2}{2!} = 0.2240$

➡️ 例題 6.17

保險公司研究調查發現有 0.05%的人會死於某意外，試求在 10000 件某意外之保險中，至少 5 人死亡之機率。

解　設隨機變數 X 表死亡人數，則 X 服從二項分配，且

$n = 10,000$，$p = 0.0005$。

因為 $n \geq 100$，$p \leq 0.05$，故 X 可視為卜瓦松分配，

且 $\mu = np = 10,000(0.0005) = 5$

故 $P(X \geq 5) = 1 - P(X \leq 4)$　（查附表 2）

$\qquad\qquad = 1 - 0.440 = 0.560$

6.7　Excel 應用範例

1. 以例題 6.5 為例，利用 Excel 求二項式機率分配（Binomial Distribution）

   擲一公正銅板五次，令 X 為出現正面的次數，p 為出現正面之機率故

   n=5, p=0.5, X:1,2,3,4,5,

   X～B(5,0.5)

   求機率分配：P(X=2)、P(X≦2)、P(X≧3)、E(X)、VAR(X)

STEP 1 ▶

進入 Excel，鍵入如下資料內容：（如圖 6-4）

利用 BINOM.DIST()統計函數求二項式分配機率值：

BINOM.DIST(x,n,p,0)：求 P(X=x)

BINOM.DIST(x,n,p,1)：求 P(X≦x)

	A	B	C	D	E	F	G	H
1	例題6.5 n=5, p=0.5, X~B(n,p)							
2	(1) X機率分配如下:							
3	X	0	1	2	3	4	5	
4	f(x)	f(0)	f(1)	f(2)	f(3)	f(4)	f(5)	
5	∵ X~B(5,0.5)							
6	f(0)=							
7	f(1)=							
8	f(2)=							
9	f(3)=							
10	f(4)=							
11	f(5)=							
12	(2) 求P(X=2)			(3) 求P(X≦2)		(4) 求P(X≧3)		
13	P(X=2)=			P(X≦2)=		P(X>=3)=		
14								
15	(4) E(X)=							
16								
17	(5)VAR(X)=							

圖 6-4

STEP 2

儲存格 B6 → 輸入統計函數 "=BINOM.DIST(0,5,0.5,0)" → 得機率值 0.03125

B7~B11 儲存格，同樣利用 BINOMDIST()函數，調函數引數完成

STEP 3

儲存格B13 → 輸入統計函數 "=BINOM.DIST(2,5,0.5,0)" → 得P(X=2)機率值 0.3125

STEP 4

儲存格E13 → 輸入統計函數 "=BINOM.DIST(2,5,0.5,1)" → 得P(X≦2)機率值 0.5

STEP 5

求 P(X≧3)：P(X≧3)=1-P(X≦2)，在儲存格 H13 → 輸入統計函數 "=1-BINOM.DIST(2,5,0.5,1)" → 得 P(X≧3)機率值 0.5

STEP 6

E(X)=np=2.5, VAR(X)=np(1-p)=1.25

2. 以例題 6.15 為例，利用 Excel 求卜瓦松機率分配（Poisson Distribution）

STEP 1

進入 Excel，鍵入如下資料內容：（如圖 6-5）

	A	B	C	D	E	F
1	例題6.15 某速食店每10分鐘有2人進入.					
2	X~Poisson(2)					
3	(1) 10分鐘內,少於4人進入該店之機率.					
4	(2) 10分鐘內,恰有5人進入該店之機率.					
5	(3) 5分鐘內,沒有人進入該店之機率.					
6	(4) 30分鐘內,至少有2人進入該店之機率.					
7						
8	(1)　X~Poisson(2)					
9	P(X<4)=					
10						
11	(2)　X~Poisson(2)					
12	P(X=5)=					
13						
14	(3)　X~Poisson(1)					
15	P(X=0)=					
16						
17	(4)　X~Poisson(6)					
18	P(X>=2)= 1-P(X<=1)					
19						

圖 6-5

STEP 2

卜瓦松機率分配，求個別機率 P(X=x)、累積機率 P(X≤x)。

利用 POISSON.DIST()統計函數求卜瓦松分配機率值：

POISSON.DIST(x,mean,0):求 P(X=x)
POISSON.DIST(x,mean,1):求 P(X≤x)

⑴X～Poisson(2)，求 P(X<4)=

　P(X<4)=P(X≤3), mean=2

　儲存格 B9 → 輸入統計函數 "=POISSON.DIST(3,2,1)" → 得機率值 0.8671

⑵X～Poisson(2)，求 P(X=5)=

　儲存格 B12 → 輸入統計函數 "=POISSON.DIST(5,2,0)" → 得機率值 0.0360

⑶X～Poisson(1)，求 P(X=0)=

　儲存格 B15 → 輸入統計函數 "=POISSON.DIST(0,1,0)" → 得機率值 0.3678

(4)X～Poisson(6)，求 P(X≧2)=

P(X≧2)=1-P(X≦1)

儲存格B18 → 輸入統計函數 "=1-POISSON.DIST(1,6,1)" → 得機率值 0.9826

（如圖 6-6）

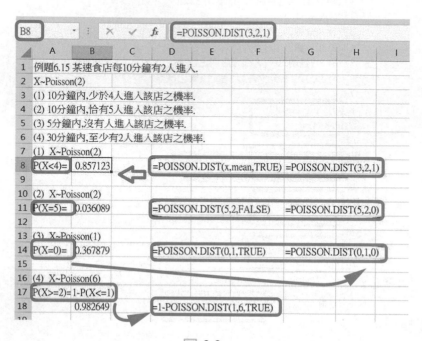

圖 6-6

習 題

一、選擇題

( ) 1. 若 X 表示 n 次獨立相同的白努力實驗成功的總次數,則 X 之機率分配為何? (A)二項分配 (B)幾何分配 (C)卜瓦松分配 (D)多項分配。

( ) 2. 擲一銅板 2 次,令 X 表示至少出現一次正面之次數,計算其機率
(A) $\frac{3}{4}$ (B) $\frac{1}{4}$ (C) $\frac{2}{4}$ (D) $\frac{4}{4}$ 。

( ) 3. 設 X 為二項分配,若 X~B(2,p)且 $P(X \geq 1)=\frac{5}{9}$,試求 p
(A) $\frac{1}{3}$ (B) $\frac{2}{3}$ (C) $\frac{5}{8}$ (D) $\frac{3}{8}$ 。

( ) 4. 設 X,Y 為二項分配,分別為 X~B(2,p),Y~B(4,p),若 $P(X \geq 1)=\frac{5}{9}$,
試求 $P(Y \geq 1)$ (A) $\frac{65}{81}$ (B) $\frac{64}{81}$ (C) $\frac{66}{81}$ (D) $\frac{67}{81}$ 。

( ) 5. 考慮 n=10,p = 0.10 的二項實驗,求 E(X)
(A) 0.1 (B) 0.2 (C) 0.3 (D) 0.4 。

( ) 6. X 為幾何分配,其成功率 p=0.1,則 P(X=5)即是實驗在第五次得到成功的機率為何? (A) 0.9×0.1 (B) 0.9×4×0.1 (C) 0.1×5 (D) 0.9^4×0.1 。

( ) 7. Bruce 參加一個測驗,共有 20 題四選一單選題,若完全用猜的,則他猜中題數的期望值為何? (A) 12.5 (B) 10 (C) 5 (D) 6.25 。

( ) 8. 蘋果銀行在每一小時內顧客出現的人次為 μ=6 的 Poisson 分配。試問在 20 分鐘內顧客來客人數期望值為何? (A) 2 (B) 3 (C) 4 (D) 6 。

( ) 9. 已知 10 支燈泡中有 3 支品質較差,若任取 4 支檢查而不放回,試求 4 支皆好的機率 (A) $\frac{1}{6}$ (B) $\frac{2}{6}$ (C) $\frac{1}{7}$ (D) $\frac{2}{7}$ 。

( ) 10. 根據 2012 至 2013 年 NBA 籃球賽的資料顯示,有 0.06 的機率需要延長加賽。試計算 500 場比賽中,需要延長加賽場次的期望值為何?
(A) 30 (B) 50 (C) 60 (D) 42 。

二、基礎題

1. 若 $X \sim B(n, p)$，試利用二項機率表，求下列各機率：

   (1) $n = 4$，$p = 0.1$，$P(X = 3) = ?$

   (2) $n = 15$，$p = 0.5$，$P(0 \leq X \leq 12) = ?$

   (3) $n = 25$，$p = 0.2$，$P(X > 10)$

2. 某科技大學根據全校一年級學生進行數學能力檢定，發現有 60% 的學生會作一般性的計算。現隨機抽出 15 位一年級學生，求下列之機率：

   (1) 不超過 4 人會作一般性的計算。

   (2) 至少有 5 人會作一般性的計算。

   (3) 恰有 6 人不會作一般性的計算。

3. 小胖鞋店的記錄顯示，平均 100 位顧客中有 30 位使用信用卡付款。某天晚上有 20 位顧客來到店裏買鞋，求下列機率：

   (1) 恰有 6 位顧客使用信用卡。

   (2) 至少有 3 位顧客但不超過 6 位顧客使用信用卡。

   (3) 至少有 9 位顧客不是使用信用卡。

   (4) 使用信用卡付款人數的期望值。

4. 已知一箱 40 個蘋果中有 3 個是壞的，若隨機抽出 5 個，試求正好發現一個壞的蘋果的機率為何？並求抽出壞蘋果數的期望值與變異數。

5. 某城市之 10,000 個市民中，有 4,000 人反對提高路邊停車之收費。若隨機抽出 15 位市民，試求超過 7 人贊成提高路邊停車收費的機率。

6. 大雄打字平均每兩頁出現三個錯字，試求下列之機率。

   (1) 兩頁中少於 4 個錯字。

   (2) 兩頁中至少有 5 個錯字。

   (3) 一頁中恰有 3 個錯字。

   (4) 一頁中至少有 1 個錯字。

7. 根據中央氣象局統計資料指出，平均每年有 5 個颱風過境臺灣。試求下列明年颱風過境個數之機率。

   (1) 沒有颱風。

   (2) 將有 6 個颱風。

   (3) 超過 8 個颱風。

   (4) 4 到 7 個颱風。

8. 續第 7 題，試求未來三年內颱風過境臺灣數量之期望值與變異數。

9. 某明星高中申請入學通過的比例只有 0.4%，若今年將有 2500 位學生申請入學，
   試求下列機率：
   (1)低於 7 人通過申請入學。
   (2)8 到 12 個人通過申請入學。

三、進階題

1. 花王鮮花店根據顧客的年齡將其分為青年、中年、老年三種年齡層，並記錄過
   去一年內各年齡層購買玫瑰花的比率，分別為 0.6，0.3，0.1。某天中午有 8 位
   顧客購買玫瑰花，求下列機率：
   (1)恰有 5 位青年，2 位中年，1 位老年購買。
   (2)至少有 7 位青年人購買。

2. 某八卦雜誌電話訪問讀者發現有 80% 的讀者相信某女明星說謊。求下列機率值：
   (1)訪問至第 8 位時是第 5 位相信她說謊的人。
   (2)訪問至第 4 位時，才有一位相信她說謊的人。

3. 某公司有 200 位臨時僱員，其中僅有 10 位為女性。若從臨時僱員中，隨機抽出
   15 位轉任正式僱員。試用二項分配近似超幾何分配的性質，求出至少 1 位為女
   性之機率。

4. 若每 10 分鐘進入某隧道之車輛平均有 5 輛，試求在 2 分鐘內進入此隧道的車輛
   超過 3 輛的機率？

5. 若填報所得退稅申請單，平均 1000 人中就有 3 人填報錯誤。今隨機抽取 100 張
   退稅單，試求下列機率：
   (1)至少有 1 張填報錯誤。
   (2)低於 3 張填報錯誤。

6. 設某公司電話交換機上打來電話數為一小時 60 通電話之卜瓦松變數，求以下各
   事件之機率。
   (1)在一分鐘內，沒有電話進來之機率。
   (2)在半個鐘頭內，至少有三通電話之機率。

四、實作題

　　把例題 6.16，利用 Excel 分別用二項式分配和卜瓦松分配求 P(X=2) 機率值。

NOTE

連續分配

學習目標

① 連續機率分配

② 常態分配

③ 常態分配的機率

④ 一般常態分配機率值

⑤ 指數分配

⑥ Excel 應用範例

前言

很多自然現象或是經濟、社會科學實例，所觀察到的隨機變數，大都是連續的隨機變數。這些連續的隨機變數具有共同的特性，其機率分配的形態很類似。例如：人的身高，大部分的人都很接近而且集中在平均身高附近，只有極少部分的人較高或較矮，身高的機率分配接近常態分配。常態分配是自然科學與行為科學中的定量現象的一個方便模型。各種心理學測試的分數和物理現象如光子計數都被發現近似地服從常態分配。

常態分配是在統計以及許多統計測試中最廣泛應用的一種分配。在機率論中，常態分配是幾種連續以及離散分配的極限。例如：飲料工廠在控管飲料裝填量不足或超量。某校新生入學的智力測驗分數高於 105 的機率是多少？低於 90 的機率是多少？這些問題都可由常態分配來解答。

本章先介紹連續機率分配的概念，再介紹推論統計中最重要的常態分配，與另一連續分配，指數分配。

7.1 連續機率分配

設 X 為一連續隨機變數，則 X 可能值是不可數且無限的數字，即任何兩數之間都可存在另一數，例如 X 的值為介於 a 與 b 的之間，則 X 表區間（$a<x<b$）中的任何值。連續隨機變數多為屬性的測量，如身高、體重、時間、溫度等等。

間斷隨機變數是可以計數並列出所有可能值，而且每一個值都有機率值。但連續隨機變數是無法列出所有的可能值，因連續隨機變數值是無限的，所以無法計數。而我們無法給無限多的 x 值機率總和為 1，所以一個連續隨機變數 x 值在某區間時的機率才有意義。也就是說一個連續隨機變數，任一點的機率是零。

設 $f(x)$ 為連續隨機變數 X 的機率密度函數（Probability Density Function），$f(x)$ 並非機率，即 $f(a) \neq P(X=a)$，a 為任意數。如前所說 $P(X=a)=0$，即連續隨機變數任一值的機率為 0。在 $f(x)$ 下，$P(a \leq x \leq b)$ 表 x 介於 a、b 之間的機率，亦 $f(x)$ 曲線下介於 a、b 之間的面積，如圖陰影的部分。

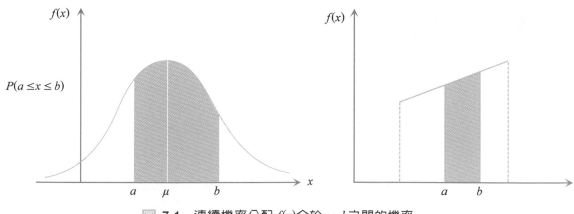

圖 7-1　連續機率分配 $f(x)$ 介於 a、b 之間的機率

所以連續隨機變數 X：

1. 數值是不可數且無限的數字。

2. x 單點機率為 0，即 $P(X=a)=0$。

3. x 值在某區間的面積代表 x 在 $f(x)$ 下此區間的機率。

且 $f(x)$ 符合以下條件：

1. $f(x) \geq 0$

2. $\int_{-\infty}^{\infty} f(x)dx = 1$

➡️ 例題 7.1

隨機變數 X 為一連續隨機變數，其機率密度函數

$$f(x) = \begin{cases} \dfrac{1}{20}, & 10 \leq x \leq 30 \\ 0, & x \text{ 為其他值} \end{cases}$$

(1) 劃出 $f(x)$

(2) 證明 $f(x)$ 為機率密度函數

(3) 求 $P(20 \leq X \leq 30)$

(4) 求 $P(X=25)$

(5) 求 $P(X \leq 25)$

解 (1)

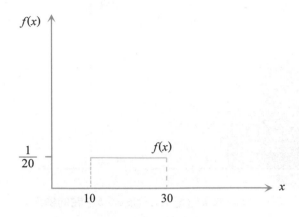

圖 7-2 連續機率分配 *f(x)*的機率分配圖

(2)$P(10 \leq X \leq 30) = 長方形面積 = 20 \times \dfrac{1}{20} = 1$，$f(x) \geq 0$，$10 \leq x \leq 30$

(3)$P(20 \leq X \leq 30) = 10 \times \dfrac{1}{20} = \dfrac{1}{2}$

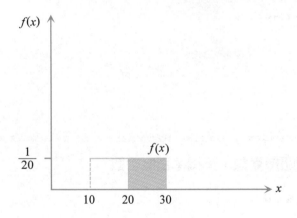

圖 7-3 *f(x)*機率分配下，介於 20 至 30 的機率，*P(20≤X≤30)*

(4)$P(X = 25) = 0$

(5)$P(X \leq 25) = 15 \times \dfrac{1}{20} = \dfrac{15}{20} = \dfrac{3}{4}$

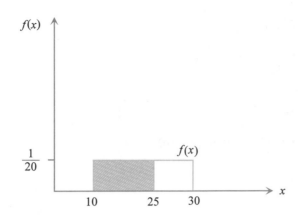

圖 7-4　$f(x)$ 機率分配下，低於(含等於)25 的機率，$P(X \leq 25)$

備註：我們也可利用微積分中的積分方法求連續隨機變數的機率。

$P(a < X < b) = \int_a^b f(x)dx$，其中 $f(x) \geq 0$ 且 $\int_{-\infty}^{\infty} f(x)dx = 1$

而一連續隨機變數 x，其機率密度函數為 $f(x)$，多是利用微積分方法來計算其平均數 $E(x)$ 與變異數 $Var(x)$。

$E(X) = \mu = \int_{-\infty}^{\infty} xf(x)dx$

$Var(X) = \sigma^2 = \int_{-\infty}^{\infty} (x-\mu)^2 f(x)dx = \int_{-\infty}^{\infty} x^2 f(x)dx - \mu^2$

例題 7.2

試利用積分方法求前例(3)–(5)，並求 $E(x)$，$Var(x)$

解　$P(20 \leq X \leq 30) = \int_{20}^{30} \frac{1}{20}\, dx = \frac{x}{20}\Big|_{20}^{30} = \frac{1}{20}(30-20) = \frac{10}{20} = \frac{1}{2}$

$P(X = 25) = \int_{25}^{25} \frac{1}{20}\, dx = \frac{x}{20}\Big|_{25}^{25} = \frac{1}{20}(25-25) = 0$

$P(X \leq 25) = \int_{10}^{25} \frac{1}{20}\, dx = \frac{x}{20}\Big|_{10}^{25} = \frac{1}{20}(25-10) = \frac{15}{20} = \frac{3}{4}$

$E(X) = \int_{10}^{30} xf(x)dx = \int_{10}^{30} x \cdot \frac{1}{20}\, dx$

$\qquad = \frac{1}{40} x^2 \Big|_{10}^{30} = \frac{1}{40}(900-100) = \frac{800}{40} = 20$

$$Var(X) = \int_{10}^{30} x^2 f(x)dx - \mu^2$$

$$= \left[\int_{10}^{30} x^2 \frac{1}{20} dx \right] - (20)^2$$

$$= \frac{1}{60} x^3 \Big|_{10}^{30} - 400$$

$$= \frac{1}{60}(27{,}000 - 1{,}000) - 400$$

$$= \frac{26{,}000}{60} - 400$$

$$= \frac{100}{3}$$

例題 7.3

隨機變數 X 為一連續隨機變數，其機率密度函數

$$\frac{x+1}{24} \quad 0 \le x \le 6$$

$$0 \qquad 其他$$

(1)劃出 $f(x)$

(2)證明 $f(x)$ 為機率密度函數

(3)求 $P(1 \le X \le 5)$

(4)求 $P(X \ge 3)$

解 (1)

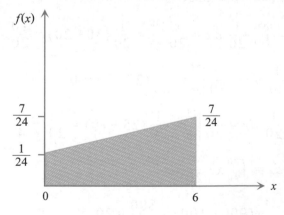

圖 7-5 連續機率分配 $f(x)$ 的機率分配圖

(2)圖 7-5 中陰影面積$= (\frac{1}{24} + \frac{7}{24}) \times 6 \times \frac{1}{2} = \frac{8}{24} \times 6 \times \frac{1}{2} = 1$，

　$f(x) \geq 0$，$0 \leq x \leq 6$

(3)$P(1 \leq X \leq 5) = (\frac{2}{24} + \frac{6}{24}) \times 4 \times \frac{1}{2} = \frac{8}{24} \times 4 \times \frac{1}{2} = \frac{32}{48} = \frac{2}{3}$

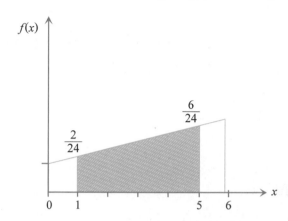

圖 7-6　$f(x)$機率分配下，介於 1 至 5 的機率，$P(1 \leq X \leq 5)$

(4)$P(X \geq 3) = (\frac{4}{24} + \frac{7}{24}) \times 3 \times \frac{1}{2} = \frac{11}{24} \times 3 \times \frac{1}{2} = \frac{33}{48} = \frac{11}{16}$

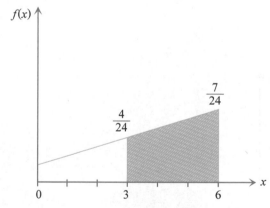

圖 7-7　$f(x)$機率分配下，高於(含等於)3 的機率，$P(X \geq 3)$

利用積分方法求(2)(3)(4)

(2)$\int_0^6 f(x)\, dx = \int_0^6 \frac{x+1}{24}\, dx = \frac{x^2}{48} + \frac{x}{24} \Big|_0^6 = \left(\frac{36}{48} + \frac{6}{24}\right) - 0$

　　$= \frac{36 + 12}{48} = \frac{48}{48} = 1$

(3)$\int_1^5 f(x)\, dx = \int_1^5 \frac{x+1}{24}\, dx = \frac{x^2}{48} + \frac{x}{24} \Big|_1^5 = \left(\frac{25}{48} + \frac{5}{24}\right) - \left(\frac{1}{48} + \frac{1}{24}\right)$

　　$= \frac{25 + 10}{48} - \frac{1 + 2}{48} = \frac{32}{48} = \frac{2}{3}$

(4) $\int_3^6 f(x)\,dx = \int_3^6 \dfrac{x+1}{24}\,dx = \dfrac{x^2}{48} + \dfrac{x}{24}\Big|_3^6 = \left(\dfrac{36}{48} + \dfrac{6}{24}\right) - \left(\dfrac{9}{48} + \dfrac{3}{24}\right)$

$\qquad = \dfrac{36+12}{48} - \dfrac{9+6}{48} = \dfrac{48}{48} - \dfrac{15}{48} = \dfrac{33}{48} = \dfrac{11}{16}$

■ 例題 **7.4**

隨機變數 X 為一連續隨機變數，其機率密度函數

$$f(x) = \begin{cases} x & 0 \le x \le 1 \\ 2-x & 1 \le x \le 2 \\ 0 & \text{其它} \end{cases}$$

(1)劃出 $f(x)$

(2)證明 $f(x)$ 為機率密度函數

(3)求 $P(\dfrac{1}{2} \le X \le \dfrac{3}{2})$

(4)求 $P(X \le \dfrac{3}{2})$

(5)求 $P(X = \dfrac{1}{2})$

解　(1)

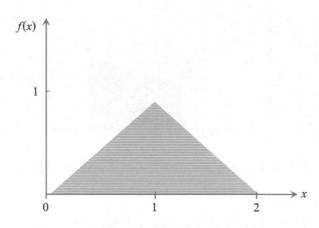

圖 7-8　連續機率分配 $f(x)$ 之機率分配圖

(2)圖 7-8 陰影部分 = 三角形面積 $= 2 \times 1 \times \dfrac{1}{2} = 1$，

$\qquad f(x) \ge 0$，$0 \le x \le 2$

(3)$P(\frac{1}{2} \le X \le \frac{3}{2}) = $ 兩梯形面積

$$= (\frac{1}{2} + 1) \times \frac{1}{2} \times \frac{1}{2} \times 2 = \frac{3}{2} \times \frac{1}{2} \times \frac{1}{2} \times 2$$

$$= \frac{3}{4}$$

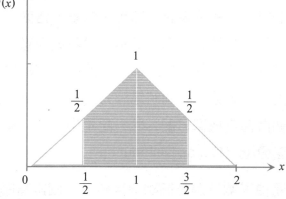

圖 7-9 $f(x)$機率分配下，介於$\frac{1}{2}$至$\frac{3}{2}$的機率，$P(\frac{1}{2} \le X \le \frac{3}{2})$

(4)$P(X \le \frac{3}{2}) = 1 - $ 空白三角形面積

$$= 1 - (\frac{1}{2} \times \frac{1}{2} \times \frac{1}{2}) = 1 - \frac{1}{8} = \frac{7}{8}$$

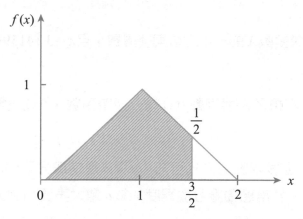

圖 7-10 $f(x)$機率分配下，低於(含等於)$\frac{3}{2}$的機率，$P(X \le \frac{3}{2})$

(5) $P(X = \frac{1}{2}) = 0$

7.2 常態分配

　　常態分配（Normal Distribution）是統計學中最重要的一個分配，亦為連續分配中最重要的一個分配，常態分配的圖形（次數分配曲線）如（圖 7-11）是一個對稱的鐘形曲線，稱常態曲線。一般的身高、體重、成績、智商、所得、銷售量等值多集中在其平均數左右，只有少數是很高、很重、很多或很矮、很輕、很少。在這些例子中，它們的觀察值趨向用對稱方式集中在中間值，而形成一對稱的鐘形曲線。另外有許多分配可趨近於常態分配，同時常態分配是統計推論的基礎分配，它描述不同抽樣中母體參數估計值之機率分配。此分配是由高斯（K. F. Gauss 1777-1855）所提出，所以亦稱高斯分配（Gauss Distribution）。

　　一個常態分配的隨機變數稱為常態隨機變數，一個常態隨機變數值為介於 $-\infty$ 到 ∞ 的任何值。而常態曲線 $f(x)$ 所代表的是 X 的高度，並不是 $X = x$ 的機率，亦即 $f(x)$ 為 X 的機率密度函數（Probability Density Function—P.D.F.）其方程式為：

$$f(x) = \left(\frac{1}{\sqrt{2\pi}\sigma}\right) e^{-\frac{(x-\mu)^2}{2\sigma^2}} , \quad -\infty < x < \infty$$

其中 μ，σ^2 為常態隨機變數 X 的一平均數與變異數，且 $\pi = 3.14159\cdots$ 和 $e = 2.71828\cdots$，一般記做 $X(\mu, \sigma^2)$。

　　對於所有 x 值，其機率密度函數 $f(x)$ 為一連續函數，$f(x)$ 值恆正，且 $f(x)$ 曲線下的總面積必須等於 1。

　　由常態分配機率密度函數的公式可知，μ 與 σ 是常態分配中的重要參數，μ 表常態曲線的中心位置，σ 表常態曲線分散程度，當 σ 愈大表資料愈分散，當 σ 愈小表資料愈集中。

所有的常態分配皆為對稱鐘形曲線（圖 7-11）

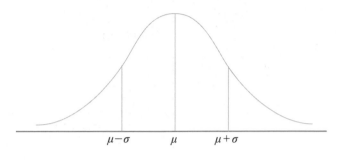

圖 7-11　常態分配圖

常態曲線的特性：

1. 以 $x=\mu$ 為中心軸的對稱曲線。

2. x 在 $\mu\pm\sigma$ 處有一反曲點。

3. x 的範圍 $-\infty<x<\infty$，所以 $f(x)$ 不會與 x 軸相交。

4. $\mu=Me=m$（平均數＝中位數＝眾數）。

　　當 μ 與 σ 確定時，常態曲線即確定。不同平均數 μ 和 σ 決定不同的常態分配。（圖 7-12）表示 2 個具有相同變異數卻有不同平均數的常態分配。（圖 7-13）則描述了 2 個具有相同平均數卻有不同變異數的常態分配。

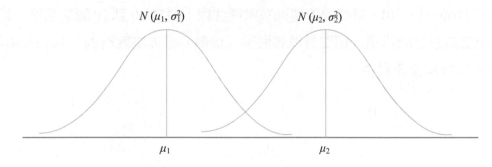

圖 7-12　有不同平均數，但相同變異數的常態曲線（$\mu_1<\mu_2$，$\sigma_1=\sigma_2$）

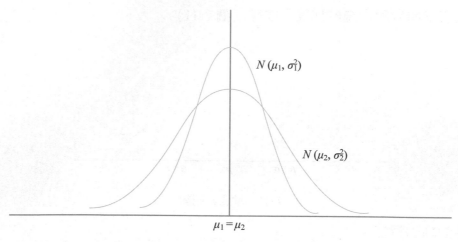

圖 7-13　有相同平均數，但不同變異數的常態曲線（$\mu_1 = \mu_2$，$\sigma_1 < \sigma_2$）

當常態分配的變異數愈大時，常態曲線形狀會變的矮且分散，變異數愈小時，常態曲線形狀會變的高且集中。

7.3　常態分配的機率

當確定常態分配狀態後，因為常態分配的機率為常態曲線下之面積，若要計算常態分配的機率值，只需求曲線下的面積。例如設 X 為考試成績，將一個學生成績機率寫成 $P(60 < X < 70)$，這個機率值則為常態曲線下介於 60 到 70 間之面積，如（圖 7-14）中陰影部分的面積。但要計算該面積（機率）是非常困難的，我們利用表 7-1 之標準常態機率表來計算。

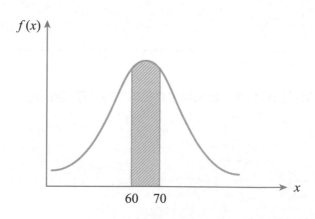

圖 7-14　常配機率分配 $f(x)$ 下，介於 60 至 70 的機率，$P(60 < X < 70)$

　　因為不同的 μ 和 σ 將產生不同的常態分配，所以共有無限多的常態分配，我們不可能提供所有的常態機率表。事實上我們只需要將常態隨機變數 X 轉換成標準隨機變數 Z，再使用表 7-1（同附表 3）標準常態分配即可得到所需要的面積（機率）。表 7-1 是一個平均數 $\mu = 0$，標準差 $\sigma = 1$ 的標準常態分配表。

　　設標準常態隨機變數 Z，為一個 $\mu = 0$，$\sigma = 1$ 的常態隨機變數。

　　現利用標準常態曲線下的相對應面積求機率，表 7-1 對應 $P(0 < Z < z)$ 機率值的面積。在表 7-1 Z 值到第一小數位數值在左邊第一欄；第二小數位數值在上面第一列。例 $P(0 < Z < 2.15)$ 為介於 0 至 2.15 間的面積。先在左邊第一欄找到 2.1 之值，然後對應上方第一列 0.05。兩者交接可得 $Z = 2.15$ 對應的面積為 0.4842，所以

$$P(0 < Z < 2.15) = 0.4842$$

　　標準常態分配是平均數 μ 為 0，標準差 σ 為 1 的常態分配。記做 $Z(0,1)$，具有常態分配的所有特性。

(1) $P(Z > 0) = P(Z < 0) = 0.5$

(2) $P(0 < Z < c) = P(-c < Z < 0)$

所有標準常態分配的機率值皆可利用（表 7-1）查出。

表 7-1 （同附表 3）標準常態機率表

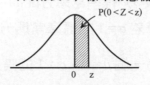

Z	0.00	0.01	0.02	0.03	0.04	0.05	0.06	0.07	0.08	0.09
0.0	0.0000	0.0040	0.0080	0.0120	0.0160	0.0199	0.0239	0.0279	0.0319	0.0359
0.1	0.0398	0.0438	0.0478	0.0517	0.0557	0.0596	0.0636	0.0675	0.0714	0.0753
0.2	0.0793	0.0832	0.0871	0.0910	0.0948	0.0987	0.1026	0.1064	0.1103	0.1141
0.3	0.1179	0.1217	0.1255	0.1293	0.1331	0.1368	0.1406	0.1443	0.1480	0.1517
0.4	0.1554	0.1591	0.1628	0.1664	0.1700	0.1736	0.1772	0.1808	0.1844	0.1879
0.5	0.1915	0.1950	0.1985	0.2019	0.2054	0.2088	0.2123	0.2157	0.2190	0.2224
0.6	0.2257	0.2291	0.2324	0.2357	0.2389	0.2422	0.2454	0.2486	0.2517	0.2549
0.7	0.2580	0.2611	0.2642	0.2673	0.2704	0.2734	0.2764	0.2794	0.2823	0.2852
0.8	0.2881	0.2910	0.2939	0.2967	0.2995	0.3023	0.3051	0.3078	0.3106	0.3133
0.9	0.3159	0.3186	0.3212	0.3238	0.3264	0.3289	0.3315	0.3340	0.3365	0.3389
1.0	0.3413	0.3438	0.3461	0.3485	0.3508	0.3531	0.3554	0.3577	0.3599	0.3621
1.1	0.3643	0.3665	0.3686	0.3708	0.3729	0.3749	0.3770	0.3790	0.3810	0.3830
1.2	0.3849	0.3869	0.3888	0.3907	0.3925	0.3944	0.3962	0.3980	0.3997	0.4015
1.3	0.4032	0.4049	0.4066	0.4082	0.4099	0.4115	0.4131	0.4147	0.4162	0.4177
1.4	0.4192	0.4207	0.4222	0.4236	0.4251	0.4265	0.4279	0.4292	0.4306	0.4319
1.5	0.4332	0.4345	0.4357	0.4370	0.4382	0.4394	0.4406	0.4418	0.4429	0.4441
1.6	0.4452	0.4463	0.4474	0.4484	0.4495	0.4505	0.4515	0.4525	0.4535	0.4545
1.7	0.4554	0.4564	0.4573	0.4582	0.4591	0.4599	0.4608	0.4616	0.4625	0.4633
1.8	0.4641	0.4649	0.4656	0.4664	0.4671	0.4678	0.4686	0.4693	0.4699	0.4706
1.9	0.4713	0.4719	0.4726	0.4732	0.4738	0.4744	0.4750	0.4756	0.4761	0.4767
2.0	0.4772	0.4778	0.4783	0.4788	0.4793	0.4798	0.4803	0.4808	0.4812	0.4817
2.1	0.4821	0.4826	0.4830	0.4834	0.4838	0.4842	0.4846	0.4850	0.4854	0.4857
2.2	0.4861	0.4864	0.4868	0.4871	0.4875	0.4878	0.4881	0.4884	0.4887	0.4890
2.3	0.4893	0.4896	0.4898	0.4901	0.4904	0.4906	0.4909	0.4911	0.4913	0.4916
2.4	0.4918	0.4920	0.4922	0.4925	0.4927	0.4929	0.4931	0.4932	0.4934	0.4936
2.5	0.4938	0.4940	0.4941	0.4943	0.4945	0.4946	0.4948	0.4949	0.4951	0.4952
2.6	0.4953	0.4955	0.4956	0.4957	0.4959	0.4960	0.4961	0.4962	0.4963	0.4964
2.7	0.4965	0.4966	0.4967	0.4968	0.4969	0.4970	0.4971	0.4972	0.4973	0.4974
2.8	0.4974	0.4975	0.4976	0.4977	0.4977	0.4978	0.4979	0.4979	0.4980	0.4981

■■■■ 例題 7.5

設 $Z \sim N(0,1)$，求下列各機率值

(1)$P(0 < Z < 1.25)$

(2)$P(Z > 1.21)$

(3)$P(-2.22 < Z < 2.23)$

(4)$P(Z < -1.69)$

(5)$P(Z > -2.33)$

(6)$P(0.69 < Z < 1.57)$

(7)$P(-2.31 < Z < -1.62)$

解 (1)$P(0 < Z < 1.25) = 0.3944$

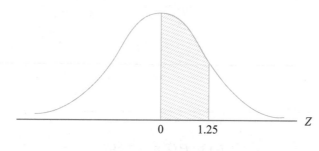

圖 7-15 $P(0 < Z < 1.25)$

(2)$P(Z > 1.21) = 0.5 - 0.3869 = 0.1131$

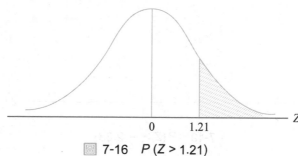

圖 7-16 $P(Z > 1.21)$

(3)$P(-2.22 < Z < 2.23) = 0.4868 + 0.4871 = 0.9739$

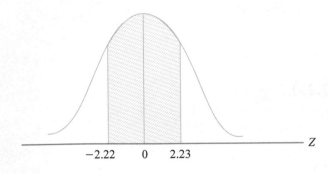

圖 7-17 $P(-2.22 < Z < 2.23)$

(4)$P(Z < -1.69) = 0.5 - 0.4545 = 0.0455$

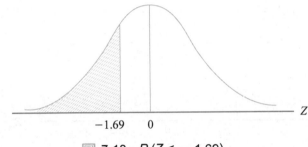

圖 7-18 $P(Z < -1.69)$

(5)$P(Z > -2.33) = 0.5 + 0.4901 = 0.9901$

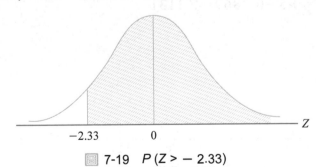

圖 7-19 $P(Z > -2.33)$

(6)$P(0.69 < Z < 1.57) = 0.4418 - 0.2549 = 0.1869$

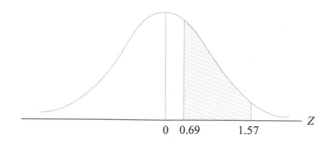

圖 7-20　$P(0.69 < Z < 1.57)$

(7)$P(-2.31 < Z < -1.62) = 0.4896 - 0.4474 = 0.0422$

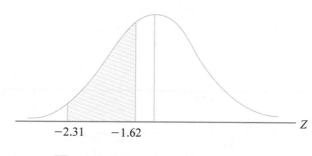

圖 7-21　$P(-2.31 < Z < -1.62)$

■➤ 例題 **7.6**

設 $Z \sim N(0,1)$，求下列 z 值

(1)$P(Z < a) = 0.8$

(2)$P(Z < b) = 0.15$

(3)$P(Z > a) = 0.20$

(4)$P(Z > b) = 0.9$

解　查表時以查最接近面積（機率）的 Z 值為原則

　　(1)$P(Z < a) = 0.8$，如圖 7-22，因為 $P(0 < Z < a) = 0.3$

　　查面積（機率）最接近 0.3 的 Z 值

　　得 $a = 0.84$

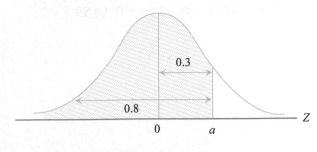

圖 7-22 $P(Z < a) = 0.8$，$P(0 < Z < a) = 0.3$

(2) $P(Z < b) = 0.15$，如圖 7-23，因為 $P(b < Z < 0) = 0.35$

查面積（機率）最接近 0.35 的 Z 值，b 在平均數 0 左邊得

$b = -1.04$

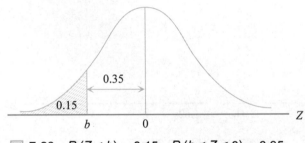

圖 7-23 $P(Z < b) = 0.15$，$P(b < Z < 0) = 0.35$

(3) $P(Z > a) = 0.2$，如圖 7-24，因為 $P(0 < Z < a) = 0.3$

得 $a = 0.84$

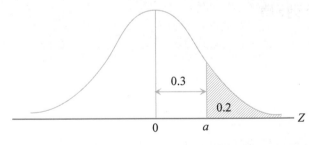

圖 7-24 $P(Z > a) = 0.2$，$P(0 < Z < a) = 0.3$

(4)$P(Z>b)=0.9$，如圖 7-25，因為 $P(b<Z<0)=0.4$，且 b 在平均數左邊得
$b=-1.28$

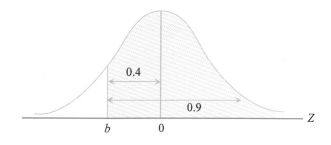

圖 7-25 $P(Z>b)=0.9$，$P(b<Z<0)=0.4$

7.4 一般常態分配機率值

我們可以利用標準常態機率表得到所有常態分配的機率，對任一平均數為 μ，標準差為 σ 的常態分配，與平均數 μ 距離 z_0 個標準差範圍的機率為一常數，

即 $P(\mu-z_0\sigma<X<\mu+z_0\sigma)=P(-z_0<Z<z_0)$

所以求常態分配的機率前，先利用下列轉換公式，將常態隨機變數 X 轉換成標準隨機變數 Z，再使用附表 3（表 7-1）查出面積（機率）。

$$N(\mu,\sigma^2)\xrightarrow{\text{（標準化）}}Z=\frac{X-\mu}{\sigma}\quad Z(0,1)$$

$$E(Z)=E(\frac{X-\mu}{\sigma})=\frac{1}{\sigma}E(X)-\frac{\mu}{\sigma}=0$$

$$Var(Z)=Var(\frac{X-\mu}{\sigma})=\frac{1}{\sigma^2}Var(X)=\frac{\sigma^2}{\sigma^2}=1$$

透過標準化過程，X 的面積不變。

給一 x_0 而對應的 z_0 值有一重要意義，因 $(x_0-\mu)$ 代表 x_0 與平均數的距離，其所對應的 z_0 值。

$$z_0=\frac{x_0-\mu}{\sigma}$$

此 z_0 值則代表 x_0 距離平均數有多少個標準差，若 z_0 為一正數代表 x_0 在平均數右邊，相反的，若 z_0 為一負數，則 x_0 在平均數左邊。

▰▰▰▶ 例題 **7.7**

$X \sim N(60, 8^2)$ 求

(1) $P(60 < X < 70)$

(2) $P(X > 82)$

(3) $P(X < 48)$

(4) $P(X > 55)$

(5) $P(X > a) = 0.9$，求 a 值

(6) $P(X < b) = 0.95$，求 b 值

解　(1) $P(60 < X < 70) = P(\dfrac{60-60}{8} < Z < \dfrac{70-60}{8}) = P(0 < Z < 1.25) = 0.3944$

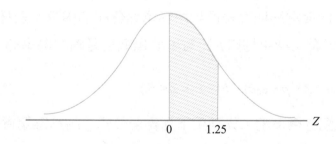

圖 7-26　$P(0 < Z < 1.25) = 0.3944$

(2) $P(X > 82) = P(Z > \dfrac{82-60}{8}) = P(Z > 2.75) = 0.5 - 0.4970 = 0.0030$

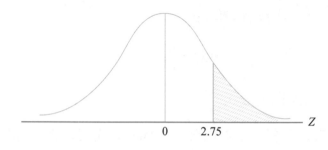

圖 7-27　$P(Z > 2.75) = 0.0030$

(3)$P(X < 48) = P(Z < \dfrac{48-60}{8}) = P(Z < -1.5) = 0.5 - 0.4332 = 0.0668$

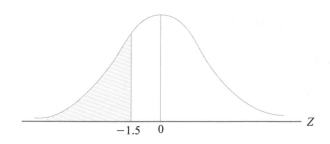

圖 7-28 $P(Z < -1.5) = 0.0668$

(4)$P(X > 55) = P(Z > \dfrac{55-60}{8}) = P(Z > -0.63) = 0.5 + 0.2357 = 0.7357$

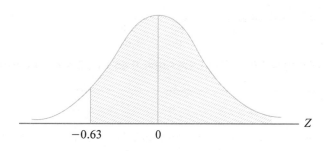

圖 7-29 $P(Z > -0.63) = 0.7357$

(5)查面積最接近 0.4 的 z，又因 a 在平均數左邊得

$z = -1.28$

$\dfrac{a-60}{8} = -1.28$

$a = 60 - 8 \times 1.28$

$\quad = 49.76$

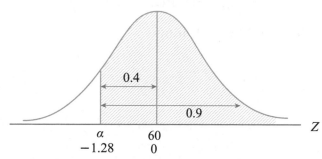

圖 7-30 $P(x > a) = 0.09$，$P(a < x < 60) = 0.4$，$P(-1.28 < Z < 0) = 0.4$

(6)查面積最接近 0.45 的 z

$z = 1.645$

（若與左右二機率值距離一樣，則找平均 z 值）

$$\frac{b-60}{8} = 1.645$$

$$b = 60 + 8 \times 1.645 = 73.16$$

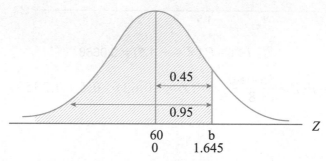

圖 7-31　$P(x < b) = 0.95$，$P(60 < x < b) = 0.45$，$P(0 < Z < 1.645) = 0.45$

◆ 例題 7.8

假設某次大學聯考考生之分數呈常態分配，其中 $\mu = 500$ 分，$\sigma = 100$ 分，求學生之分數為下列各種情形之機率？(1)超過 650 分(2)低於 250 分(3)介於 325 分與 675 分之間(4)如果其中某一學校只招收成績高於 670 分之學生，設有 10,000 個考生則有多少學生有資格進入該校(5)你如何制定一標準，使得 70% 之學生被錄取(6)如果只錄取分數較優秀的 15% 之學生，則如何訂定此標準？

設分數為 X，則 $X(500, 100^2)$

解　(1)$P(X > 650) = P(Z > \frac{650-500}{100}) = P(Z > 1.5)$

$= 0.5 - 0.4332 = 0.0668$

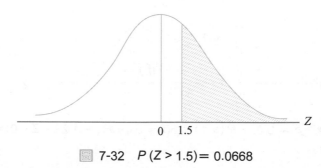

圖 7-32　$P(Z > 1.5) = 0.0668$

(2)$P(X<250)=P(Z<\dfrac{250-500}{100})$

$=P(Z<-2.5)=0.5-0.4938=0.0062$

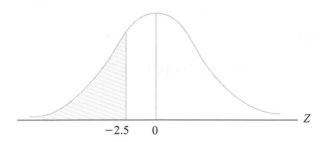

圖 7-33　$P(Z<-2.5)=0.0062$

(3)$P(325<X<675)=P(\dfrac{325-500}{100}<Z<\dfrac{675-500}{100})$

$=P(-1.75<Z<1.75)$

$=0.4599+0.4599=0.9198$

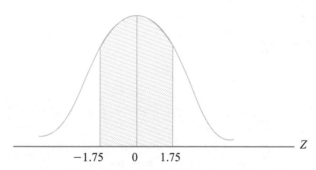

圖 7-34　$P(-1.75<Z<-1.75)=0.9198$

(4)$P(X>670)=P(Z>\dfrac{670-500}{100})$

$=P(Z>1.7)=0.5-0.4554=0.0446$

$10,000\times0.0446=446$（人）

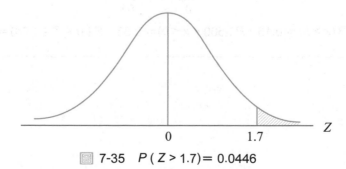

圖 7-35　$P(Z>1.7)=0.0446$

(5) $P(X > a) = 0.7$

查最接近 0.2 的 z 值

$z = -0.52$

$\dfrac{a-500}{100} = -0.52$

$a = 500 - 100 \times 0.52 = 500 - 52 = 448$

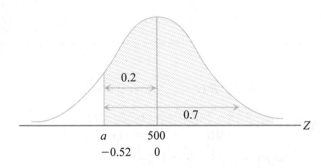

圖 7-36　$P(x > a) = 0.7$，$P(a < x < 500) = 0.2$，$P(-0.52 < Z < 0) = 0.2$

(6) $P(X > b) = 0.15$

查最接近 0.35 的 z 值

$z = 1.04$

$\dfrac{b-500}{100} = 1.04$

$b = 604$

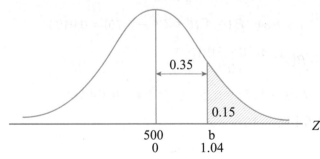

圖 7-37　$P(x > b) = 0.15$，$P(500 < x < b) = 0.35$，$P(0 < Z < 1.04) = 0.35$

7.5 指數分配

指數分配是另一重要的連續型分配，之前提到的卜瓦松分配是處理單位時間內，發生事件次數的可能性（機率）。卜瓦松隨機變數 X 是指單位時間內，發生事件的次數。指數分配則是處理兩事件發生之間，所需時間的可能性（機率）。指數隨機變數 X 是指兩事件發生的間隔時間，所以指數分配是一連續型分配。例如一特定時間來洗車廠洗車的車輛數量是卜瓦松隨機變數，而下一輛等待洗車所需的時間則為指數隨機變數，卜瓦松分配與指數分配共同具有「已知單位時間內事件發生的平均次數」。

> ### 指數分配
>
> 一連續隨機變數 X，其機率密度函數為
>
> $$f(x) = \lambda e^{-\lambda x} , \ x \geq 0 \quad \lambda = \frac{1}{\mu}$$
>
> 稱為指數分配，其中 λ 為指數分配的參數（$\lambda > 0$），代表單位時間內事件的平均數。事件平均等待時間。

不同的 λ 會有不同的指數分配機率密度函數，而隨著 λ 不同也會有不同指數分配圖形，指數分配圖形是一個遞減的上凹圖形。

（圖 7-38）為不同 λ 的指數分配圖，對於任何指數分配的機率密度函數 $f(x)$，$f(0) = \lambda$，且當 x 趨近於無窮大時，$f(x)$ 趨近於 0。

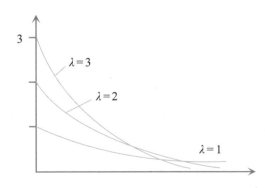

圖 7-38　$\lambda = 1$，$\lambda = 2$，$\lambda = 3$ 下，指數機率分配的分配圖

指數分配的機率

因為指數分配為連續型分配，若要計算指數分配的機率值，只需求曲線下的面積。利用微積分的積分公式求

$$P(0 < X < a) = \int_0^a f(x)dx = \int_0^a \lambda e^{-\lambda x} = -e^{-\lambda x}\Big|_0^a = 1 - e^{-\lambda a}$$

所以　$P(X \geq a) = e^{-\lambda a}$

$$P(a \leq X \leq b) = P(X \leq b) - P(X \leq a) = (1 - e^{-\lambda b}) - (1 - e^{-\lambda a}) = e^{-\lambda a} - e^{-\lambda b}$$

例題 7.9

一洗車廠的洗車時間是指數隨機變數，已知每分鐘平均洗 0.5 輛車，問某輛車等待時間超過 1 分鐘的機率？

解　$\lambda = \dfrac{1}{0.5} = 2$

即每車等待時間平均為 2 分鐘，所以某輛車等待時間超過 1 分鐘的機率為

$P(X \geq 1) = e^{-2} = 0.1353$

指數分配的平均數與標準差為

$\mu = \sigma = \dfrac{1}{\lambda}$

7.6 Excel 應用範例

一、利用 Excel 求常態機率分配（Standard Normal Distribution）機率

1. 標準常態機率分配，求機率 $P(Z < z)$、$P(z1 < Z < z2)$、$P(Z > z)$。

利用 NORM.S.DIST()統計函數求標準常態機率分配機率值：

STEP 1 ▶

$P(Z < 2)$機率值代表如下機率分配範圍之面積：（如圖 7-39）

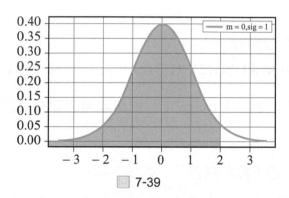

圖 7-39

$P(Z < 2)$機率值可用 Excel 標準常態機率分配函數求得機率值。

$P(Z < 2) =$ NORM.S.DIST(2,TRUE)　　TRUE 可用 1，FALSE 可用 0。

STEP 2 ▶

$P(Z < 0)$機率值代表如下機率分配範圍之面積：（如圖 7-40）

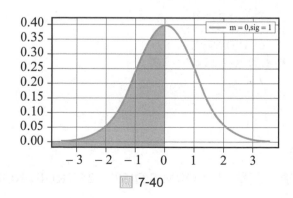

圖 7-40

$P(Z < 0) =$ NORM.S.DIST(0,TRUE)

STEP 3▶

P(0＜Z＜2)機率值代表如下機率分配範圍之面積：（如圖 7-41）

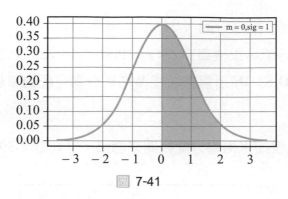

圖 7-41

P(0 < Z < 2) = P(Z < 2)-P(Z < 0)

P(0 < Z < 2) = NORM.S.DIST(2,TRUE)-NORM.S.DIST(0,TRUE)

2. 以例題 7.5 為例，利用 Excel 求下列標準常態分配機率值：

STEP 1▶

進入 Excel，鍵入如下資料內容：（如圖 7-42）

	A	B	C	D
1	例題7.5 Z~N(0,1)			
2	(1)P(0<Z<1.25)			
3	(2)P(Z>1.21)			
4	(3)P(-2.22<Z<2.23)			
5	(4)P(Z<-1.69)			
6	(5)P(Z>-2.33)			
7	(6)P(0.69<Z<1.57)			
8	(7)P(-2.31<Z<-1.62)			

圖 7-42

STEP 2▶

求 P(0 < Z < 1.25)

在儲存格 C2 → 輸入函數 "=NORM.S.DIST(1.25,TRUE)-NORM.S.DIST
(0,TRUE)" → 按「Enter」鍵

STEP 3

求 P(Z > 1.21)

P(Z > 1.21) = 1-P(Z < 1.21)

在儲存格 C3 → 輸入函數 "=1-NORM.S.DIST(1.21,TRUE)" → 按「Enter」鍵

STEP 4

求 P(-2.22 < Z < 2.23)

P(-2.22 < Z < 2.23) = P(Z < 2.23)-P(Z < -2.22)

在儲存格 C4 → 輸入函數 "=NORM.S.DIST(2.23,TRUE)-NORM.S.DIST
(-2.22,TRUE)"

STEP 5

求 P(Z < -1.69)

在儲存格 C5 → 輸入函數 "=NORM.S.DIST(-1.69,TRUE)"

其他儲存格公式也是用上述方法，再輸入函數引數即可求值。（如圖 7-43）

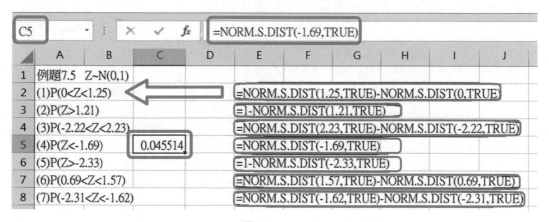

圖 7-43

也可在儲存格輸入部分函數名：" =norm"，Excel 即下拉視窗顯示所有常態分配的函數，選擇適當函數和函數引數即可。（如圖 7-44）

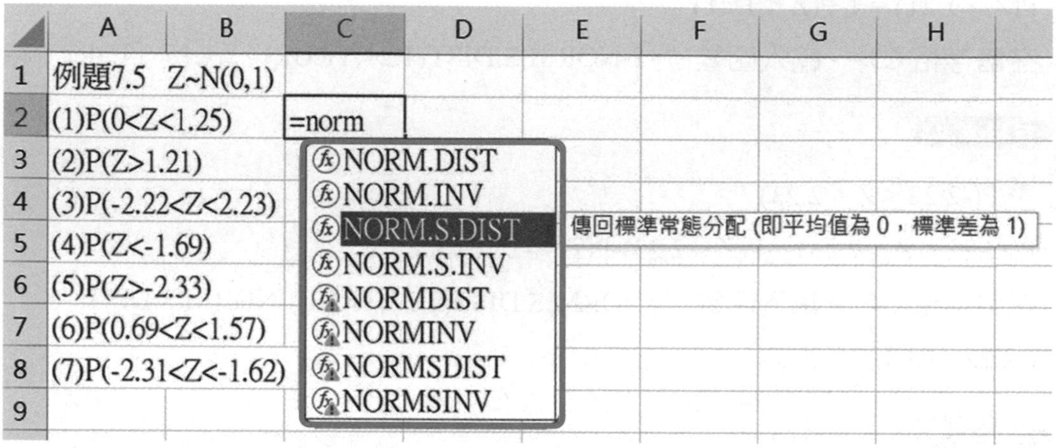

圖 7-44

3. 以例題 7.6 為例，利用 Excel 求下列標準常態分配機率值的反函數值：

STEP 1

進入 Excel，鍵入如下資料內容：（如圖 7-45）

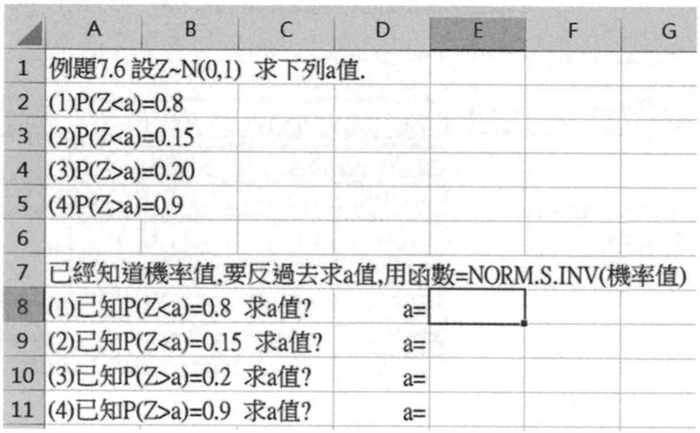

圖 7-45

STEP 2

儲存格 E8 → 輸入函數 " =NORM.S.INV(0.8)" → 按「Enter」鍵 → 得 a 值 0.8416

STEP 3

在儲存格 E9 → 輸入函數 " =NORM.S.INV(0.15)" → 按「Enter」鍵 → 得 a 值 -1.0364

STEP 4

已知 P(Z > a) = 0.2 => P(Z < a) = 0.8

在儲存格 E10 → 輸入函數 "=NORM.S.INV(0.8)" → 按「Enter」鍵 → 得 a 值 0.8416

STEP 5

在儲存格 E11 → 輸入函數 "=NORM.S.INV(0.1)" → 按「Enter」鍵 → 得 a 值-1.2815

二、以例題 7.9 為例，利用 Excel 求指數分配機率值

$$f(x) = \lambda e^{-\lambda x}, \lambda > 0$$

$$E(X) = \frac{1}{\lambda} = \mu$$

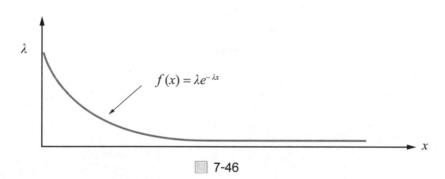

圖 7-46

STEP 1

進入 Excel，鍵入如下資料內容：（如圖 7-47）

	A	B	C	D	E	F	G
1	例題7.9 指數分配: 每分鐘平均洗0.5輛車,每車等待時間平均2分鐘.						
2	求P(X>1)?						
3							
4	X~指數分配　λ=2						
5							
6	P(X>1)=						

圖 7-47

STEP 2

$P(X > 1) = 1 - P(X < 1)$

在儲存格 B6 → 輸入函數 "=1-EXPON.DIST(1,2,TRUE)" → 按「Enter」鍵 → 得 a 值 0.1353（如圖 7-48）

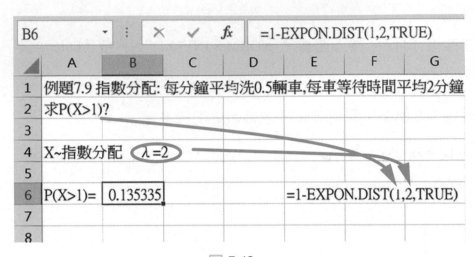

圖 7-48

習 題

一、選擇題（*表示為複選題）

(　　) 1. 常態分配經過標準化後之期望值和變異數$(\mu, \sigma^2) = $?
(A) (1, 0)　(B) (1, 1)　(C) (0, 1)　(D) (1, 2)。

(　　) 2. 已知有兩個常態分配X～N(130,62)與Y～N(250,42)，試問X與Y兩個常態分佈圖的資料集中度關係為　(A) X較Y的資料集中　(B) Y較X的資料集中　(C) X與Y的資料集中相同　(D)無法判定。

*(　　) 3. 以下關於常態分配的敘述哪些為正確？
(A)大約有68%的資料會落在平均數加減一倍標準差內
(B)大約有95%的資料會落在平均數加減二倍標準差內
(C)大約有99.74%的資料會落在平均數加減三倍標準差內
(D)是離散分配。

*(　　) 4. 以下關於標準常態分配的敘述哪些為正確？
(A)平均數為0且標準差為1
(B)平均數為1且標準差為0
(C)平均數、中位數與眾數三者相等
(D)對稱的分配。

(　　) 5. 假設Z為標準常態分配，Z～N(0, 1)查表得P(0 < Z < 1) = 0.3413，請計算P(Z < 1)機率值？　(A) 0.3413　(B) 0.6826　(C) 0.1587　(D) 0.8413。

(　　) 6. 假設Z為標準常態分配，Z～N(0, 1)查表得P(0 < Z < 1) = 0.3413，請計算P(Z < -1)機率值？　(A) 0.3413　(B) 0.6826　(C) 0.1587　(D) 0.8413。

(　　) 7. 假設Z為標準常態分配，Z～N(0, 1)查表得P(0 < Z < 1) = 0.3413，請計算P(-1 < Z < 1)機率值？　(A) 0.3413　(B) 0.6826　(C) 0.1587　(D) 0.8413。

(　　) 8. 假設Z為標準常態分配，Z～N(0,1)查表得P(0 < Z < 1) = 0.3413，請計算P(Z > 1)機率值？　(A) 0.3413　(B) 0.6826　(C) 0.1587　(D) 0.8413。

(　　) 9. X_1, X_2, X_3 是常態機率分配（如下圖），且
$X_1 \sim N_1(\mu_1, \sigma_1^2)$，$X_2 \sim N_2(\mu_2, \sigma_2^2)$，$X_3 \sim N_3(\mu_3, \sigma_3^2)$
判斷 μ_1, μ_2, μ_3 關係，下列何者正確？
(A) $\mu_1 > \mu_2$　(B) $\mu_1 < \mu_3$　(C) $\mu_1 < \mu_2 < \mu_3$　(D) $\mu_1 = \mu_2 = \mu_3$。

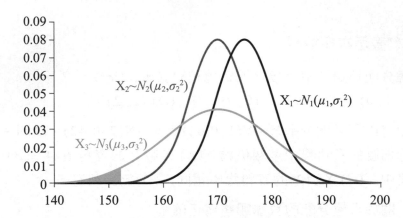

(　　) 10. 承第 9 題，判斷 $\sigma_1, \sigma_2, \sigma_3$ 關係，下列何者正確？
(A) $\sigma_2 > \sigma_3$　(B) $\sigma_1 < \sigma_3$　(C) $\sigma_1 = \sigma_2 = \sigma_3$　(D) $\sigma_1 = \sigma_2$。

二、基礎題

1. 隨機變數 X 為一連續隨機變數，其機率密度函數
$$f(x) = \begin{cases} \dfrac{x}{8}, & 0 \le x \le 4 \\ 0, & x \text{ 為其他值} \end{cases}$$
(1) 劃出 $f(x)$
(2) 證明 $f(x)$ 為機率密度函數
(3) 求 $P(1 \le X \le 3)$
(4) 求 $P(X = 2)$
(5) 求 $P(X \le 2.5)$
(6) 試利用積分法方法求 (3)－(5)，並求 $E(X)$，$Var(X)$

2. 設 $Z \sim N(0,1)$，求下列各機率值
(1) $P(0 < Z < 2.25)$
(2) $P(Z > 3.05)$
(3) $P(-1.57 < Z < 0.52)$
(4) $P(Z < -1.49)$
(5) $P(Z > -2.57)$

(6)$P(1.57 < Z < 2.91)$

(7)$P(-2.08 < Z < -1.48)$

3. 設 $Z \sim N(0,1)$，求下列 z 值

(1)$P(Z < a) = 0.2090$

(2)$P(Z < b) = 0.7088$

(3)$P(Z > a) = 0.025$

(4)$P(Z > b) = 0.8729$

(5)$P(-c < Z < c) = 0.1664$

4. 設 $X \sim N(120,6)$ 求下列各機率值

(1)$P(\mu - 2\sigma < X < \mu + 2\sigma)$

(2)$P(X \geq 128)$

(3)$P(X \leq 108)$

(4)$P(112 \leq X \leq 130)$

(5)$P(114 \leq X \leq 116)$

(6)$P(115 \leq X \leq 128)$

5. 設 $X \sim N(50,3)$，求下列各 a 值

(1)$P(X \leq a) = 0.8413$

(2)$P(X > a) = 0.025$

(3)$P(X > a) = 0.95$

(4)$P(47 < X < a) = 0.6636$

6. 令 X 為一個 $\lambda = 1$ 的指數隨機變數，試求下列機率。

(1)$P(X \geq 3)$　　　(2)$P(X \geq 4)$　　　(3)$P(X \leq 2.5)$

(4)$P(X \leq 1.8)$　　(5)$P(3 \leq X \leq 6)$　　(6)$P(X = 2)$

三、進階題

1. 已知某班級的統計成績呈 $\mu = 70$，$\sigma = 5$ 的常態分配，並知得 A 等的學生占 15%，
請問 A 等的學生中最低是多少分，若有 10% 不及格，則最低及格成績是多少分？
（求整數分數）

2. 試求常態分配 $X(68,7)$ 之四分位數 Q_1，Q_2，Q_3。

3. 已知某校入學成績呈常態分配，且平均分數為 500 分，標準差為 8 分，請利用
Excel 求下列各值

(1)若甲生分數為 510 分，請問有多少比例的考生分數低於甲生？

⑵若錄取前 15% 的學生則入學最低成績為何？

⑶請問入學成績介於 475 分至 510 分的比例為何？

4. 車輛通過收費站時間是指數隨機變數，已知每小時平均通過 250 輛車，問在 2 分鐘內不會有車子通過之機率。

5. 一電燈壽命為一平均值為 3000 小時的指數分配，試求該電燈壽命維持在 3000 與 3500 小時間之機率。

6. 某食品公司生產食品罐頭，生產線上每罐的重量是常態分佈 $N(180,10^2)$（單位：公克）每盒由生產線上隨機取樣 6 罐組成：

⑴規格上說明每盒重量不足一公斤時可退貨，試問此產品被退貨的機率是多少？

⑵如規格上說明每罐重量不足 170 公克時可退貨，試問被退貨的機率是多少？

⑶如公司希望被退貨的機率小於 1%，求應規定每盒總重量少於多少時才允許退貨？

四、實作題

　　$X \sim N(60, 8^2)$ 利用函數 "=NORM.DIST(x,mean,stdev,TRUE)" 求下列各題機率值：

1. $P(X < 48)$
2. $P(X > 82)$
3. $P(60 < X < 70)$

抽樣分配

學習目標

1. 抽樣方法
2. $\bar{X}$ 的抽樣分配
3. 其他有用的抽樣分配
4. Excel 應用範例

前言

　　所謂抽樣就是由一個母體中抽出部分樣本的過程與設計，學習抽樣分配最重要的概念就是為了防止以偏概全。因此想藉由樣本所得的訊息推論母體可能呈現狀態時，必須透過一個媒介，而這個媒介在統計學中就是抽樣分配。以下舉例說明。

　　全球歷經 2008 年金融海嘯後經濟普遍不景氣，報章雜誌報導臺灣剛大學畢業的社會新鮮人月收入平均 25,000 元。若想探討這個主題，最好的方式就是針對臺灣所有剛大學畢業的社會新鮮人進行月收入調查。根據教育部統計資料顯示，99 年 6 月的大學畢業生人數是 227,174 人，要逐一的調查 22 萬人的月收入除了有人力物力的限制外更有時效性的考量。因此利用抽樣方法由 22 萬人抽出有效樣本成為探討社會新鮮人平均月收入的有效工具。

　　若由 22 萬大學畢業生中隨機抽出 1,000 人一一進行調查，可以蒐集到 1,000 人每個個人的月收入，因此也可以得到 1,000 人的平均月收入；1,000 人的月收入的中位數、眾數或是某特定的位置量數；或是 1,000 人的月收入的全距與標準差等。雖然由 22 萬多名大學畢業生中隨機抽出 1,000 人的可能組合有好幾十萬種，但是在實務上的抽樣結果往往僅是好幾十萬種組合中的其中一種組合。

　　由 22 萬多名大學畢業生中隨機抽出 1,000 人的好幾十萬種可能組合中當然就包含好幾十萬的樣本平均數、樣本中位數、樣本眾數、某特定的樣本位置量數、樣本全距與樣本標準差等統計量。因此好幾十萬的樣本平均數可以形成樣本平均數的機率分配；好幾十萬的樣本中位數可以形成樣本中位數的機率分配；好幾十萬的樣本標準差可以形成樣本標準差的機率分配。由樣本統計量所形成的機率分配統稱為抽樣分配。

8.1　抽樣方法

　　由於母體個數可能是無限母體，或雖是有限母體但母體個數過於龐大無法一一調查，因此必須使用抽樣的方式從母體中抽出有限且具代表性的樣本，蒐集資料取得有效的數據對母體加以評估與預測。

　　為使得樣本有效且具代表性，因此必須使用抽樣的方式，使得資料的誤差最小。

　　抽樣的方式大致有四種：簡單隨機抽樣、分層抽樣、集群抽樣與系統抽樣。

1. 簡單隨機抽樣

　　簡單隨機抽樣有數種方式：一是隨研究者的意思由母體任意抽取所需的樣本，二是研究者先行將母體元素排序，再根據亂數表所得的數字對照母體序號抽出樣本。例如：A 教師想研究該教授班級同學學習狀況，設該班共 50 人，則母體即為該 50 名同學，若 A 教師想以簡單隨機抽樣，由該班抽出 10 位同學為樣本了解同學的學習狀況，可隨意抽取 10 名同學當作樣本。或先將 50 人先行排序 1 至 50 號，再由亂數表取得隨機數字 10 個，由母體取得相對號碼之同學當作樣本。

2. 分層抽樣

　　分層抽樣係指研究者先將母體依母體特性分成若干層，再按照各層在母體所佔的比例抽出適當的樣本數。例如某校企管系想研究該系一至四年級學生的身高狀況，因此母體為企管系，根據年級的特性可將母體分成四層，若企管系學生共 300 人，一年級共 60 人（占全體企管系人數的 $\frac{1}{5}$），二年級共 100 人（占全體企管系人數的 $\frac{1}{3}$），三年級共 80 人（占全體企管系人數的 $\frac{4}{15}$），四年級共 60 人（占全體企管系人數的 $\frac{1}{5}$）；假設抽出的樣本為 60 人，按各年級所佔比例則一年級抽 12 人，二年級抽 20 人，三年級抽 16 人，四年級抽 12 人。

3. 集群抽樣

　　集群抽樣係指研究者依照母體自然特性或研究者所需的目的將母體分成若干群體，再由各群體隨機抽樣或分層抽樣，或多層次分層抽樣混合使用，由各群體抽出適當的樣本數。分層抽樣與集群抽樣方式像是類似，事實上是不同的。為使樣本具代表性分層抽樣法要求層與層間的個體性質儘量完全不同，而各層內個體同質；集群抽樣則要求集群與集群間個體同質，各集群內的個體異質。例如若某研究人員想利用集群抽樣對某大學院校大學部進行抽樣，並以院所當作集群區分的標準，設該院校包含管理學院、理學院與工學院三院所，因此研究人員將該院校包含管理學院、理學院與工學院三個集群，比較管理學院、理學院與工學院三個集群間的個體。由於各院所均含有一至四年級大學部男女學生，因此三群體個體同質；然而比較各個群體內的個體如管理學院內因包含一至四年級大學部男女學生，則是個體異質。

4. 系統抽樣

　　系統抽樣的步驟通常有四：①先將母體順序排列；②再依次將母體劃分為 n 個相等大小的區間每個區間大小為 k，$k = \dfrac{N}{n}$；③接著從第一個區間的 k 個個數中，依照簡單隨機抽樣抽出一個元素當做始點；④最後由此始點算起每隔 k 個單位所得的元素即為樣本單位。如此即可得 n 個樣本。實務上常以已存在的名冊、電話簿當做抽樣的基準，如一電話本共 500 頁，若將該電話本區分為 250 個大小相等的區間，則每一區間的的大小 $k = \dfrac{500}{250} = 2$ 頁；若由第一區隨機抽取第 35 個資料，以此類推由第二區至第 250 區均抽取第 35 個資料當做樣本，共可得 250 個樣本資料。

　　上述四種抽樣方式並無優劣的區別，在實務上研究人員可依照其研究方向與目的的需要將四種抽樣方式混合使用。

8.2　$\overline{X}$ 的抽樣分配

　　凡由母體進行抽樣時必同時存在一個樣本空間，且隨之產生無限個隨機變數機率分配。由於抽樣的最終目的在於以樣本資料推測母體趨勢，因此樣本平均數或樣本變異數的機率分配成為在建立統計推論前所應探討的主題。

> 定義：由一母體平均數為 μ、標準差為 σ，以抽出放回方式取 n 數，令隨機變數 $\overline{X}$：樣本空間內各樣本點的算術平均數，則 $\overline{X}$ 所形成的分配將近似常態，且 $E(\overline{X})=\mu$、$Var(\overline{X})=\sigma^2/n$；並以 $\overline{X}\sim N(\mu\,;\,\sigma^2/n)$ 表示

■▶ 例題 8.1

一母體 $1,3,5,7,9$ 含五數以抽出放回取 2 數，令隨機變數 $\overline{X}$＝樣本空間內各樣本點的算術平均數。

(1)計算母體 μ、σ^2、σ　　　　　　(4)求 $E(\overline{X})$、$Var(\overline{X})$、$\sigma_{\overline{X}}$

(2)列出樣本空間並計算樣本空間各樣本點$\overline{X}$　　(5)繪$\overline{X}$的機率分配圖

(3)寫出$\overline{X}$的機率分配

解　(1)$\mu = 5$　　$\sigma^2 = 8$　　$\sigma = \sqrt{8} = 2.83$

(2)　　　　　表 8-1　樣本空間各樣本點$\overline{X}$值與機率值

Ω	$\overline{X}$	f(Ω)	Ω	$\overline{X}$	f(Ω)
(1,1)	1	1/25	(5,7)	6	1/25
(1,3)	2	1/25	(5,9)	7	1/25
(1,5)	3	1/25	(7,1)	4	1/25
(1,7)	4	1/25	(7,3)	5	1/25
(1,9)	5	1/25	(7,5)	6	1/25
(3,1)	2	1/25	(7,7)	7	1/25
(3,3)	3	1/25	(7,9)	8	1/25
(3,5)	4	1/25	(9,1)	5	1/25
(3,7)	5	1/25	(9,3)	6	1/25
(3,9)	6	1/25	(9,5)	7	1/25
(5,1)	3	1/25	(9,7)	8	1/25
(5,3)	4	1/25	(9,9)	9	1/25
(5,5)	5	1/25			

(3)

表 8-2　例題 8.1 之機率分配表

$\overline{X}$	1	2	3	4	5	6	7	8	9
f($\overline{X}$)	1/25	2/25	3/25	4/25	5/25	4/25	3/25	2/25	1/25

(4) $E(\overline{X}) = 1(\frac{1}{25}) + 2(\frac{2}{25}) + 3(\frac{3}{25}) + 4(\frac{4}{25}) + 5(\frac{5}{25}) + 6(\frac{4}{25})$

$\qquad + 7(\frac{3}{25}) + 8(\frac{2}{25}) + 9(\frac{1}{25}) = 5 = \mu$

$\quad Var(\overline{X}) = E(\overline{X}^2) - [E(\overline{X})]^2$

$\qquad = (1^2(\frac{1}{25}) + 2^2(\frac{2}{25}) + 3^2(\frac{3}{25}) + 4^2(\frac{4}{25}) + 5^2(\frac{5}{25})$

$\qquad + 6^2(\frac{4}{25}) + 7^2(\frac{3}{25}) + 8^2(\frac{2}{25}) + 9^2(\frac{1}{25})) - (5)^2$

$\qquad = 4 = \sigma^2/n$

$\quad \sigma_{\overline{x}} = 2$

(5)

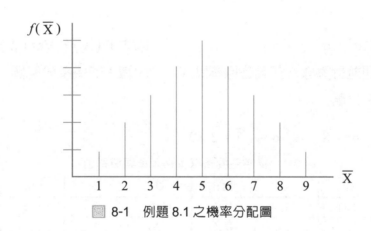

圖 8-1　例題 8.1 之機率分配圖

上例的母體為一個平均數為 5 的均等機率之有限母體,由其中以抽出放回方式抽取 $n=2$ 的樣本時,樣本平均數的機率分配圖以平均數 5 為中心,兩側互相對稱近似常態,且符合 $E(\overline{X}) = \mu$、$Var(\overline{X}) = \sigma^2/n$ 的條件。由此可清楚推斷當母體近似常態分配且以抽出放回的方式抽出的樣本數愈大時,$\overline{X}$ 的機率分配不僅能符合 $E(\overline{X}) = \mu$、$Var(\overline{X}) = \sigma^2/n$ 的條件,且其機率分配圖更近似常態分配。

例題 8.2

已知一常態母體$\mu = 50$、$\sigma^2 = 16$，由其中以抽出放回方式分別取 16、25、64 個樣本試分別

(1)求 $E(\overline{X})$、$Var(\overline{X})$、$\sigma_{\overline{x}}$

(2)寫出$\overline{X}$的機率分配

解　(1) n = 16

$E(\overline{X}) = 50,\ Var(\overline{X}) = 1,\ \sigma_{\overline{x}} = 1$

n = 25

$E(\overline{X}) = 50,\ Var(\overline{X}) = \dfrac{16}{25},\ \sigma_{\overline{x}} = \dfrac{4}{5}$

n = 64

$E(\overline{X}) = 50,\ Var(\overline{X}) = \dfrac{16}{64},\ \sigma_{\overline{x}} = \dfrac{4}{8}$

(2) n = 16

$\overline{X} \sim N(50,\ 1)$

$n = 25$

$\overline{X} \sim N(50,\ \dfrac{16}{25})$

$n = 64$

$\overline{X} \sim N(50,\ \dfrac{16}{64})$

　　然而抽樣的方式並不侷限於抽出放回一種，研究者可根據自己的需求設計符合條件的抽樣方式，譬如以抽出不放回當作實驗方式；則結果自然有些差異，但樣本平均數的抽樣分配仍會近似常態。

定義：一總個數為 N 的有限母體平均數為 μ、標準差為 σ，以抽出不放回方式取 n 數，
令隨機變數$\overline{X}$：樣本空間內各樣本點的算術平均數，則$\overline{X}$所形成的分配將近似
常態，且 $E(\overline{X}) = \mu$、$Var(\overline{X}) = \dfrac{N-n}{N-1} \cdot \dfrac{\sigma^2}{n}$：以$\overline{X} \sim N\left[\mu;\dfrac{N-n}{N-1} \cdot \dfrac{\sigma^2}{n}\right]$ 表示。

●——▶例題 8.3

設一母體含 2，4，6，8，10 五數以抽出不放回方式取 2 數，令隨機變數 $\overline{X}$：樣本空間內各樣本點的平均數。

(1)計算母體 μ、σ^2、σ

(2)列出樣本空間並計算樣本空間各樣本點 $\overline{X}$

(3)寫出 $\overline{X}$ 的機率分配

(4)求 E$(\overline{X})$、Var$(\overline{X})$、$\sigma_{\overline{x}}$

(5)繪 $\overline{X}$ 的機率分配圖

解　(1)$\mu = 6$　　　　$\sigma^2 = 8$　　　$\sigma = \sqrt{8} = 2.83$

(2)

表 8-3　樣本空間各樣本點 $\overline{X}$ 值與機率值

Ω	(2, 4)	(2, 6)	(2, 8)	(2, 10)	(4, 2)	(4, 6)	(4, 8)	(4, 10)	(6, 2)	(6, 4)
$\overline{X}$	3	4	5	6	3	5	6	7	4	5
f(Ω)	1/20	1/20	1/20	1/20	1/20	1/20	1/20	1/20	1/20	1/20
Ω	(6, 8)	(6, 10)	(8, 2)	(8, 4)	(8, 6)	(8, 10)	(10, 2)	(10, 4)	(10, 6)	(10, 8)
$\overline{X}$	7	8	5	6	7	9	6	7	8	9
f(Ω)	1/20	1/20	1/20	1/20	1/20	1/20	1/20	1/20	1/20	1/20

(3)

表 8-4　例點 8.3 之機率分配表

$\overline{X}$	3	4	5	6	7	8	9
f($\overline{x}$)	2/20	2/20	4/20	4/20	4/20	2/20	2/20

(4) $E(\overline{X}) = 3(\frac{2}{20}) + 4(\frac{2}{20}) + 5(\frac{4}{20}) + 6(\frac{4}{20}) + 7(\frac{4}{20}) + 8(\frac{2}{20})$

$\qquad\qquad + 9(\frac{2}{20}) = 6 = \mu$

$Var(\overline{X}) = E(\overline{x}^2) - [E(\overline{x})]^2$

$\qquad\qquad = (3^2(\frac{2}{20}) + 4^2(\frac{2}{20}) + 5^2(\frac{4}{20}) + 6^2(\frac{4}{20}) + 7^2(\frac{4}{20})$

$\qquad\qquad\quad + 8^2(\frac{2}{20}) + 9^2(\frac{2}{20})) - (6)^2 = 3$

$\qquad\qquad = \frac{N-n}{N-1} \cdot \frac{\sigma^2}{n}$

$\quad \sigma_{\overline{x}} = 1.73$

(5)

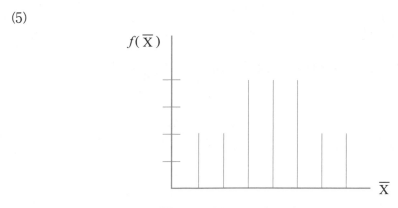

圖 8-2 例題 8.3 之機率分配圖

上例的母體為一個平均數為 6 的簡單均等機率的有限母體,由其中以抽出不放回方式抽取 $n=2$ 的樣本時,樣本平均數的機率分配圖以平均數 6 為中心兩側互相對稱近似常態,且符合 $E(\overline{X})=\mu$、$Var(\overline{X})=\dfrac{N-n}{N-1}\cdot\dfrac{\sigma^2}{n}$ 的條件。因此可知抽樣方式不同雖會影響樣本平均數機率分配變異數的大小,然而其中機率分配的分佈趨勢均會呈現以母體平均數為中心兩側互相對稱的分佈情形。

▶ 例題 8.4

已知一有限母體,$N=100, \mu=50$、$\sigma^2=8$,由其中以抽出不放回方式分別取 16、25、64 個樣本試分別

(1)求 $E(\overline{X})$、$Var(\overline{X})$、$\sigma_{\overline{x}}$

(2)寫出 $\overline{X}$ 的機率分配

解 (1) $n=16$,$\sigma_{\overline{x}}=\sqrt{\dfrac{42}{99}}$

$E(\overline{X})=50,\ Var(\overline{X})=[(100-16)/(100-1)](\dfrac{8}{16})=42/99$

$n=25$,$\sigma_{\overline{x}}=\sqrt{\dfrac{24}{99}}$

$E(\overline{X})=50,\ Var(\overline{X})=[(100-25)/(100-1)](\dfrac{8}{25})=24/99$

$$n = 64 , \sigma_{\bar{x}} = \sqrt{\frac{1}{22}}$$

$$E(\bar{X}) = 50, \ Var(\bar{X}) = [(100-64)/(100-1)](\frac{8}{64}) = 1/22$$

(2) $n = 16$

$$\bar{X} \sim N(50, \frac{42}{99})$$

$n = 25$

$$\bar{X} \sim N(50, \frac{24}{99})$$

$n = 64$

$$\bar{X} \sim N(50, \frac{1}{22})$$

樣本平均數機率分配的分配趨勢不僅受抽樣方式的影響同時也受到母體機率分配的影響,然而實驗證明當母體夠大或所抽出的樣本數大於等於 30 時,則不論母體的實際分配及抽樣的方式,樣本平均數機率分配的分佈趨勢均會近似於常態分配。如圖 8-3。亦即中央極限定理。

定理 8.1

中央極限定理

1. 當母體為常態母體時,由常態母體 $X \sim N(\mu ; \sigma)$,隨機取 n 個樣本(n 不論大小),則 $\bar{X}$ 所形成的分配亦近似常態,且 $\bar{X} \sim N(\mu ; \sigma^2/n)$。

2. 當母體為一般母體,平均數為 μ、標準差為 σ,由其中隨機取 n 個樣本若 $n \geqq 30$ 或 $n/N \leqq 0.05$,則不論其抽樣方式 $\bar{X}$ 所形成的分配亦近似常態,且 $\bar{X} \sim N(\mu ; \sigma^2/n)$。

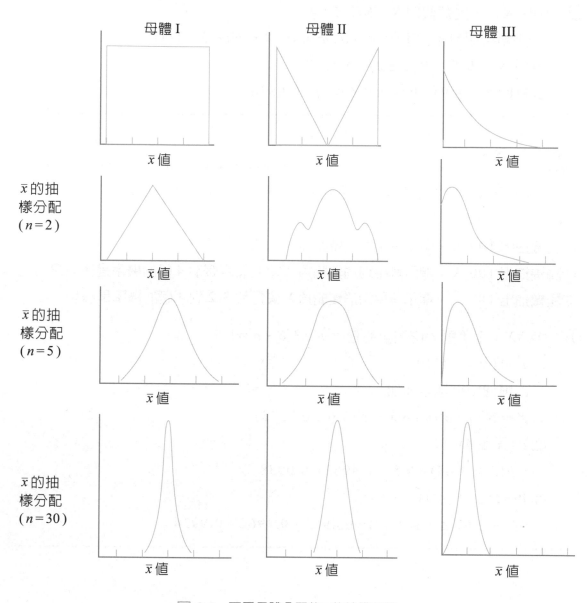

圖 8-3　不同母體分配的 $\bar{x}$ 的抽樣分配

■➡ 例題 8.5

根據研究一般電子公司員工不支薪假期為常態分配，假設母體平均就是 8.5 星期，
而標準差為 2 星期。

⑴隨機抽出 16 名員工，試寫出平均不支薪假期的機率分配。

⑵計算 16 名員工平均不支薪假期大於 9.5 星期的機率是多少？

⑶計算 16 名員工平均不支薪假期介於 8 到 9 星期的機率是多少？

解 (1)令 X：不支薪假期 X～N(8.5；4)

根據中央極限定理 $\overline{X}$～N(μ；σ^2/n)⇒$\overline{X}$～N(8.5；1/4)

(2) P ($\overline{X} \geq 9.5$) = P(Z $\geq$ 2) = 0.0228

(3) P($8 \leq \overline{X} \leq 9$) = P($-1 \leq Z \leq 1$) = 0.6826

▬▶ 例題 **8.6**

1992 年美國報導鮪魚是美國人最喜愛的食用魚，每人平均每年吃

3.6 磅，且標準差為 1.5 磅。問：

(1)隨機抽出 100 人，顯示其平均消費鮪魚 $\overline{X}$ 的抽樣分配。

(2)隨機抽出 100 人，顯示其平均消費鮪魚 $\overline{X}$ 會大於或等於 4 磅的機率是多少？

(3)隨機抽出 100 人，顯示其平均消費鮪魚 $\overline{X}$ 會介於 3.2 到 4 磅的機率是多少？

解 (1)令 X：全美國人吃鮪魚的量； $\mu = 3.6$、$\sigma = 1.5$

$n = 100$；$n \geq 30$

∴根據中央極定理知

$\overline{X}$～N(μ；σ^2/n)⇒$\overline{X}$～N(3.6；0.0225)

(2) P ($\overline{X} \geq 4$)

= P(Z $\geq$ 2.67) = 0.5 − 0.4962 = 0.0038

(3) P($3.2 \leq \overline{X} \leq 4$)

=P($-2.67 \leq Z \leq 2.67$) = 0.4962 + 0.4962 = 0.9924

8.3　其他有用的抽樣分配

1. T 分配

$\overline{X}$ 的抽樣分配既近似常態即 $\overline{X} \sim N(\mu; \sigma^2/n)$，在進行標準化時 Z 值應為 $Z = \dfrac{\overline{X} - \mu}{\sigma/\sqrt{n}}$；但研究者所面對的母體其變異數往往無法確知，如無限母體或具破壞性母體。因此統計學者即考慮以樣本標準差取代母體標準差，並發現所產生的隨機變數機率分配可依然具有規則性。

定義：一母體平均數為 μ、標準差為 σ，由其中隨機取 n 個樣本，並令隨機變數

$T = \dfrac{\overline{X} - \mu}{\dfrac{S}{\sqrt{n}}}$，則 T 所形成的分配為自由度為 $n-1$ 的 T 分配；

並具下列特性：

(1) T 分配為一連續的機率分配，其曲線近似鐘型曲線

(2) 曲線下面積為 1，且以 E(T) = 0 為中心，二側互相對稱

(3) $-\infty < T < \infty$

(4) $E(T) = 0$、$Var(T) = \dfrac{v}{v-2}$：$v > 2$

(5) 自由度 $= v = n-1$

■▶ 例題 8.7

一母體含 2, 4, 6, 8, 10 五數，以抽出放回方式取 2 數，令隨機變數 $\overline{X}$：樣本空間各樣本點的平均數、S^2：樣本空間各樣本點的變異數、T：樣本空間各樣本點的 $\dfrac{\overline{X} - \mu}{\dfrac{S}{\sqrt{n}}}$ 值。試：

(1) 寫出樣本空間 $\overline{X}$、S^2、T 值

(2) 寫出 $\overline{X}$、T 的機率分配

解　μ = 6　n = 2

表 8-5　樣本空間各樣本點 $\overline{X}$ 值，S^2 值，T 值與機率值

Ω	$\overline{X}$	S^2	T	f(Ω)	Ω	$\overline{X}$	S^2	T	f(Ω)
(2,2)	2	0	$-\infty$	1/25	(6,8)	7	2	1	1/25
(2,4)	3	2	-3	1/25	(6,10)	8	8	1	1/25
(2,6)	4	8	-1	1/25	(8,2)	5	18	$-1/3$	1/25
(2,8)	5	18	$-1/3$	1/25	(8,4)	6	8	0	1/25
(2,10)	6	32	0	1/25	(8,6)	7	2	1	1/25
(4,2)	3	2	-3	1/25	(8,8)	8	0	∞	1/25
(4,4)	4	0	$-\infty$	1/25	(8,10)	9	2	3	1/25
(4,6)	5	2	-1	1/25	(10,2)	6	32	0	1/25
(4,8)	6	8	0	1/25	(10,4)	7	18	1/3	1/25
(4,10)	7	18	1/3	1/25	(10,6)	8	8	1	1/25
(6,2)	4	8	-1	1/25	(10,8)	9	2	3	1/25
(6,4)	5	2	-1	1/25	(10,10)	10	0	∞	1/25
(6,6)	6	0	0	1/25					

表 8-6　表 8-5 之 T 值的機率分配

T	$-\infty$	-3	-1	$-1/3$	0	1/3	1	3	∞
F(T)	$\dfrac{2}{25}$	$\dfrac{2}{25}$	$\dfrac{4}{25}$	$\dfrac{2}{25}$	$\dfrac{5}{25}$	$\dfrac{2}{25}$	$\dfrac{4}{25}$	$\dfrac{2}{25}$	$\dfrac{2}{25}$

　　上例之 T 分配的對稱特性，以及其範圍界於$-\infty$與∞間，且 E(T) = 0 均符合定義所列之 T 分配特性；而機率分配近似鐘型亦已隱然可見，其中或有偏差，乃因有限的母體個數使然。至於 T 分配中的自由度意指在樣本標準差已知的情況下，則 X 必已知，因此研究者只需隨機抽取$n-1$個樣本資料後，即可知全部n個資料值。由於 T 分配的變異數隨著n的大小而改變，不同的樣本數即有一不同的機率分配如圖 8-4。因此在附表中所列 T 分配機率表僅表示在不同樣本數的右尾面積以 t_α 表示。

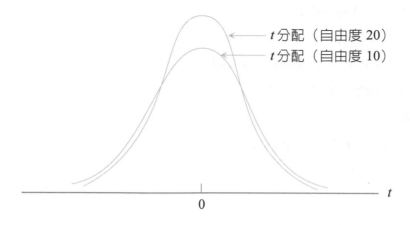

圖 8-4　*t* 分配在自由度 10 與 20 時的比較

例題 8.8

求下列各 T 分配的機率值與 t 值

(1) n = 25

  (a)P (−1.318 < T < 2.064)

  (b)P (−2.492 < T < 1.318)

  (c)P(T < −1.318)

  (d)P(T > −1.711)

  (e)P(T < 2.797)

  (f)P(T > 2.492)

(2) df = 18

  (a)P(T < t) = 0.975

  (b)P(T > t) = 0.95

  (c)P(t < T < 2.101) = 0.95

  (d)P(t < T < 2.878) = 0.095

  (e)P (−2.552 < T < t) = 0.09

解　(1) n = 25

  (a)P (−1.318 < T < 2.064) = 1 − 0.1 − 0.025 = 0.875

  (b)P (−2.492 < T < 1.318) = 1 − 0.1 − 0.01 = 0.89

(c)$P(T < -1.318) = 0.1$

(d)$P(T > -1.711) = 1 - 0.05 = 0.95$

(e)$P(T < 2.797) = 1 - 0.005 = 0.995$

(f)$P(T > 2.492) = 0.01$

(2) $df = 18$

(a)$P(T < t) = 0.975$；$t = 2.101$

(b)$P(T > t) = 0.95$；$t = -1.734$

(c)$P(t < T < 2.101) = 0.95$；$t = -2.101$

(d)$P(t < T < 2.878) = 0.095$；$t = 1.33$

(e)$P(-2.552 < T < t) = 0.09$；$t = -1.33$

---

2. 卡方分配

定義：一常態母體平均數為μ、標準差為σ，由其中隨機取 n 個樣本，得樣本空間，令

隨機變數$\chi^2 = \dfrac{(n-1)S^2}{\sigma^2}$，則$\chi^2$值所形成的分配為自由度 $n-1$ 的卡方分配，並具

下列特性：

(1)卡方分配為一連機率分配，且 $0 \leq \chi^2 \leq \infty$

(2)卡方分配曲線為峰度在左，右偏的曲線，曲線下面積為 1

(3) $E(\chi^2) = v$、$Var(\chi^2) = 2v$

(4)自由度 $= v = n-1$

卡方分配基本的用途是單一母體變異數的估計與檢定，而最主要用於無母數的統計方法檢定如適合度檢定與獨立性檢定等。

例題 8.9

一母體含 2,4,6,8,10 五數，以抽出放回方式取 2 數，令隨機變數 $\chi^2 = (n-1)S^2/\sigma^2$
試寫出χ^2的機率分配。

解 $\sigma^2 = 8$

表 8-7 樣本空間各樣本點 s^2值，χ^2值與機率值

Ω	S^2	χ^2	$f(\Omega)$	Ω	S^2	χ^2	$f(\Omega)$
(2,2)	0	0	1/25	(6,8)	2	1/4	1/25
(2,4)	2	1/4	1/25	(6,10)	8	1	1/25
(2,6)	8	1	1/25	(8,2)	18	9/4	1/25
(2,8)	18	9/4	1/25	(8,4)	8	1	1/25
(2,10)	32	4	1/25	(8,6)	2	1/4	1/25
(4,2)	2	1/4	1/25	(8,8)	0	0	1/25
(4,4)	0	0	1/25	(8,10)	2	1/4	1/25
(4,6)	2	1/4	1/25	(10,2)	32	4	1/25
(4,8)	8	1	1/25	(10,4)	18	9/4	1/25
(4,10)	18	9/4	1/25	(10,6)	8	1	1/25
(6,2)	8	1	1/25	(10,8)	2	1/4	1/25
(6,4)	2	1/4	1/25	(10,10)	0	0	1/25
(6,6)	0	0	1/25				

　　由上例的卡方分配機率分配以及機率分配圖可發現，雖然母體僅是一有限母體
然而樣本空間樣本點的χ^2值的分配已符合卡方分配中的數個性質如 $0 \le \chi^2 \le \infty$、曲
線為峰度在左，右偏的曲線卡方分配、$E(\chi^2) = v$ 等。

例題 8.10

試計算下列各機率值與 t 值
(1) $df = 24$
　　(a)$P(9.8862 \le \chi^2 \le 39.3641)$
　　(b)$P(t \le \chi^2 \le 45.7222) = 0.95$
　　(c)$P(10.8564 \le \chi^2 \le t)$
　　(d)$P(\chi^2 < t) = 0.005$

(2) $n = 30$

    (a)$P(\chi^2 \leq t) = 0.1$

    (b)$P(t \leq \chi^2 \leq 45.7222) = 0.95$

    (c)$P(t \leq \chi^2 \leq 49.5879) = 0.98$

解　(1) $df = 24$

    (a)$P(9.8862 \leq \chi^2 \leq 39.3641) = 0.995 - 0.025 = 0.97$

    (b)$P(\chi^2 \leq 12.4011) = 1 - 0.975 = 0.025$

    (c)$P(10.8564 \leq \chi^2 \leq t) = 0.98$；$t = 42.9798$

    (d)$P(\chi^2 < t) = 0.005$；$t = 9.88623$

  (2) $n = 30$

    (a)$P(\chi^2 > t) = 0.1$；$t = 39.0875$

    (b)$P(t \leq \chi^2 \leq 45.7222) = 0.95$；$t = 16.0471$

    (c)$P(t \leq \chi^2 \leq 49.5879) = 0.98$；$t = 14.2565$

---

3. F 分配

定義：設有兩個獨立的卡方統計量一為 χ_1^2、自由度為 v_1，另一為 χ_2^2、自由度為 v_2；並令 $F = \dfrac{\chi_1^2/v_1}{\chi_2^2/v_2} = \dfrac{S_1^2/\sigma_1^2}{S_2^2/\sigma_2^2}$，則隨機變數 F 所成的分配為自由度分別為 $v_1 = n_1 - 1$、$v_2 = n_2 - 1$ 的 F 分配，並具下列主要特性：

(1) F 分配為一連續機率分配，且 $0 \leq F \leq \infty$。

(2) F 分配曲線為峰度在左，右偏的曲線，曲線下面積為 1。

(3) $E(F) = v_2/v_2 - 2$，$v_2 > 2$；$Var(F) = \dfrac{2v_2(v_1 + v_2 - 2)}{v_1(v_2 - 2)^2(v_2 - 4)^2}$，$v_2 > 4$。

(4) 設隨機變數 X 的機率分配為 $F_{(v_1, v_2)}$，另一隨機變數 Y 的機率分配為 $F_{(v_2, v_1)}$；則 $F_{(\alpha : v_1, v_2)} = 1/F_{(1 - \alpha : v_2, v_1)}$；$0 < \alpha < 1$；其中 $F_{(\alpha : v_1, v_2)}$ 表右尾面積為 α，分子自由度為 v_1，分母自由度為 v_2 時 F 軸上的座標點；$F_{(1 - \alpha : v_2, v_1)}$ 表右尾面積為 $1 - \alpha$ 分子自由度為 v_2，分母自由度為 v_1 時 F 軸上的座標點。

    F 分配最常見的用途是檢定二母體變異數是否均等，此外應用於變異數分析中檢定二個或二個以上母體平均數是否均等。

■➤ 例題 **8.11**

利用 F 分配附表計算下列各 F 值

(1) $F_{(0.05;3,5)}$

(2) $F_{(0.05;10,15)}$

(3) $F_{(0.01;3,5)}$

(4) $F_{(0.01;10,15)}$

(5) $F_{(0.95;3,5)}$

(6) $F_{(0.99;3,5)}$

解   (1) $F_{(0.05;3,5)} = 5.41$

    (2) $F_{(0.05;10,15)} = 2.54$

    (3) $F_{(0.01;3,5)} = 12.06$

    (4) $F_{(0.01;10,15)} = 3.80$

    (5) $F_{(0.95;3,5)} = 1/F_{(0.05;5,3)} = 1/9.01$

    (6) $F_{(0.99;3,5)} = 1/F_{(0.01;5,3)} = 1/28.24$

8.4 Excel 應用範例

一、利用 Excel 求 T 分配機率值

以例題 8.8 為例,求下列各 T 分配機率值

n=25

(1) P(T<2.797)=

(2) P(T>2.492)=

(3) P(-2.492<T<1.318)=

STEP 1 ▶

進入 Excel，鍵入如下資料內容：（如圖 8-5）

	A	B	C	D	E
1	例題8.8求下列各T分配機率值				
2	n=25				
3	(1)P(T<2.797)=			=T.DIST(2.797,24,1)	
4	(2)P(T>2.492)=				
5	(3)P(-2.492<T<1.318)=				

圖 8-5

STEP 2 ▶

求 P(T < 2.797)

n = 25 , 自由度＝ n-1 = 24

在儲存格 B3 → 輸入函數 "=T.DIST(2.797,24,1)" → 按「Enter」鍵（如圖 8-6）

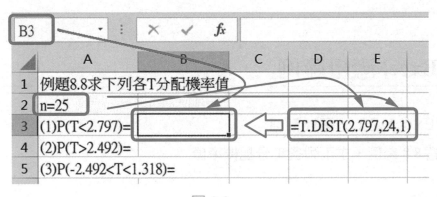

圖 8-6

STEP 3 ▶

求 P(T > 2.492)

在儲存格 B4 → 輸入函數 "=1-T.DIST(2.492,1)" → 按「Enter」鍵

STEP 4

求 P(-2.492 < T < 1.318)

在儲存格 B5 → 輸入函數 "=T.DIST(1.318,1)-T.DIST(-2.492,1)" → 按「Enter」鍵（如圖 8-7）

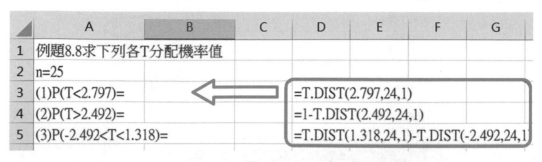

	A	B	C	D	E	F	G
1	例題8.8求下列各T分配機率值						
2	n=25						
3	(1)P(T<2.797)=			=T.DIST(2.797,24,1)			
4	(2)P(T>2.492)=			=1-T.DIST(2.492,24,1)			
5	(3)P(-2.492<T<1.318)=			=T.DIST(1.318,24,1)-T.DIST(-2.492,24,1)			

圖 8-7

二、利用 Excel 完成簡單隨機抽樣和系統抽樣

某母體含 30 個樣本資料，利用 Excel 以隨機抽樣的方式和系統抽樣方式抽出 5 個樣本資料：

1.隨機抽樣方法

STEP 1

進入 Excel，鍵入如下資料內容：（如圖 8-8）

	A	B	C	D	E	F	G	H	I
1	母體含30個樣本資料,利用EXCEL以隨機抽取的方式和系統抽樣方式抽出5個樣本資料:								
2									
3	22	54	36	72	30				
4	14	47	26	18	43				
5	18	26	45	23	25				
6	32	12	57	35	73				
7	77	33	61	49	65				
8	64	52	41	55	50				

圖 8-8

STEP 2

選「資料」→「資料分析」→「分析工具箱」→選「抽樣」→按「確定」（如圖 8-9）

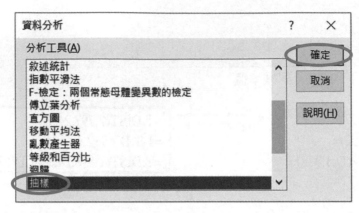

圖 8-9

STEP 3

在「抽樣視窗」→「輸入範圍」欄位→輸入「A3:E8」→選「隨機」→「樣本數」欄位→輸入「5」→選「輸出範圍」欄位→輸入「G3」→按「確定」鍵（如圖 8-10、圖 8-11、圖 8-12）

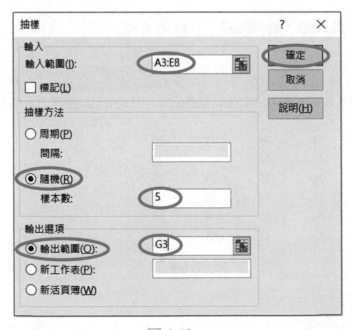

圖 8-10

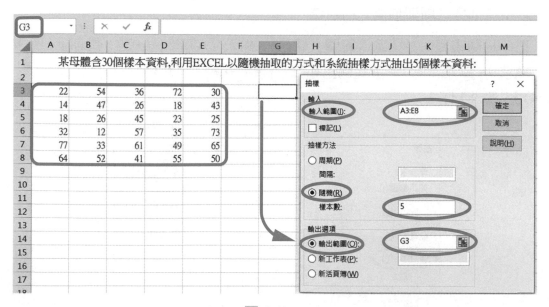

圖 8-11

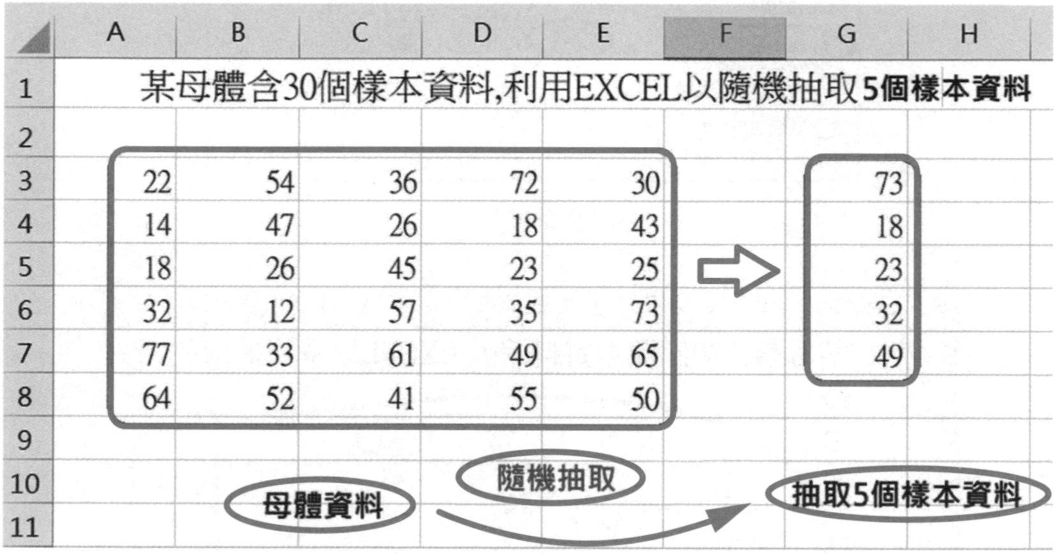

某母體含30個樣本資料,利用EXCEL以隨機抽取**5個樣本資料**

22	54	36	72	30	73
14	47	26	18	43	18
18	26	45	23	25	23
32	12	57	35	73	32
77	33	61	49	65	49
64	52	41	55	50	

母體資料　　隨機抽取　　抽取5個樣本資料

圖 8-12

2. 系統抽樣（周期抽樣）的方法

在「抽樣視窗」→「輸入範圍」欄位→輸入「A3:E8」→選「周期」→「樣本數」欄位→輸入「5」→選「輸出範圍」欄位→輸入「G3」→按「確定」鍵（如圖 8-13、圖 8-14）

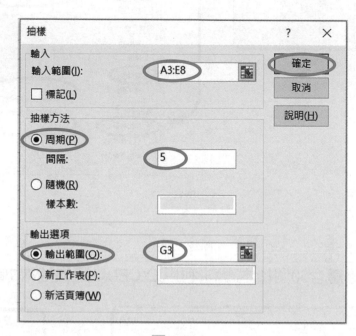

圖 8-13

圖 8-14

習 題

一、選擇題

( ) 1. 抽樣分配係指下列何者的機率分配？ (A)樣本統計量 (B)母體統計量 (C)樣本參數 (D)母體參數。

( ) 2. 自一平均數為20以及標準差為5的母體中，隨機抽取一組$n = 100$的隨機樣本，若母體分配未知，則樣本平均數 x 的機率分配為何？ (A)常態分配 (B) T 分配 (C)卡方分配 (D) F 分配。

( ) 3. 設$\bar{x}$為 N$(\mu, 25)$母體分配中一隨機樣本大小為n的平均數，求n使得 $P(\mu\text{-}3 < \bar{x} < \mu + 3) = 0.9973$ (A) 25 (B) 22 (C) 23 (D) 24。

( ) 4. 從一個平均數為200和標準差為50的母體，以簡單隨機抽樣抽出樣本數為100的樣本，其樣本平均數$\bar{x}$將用來估計母體平均數。$\bar{x}$的期望值為何？ (A) 50 (B) 200 (C) 100 (D) 150。

( ) 5. 從一個平均數為200和標準差為50的母體，以簡單隨機抽樣抽出樣本數為100的樣本，其樣本平均數 $\bar{x}$ 將用來估計母體平均數。$\bar{x}$ 的標準差為何？ (A) 50 (B) 5 (C) 10 (D) $\sqrt{50}$。

( ) 6. 下列機率分配圖，是何抽樣分配機率圖形？ (A)常態分配 (B) T分配 (C)卡方分配 (D) F分配。

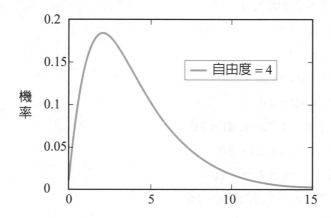

( ) 7. 推論兩個母體變異數的估計，可用何抽樣分配？
(A)常態分配 (B) T 分配 (C)卡方分配 (D) F 分配。

( ) 8. 從一個平均數 $\mu = 5$ 標準差 $\sigma = 5$ 的常態母體中，隨機抽取 25 個樣本，計算
其平均數。則樣本平均數在以下哪個區間範圍的機率約為 95%？
(A) [4, 6] (B) [3, 7] (C) [2, 8] (D) [1, 9]。

( ) 9. 中央極限定理說明當抽取樣本數越來越大時，樣本平均數會越來越趨近於
何分配？ (A)常態分配 (B) T 分配 (C)卡方分配 (D) F 分配。

( )10. 大猩猩公司生產之電池平均壽命 300 小時，標準差 100 小時，今某人隨機
購買 64 個此電池，試問這 64 個電池平均壽命的標準差為何？
(A) 100 小時 (B) 64 小時 (C) 12.5 小時 (D) 15 小時。

二、基礎題

1. 已知一有限母體 N=50，μ=30、σ=5；由其中以抽出放回的方式抽出 16 個樣本，
若令隨機隨機變數 $\overline{X}$：16 個樣本的平均數。請寫出 $\overline{X}$ 的機率分配。

2. 已知一有限母體 N=50，μ=30、σ=5；由其中以抽出不放回的方式抽出 25 個樣
本，若令隨機隨機變數 $\overline{X}$：25 個樣本的平均數。請寫出 $\overline{X}$ 的機率分配。

3. 某國中的學生的數學成績 X 是常態分配，且平均成績是 68 分、標準差是 10 分；
隨機抽取 16 名國中生，若隨機變數 $\overline{X}$：16 名國中生的數學成績。寫出隨機變數
$\overline{X}$ 的機率分配。

4. 已知國中生的數學成績平均成績是 68 分、標準差是 10 分；隨機抽取 36 名國中
生，若隨機變數 $\overline{X}$：36 名國中生的數學成績。寫出隨機變數 $\overline{X}$ 的機率分配。

5. 計算下列各機率值與 a 值，
⑴ P $(-1.341 < T < 2.602)$, n = 16
⑵ P(T > 2.602), n = 16
⑶ P(T > 1.753), n = 16
⑷ P(T > −1.325), df = 20
⑸ P(T > −2.528), df = 20
⑹ P $(-2.086 < T < -1.725)$, df = 20
⑺ P $(1.325 < T < 2.528)$, df = 20
⑻ P $(a < T < 2.602)$ = 0.89, n = 16
⑼ P $(-1.761 < T < a)$ = 0.925, n = 15
⑽ P $(a < T < 2.921)$ = 0.045, df = 16

⑾ $P(-2.787 < T < a) = 0.97$, df = 25

⑿ $P(6.26214 \leq \chi^2 \leq 24.9958)$, n = 16

⒀ $P(7.26094 \leq \chi^2 \leq 30.5779)$, n = 16

⒁ $P(8.26040 \leq \chi^2 \leq 31.4104)$, df = 20

⒂ $P(7.43386 \leq \chi^2 \leq 12.4426)$, df = 20

⒃ $P(\chi^2 \leq a) = 0.975$, df = 25

⒄ $P(\chi^2 > a) = 0.95$, df = 25

⒅ $P(a \leq \chi^2 \leq 37.6525) = 0.9$, df = 25

⒆ $P(13.1197 \leq \chi^2 \leq a) = 0.95$, df = 25

6. 利用 F 分配附表計算下列各 F 值。

(1) $F_{(0.05;8,5)}$

(2) $F_{(0.05;15,20)}$

(3) $F_{(0.01;8,5)}$

(4) $F_{(0.01;20,15)}$

(5) $F_{(0.95;10,5)}$

(6) $F_{(0.99;3,15)}$

三、進階題

1. 一有限母體含 1、3、5 三數，為一均等母體，由其中以抽出放回方式取 2 數。
   (1)寫出 $\overline{X}$ 的抽樣分配。
   (2)計算 $E(\overline{X})$、$Var(\overline{X})$。
   (3)證明 $E(\overline{X})$ 與 μ、$Var(\overline{X})$ 與 σ^2 的關係。

2. 一母體含 1、3、5 三數，且母體分配為 $f(1) = 0.1, f(3) = 0.7, f(5) = 0.2$；由其中以抽出放回 2 數。
   (1)寫出 $\overline{X}$ 的抽樣分配。
   (2)計算 $E(\overline{X})$、$Var(\overline{X})$。
   (3)證明 $E(\overline{X})$ 與 μ、$Var(\overline{X})$ 與 σ^2 的關係。

3. 一母體含 1、3、5、7 四數，母體為均等分配；由其中以抽出不放回取 2 數。
   (1)寫出 $\overline{X}$ 的抽樣分配。
   (2)計算 $E(\overline{X})$、$Var(\overline{X})$。
   (3)證明 $E(\overline{X})$ 與 μ、$Var(\overline{X})$ 與 σ^2 的關係。

4.一常態母體平均數 50，標準差為 5，由其中任取 16 個樣本，並得樣本空間。

　(1)寫出 $\overline{X}$ 的抽樣分配。

　(2)求樣本平均數大於 52 的機率。

　(3)求樣本平均數介於 48 與 51 的機率。

5.一有限母體總數為 50，平均數 150，標準差為 20，由其中以抽出不放回的方式
　抽 25 個樣本，並得 $\overline{X}$ 的抽樣分配。

　(1)寫出 $\overline{X}$ 的機率分配。

　(2)求樣本平均數小於 146 的機率。

6.一常態母體 X 且 X～N(150, 36)，由其中隨機抽取 25 個樣本，並得 $\overline{X}$ 的抽樣分配。

　(1)寫出 $\overline{X}$ 的抽樣分配。

　(2)求樣本平均數大於 152 的機率。

　(3)求樣本平均數介於 147 與 153 的機率。

　(4)求樣本平均數小於 151 的機率。

7.某班英文學期成績 X 平均成績為 72 分，標準差為 15 分，由其中隨機抽樣 100 名
　學生，得 $\overline{X}$ 抽樣分配。

　(1)寫出 $\overline{X}$ 的抽樣分配。

　(2)求平均成績小於 71 分的機率。

　(3)求平均成績大於 73 分的機率。

　(4)求平均成績介於 70 分與 75 分的機率。

8.大專畢業學生的薪資分配平均數為 25,000 元，標準差為 4,000 元，由其中隨機
　抽取 36 名學生做調查，並得 $\overline{X}$ 的抽樣分配。

　(1)寫 $\overline{X}$ 的抽樣分配。

　(2)求平均薪資大於 24,500 元的機率。

　(3)求平均薪資小於 26,000 元的機率。

9.一母體其平均數未知，其標準差為 15，由其中隨機抽取大於 30 的樣本，並得 $\overline{X}$
　的抽樣分配，且已知 P($\overline{X}$ < 155) = 0.0228、P($\overline{X}$ > 162) = 0.2119。

　(1)求 μ 與 n。

　(2)寫出 $\overline{X}$ 的抽樣分配。

　(3)求母體大於 162 的機率。

　(4)求樣本平均數介於 158 與 163 的機率。

10. 從理想公司之四位（2 男 2 女）業務員中抽出 2 人，藉由其年度業績（萬元）估計全體之平均業績。今若全體四人之業績分別為：女：{120,140}，男：{170,190}

    (1) 若採單純隨機抽樣法（Simple Random Sampling），則所有可能之隨機樣本為何？試列出。

    (2) 若採依比例配置之分層隨機抽樣法（Strateified Random Sampling with Proportional Allocation），則所有可能之隨機樣本為何？試列出。

    (3) 在(1)中，求樣本平均數 $\overline{X}$ 之抽樣分配。

    (4) 求(3)之抽樣分配的平均數 $\mu_{\overline{X}}$ 及標準誤 $\sigma_{\overline{X}}$。

11. 令 $\overline{X}$ 及 $\overline{Y}$ 表示二隨機樣本之均數，樣本大小（Simple Size）均為 4，若二樣本之抽樣母體的機率分配皆為常態分配，分別是 N(4, 9) 及 N(7, 16)，試求機率 $P(\overline{X} < \overline{Y})$？

四、實作題

以例題 8.10 為例，求卡方分配之機率值。利用函數 "=CHISO.DIST(x,df, TRUE)" 求下列各題機率值：

df=24

1. $P(9.8862 \leq \chi^2 \leq 39.3641)$
2. $P(\chi^2 \leq 45.7222)$

NOTE

區間估計

學習目標

1 點估計

2 區間估計

3 母體平均數 μ 的區間估計

4 母體變異數 σ^2 的區間估計

5 Excel 應用範例

前言

　　估計的重要工作，在於產生一個具有相當程度準確性的數字。例如：大熊先生是一位買賣房屋經驗豐富的房仲業者，根據近幾年他收集到的資料顯示，某科技大學附近 30～40 坪的平均房價是 870 萬元。這個數字就是點估計值，我們清楚的知道它不會剛好就等於真正的平均房價，於是就會有人問：「這個估計值可靠嗎？」、「它和實際的平均房價有多接近？（也就是說，它有多精確？）」。由這幾個問題就會發現，點估計無法推論它與母體參數之間的可靠度與精確度有多大，而區間估計則可以回答這個問題。

　　區間估計是以點估計為中心，加減一個數值，建立區間的上下限。接續剛才的例子，如果大熊先生以 870 萬元加減某一個數字，假設是 90 萬元，以此推論某科技大學附近 30～40 坪的平均房價是落在 780～960 萬元之間，並強調這是 95%的信賴區間。

　　信賴區間這個說法是在 1934 年統計學家尼曼（Jerzy Neyman，1894～1981）受邀在皇家統計學會的年會上演講，提出可求出區間估計值，並判斷所得的估計值有多準確的方法。區間估計要如何計算？該怎麼解釋一個區間估計值？我們有多大的信心，可以說明母體參數的實際值會落在估計的區間裡？將是本章的重點。

　　本章要說明「母體參數」的估計，包括「點估計」與「區間估計」。估計乃由母體抽出樣本，而根據樣本統計量之抽樣分配的性質，對母體參數推論的方法。包含二種：

　　⑴點估計：根據樣本資料求算一個值來推估未知母體參數。

　　⑵區間估計：不僅考慮點估計之值，而且考慮推估可能產生的估計誤差。即對未知的母體參數提供一個可能範圍的方法。

9.1　點估計

　　未知母體參數的點估計，包括「點估計值」與「點估計量」。點估計值隨著所取樣本資料值的不同會有所改變。

> ☑ 點估計值：
>
> 從樣本資料中計算得到的單一數值，用來估計未知的母體參數。

> ☑ 點估計量：
>
> 計算樣本資料的點估計值時所使用的公式。

━━▶ 例題 9.1

大二學生暑假打工的平均時薪，是一個未知的母體參數－母體平均數，要估計母體平均數，使用的是樣本平均數（點估計量）；隨機選取 100 名大二學生，記錄他們的暑假打工時薪，代入所使用的樣本平均數公式，可以得到一個平均時薪值。這個樣本平均時薪值為 120 元，稱為此未知母體平均數的「點估計值」。如果再隨機抽選 100 名大二學生之暑假打工時薪之資料，所得到的樣本平均時薪值，不見得會與前一次取樣所得的樣本平均時薪值相同。亦即：不同次的取樣值，代入「點估計量」公式後，所得到的「點估計值」會有許多個。

> ☑ 常用的點估計量
>
> 對於欲研究的母體性質（母體參數）未知時，必須以某一數值（點估計值），來推估該母體性質，只要將任何一組隨機樣本資料代入點估計量，就會得到一個點估計值。

一般常用來描述母體性質的參數有：

1. 母體平均數 μ：描述母體資料的中央趨勢。
2. 母體變異數 σ^2：描述母體資料的分散程度。

3. **母體比例** p：描述母體資料中某特性的比例。

表 9-1　常用的母體參數與其對應的點估計量及抽樣分配

母體參數	點估計量	抽樣分配	應用
μ	$\overline{X}=\frac{1}{n}\sum_{i=1}^{n}X_i$	$N(\mu,\frac{\sigma^2}{n}),t_{(n-1)}$	$\frac{\overline{X}-\mu}{\sigma/\sqrt{n}}\sim N(0,1);\frac{\overline{X}-\mu}{S/\sqrt{n}}\sim t_{(n-1)}$
σ^2	$S^2=\frac{1}{n-1}\sum_{i=1}^{n}(X_i-\overline{X})^2$	$\chi^2_{(n-1)}$	$\frac{(n-1)s^2}{\sigma^2}\sim\chi^2_{(n-1)}$
p	$\hat{p}=\frac{X}{n}$ X：n個樣本資料中，某種特性出現的次數	$N(p,\frac{p(1-p)}{n})$	$\frac{\hat{p}-p}{\sqrt{\frac{\hat{p}(1-\hat{p})}{n}}}\sim N(0,1)$

■■▶ 例題 9.2

(1)要研究會計系畢業生的起始薪水為何？必需由所有的會計系畢業學生的母體中隨機抽取一組樣本，如抽取 100 名，記錄其起薪資料，得到的平均起薪為 28,000 元，此樣本平均值 28,000 元即為點估計值。

(2)檢驗某機器裝填容量為 1 公升的變異情形？從機器裝填出容量的母體中隨機抽取一組樣本，如抽取 30 件容量為 1 公升的樣本，並記錄其真實容量，得到的樣本變異數值為 0.12（平方公升），此值即可作為推估機器裝填容量變異的一個點估計值。

(3)欲推估某位候選人的支持率為何？可由所有選民當中隨機抽選一組樣本，如 1,000 位選民中，得到支持的比例為 0.65。此樣本比例值 0.65，即為此候選人支持率的一個點估計值。

點估計量的性質

　　點估計量雖不能預期 100%準確地估計母體參數，然而如何尋找一個儘可能接近母體參數的點估計量是其主要的目標。一個良好估計量所應具備的性質包括三項：(1)不偏性；(2)有效性；(3)一致性。

1. 不偏性

　　點估計量 $\hat{\theta}$ 之期望值等於母體參數 θ，即 $E(\hat{\theta}) = \theta$，$\hat{\theta}$ 稱為 θ 的不偏估計量。

　　若 $E(\hat{\theta}) \neq \theta$，則 $\hat{\theta}$ 稱為 θ 之偏誤估計量。$E(\hat{\theta})$ 與 θ 之差，稱為偏誤。

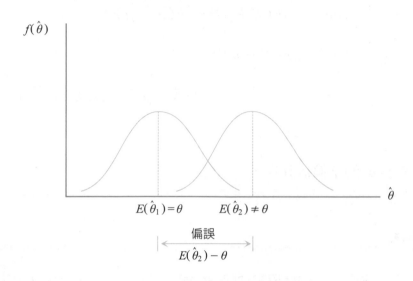

圖 9-1　$\hat{\theta}_1$ 為不偏估計量，$\hat{\theta}_2$ 高估 θ

➤ 例題 9.3

若隨機變數 X_i 之平均數為 μ 及變異數為 σ^2，且 $X_1, X_2, \cdots, X_n$ 為一組隨機樣本，

$\overline{X} = \dfrac{1}{n} \sum\limits_{i=1}^{n} X_i$ 且 $S^2 = \dfrac{1}{n-1} \sum\limits_{i=1}^{n} (X_i - \overline{X})^2$，證明

(1) $\overline{X}$ 為 μ 的不偏估計量。

(2) S^2 為 σ^2 的不偏估計量。

證明 (1) $E(\overline{X}) = E\left(\dfrac{1}{n} \sum\limits_{i=1}^{n} X_i\right) = \dfrac{1}{n} E\left(\sum\limits_{i=1}^{n} X_i\right) = \dfrac{1}{n}\left(\sum\limits_{i=1}^{n} E(X_i)\right)$

$\qquad = \dfrac{1}{n}(n\mu) = \mu$，因此 $\overline{X}$ 為 μ 的不偏估計量。

(2) $E(S^2) = E\left(\dfrac{1}{n-1} \sum\limits_{i=1}^{n} (X_i - \overline{X})^2\right) = \dfrac{1}{n-1} E\left(\sum\limits_{i=1}^{n} (X_i - \overline{X})^2\right)$

$\qquad = \dfrac{1}{n-1} E\left[\sum\limits_{i=1}^{n} (X_i - \mu + \mu - \overline{X})^2\right]$

$\qquad = \dfrac{1}{n-1} E\left[\sum\limits_{i=1}^{n} (X_i - \mu)^2 + 2\sum\limits_{i=1}^{n} (X_i - \mu)(\mu - \overline{X}) + \sum\limits_{i=1}^{n} (\mu - \overline{X})^2\right]$

$$= \frac{1}{n-1} \{ \sum_{i=1}^{n} E(X_i - \mu)^2 - 2E\sum_{i=1}^{n}(X_i - \mu)(\overline{X} - \mu) + nE(\overline{X} - \mu)^2 \}$$

$$= \frac{1}{n-1} \{ n\sigma^2 - 2E(n\overline{X} - n\mu)(\overline{X} - \mu) + nE(\overline{X} - \mu)^2 \}$$

$$= \frac{1}{n-1} \{ n\sigma^2 - 2nE(\overline{X} - \mu)^2 + nE(\overline{X} - \mu)^2 \}$$

$$= \frac{1}{n-1} \{ n\sigma^2 - nE(\overline{X} - \mu)^2 \}$$

$$= \frac{1}{n-1} \{ n\sigma^2 - n \times (\frac{\sigma^2}{n}) \} \quad (\because E(\overline{X} - \mu)^2 = \text{var}(\overline{X}) = \frac{\sigma^2}{n})$$

$$= \frac{1}{n-1} \{ n\sigma^2 - \sigma^2 \} = \sigma^2$$

因此，S^2 為 σ^2 的不偏估計量。

■■▶ 例題 **9.4**

已知一母體的平均數為 μ，由此母體抽取一組樣本 $\{X_1, X_2\}$，且令 $\hat{\theta}_1 = \frac{X_1 + 2X_2}{3}$，

$\hat{\theta}_2 = \frac{6X_1 + 3X_2}{10}$，$\hat{\theta}_3 = \frac{X_1 + 2X_2}{4}$，$\hat{\theta}_4 = \frac{X_1 + X_2}{2}$，試判斷何者是 μ 的不偏估計量？

解

(1)$E(\hat{\theta}_1) = E(\frac{X_1 + 2X_2}{3}) = \frac{1}{3} [E(X_1) + 2E(X_2)]$

$\quad = \frac{1}{3} [\mu + 2\mu] = \mu$

(2)$E(\hat{\theta}_2) = E(\frac{6X_1 + 3X_2}{10}) = \frac{1}{10} [6E(X_1) + 3E(X_2)]$

$\quad = \frac{1}{10} [6\mu + 3\mu] = \frac{9}{10}\mu \neq \mu$

(3)$E(\hat{\theta}_3) = E(\frac{X_1 + 2X_2}{4}) = \frac{1}{4} [E(X_1) + 2E(X_2)]$

$\quad = \frac{1}{4} [\mu + 2\mu] = \frac{3}{4}\mu \neq \mu$

(4)$E(\hat{\theta}_4) = E(\frac{X_1 + X_2}{2}) = \frac{1}{2} [E(X_1) + E(X_2)] = \frac{1}{2} [\mu + \mu] = \mu$

$\quad \therefore \hat{\theta}_1$ 與 $\hat{\theta}_4$ 是 μ 的不偏估計量。

2. 有效性

比較母體參數的任二個不偏估計量，其中具有較小變異數的不偏估計量被稱為具相對有效性。即 $E(\hat{\theta}_1) = E(\hat{\theta}_2) = \theta$，若 $\text{Var}(\hat{\theta}_1) < \text{Var}(\hat{\theta}_2)$，則稱點估計量 $\hat{\theta}_1$ 具相對有效性。

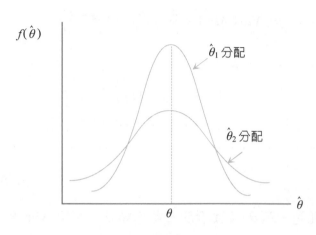

圖 9-2 $\hat{\theta}_1$ 具相對有效性

例題 9.5

根據例題 9.4，若該母體之變異數為 σ^2，請問 $\hat{\theta}_1$ 及 $\hat{\theta}_4$ 何者較具有效性？

解

$$\text{Var}(\hat{\theta}_1) = \text{Var}(\frac{X_1 + 2X_2}{3}) = \frac{1}{9}\text{Var}(X_1 + 2X_2)$$

$$= \frac{1}{9}(\sigma^2 + 4\sigma^2) = \frac{5}{9}\sigma^2 = 0.56\sigma^2$$

$$\text{Var}(\hat{\theta}_4) = \text{Var}(\frac{X_1 + X_2}{2}) = \frac{1}{4}\text{Var}(X_1 + X_2)$$

$$= \frac{1}{4}(\sigma^2 + \sigma^2) = \frac{1}{2}\sigma^2 = 0.5\sigma^2$$

$\because \text{Var}(\hat{\theta}_4) < \text{Var}(\hat{\theta}_1)$，所以 $\hat{\theta}_4$ 具相對有效性。即 $\hat{\theta}_4$ 具有「不偏點估計量」，同時也是「有效點估計量」。

■➤ 例題 9.6

若隨機變數 X_i 為常態分配，平均數 μ，變異數 σ^2，且 X_1 , X_2 , $\cdots$, X_n 為一組隨機樣本，則樣本平均數 $\overline{X} = \dfrac{1}{n} \overset{n}{\underset{i=1}{\Sigma}} X_i$ ，樣本中位數為 Me ，那一個為母體平均數的優良估計量？（已知 $E(Me) = \mu$, $\text{Var}(Me) = \dfrac{\pi}{2} \times \dfrac{\sigma^2}{n} = 1.57 \dfrac{\sigma^2}{n}$ ）

解　$E(\overline{X}) = \mu$, $\text{Var}(\overline{X}) = \dfrac{\sigma^2}{n}$

$E(\overline{X}) = E(Me) = \mu$ ，而 $\text{Var}(\overline{X}) < \text{Var}(Me)$

$\therefore \overline{X}$ 比 Me 具相對有效性，$\overline{X}$ 為母體平均 μ 的優良估計量。

3. 一致性

　　若當樣本數增加時，$E(\hat{\theta})$ 會趨近於母體參數 θ ，而且 $\text{Var}(\hat{\theta})$ 會趨近於 0 ，則稱 $\hat{\theta}$ 為一致估計量。即樣本數 $n \to \infty$ 時，$\hat{\theta}_n \to \theta$ ，則 $\hat{\theta}_n$ 具有一致性。

■➤ 例題 9.7

若隨機變數 X_i 之平均數為 μ ，變異數為 σ^2 ，且 X_1 , X_2 , $\cdots$, X_n 為一組隨機樣本，則樣本平均數 $\overline{X} = \dfrac{1}{n} \overset{n}{\underset{i=1}{\Sigma}} X_i$ 是否為 μ 的一致估計量？

解　$\text{Var}(\overline{X}) = \dfrac{\sigma^2}{n}$, $\because$ 當 $n \to \infty$ 時，$\text{Var}(\overline{X}) = \dfrac{\sigma^2}{n} \to 0$

表示樣本數愈大，$\overline{X}$ 抽樣分配的變異數愈小，則接近母體平均數 μ 的樣本平均數 $\overline{X}$ 會增加，故 $\overline{X}$ 是 μ 的一致估計量。

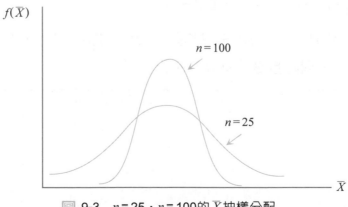

圖 9-3　$n = 25$ ，$n = 100$ 的 $\overline{X}$ 抽樣分配

9.2 區間估計

　　「點估計」提供的是母體參數的單一估計，並未考慮估計可能產生的誤差（精確度），為了彌補此一缺點，必須利用點估計量的抽樣分配替未知母體參數建立一個區間，再觀察未知母體參數在該區間的機率大小，此為區間估計的內容。

> ↘ 區間估計
>
> 　以一點估計量 $\hat{\theta}$ 為中心，再依據 $\hat{\theta}$ 之抽樣分配，建立一個估計之區間 (L, U)，使其包含母體參數為一特定之機率值，亦即 $P(L < \theta < U)$ $= 1 - \alpha$。區間 (L, U) 稱為「信賴區間」，L 為信賴區間下限，U 為信賴區間上限，機率 $1 - \alpha$ 稱為「信賴水準」、「信賴係數」或「信賴度」。通常設定 $1 - \alpha$ 在 90% – 99% 之間。

區間估計的意義

　　當 $\alpha = 0.10$，稱此區間為 90% 之信賴區間；當 $\alpha = 0.01$，則此區間為 99% 之信賴區間。90% 及 99% 信賴區間之意義如下：當我們重覆進行 100 次的抽樣，所建立的 100 個信賴區間中，分別有 90 個及 99 個區間包含母體參數 θ。

　　在實務上，我們只會選取一組「樣本」，所以只有一個「信賴區間」，因為「母體參數」值為未知常數，所以不知道所算得的這組「信賴區間」是否包含所欲估計的「母體參數」。手上的這組「信賴區間」可能包含也可能不包含所欲估計的「母體參數」。「95% 之信賴區間」是指如果建立 100 個信賴區間，（但實務上手上只有這一個信賴區間），則約有 95 個區間會包含所欲估計的「母體參數」，至於是哪 95 個區間會包含母體參數，則不得而知；手上的這一個「信賴區間」是那 100 個「信賴區間」中的一個而已。

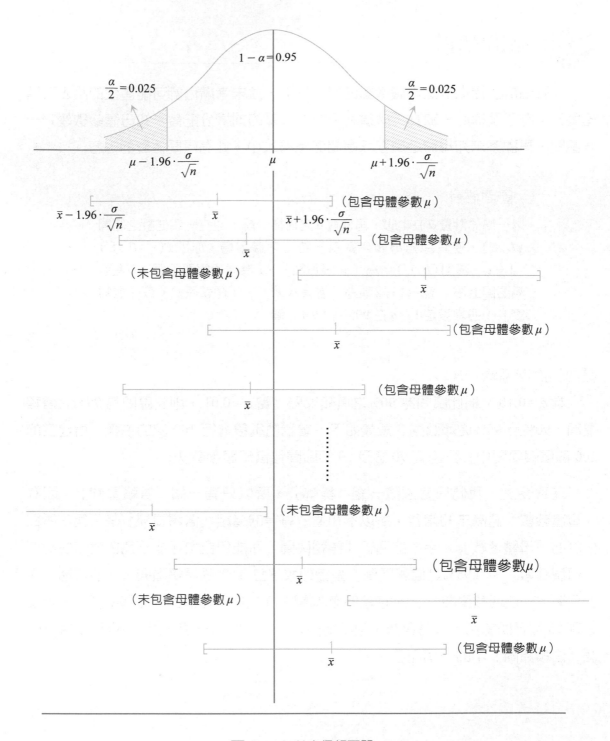

圖 9-4 95%之信賴區間

9.3 母體平均數 μ 的區間估計

一個母體平均數的區間估計，所使用到的抽樣分配與母體分配型態、母體變異數及樣本大小有關，如下表所示：

表 9-2　一個母體平均數之區間估計與對應之抽樣分配

母體分配	母體變異數 σ^2	樣本大小 n	抽樣分配
常態	已知	大	z
常態	已知	小	z
常態	未知	大	z
常態	未知	小	t
未知	已知	大	z
未知	未知	大	z

註　1.大樣本係指 $n \geq 30$，小樣本為 $n < 30$。

2.z 分配係指標準常態分配 $N(0,1)$。

3.t 分配係指 $t_{(n-1)}$，自由度 $= n-1$。

根據表 9-2 的各項條件得到相關的母體平均數 μ 的區間估計公式如下表：

表 9-3　母體平均數 μ 的區間估計

母體分配	母體變異數 σ^2	樣本大小 n	區間估計
常態	已知	大	
常態	已知	小	$(\bar{X} \pm Z_{\frac{\alpha}{2}} \cdot \frac{\sigma}{\sqrt{n}})$
未知	已知	大	
常態	未知	大	$(\bar{X} \pm Z_{\frac{\alpha}{2}} \cdot \frac{S}{\sqrt{n}})$
未知	未知	大	
常態	未知	小	$(\bar{X} \pm t_{\frac{\alpha}{2}} \cdot \frac{S}{\sqrt{n}})$

由於母體平均數 μ 之區間估計取決於樣本平均數 $\bar{X}$ 的抽樣分配，而 $\bar{X}$ 之抽樣分配則決定於母體是否為常態分配，母體變異數 σ^2 已知與否及樣本大小 n 是否大於等於 30，因此分別就上列條件來探討母體平均數之區間估計。

一、常態母體且母體變異數 σ^2 已知（大樣本 $n \geq 30$，或小樣本 $n < 30$）

1. **母體分配**：常態分配 $N(\mu, \sigma^2)$，σ^2 為已知。

2. **抽樣**：隨機變數 $X_1, X_2, \cdots, X_n$ 取自 $N(\mu, \sigma^2)$ 之一組隨機樣本。

3. **點估計量**：$\bar{X}$（點估計量 $\bar{X}$ 為 μ 之不偏估計量）。

4. **抽樣分配**：$\bar{X} \sim N(\mu, \dfrac{\sigma^2}{n})$，即 $E(\bar{X}) = \mu$，$\mathrm{Var}(\bar{X}) = \dfrac{\sigma^2}{n}$，

$$\xrightarrow{\text{標準化}} \dfrac{\bar{X} - \mu}{\sigma / \sqrt{n}} = Z \sim N(0, 1)$$

5. **機率區間**：$P(-Z_{\frac{\alpha}{2}} \leq Z \leq Z_{\frac{\alpha}{2}}) = 1 - \alpha$

$$\Rightarrow P(-Z_{\frac{\alpha}{2}} \leq \dfrac{\bar{X} - \mu}{\sigma / \sqrt{n}} \leq Z_{\frac{\alpha}{2}}) = 1 - \alpha, \quad (Z = \dfrac{\bar{X} - \mu}{\sigma / \sqrt{n}} \text{ 代入})$$

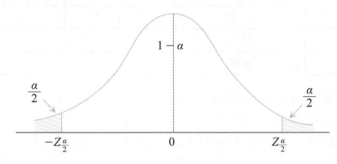

圖 9-5

6. **信賴區間**：我們目的是求得母體平均數 μ 之信賴區間，其型態為 $L < \mu < U$，因此必須對上述之機率區間加以轉換，得

$$P(-Z_{\frac{\alpha}{2}} \leq \dfrac{\bar{X} - \mu}{\sigma / \sqrt{n}} \leq Z_{\frac{\alpha}{2}}) = 1 - \alpha$$

$$\Rightarrow P(-Z_{\frac{\alpha}{2}} \times \dfrac{\sigma}{\sqrt{n}} \leq \bar{X} - \mu \leq Z_{\frac{\alpha}{2}} \times \dfrac{\sigma}{\sqrt{n}}) = 1 - \alpha$$

$$\Rightarrow P(-\bar{X} - Z_{\frac{\alpha}{2}} \times \dfrac{\sigma}{\sqrt{n}} \leq -\mu \leq -\bar{X} + Z_{\frac{\alpha}{2}} \times \dfrac{\sigma}{\sqrt{n}}) = 1 - \alpha$$

$$\Rightarrow P(\bar{X} - Z_{\frac{\alpha}{2}} \times \dfrac{\sigma}{\sqrt{n}} \leq \mu \leq \bar{X} + Z_{\frac{\alpha}{2}} \times \dfrac{\sigma}{\sqrt{n}}) = 1 - \alpha$$

7. **結論**：信賴區間 $(\bar{X} - Z_{\frac{\alpha}{2}} \times \dfrac{\sigma}{\sqrt{n}}, \bar{X} + Z_{\frac{\alpha}{2}} \times \dfrac{\sigma}{\sqrt{n}})$

信賴區間下限：$\bar{X} - Z_{\frac{\alpha}{2}} \times \dfrac{\sigma}{\sqrt{n}}$

信賴區間上限：$\bar{X} + Z_{\frac{\alpha}{2}} \times \dfrac{\sigma}{\sqrt{n}}$

上式中，$\overline{X}$為點估計量，$Z_{\frac{\alpha}{2}} \times \dfrac{\sigma}{\sqrt{n}}$為抽樣誤差（估計誤差或誤差界限），因此可以以下列通式來表示母體參數的信賴區間，即母體參數之信賴區間＝（點估計量±抽樣誤差）。

由信賴水準$1-\alpha$，可以決定α、$\dfrac{\alpha}{2}$及$Z_{\frac{\alpha}{2}}$值。信賴水準是在對母體重覆進行抽樣所建立的信賴區間中包含母體平均數μ的機率，一般設定$1-\alpha$在 90%至 99%之間，下表為常用的信賴水準及其對應的$Z_{\frac{\alpha}{2}}$值。

表 9-4　常用的信賴水準及其對應的$Z_{\frac{\alpha}{2}}$值

信賴水準$1-\alpha$	$\dfrac{\alpha}{2}$	$Z_{\frac{\alpha}{2}}$
0.90	0.05	$Z_{0.05}=1.645$
0.95	0.025	$Z_{0.025}=1.96$
0.98	0.01	$Z_{0.01}=2.33$
0.99	0.005	$Z_{0.005}=2.575$

◀━━▶ 例題 9.8

設某公司生產之產品的重量為常態分配，產品重量之標準差為 2 公克。今隨機抽取 100 件產品檢查，發現其平均重量為 50 公克，請問此產品之 95%及 99%信賴區間為何？以樣本平均數估計母體平均數之最大誤差為何？

解　(1) 95%信賴區間：$1-\alpha=0.95 \Rightarrow \alpha=0.05$，查表得$Z_{0.025}=1.96$，

因此 95%信賴區間為

$$\left(50-1.96 \times \frac{2}{\sqrt{100}}, 50+1.96 \times \frac{2}{\sqrt{100}}\right)=(49.608, 50.392)。$$

以$\overline{X}$估計μ之最大誤差為$1.96 \times \dfrac{2}{\sqrt{100}}=0.392$。

(2) 99%信賴區間：$1-\alpha=0.99 \Rightarrow \alpha=0.01$，查表得，$Z_{0.005}=2.575$

因此 99%信賴區間為

$$\left(50-2.575 \times \frac{2}{\sqrt{100}}, 50+2.575 \times \frac{2}{\sqrt{100}}\right)=(49.485, 50.515)$$

以$\overline{X}$估計μ之最大誤差為$2.575 \times \dfrac{2}{\sqrt{100}}=0.515$。

■▶ 例題 **9.9**

假設某一常態母體之變異數為 25，隨機由此一常態母體隨機抽取 25 筆資料，得其平均數 20，求此母體平均數之 98%信賴區間為何？

解　98%信賴區間：$1 - \alpha = 0.98 \Rightarrow \alpha = 0.02$，查表得 $Z_{0.01} = 2.33$，因此 98%信賴區間為

$$\left(20 - 2.33 \times \frac{5}{\sqrt{25}}, 20 + 2.33 \times \frac{5}{\sqrt{25}}\right) = (17.67, 22.33)$$

二、大樣本（$n \geq 30$），母體變異數 σ^2 已知，母體非常態分配，若樣本為大樣本時（$n \geq 30$），則由中央極限定理得知，$\overline{X}$ 之抽樣分配近似於常態分配，$E(\overline{X}) = \mu$，$\mathrm{Var}(\overline{X}) = \frac{\sigma^2}{n}$，即 $n \geq 30$，$\overline{X} \sim N\left(\mu, \frac{\sigma^2}{n}\right) \xrightarrow{標準化} Z = \frac{\overline{X} - \mu}{\sigma/\sqrt{n}} \sim N(0, 1)$

1.**機率區間**：$P(-Z_{\frac{\alpha}{2}} \leq Z \leq Z_{\frac{\alpha}{2}}) = 1 - \alpha$

$$\Rightarrow P\left(-Z_{\frac{\alpha}{2}} \leq \frac{\overline{X} - \mu}{\sigma/\sqrt{n}} \leq Z_{\frac{\alpha}{2}}\right) = 1 - \alpha$$

2.**信賴區間**：解機率區間之不等式，得

$$P\left(\overline{X} - Z_{\frac{\alpha}{2}} \times \frac{\sigma}{\sqrt{n}} \leq \mu \leq \overline{X} + Z_{\frac{\alpha}{2}} \times \frac{\sigma}{\sqrt{n}}\right) = 1 - \alpha$$

3.**結論**：信賴區間 $\left(\overline{X} - Z_{\frac{\alpha}{2}} \times \frac{\sigma}{\sqrt{n}}, \overline{X} + Z_{\frac{\alpha}{2}} \times \frac{\sigma}{\sqrt{n}}\right)$

三、大樣本（$n \geq 30$），母體變異數 σ^2 未知，母體非常態分配（或母體為常態分配），若樣本為大樣本，取自於非常態母體（或常態母體），且 σ^2 未知，則 $\overline{X}$ 的抽樣分配近似常態分配，母體標準差 σ 以樣本標準差 S 代入，即 $\overline{X} \sim N(\mu, \frac{\sigma^2}{n}) \doteq N\left(\mu, \frac{S^2}{n}\right) \xrightarrow{標準化} Z = \frac{\overline{X} - \mu}{S/\sqrt{n}} \sim N(0, 1)$

1.**機率區間**：$P(-Z_{\frac{\alpha}{2}} \leq Z \leq Z_{\frac{\alpha}{2}}) = 1 - \alpha$

$$\Rightarrow P\left(-Z_{\frac{\alpha}{2}} \leq \frac{\overline{X} - \mu}{S/\sqrt{n}} \leq Z_{\frac{\alpha}{2}}\right) = 1 - \alpha$$

2.信賴區間：解機率區間之不等式，得

$$P\left(\overline{X} - Z_{\frac{\alpha}{2}} \times \frac{S}{\sqrt{n}} \le \mu \le \overline{X} + Z_{\frac{\alpha}{2}} \times \frac{S}{\sqrt{n}}\right) = 1 - \alpha$$

3.結論：信賴區間 $\left(\overline{X} - Z_{\frac{\alpha}{2}} \times \frac{S}{\sqrt{n}}, \overline{X} + Z_{\frac{\alpha}{2}} \times \frac{S}{\sqrt{n}}\right)$

例題 9.10

由一箱梨子中抽出 900 個，計算出平均重量為 60 公克，標準差為
6 公克，在 95%信賴係數下，求：
⑴整箱梨子平均重量的點估計值？
⑵整箱梨子平均重量的信賴區間？

解　母體分配未知，母體標準差 σ 未知，但樣本數 = 900 > 30 ，利用中央極限定理

得知 $\overline{X} \sim N(\mu, \frac{S^2}{n})$

⑴點估計值 = $\overline{x}$ = 60 公克。

⑵ 95%信賴區間 = $(\overline{X} - Z_{0.025} \times \frac{S}{\sqrt{n}}, \overline{X} + Z_{0.025} \times \frac{S}{\sqrt{n}})$

$$= \left(60 - 1.96 \times \frac{6}{\sqrt{900}}, 60 + 1.96 \times \frac{6}{\sqrt{900}}\right)$$

$$= (59.608, 60.392)$$

例題 9.11

若某隨機樣本之樣本平均數為 100，且樣本變異數為 16。⑴若樣本個數為 36，求
母體平均數之 99%信賴區間？⑵若樣本個數為 100，求母體平均數之 99%信賴區間？

解　⑴$n = 36 > 30$，因此母體平均數之 99%信賴區間為

$$\left(100 - Z_{0.005} \times \frac{4}{\sqrt{36}}, 100 + Z_{0.005} \times \frac{4}{\sqrt{36}}\right)$$

$$= (100 - 2.575 \times (\frac{4}{6}), 100 + 2.575 \times (\frac{4}{6}))$$

$$= (98.283, 101.717)$$

(2)$n = 100 > 30$，因此母體平均數之99%信賴區間為

$$\left(100 - Z_{0.005} \times \frac{4}{\sqrt{100}} , 100 + Z_{0.005} \times \frac{4}{\sqrt{100}} \right)$$

$$= \left(100 - 2.575(\frac{4}{10}) , 100 + 2.575(\frac{4}{10}) \right)$$

$$= (98.97 , 101.03)$$

● 例題 **9.12**

若某隨機樣本之樣本平均數為 60，且已知母體變異數為 36。若樣本個數為 100，求母體平均數之95%信賴區間？

解 $n = 100 > 30$，$\bar{X} \sim N\left(\mu , \frac{\sigma^2}{n} \right)$，所以母體平均數之95%信賴區間為

$$\left(60 - Z_{0.025} \times \frac{6}{\sqrt{100}} , 60 + Z_{0.025} \times \frac{6}{\sqrt{100}} \right)$$

$$= \left(60 - 1.96 \times (\frac{6}{10}) , 60 + 1.96 \times (\frac{6}{10}) \right)$$

$$= (58.824 , 61.176)$$

四、常態母體且母體變異數 σ^2 未知，小樣本（$n < 30$）

　　1.母體分配：常態分配 $N(\mu , \sigma^2)$，σ^2 未知。

　　2.抽樣：隨機樣本 $X_1 , X_2 , \cdots , X_n$ 取自 $N(\mu , \sigma^2)$ 之一組隨機樣本。

　　3.點估計量：$\bar{X}$（點估計量 $\bar{X}$ 為 μ 之不偏估計量。）

　　　　　　　　S^2（點估計量 S^2 為 σ^2 之不偏估計量。）

　　4.抽樣分配：$Z = \dfrac{\bar{X} - \mu}{\sigma / \sqrt{n}} \sim N(0 , 1)$ ←標準常態值

　　　　　　　　$\chi^2 = \dfrac{(n-1)S^2}{\sigma^2} \sim \chi^2_{(n-1)}$ ←卡方統計量

　　　　取 $t = \dfrac{z}{\sqrt{\chi^2 / df}} = \dfrac{(\bar{x} - \mu) / (\sigma / \sqrt{n})}{\sqrt{\dfrac{(n-1)S^2}{\sigma^2} / (n-1)}} = \dfrac{\bar{x} - \mu}{S / \sqrt{n}} = t_{(n-1)}$

因此，抽樣分配為 t 分配，自由度 $df = n - 1$

5.**機率區間**：$P(-t_{(\frac{\alpha}{2},n-1)} \leq t \leq t_{(\frac{\alpha}{2},n-1)}) = 1-\alpha$

$$\Rightarrow P(-t_{(\frac{\alpha}{2},n-1)} \leq \frac{\overline{X}-\mu}{S/\sqrt{n}} \leq t_{(\frac{\alpha}{2},n-1)}) = 1-\alpha$$

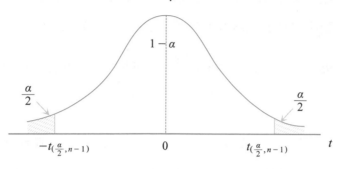

圖 9-6

6.**信賴區間**：解機率區間之不等式，得

$$P(\overline{X}-t_{(\frac{\alpha}{2},n-1)} \times \frac{S}{\sqrt{n}} \leq \mu \leq \overline{X}+t_{(\frac{\alpha}{2},n-1)} \times \frac{S}{\sqrt{n}}) = 1-\alpha$$

7.**結論**：信賴區間 $(\overline{X}-t_{(\frac{\alpha}{2},n-1)} \times \frac{S}{\sqrt{n}}, \quad \overline{X}+t_{(\frac{\alpha}{2},n-1)} \times \frac{S}{\sqrt{n}})$

信賴區間下限：$\overline{X}-t_{(\frac{\alpha}{2},n-1)} \times \frac{S}{\sqrt{n}}$

信賴區間上限：$\overline{X}+t_{(\frac{\alpha}{2},n-1)} \times \frac{S}{\sqrt{n}}$

▰▶ 例題 9.13

某銀行經理想知道顧客的平均等候時間，隨機取樣 10 人，記錄等候時間（分鐘）如下：（根據以前記錄等候時間呈常態分配）

　2　　3　　5　　4　　6　　1　　2　　4　　6　　5

在 95%信賴度下，平均等候時間的區間估計值為何？

解　$n=10$，計算樣本平均數 $\overline{X}=\dfrac{38}{10}=3.8$，樣本變異數 $S^2=\dfrac{1}{9}[172-\dfrac{(38)^2}{10}]=3.067$，

樣本標準差 $S=1.751$，查 t 分配表，得 $t_{0.025(9)}=2.262$，則 95%信賴區間為

$$\left(3.8-2.262 \times \frac{1.751}{\sqrt{10}}, 3.8+2.262 \times \frac{1.751}{\sqrt{10}}\right) = (2.547, 5.053)$$

五、影響信賴區間寬度的因素

所謂優良信賴區間，即估計母體未知參數精準度最佳的區間。必須同時考慮信賴區間的長度（要短）與信賴係數（要大）。信賴係數大（如$1-\alpha=0.99$）則信賴區間長度會比信賴係數小（如$1-\alpha=0.95$）長（$1-\alpha=0.99$，長度$=2\times2.575\times\dfrac{\sigma}{\sqrt{n}}=5.15\dfrac{\sigma}{\sqrt{n}}$；$1-\alpha=0.95$，長度$=2\times1.96\times\dfrac{\sigma}{\sqrt{n}}=3.92\dfrac{\sigma}{\sqrt{n}}$），因此，只能在某條件下，求精準度最佳。

1. 當信賴係數相同下，以信賴區間內愈短者愈精確，當兩尾各取$\dfrac{\alpha}{2}$為最短。

2. 當信賴區間長度相同下，以信賴係數愈大者愈精準。

區間的寬窄是由抽樣誤差（誤差界限）$Z_{\frac{\alpha}{2}}\times\dfrac{\sigma}{\sqrt{n}}$所決定的，其中包含三項因素：1.母體標準差$\sigma$，2.信賴係數$1-\alpha$，3.樣本大小$n$。分別討論如下：

1. **母體標準差σ**：當母體標準差倍增時，導致區間寬度倍增。（如$\sigma=16$，抽樣誤差$=Z_{\frac{\alpha}{2}}\times\dfrac{16}{\sqrt{n}}$；而當$\sigma=8$時，抽樣誤差$=Z_{\frac{\alpha}{2}}\times\dfrac{8}{\sqrt{n}}$）。因為若隨機變數之標準差大表示變異性大，資料分散，則正確地估計母體平均數會較困難，則導致的區間會較寬。

2. **信賴係數$1-\alpha$**：信賴係數愈大代表有較大比例的區間估計值會是正確的，但信賴係數與區間寬度是正向的關係，信賴係數減少則信賴區間變窄，增加信賴係數會使信賴區間變寬。

   如$1-\alpha=0.95$，抽樣誤差$=1.96\times\dfrac{\sigma}{\sqrt{n}}$；而$1-\alpha=0.99$，

   抽樣誤差$=2.575\times\dfrac{\sigma}{\sqrt{n}}$。

3. **樣本大小n**：若$1-\alpha$，σ固定條件下，當n值愈大，則區間半徑（即抽樣誤差）愈小，區間估計結果愈精準，即當樣本數n愈大，樣本資料越多代表越接近母體資料，表示樣本資料越能夠清楚地描述出母體資料的特性，估計的結果愈好。如$n=400$，抽樣誤差$=Z_{\frac{\alpha}{2}}\times\dfrac{\sigma}{\sqrt{400}}=Z_{\frac{\alpha}{2}}\times\dfrac{\sigma}{20}$；但$n=100$，抽樣誤差$=Z_{\frac{\alpha}{2}}\times\dfrac{\sigma}{\sqrt{100}}=Z_{\frac{\alpha}{2}}\times\dfrac{\sigma}{10}$，增加樣本數4倍，抽樣誤差減少一半，即區間寬度減少一半。

六、樣本大小的決定

　　以點估計量來估計母體參數，必然會有誤差產生，除非點估計量恰好等於未知母體參數。誤差大小以點估計量與母體參數二者差之絕對值表示，在信賴係數 $1-\alpha$ 下，以樣本平均數 $\bar{X}$ 估計母體平均數 μ，其誤差以 $|\bar{X}-\mu|$ 表示，

$$\bar{X}-Z_{\frac{\alpha}{2}}\cdot\frac{\sigma}{\sqrt{n}} \qquad \mu \qquad \bar{X} \qquad \bar{X}+Z_{\frac{\alpha}{2}}\cdot\frac{\sigma}{\sqrt{n}}$$

由上圖可知估計誤差 $=|\bar{X}-\mu|=E$，E 必小於等於 $Z_{\frac{\alpha}{2}}\times\dfrac{\sigma}{\sqrt{n}}$（抽樣誤差或誤差界限）

即　　　　$|\bar{X}-\mu|=E\leq Z_{\frac{\alpha}{2}}\times\dfrac{\sigma}{\sqrt{n}}$

　　　　　$\therefore n=\left[\dfrac{Z_{\frac{\alpha}{2}}\times\sigma}{E}\right]^{2}$

　　一般而言，母體標準差 σ 是未知的，可以以樣本標準差 S 代入，求算樣本大小 $n=\left[\dfrac{Z_{\frac{\alpha}{2}}\times S}{E}\right]^{2}$

> ↘ 估計母體平均數 μ 之樣本數 n
>
> 　欲得到區間估計量為 $(\bar{X}\pm E)$，E 為可容忍的誤差，信賴水準 $1-\alpha$，
> 　則所需樣本數為
> 　　　　　$n=\left[\dfrac{Z_{\frac{\alpha}{2}}\times S}{E}\right]^{2}$，若 σ 未知，以 S 代入

▬▶ 例題 9.14

設由一常態母體 $N(\mu,\sigma^{2})$ 中隨機抽取 n 個樣本，計算其樣本平均數 $\bar{X}$，在信賴水準 99% 下，求

(1)若欲估計誤差在 2 之內，母體標準差 σ 為 9，則至少應抽多少樣本？

(2)設 $n=30$ 時，計算出樣本標準差 $S=8$，而母體標準差 σ 未知，欲估計誤差在 2 以內，則應再抽出多少樣本？

解　(1)$E = 2$，$1 - \alpha = 0.99$，$Z_{\frac{\alpha}{2}} = Z_{0.005} = 2.575$，$\sigma = 9$

則 $n = \left[\dfrac{2.575 \cdot 9}{2}\right]^2 = 134.27$，以無條件進入法，取到下一位

整數，因此，$n = 135$。

(2)$S = 8$，$Z_{0.005} = 2.575$，$E = 2$ 則

$n = \left[\dfrac{2.575 \cdot 8}{2}\right]^2 = 106.09$，無條件進入法，取下一位整數，因

此 $n = 107$，故應再抽出 $107 - 30 = 77$ 個樣本數。

9.4　母體變異數 σ^2 的區間估計

　　在上節中，以樣本平均數 $\overline{X}$ 作為母體平均數 μ 之點估計量，再利用 $\overline{X}$ 之抽樣分配來推導出母體平均數 μ 之信賴區間。同樣的，在此節中，以樣本變異數 $S^2 = \dfrac{1}{n-1}\Sigma(X_i - \overline{X})^2$ 作為母體變異數 σ^2 的點估計量，再以 S^2 之抽樣分配，求出母體變異數 σ^2 之信賴區間，即母體變異數 σ^2 的區間估計就是要找出 (L, U)，使得 $P(L < \sigma^2 < U) = 1 - \alpha$。

1. 母體分配：$X \sim N(\mu, \sigma^2)$，σ^2 未知，母體為常態分配。

2. 抽樣：隨機變數 $X_1, X_2, \cdots, X_n$ 取自 $N(\mu, \sigma^2)$ 之一組隨機樣本。

3. 點估計量：S^2（點估計量 S^2 為 σ^2 之不偏估計量）。

4. 抽樣分配：令統計量

$$\chi^2 = \frac{(n-1)S^2}{\sigma^2} \sim \chi^2_{(n-1)}, df = 自由度 = n-1$$

此為卡方統計量之抽樣分配，即 χ^2 分配。

5. 機率區間：設信賴水準 $1 - \alpha$，則 χ^2 之機率區間為

$$P(\chi^2_{(1-\frac{\alpha}{2}, n-1)} \leq \chi^2 \leq \chi^2_{(\frac{\alpha}{2}, n-1)}) = 1 - \alpha$$

$$\Rightarrow P(\chi^2_{(1-\frac{\alpha}{2}, n-1)} \leq \frac{(n-1)S^2}{\sigma^2} \leq \chi^2_{(\frac{\alpha}{2}, n-1)}) = 1 - \alpha$$

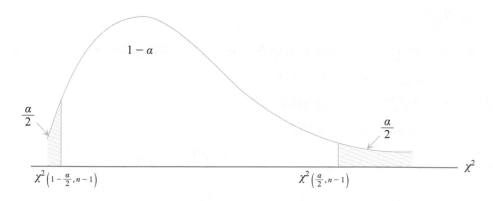

圖 9-7

6. 信賴區間：解機率區間不等式，得 σ^2 之信賴區間為

$$P(\frac{(n-1)S^2}{\chi^2_{(\frac{\alpha}{2},n-1)}} \leq \sigma^2 \leq \frac{(n-1)S^2}{\chi^2_{(1-\frac{\alpha}{2},n-1)}}) = 1-\alpha$$

7. 結論：母體變異數 σ^2 之信賴區間為 $\left(\dfrac{(n-1)S^2}{\chi^2_{(\frac{\alpha}{2},n-1)}}, \dfrac{(n-1)S^2}{\chi^2_{(1-\frac{\alpha}{2},n-1)}}\right)$

　　　　信賴區間下限為 $\dfrac{(n-1)S^2}{\chi^2_{(\frac{\alpha}{2},n-1)}}$

　　　　信賴區間上限為 $\dfrac{(n-1)S^2}{\chi^2_{(1-\frac{\alpha}{2},n-1)}}$

將母體變異數 σ^2 信賴區間開平方後，即得母體標準差 σ 之信賴區間：

$$\left(\sqrt{\frac{(n-1)S^2}{\chi^2_{(\frac{\alpha}{2},n-1)}}}, \sqrt{\frac{(n-1)S^2}{\chi^2_{(1-\frac{\alpha}{2},n-1)}}}\right)$$

↘ **母體變異數 σ^2 之信賴區間**

　若隨機樣本取自常態母體 $N(\mu,\sigma^2)$，σ^2 未知，樣本數為 n，令 S^2 為樣本變異數，則母體變異數之 $(1-\alpha)100\%$ 信賴區間為

$$\left(\frac{(n-1)S^2}{\chi^2_{(\frac{\alpha}{2},n-1)}}, \frac{(n-1)S^2}{\chi^2_{(1-\frac{\alpha}{2},n-1)}}\right)$$

例題 9.15

設某產品重量為常態分配，隨機抽取樣本，$n = 5$件，其重量為 18，16，17，14，15（公克），設信賴係數為 95%，求

(1)某產品重量分配變異數之信賴區間？

(2)某產品重量分配標準差之信賴區間？

解 $n = 5$，$\bar{x} = \dfrac{80}{5} = 16$，$S^2 = \dfrac{1}{5-1}\left[1290 - \dfrac{(80)^2}{5}\right] = 2.5$

查 χ^2 分配表，得 $\chi^2_{(\frac{\alpha}{2}, n-1)} = \chi^2_{(0.025, 4)} = 11.1433$

$$\chi^2_{(1-\frac{\alpha}{2}, n-1)} = \chi^2_{(0.975, 4)} = 0.4844$$

(1)母體變異數 σ^2 之信賴區間為：

$$\left(\dfrac{(5-1)(2.5)}{11.1433}, \dfrac{(5-1)(2.5)}{0.4844}\right) = (0.8974, 20.6441)$$

(2)母體標準差 σ 之信賴區間為：

$$\left(\sqrt{0.8974}, \sqrt{20.6441}\right) = (0.9473, 4.5436)$$

例題 9.16

設某班英文成績為常態分配，自班上隨機抽取 10 名學生計算其平均分數為 70 分，標準差為 3 分，求此班英文成績變異數 σ^2 之 99%信賴區間？

解 查 χ^2 分配表，$\chi^2_{(0.005, 9)} = 23.5893$，$\chi^2_{(0.995, 9)} = 1.7349$

英文成績變異數 σ^2 之 99%信賴區間為：

$$\left(\dfrac{(10-1)(3)^2}{23.5893}, \dfrac{(10-1)(3)^2}{1.7349}\right) = (3.4338, 46.6886)$$

9.5　Excel 應用範例

一、以例題 9.8 為例,利用 Excel 求信賴區間

n = 100 > 30 屬於大樣本且σ已知,信賴區間公式如下:

常態分布,已知母體變異數 σ^2

$1 - \alpha$ 水平的常態信賴區間為:

$$\left(\bar{x} - z_{\alpha/2} \cdot \frac{\sigma}{\sqrt{n}}, \bar{x} + z_{\alpha/2} \cdot \frac{\sigma}{\sqrt{n}} \right)$$

1. 求 95%信賴區間

STEP 1

進入 Excel,鍵入如下資料內容:(如圖 9-8)

	A	B	C	D	E	F	G	H
1	例題9.8某產品重量呈常態分配σ=2,隨機抽樣n=100,							
2	$\overline{X}$ =50,求95%及99%信賴區間? 求以樣本平均數估計母體平均數之最大誤差?							
3	公式							
4	常態分布,已知母體變異數σ^2							
5	$1-\alpha$水平的常態信賴區間為:							
6								
7	$\left(\bar{x} - z_{\alpha/2}\frac{\sigma}{\sqrt{n}}, \bar{x} + z_{\alpha/2}\frac{\sigma}{\sqrt{n}} \right)$							
8								
9	1-α =		95%信賴區間					
10	α =		信賴下限					
11	α/2=		信賴上限					
12	n=							
13	σ =		99%信賴區間					
14	$\overline{X}$ =		信賴下限					
15	$Z_{\alpha/2}$ =		信賴上限					

圖 9-8

STEP 2

1-α = 0.95, α = 0.05, α/2 = 0.025, σ = 2, n = 100, $\overline{X}$ = 50,輸入儲存格 B9～B14。

2. 求 $Z_{0.025}$

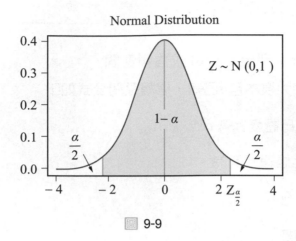

圖 9-9

STEP 1

$\because P(z > Z_{0.025}) = 0.025 \rightarrow P(Z < Z_{0.025}) = 0.975$

STEP 2

在 B15 儲存格鍵入函數："=NORM.S.INV(0.975)"（如圖 9-10）

	A	B	C	D	E	F	G	H
1	例題9.8某產品重量呈常態分配 σ =2,隨機抽樣n=100,							
2	$\overline{X}$ =50,求95%及99%信賴區間? 求以樣本平均數估計母體平均數之最大誤差?							
3	公式							
4	常態分布，已知母體變異數σ^2							
5	$1 - \alpha$水平的常態信賴區間為：							
6								
7	$\left(\bar{x} - z_{\alpha/2} \dfrac{\sigma}{\sqrt{n}}, \bar{x} + z_{\alpha/2} \dfrac{\sigma}{\sqrt{n}} \right)$							
8								
9	1- α =	0.95	95%信賴區間					
10	α =	0.05	信賴下限					
11	α /2=	0.025	信賴上限					
12	n=	100						
13	σ =	2	99%信賴區間					
14	$\overline{X}$=	50	信賴下限					
15	$Z_{\alpha/2}$ =	1.959964	信賴上限					
16								
17		=NORM.S.INV(0.975)						

圖 9-10

3. 求信賴區間下限與信賴區間上限

STEP 1▶

在 D10 儲存格鍵入公式：" =B14-B15*B13/SQRT(B12)" → 得到下限值：49.608

STEP 2▶

在 D11 儲存格鍵入公式：" =B14+B15*B13/SQRT(B12)" → 得到上限值：50.392
（如圖 9-11）

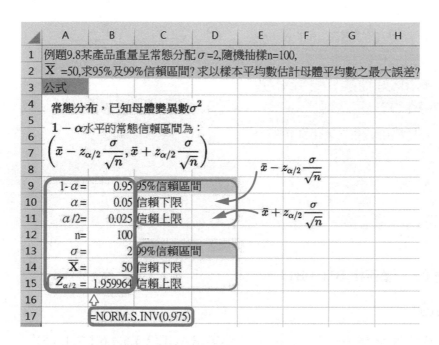

圖 9-11

二、以例題 9.13 為例，利用 Excel 求信賴區間

1. 進入 Excel，鍵入如下資料內容： （如圖 9-12）

	A	B	C	D	E	F	G
1	例題9.13 隨機取樣10人,記錄等候時間如下:						
2	2 3 5 4 6 1 2 4 6 5(根據以前記錄等候時間呈常態分配)						
3	求在95%信賴度下,平均等候時間之區間估計值為何?						
4							
5	公式:						
6	μ 之95%信賴區間: $(\overline{x}-t_{0.025(9)}\cdot\dfrac{S}{\sqrt{n}}, \overline{x}+t_{0.025(9)}\cdot\dfrac{S}{\sqrt{n}})$						
7							
8	n=10<30,抽樣分配為t分配						
9	95%信賴區間:						
10	1-α=0.95,α=0.05,α/2=0.025						
11	$\overline{x}=$						
12	s=						
13	$t_{0.025\,(9)}=$						
14	95%信賴區間 = ( )						

圖 9-12

2. 依序輸入儲存格 B11～B13

STEP 1 ▶

$\overline{x}$，在 B11 儲存格 → 鍵入函數： "=AVERAGE(2,3,5,4,6,1,2,4,6,5)"

STEP 2 ▶

求 S：樣本標準差

在 B12 儲存格 → 鍵入函數： "=STDEV.S(2,3,5,4,6,1,2,4,6,5)"

STEP 3 ▶

求 $t_{(0.025,9)}$

在 B13 儲存格 → 鍵入函數："=T.INV(0.975,9)"（如圖 9-13）

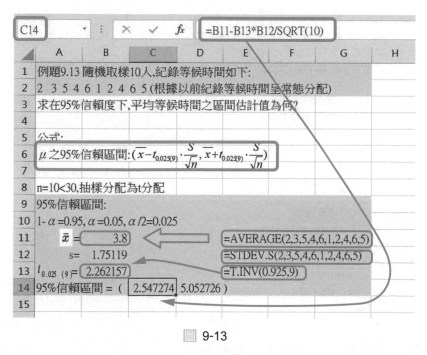

圖 9-13

3. 求信賴區間下限與信賴區間上限

STEP 1

在 C14 儲存格鍵入公式:"=B11-B13*B12/SQRT(10)"->得到下限值:2.547274

STEP 2

在 D14 儲存格鍵入公式:"=B11+B13*B12/SQRT(10)"->得到上限值:5.0527

三、以例題 9.15 為例，利用 Excel 求母體變異數信賴區間

母體變異數的信賴區間

$$\frac{(n-1)S^2}{\chi^2_{n-1,\,\alpha/2}} \le \sigma^2 \le \frac{(n-1)S^2}{\chi^2_{n-1,\,\alpha/2}}$$

母體標準差的信賴區間

$$\sqrt{\frac{(n-1)S^2}{\chi^2_{n-1,\,\alpha/2}}} \le \sigma \le \sqrt{\frac{(n-1)S^2}{\chi^2_{n-1,\,\alpha/2}}}$$

1. 進入 Excel，鍵入如下資料內容：（如圖 9-14）

	A	B	C	D	E	F	G	H
1	例題9.15某產品重量呈常態分配,隨機抽樣本, n=5,其重量為: 18,16,17,14,15							
2	(1)求重量分配變異數之95%信賴區間?							
3	(2)求重量分配標準差之95%信賴區間?							
4								
5	(1) σ^2 之95%信賴區間:							
6	1-α=0.95, α=0.05, α/2=0.025							
7	S^2 =							
8	$\chi^2_{(0.025,4)}$ =							
9	$\chi^2_{(0.975,4)}$ =							
10	σ^2 之95%信賴區間 = (			)				
11								
12	(2) σ 之95%信賴區間:							
13	1-α=0.95, α=0.05, α/2=0.025							
14	S^2 =							
15	$\chi^2_{(0.025,4)}$ =							
16	$\chi^2_{(0.975,4)}$ =							
17	σ 之95%信賴區間 = (			)				

圖 9-14

2. 依序鍵入函數和公式如下：（如圖 9-15）

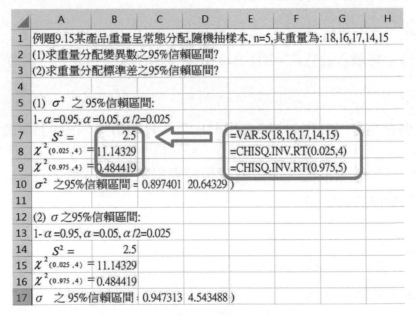

	A	B	C	D	E	F	G	H
1	例題9.15某產品重量呈常態分配,隨機抽樣本, n=5,其重量為: 18,16,17,14,15							
2	(1)求重量分配變異數之95%信賴區間?							
3	(2)求重量分配標準差之95%信賴區間?							
4								
5	(1) σ^2 之95%信賴區間:							
6	1-α=0.95, α=0.05, α/2=0.025							
7	S^2 =	2.5			=VAR.S(18,16,17,14,15)			
8	$\chi^2_{(0.025,4)}$ =	11.14329			=CHISQ.INV.RT(0.025,4)			
9	$\chi^2_{(0.975,4)}$ =	0.484419			=CHISQ.INV.RT(0.975,5)			
10	σ^2 之95%信賴區間 =	0.897401	20.64329	)				
11								
12	(2) σ 之95%信賴區間:							
13	1-α=0.95, α=0.05, α/2=0.025							
14	S^2 =	2.5						
15	$\chi^2_{(0.025,4)}$ =	11.14329						
16	$\chi^2_{(0.975,4)}$ =	0.484419						
17	σ 之95%信賴區間:	0.947313	4.543488	)				

圖 9-15

習 題

一、選擇題（*表示為複選題）

( ) 1. 母體平均值 μ 的90%信賴區間，其信賴係數為何？
(A) 0.05　(B) 0.1　(C) 0.9　(D) 0.95。

*( ) 2. 信賴區間的寬度會受哪些因素影響？
(A)母體標準差　(B)樣本大小　(C)信賴係數　(D)抽樣對象。

( ) 3. 假設常態母體平均值 μ 的信賴區間為 $\bar{x} \pm 1.96\frac{\sigma}{\sqrt{n}}$，則其信賴水準（Confidence Level）為何？

標準常態分配 Z_α 值				
$Z_{0.10}$	$Z_{0.05}$	$Z_{0.025}$	$Z_{0.01}$	$Z_{0.005}$
1.282	1.645	1.96	2.326	2.575

(A) 98%　(B) 95%　(C) 90%　(D) 92%。

( ) 4. 假設常態母體平均值 μ 的信賴區間為 $\bar{x} \pm 1.645\frac{\sigma}{\sqrt{n}}$，則其信賴水準（Confidence Level）為何？　(A) 98%　(B) 95%　(C) 90%　(D) 92%。

( ) 5. 假設一常態母體之變異數為25，從此母體隨機抽取25筆資料，得其平均數為20，求此母體平均數之99%信賴區間為何？　(A) (17.67, 22.33)　(B) (17.425, 22.575)　(C) (18.04, 21.96)　(D)(17.67, 22.33)。

( ) 6. 隨機抽取49筆資料，得其樣本平均數及標準差分別為30和14，求此母體平均數之95%信賴區間的上限值為何？
(A) 33.92　(B) 33.29　(C) 35.15　(D) 32.564。

( ) 7. 從常態母體隨機抽取25筆資料，得其樣本平均數及標準差分別為8和9，求此母體平均數之90%信賴區間的下限值為何？
(A) 5.6924　(B) 5.039　(C) 4.472　(D) 3.8132。

( ) 8. 母體平均值 μ 的信賴區間，其區間中心點為何？

    (A) s   (B) μ (C) σ (D) $\bar{x}$。

( ) 9. 母體變異數 σ^2 之區間估計，要用到何種分配？

    (A)常態分配   (B) T 分配   (C)卡方分配   (D) F 分配。

( )10.下列區間估計之統計公式 $\left(\dfrac{(n-1)S^2}{\chi^2_{(\frac{n}{2},\, n-1)}}, \dfrac{(n-1)S^2}{\chi^2_{(1-\frac{n}{2},\, n-1)}} \right)$，估計對象為何？

    (A) σ^2 (B) σ (C) $\dfrac{\sigma_A^2}{\sigma_B^2}$ (D) μ。

二、基礎題

1. 若由一母體取得樣本資料為：8，9，10，12，17，20，求出此母體平均數及母體變異數的一個不偏估計量。

2. 假設 X_1 , X_2 , X_3 , X_4 代表自一母體（母體平均數 μ，變異數 σ^2）隨機抽取之樣本，令

    $\hat{\theta}_1 = \dfrac{1}{4}(X_1 + X_2 + X_3 + X_4)$，$\hat{\theta}_2 = \dfrac{1}{5}(X_1 + 2X_2 + X_3 + X_4)$，$\hat{\theta}_3 = \dfrac{1}{4}(X_1 + 2X_2)$

    ⑴求何者為母體平均數 μ 的不偏估計量。

    ⑵求何者為母體平均數 μ 的有效估計量。

3. 購買 300c.c.容量的飲料 36 罐，測得平均重量為 = 298c.c.，根據樣本資料，求飲料平均重量之 99%信賴區間估計為何？（已知 $\sigma = 2$c.c.）

4. 設某校學生之身高為常態分配，隨機抽取 10 人測量其身高，得資料如下：

    120, 123, 119, 142, 131, 127, 154, 132, 141, 124(cm)

    求在 95%信賴係數下，全校學生平均身高之區間估計為何？

5. 若一常態母體變異數為 4，由一母體隨機抽取 16 筆資料，得平均數為 20，求出母體平均數之 95%信賴區間？

6. 同 5 題，若欲樣本平均數與母體平均數之誤差在 0.5 內，在 95%信賴係數下，應再抽多少筆資料？

7. 已知一樣本資料 $n = 20$，$\sum\limits_{i=1}^{n} X_i = 320$，$\sum\limits_{i=1}^{n} (X_i - \bar{X})^2 = 171$，求下列各題：

    ⑴ $\bar{X}$

    ⑵ S^2

    ⑶ μ 之 95%信賴區間

(4) σ^2 之 98% 信賴區間

(5) σ 之 98% 信賴區間

三、進階題

1. 若某燈泡壽命（時數）為常態分配，今隨機抽取 $n = 16$ 個燈泡為隨機樣本，其平均壽為 1000 小時，標準差 8 小時，求燈泡平均壽命之 99% 信賴區間？燈泡標準差 σ 之 99% 信賴區間？

2. 某工廠品管部經理欲了解生產線之作業時間，隨機測量 49 次生產線之作業時間，得平均作業時間為 90 秒，標準差為 11 秒，求
   (1) 此生產線平均作業時間之 98% 信賴區間？
   (2) 在 95% 信賴水準下，需再測量多少次作業時間，才能使估計誤差低於 2 秒？

3. 某超市櫃臺經理想知道顧客在結帳時的平均等候時間，隨機取樣 12 人，記錄其等候時間（分鐘）如下：
   3, 2, 6, 10, 2, 4, 9, 7, 5, 6, 4, 5，求下列各題：
   (1) 在 95% 信賴度下，平均等候時間的區間估計值為何？
   (2) 在 95% 信賴度下，等候時間變異數的區間估計值為何？（假設顧客等候時間為常態分配）

4. 10 個隨機樣本資料如下：
   1.95　2.02　1.99　2.01　1.96　1.98　2.05　1.97　1.94　2.04
   求下列各題：
   (1) μ 之 95% 信賴區間
   (2) σ 之 95% 信賴區間

5. 某釣魚線之生產為常態分配，抽取一組隨機樣本，並測試其斷裂點拉力（磅），其資料如下：
   20　15　23　18　14　19　12　27　18　21　19　26　13　28
   23　15　19　20　20　26　16　18　26　22
   求下列各題：
   (1) μ 之 95% 信賴區間
   (2) σ 之 95% 信賴區間

6. 某學者研究退休人員擁有汽車之平均價值，先前之研究顯示其標準差為 \$3,000，該學者希望有 96% 的信賴度使樣本平均數之誤差在 \$250，則至少應抽多少位退休人員為樣本？

7. 若某電池平均壽命之95%信賴區間為 $430<\mu<470$（分鐘）設樣本數 $n=100$，求下列各題：

 ⑴樣本平均數？

 ⑵樣本標準差？

 ⑶μ 之 99% 信賴區間？

 ⑷若由相同的資料求得信賴區間為 $432<\mu<468$，其信賴度為何？

8. 某班級統計學期中考成績若服從一常態分配，且知其母體標準差 $\sigma_x=10$ 分，經抽樣結果知部份學生成績如下：70,60,80,60,70,50，試求平均成績(μ_x)之 95% 信賴區間？

9. 消基會隨機抽查某廠牌之速食麵 8 包，其重量分別為 98, 100, 102, 104, 96, 98, 102, 104（公克），若所有麵之重量服從常態分配，試求所有速食麵平均重量之 95% 信賴區間？

四、實作題

　　求例題 9.8 之 99% 信賴區間和估計最大誤差？

假設檢定

學習目標

① 假設檢定之概念

② 母體平均數 μ 的假設檢定

③ 型 I 誤差與型 II 誤差的計算

④ 檢定力曲線與作業特性曲線

⑤ 母體變異數 σ^2 的假設檢定

⑥ Excel 應用範例

前言

在輝瑞藥廠（Pfizer）工作了近二十年，目前擔任其全球研發部門生物統計組主任的丁迺迪指出，生物統計學成為藥物研發重要基礎始自一九六○年代。藥品向藥品管制機構申請核准上市，必須提出臨床試驗的報告，而提出的證據除了臨床上的觀念，還必須證明統計上的確有效。研發部門引用統計學上機率分佈的觀念隨機取樣，找出平均值與標準差，來決定進行試驗藥物的效用。

他指出，藥品其實就是化學複合劑。化學家與生物專家研究疾病的演變，在實驗室研發可治療的藥物，如果研發出複合劑有治療疾病的效果而毒性也低，就會用於動物的試驗。複合劑用於動物試驗，證明了藥效還不能確定是否能成為藥物，必須經過四個階段的人體臨床試驗。過去幾十年降血脂及降血壓藥的研發都運用了生物統計學，這個方法讓醫藥研發有諸多重大突破。

丁迺迪指出，生物統計是製藥業非常重要的一環。美國藥品上市必須獲得「食品和藥物管理局」（FDA）的核准，而FDA對藥品臨床試驗證據的採信是根據臨床的觀念及統計的觀念來考慮。生物統計發揮的功能就是規劃及設計有療效的複合劑每一個階段臨床試驗的規模。（資料來源：2006 年 10 月 25 日，大紀元時報）

上述報導所提到的統計觀念主要就是指假設檢定。在臨床試驗統計中我們要面對的課題，就是了解錯誤地接受一個無效藥和錯誤地拒絕一個有效藥兩者的機率，來決定是否讓新藥上市。在本章中會說明如何將假設檢定應用在這樣的決策過程中。

假設檢定，是指研究者先對母體參數作一適當的假設，然後利用隨機抽樣的樣本，根據樣本統計量之抽樣分配來判斷接受或拒絕假設的過程。

10.1　假設檢定之概念

> ↘ 假設檢定
>
> 先對母體未知參數給予一個假定的數值,稱為假設,然後隨機抽樣,
> 利用樣本作成檢定統計量,並應用機率原理檢定此一假設是否接受
> 之過程,稱為假設檢定。

✏️ **例題 10.1**

某高中宣稱其考上國立大學的錄取率為 40%,此宣稱即是假設,有了假設,必須加
以檢定,以決定是否相信此假設。進行假設檢定時,利用抽樣得出之樣本資料來決
定是否相信此假設,若樣本與假設一致時,則相信該假設,否則拒絕此假設。

一、假設的種類

　　進行假設檢定時,必須先設立兩個假設,一為虛無假設,以 H_0 表示;另一為對
立假設,以 H_1 表示。

1. 虛無假設(H_0)

　　對母體參數的某一假設或主張假定其為真實的假設,或研究者想要放棄、否定
的假設,稱為虛無假設。

2. 對立假設(H_1)

　　相對於虛無假設,而對母體參數提出另一個不同的假設或主張,稱為對立假設。

　　兩種假設為互斥集合。

二、設立假設(H_0 , H_1)之原則

　　在設立假設時,何者應設於虛無假設,何者應設於對立假設,其原則如下:

　　1. 將某人的宣稱或主張做為虛無假設。

例題 10.2

某飲料公司宣稱其飲料產量符合標示,達到 500c.c.,假定該公司的宣稱是真實的(該公司沒有欺騙消費者)。令 μ 為所有每罐飲料的平均容量,如果 $\mu \geq 500$,則該公司的宣稱為真實的,此時虛無假設為:H_0:$\mu \geq 500$c.c.(飲料公司宣稱為真),因為如果每罐飲料的平均容量大於等於 500c.c.,則表示該公司並無欺騙消費者。相對的,如果每罐飲料平均容量小於 500c.c.,則該公司將因欺騙消費者而被抵制。因此對立假設為:

H_1:$\mu < 500$c.c.(飲料公司的宣稱不真)

2. 將欲利用樣本統計量去驗證的假設設於對立假設,欲否定的假設設為虛無假設。

例題 10.3

某藥商發明一種新藥品,新藥的治癒率大於舊藥品治癒率(60%)。為了驗證新藥品的效果,可將對立假設設為 H_1:$p > 0.60$,其中 p 為治癒率,而相對的虛無假設為 H_0:$p \leq 0.60$

3. 當問題出現「是否顯著地大(小、高、低、重、……等)」之敘述時,將正面敘述設於對立假設,反面敘述設於虛無假設。

例題 10.4

某電臺八點檔連續劇的收視率「是否顯著地高於 50%」,則將正面敘述設於對立假設,H_1:$p > 0.50$,其中 p 為收視率,相對地,虛無假設為 H_0:$p \leq 0.50$。

兩個決策:接受 H_0、拒絕 H_0

1. 接受(不拒絕)

若樣本統計量落在接受域,則「接受」或「不拒絕」虛無假設。

2. 拒絕

若樣本統計量落在拒絕域,則「拒絕」虛無假設,推論對立假設為真。

■ 例題 10.5

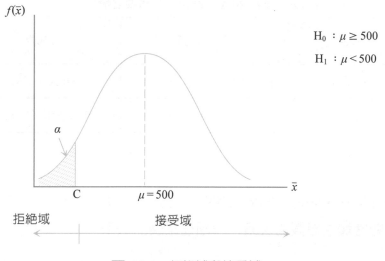

$H_0：\mu \geq 500$

$H_1：\mu < 500$

圖 10-1　拒絕域與接受域

由例題 10.2 中，若調查員從母體中抽出一組隨機樣本，而樣本統計量落在圖中 C 點的右邊，則認定樣本統計量與虛無假設無顯著差異，因此「不拒絕」（接受）虛無假設。若樣本統計量落在 C 點的左邊，則認定樣本統計量與虛無假設有顯著的差異，因此「拒絕」虛無假設，推論對立假設 H_1 為真。

C 值為臨界值。若樣本統計量落在臨界值的右邊，表示沒有足夠證據證明虛無假設是錯的，而不拒絕（接受）H_0，因此臨界值 C 的右邊區域稱為不拒絕域或接受域，在此區域內的樣本統計量不拒絕虛無假設；相反的，若樣本統計量落在臨界值 C 的左邊，就認定證據充分，而拒絕 H_0，即有足夠的證據證明虛無假設是錯的，拒絕 H_0 表示對立假設是對的，因此臨界值 C 的左邊區域稱為拒絕域，在此區域內的樣本統計量應拒絕虛無假設。

進行假設檢定必須要有充分的證據才可否決 H_0，否則只好接受 H_0。但是接受 H_0 並不代表 H_0 一定為真，只是表示目前沒有充分證據可以拒絕 H_0；反之，拒絕 H_0 表示有充分證據可以拒絕 H_0，或證據顯示顯著異於 H_0，故假設檢定亦稱為顯著性檢定。

三、型 I 誤差與型 II 誤差

表 10-1 假設檢定決策正確與錯誤之情況

真實情況 決策	H_0 為真	H_1 為真
接受 H_0	決策正確（$1-\alpha$）	型 II 誤差（β）
拒絕 H_0	型 I 誤差（α）	決策正確（$1-\beta$）

註 （　）內為機率值。

進行假設檢定時，因為不知道母體參數的真正數值，而根據樣本統計量來推論或下決策，可能會發生錯誤的決策。有兩種錯誤的決策：

> ### 型 I 誤差
>
> 當 H_0 為真而拒絕 H_0 所發生的錯誤，稱為型 I 誤差（或 α 誤差）。型 I 誤差的機率以 α 表示：$\alpha = P(I) = P$（拒絕 H_0 | H_0 為真），α 又稱為顯著水準。

> ### 型 II 誤差
>
> 當 H_0 為假（或 H_1 為真），而不拒絕（接受）H_0 所發生的錯誤，稱為型 II 誤差（β 誤差）。型 II 誤差的機率以 β 表示：$\beta = P(II) = P$（接受 H_0 | H_1 為真）。

例題 10.6

由例題 10.2 中，當虛無假設為真（飲料每罐平均容量為 500 c.c.），而抽取一組樣本所測得的樣本平均容量少於 500c.c.，導致調查人員拒絕 H_0，此時即發生了型 I 誤差，即若「虛無假設 $H_0 : \mu \geq 500$ 為真」，但在檢定時，樣本統計量 $\bar{x}$ 卻引導調查人員做出「拒絕」$H_0 : \mu \geq 500$ 的決策，此時即犯了型 I 誤差。

若「對立假設 $H_1 : \mu < 500$ 為真」，但在檢定時，樣本統計量 $\bar{x}$ 卻引導調查人員做出「接受」$H_0 : \mu \geq 500$ 的決策，此時即犯了型 II 誤差。

　　當樣本資料數值與檢定值相差甚遠，檢定的決策是可以直接決定的；一般檢定主要用來解決：樣本資料數值與檢定值相差較接近的問題。

■■▶ 例題 **10.7**

消基會想調查：某飲料公司每罐的平均容量是否如其標示的，每罐達到 500c.c.
（ $H_0 : \mu \geq 500$ ， $H_1 : \mu < 500$ ）

(1)若樣本平均數值為 300c.c.，檢定結果如何？

(2)若樣本平均數值為 505c.c.，檢定結果如何？

(3)若樣本平均數值為 494c.c.，檢定結果如何？

(4)若樣本平均數值為 600c.c.，檢定結果如何？

解　(1)樣本平均數為 300c.c.，低於 500c.c.甚多，即樣本平均數值不在接受域內，檢定結果為「拒絕 H_0」。

　　(2)樣本平均數為 505c.c.，略超過 500c.c.，無法判斷樣本平均數值是在拒絕域或接受域內，需要再作進一步的檢定分析，才能作出檢定結論。

　　(3)樣本平均數為 494c.c.，略低於 500c.c.，無法判斷樣本平均數值是在拒絕域或接受域內，需要再作進一步的檢定分析，才能作出檢定結論。

　　(4)樣本平均數為 600c.c.，超過 500c.c.甚多，即樣本平均數值會在接受域內，檢定結果為「接受 H_0」。

　　一般認為型Ⅰ誤差的後果會比較嚴重，因此希望 α 較小；即希望在證據非常充足下才推翻 H_0。假設檢定中，發生型Ⅰ、型Ⅱ誤差均可能發生損失，但損失的大小無法估計。因此，希望犯錯的機率 α 與 β 愈小愈好，然而若 α 變小，則會使 β 變大，即在其他條件固定下，調整決策法則（臨界值）無法同時使 α 與 β 都變小。故在假設檢定時，只好先決定 α（犯型Ⅰ誤差所可容忍的最大機率（愈小愈好）），然後再決定臨界值，最後根據對立假設的某個數值求出 β 值。此種方法即指在一定的 α 下求 β 最小的檢定方法，稱為最佳檢定。

　　🔽 最佳檢定

　　$P(Ⅰ) \leq \alpha$ ， $P(Ⅱ)$ 為最小

■━━ 例題 10.8

由例題 10.2 中，$H_0：\mu \geq 500$，$H_1：\mu < 500$，來看型 I 誤差（α）與型 II 誤差（β）的機率

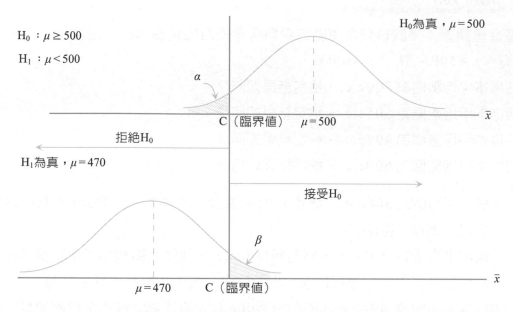

圖 10-2　型 I 與型 II 誤差的機率

圖 10-2 中，若將 α 變小（圖中垂直線向左移動），則會使 β 變大；反之，若將 α 變大（圖中垂直線向右移動），則會使 β 變小。

　　α 又稱為顯著水準，其理由為：若樣本觀察值落入拒絕域，則顯示該樣本觀察值顯著異於虛無假設 H_0 的假設數值，此種顯著差異稱為統計上的顯著差異。即表示當觀察到的樣本平均數 $\bar{x}$ 與母體平均數 μ 之間差異甚大，故認為此差異並非僅來自抽樣誤差，而係來自母體本身，因此會拒絕虛無假設。

四、顯著水準 α 之選擇

　　顯著水準 α 為型 I 誤差發生的最大機率。假設檢定中的決策法則，是先設定可容許的 α 值（型 I 誤差的最大機率），再根據 α 值決定臨界值 C。常用的 α 值 = 0.01、0.05 及 0.10。

五、假設檢定的三種模式

假設檢定共有三種模式,分為雙尾檢定與單尾檢定,其中單尾檢定又分為左尾檢定及右尾檢定,現分別介紹如下表。

表 10-2 假設檢定的三種模式及拒絕域與接受域

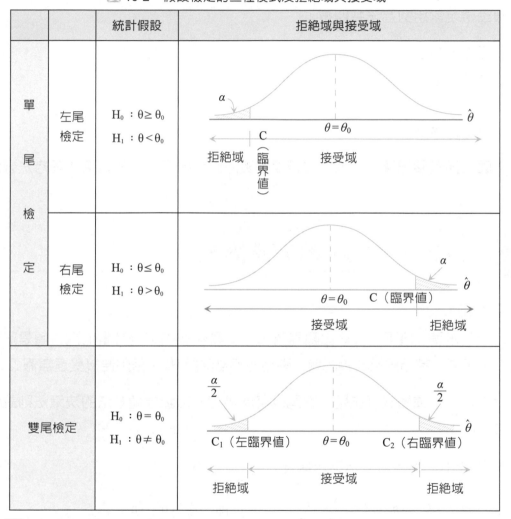

		統計假設	拒絕域與接受域
單尾檢定	左尾檢定	$H_0 : \theta \geq \theta_0$ $H_1 : \theta < \theta_0$	
	右尾檢定	$H_0 : \theta \leq \theta_0$ $H_1 : \theta > \theta_0$	
雙尾檢定		$H_0 : \theta = \theta_0$ $H_1 : \theta \neq \theta_0$	

註 1. θ 為所欲檢定母體的參數,如母體平均數 μ,母體變異數 σ^2,母體比例 p 等。
2. θ_0 為所欲檢定母體參數的假設數值。

六、假設檢定的步驟

假設檢定的 5 個步驟:

1. 設立統計假設: H_0、H_1。

2. **選擇檢定統計量**：Z、t、χ^2、F 統計量型態。

3. **決定拒絕域及接受域**：設立決策法則，來決定接受 H_0 或拒絕 H_0，即根據顯著水準 α 值來決定拒絕域與接受域的範圍。

七、假設檢定的方法

假設檢定常用的方法共四種：

1. 臨界值 C 法。
2. 標準檢定統計量法。
3. P 值法。
4. 信賴區間法。

下面二節有關母體平均數、母體變異數的假設檢定，將依據這 4 個方法分別介紹。

10.2 母體平均數 μ 的假設檢定

一、臨界值 C 法

在顯著水準 α 值下，計算出臨界值 C，查看樣本檢定統計量的觀察值是落於拒絕域或接受域，若結果落於拒絕域，則拒絕虛無假設 H_0，否則便接受虛無假設 H_0。

假設檢定三種模式（左尾、右尾及雙尾檢定）之臨界值 C 法的決策法則說明於表 10-3 中。

表 10-2 中，臨界值 C 法的求算為：

左尾 $P(\overline{X} < C) = \alpha \Rightarrow P(Z < \frac{C - \mu_0}{\sigma/\sqrt{n}}) = \alpha \Rightarrow C = \mu_0 - Z_\alpha \times \sigma/\sqrt{n}$

右尾 $P(\overline{X} > C) = \alpha \Rightarrow P(Z > \frac{C - \mu_0}{\sigma/\sqrt{n}}) = \alpha \Rightarrow C = \mu_0 + Z_\alpha \times \sigma/\sqrt{n}$

雙尾 $P(\overline{X} < C_1) = \frac{\alpha}{2}$, $P(\overline{X} > C_2) = \frac{\alpha}{2} \Rightarrow P(Z < \frac{C_1 - \mu_0}{\sigma/\sqrt{n}}) = \frac{\alpha}{2}$,

$P(Z > \frac{C_2 - \mu_0}{\sigma/\sqrt{n}}) = \frac{\alpha}{2} \Rightarrow C_1 = \mu_0 - Z_{\frac{\alpha}{2}} \times \frac{\sigma}{\sqrt{n}}$, $C_2 = \mu_0 + Z_{\frac{\alpha}{2}} \times \frac{\sigma}{\sqrt{n}}$

表 10-3　母體平均數的假設檢定之四種方法的決策法則

檢定方法 ＼ 統計假設	左 H₀：μ≥μ₀　尾 H₁：μ<μ₀	右 H₀：μ≤μ₀　尾 H₁：μ>μ₀	雙 H₀：μ=μ₀　尾 H₁：μ≠μ₀
臨界值 C 法	決策法則： 若 $\bar{x}\geq C$，則接受 H₀ 若 $\bar{x}<C$，則拒絕 H₀ C 為臨界值，$C=\mu_0-Z_\alpha\cdot\dfrac{\sigma}{\sqrt{n}}$	決策法則： 若 $\bar{x}\leq C$，則接受 H₀ 若 $\bar{x}>C$，則拒絕 H₀ C 為臨界值，$C=\mu_0+Z_\alpha\cdot\dfrac{\sigma}{\sqrt{n}}$	決策法則： 若 $C_1\leq\bar{x}\leq C_2$，則接受 H₀ 若 $\bar{x}<C_1$，或 $\bar{x}>C_2$，則拒絕 H₀ C_1 為左臨界值，C_2 為右臨界值 $C_1=\mu_0-Z_{\frac{\alpha}{2}}\cdot\dfrac{\sigma}{\sqrt{n}}$，$C_2=\mu_0+Z_{\frac{\alpha}{2}}\cdot\dfrac{\sigma}{\sqrt{n}}$
標準檢定統計量法（Z(t)值法）	決策法則： 若 $z\geq-Z_\alpha$，則接受 H₀ 若 $z<-Z_\alpha$，則拒絕 H₀ $z=\dfrac{\bar{x}-\mu_0}{\sigma/\sqrt{n}}$	決策法則： 若 $z\leq Z_\alpha$，則接受 H₀ 若 $z>Z_\alpha$，則拒絕 H₀ $z=\dfrac{\bar{x}-\mu_0}{\sigma/\sqrt{n}}$	決策法則： 若 $-Z_{\frac{\alpha}{2}}\leq z\leq Z_{\frac{\alpha}{2}}$，則接受 H₀ 若 $z<-Z_{\frac{\alpha}{2}}$ 或 $z>Z_{\frac{\alpha}{2}}$，則拒絕 H₀ $z=\dfrac{\bar{x}-\mu_0}{\sigma/\sqrt{n}}$

表 10-3　母體平均數的假設檢定之四種方法的決策法則（續）

	左尾檢定	右尾檢定	雙尾檢定
	拒絕 H_0（$-Z_\alpha$，α）　接受 H_0	接受 H_0　拒絕 H_0（Z_α，α）	拒絕 H_0　接受 H_0　拒絕 H_0（$-Z_{\frac{\alpha}{2}}$，$\frac{\alpha}{2}$，$Z_{\frac{\alpha}{2}}$，$\frac{\alpha}{2}$）
P 值法	決策法則： 若 P 值 $\geq \alpha$，則接受 H_0 若 P 值 $< \alpha$，則拒絕 H_0 P 值 $= P(\bar{x} < \bar{x} \mid \mu = \mu_0)$ $\bar{x}$ 值為樣本平均數值	決策法則： 若 P 值 $\geq \alpha$，則接受 H_0 若 P 值法 $< \alpha$，則拒絕 H_0 P 值 $= P(\bar{x} > \bar{x} \mid \mu = \mu_0)$ $\bar{x}$ 值為樣本平均數值	決策法則： 若 P 值 $\geq \alpha$，則接受 H_0 若 P 值 $< \alpha$，則拒絕 H_0 當 $\bar{x} > \mu_0$，則 P 值 $= 2P(\bar{x} > \bar{x} \mid \mu_0)$ 當 $\bar{x} < \mu_0$，則 P 值 $= 2P(\bar{x} < \bar{x} \mid \mu_0)$ $\bar{x}$ 值為樣本平均數值
信賴區間法	決策法則： 若 μ_0 落於區間內，則接受 H_0 若 μ_0 落於區間外，則拒絕 H_0 區間 $= (-\infty, \bar{x} + Z_\alpha \cdot \dfrac{\sigma}{\sqrt{n}})$	決策法則： 若 μ_0 落於區間內，則接受 H_0 若 μ_0 落於區間外，則拒絕 H_0 區間 $= (\bar{x} - Z_\alpha \cdot \dfrac{\sigma}{\sqrt{n}}, \infty)$	決策法則： 若 μ_0 落於區間內，則接受 H_0 若 μ_0 落於區間外，則拒絕 H_0 區間 $= (\bar{x} - Z_{\frac{\alpha}{2}} \cdot \dfrac{\sigma}{\sqrt{n}}, \bar{x} + Z_{\frac{\alpha}{2}} \cdot \dfrac{\sigma}{\sqrt{n}})$

註：1. 母體分配未知，大樣本 $n \geq 30$，母體標準差 σ 未知，以樣本標準差 s 代入。

2. 母體分配為常態分配，小樣本 $n < 30$，母體標準差 σ 未知，則 z 分配改為 t 分配，上述公式中，Z_α 改為 t_α，$Z_{\frac{\alpha}{2}}$ 改為 $t_{\frac{\alpha}{2}}$，$df = n - 1$；σ 母體標準差改用樣本標準差 s 代入。

● 例題 **10.9**

水果攤老闆宣稱其柚子每個平均重量大於等於 50 公克,為了解其是否說謊,乃隨機抽取 36 個檢驗,計算出其平均數 48 公克,標準差 6 公克,若顯著水準為 0.05,試檢定之。

解 母體分配未知,且母體標準差 σ 亦未知,但樣本數 $n = 36 > 30$,由中央極限定理知 $\bar{x} \sim N(\mu, \frac{\sigma^2}{n})$,母體標準差 σ 可以以樣本標準差 s 取代。

(1) $H_0 : \mu \geq 50$(左尾檢定)

 $H_1 : \mu < 50$

(2) 決策法則:若 $\bar{x} \geq C = 48.355$,則接受 H_0,若 $\bar{x} < C = 48.355$,則拒絕 H_0

 $C = \mu_0 - Z_\alpha \times \frac{s}{\sqrt{n}} = 50 - Z_{0.05} \times \frac{6}{\sqrt{36}} = 50 - 1.645 \times (\frac{6}{6})$

 $= 48.355$

(3) 樣本平均數 $\bar{x} = 48$

(4) 結論:$\because \bar{x} = 48 < C = 48.355$

 $\therefore$ 拒絕 $H_0 \Rightarrow \mu < 50$

 即證據顯示水果攤老闆可能說謊。

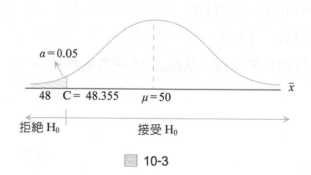

圖 10-3

■→ 例題 **10.10**

隨機抽取 20 罐蕃茄汁,計算出每罐平均含納量為 40 毫克,標準差為 3 毫克,假設蕃茄汁含納量為常態分配,在 0.05 顯著水準下,每罐蕃茄汁含納量是否超過 35 毫克衛生單位的標準?

解 母體為常態分配,且母體標準差 σ 未知,n = 20<30 小樣本,所以 $\bar{x}$ 的抽樣分配為 t 分配,df = n − 1 = 20 − 1 = 19

(1) $H_0 : \mu \leq 35$(右尾檢定)

　$H_1 : \mu > 35$

(2) 決策法則:

　若 $\bar{x} \leq C = 36.160$,則接受 H_0

　若 $\bar{x} > C = 36.160$,則拒絕 H_0

$$C = \mu_0 + t_{(\alpha, n-1)} \times \frac{s}{\sqrt{n}}$$

$$= 35 + t_{(0.05, 19)} \times \frac{3}{\sqrt{20}} = 35 + (1.7291) \times \frac{3}{\sqrt{20}} = 36.1599$$

$$= 36.160$$

(3) 樣本平均數 $\bar{x} = 40$

(4) 結論: $\because \bar{x} = 40 > C = 36.160$

　　　$\therefore$ 拒絕 $H_0 \Rightarrow \mu > 35$

即證據顯示每罐蕃茄汁含納量超過 35 毫克的標準。

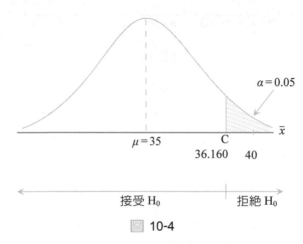

圖 10-4

●━➤ 例題 **10.11**

某工廠過去所生產的產品平均重量為 30 公斤，標準差為 2 公斤，隨機抽取該廠產品 100 件檢查，得其平均重量為 29 公斤，請問該工廠產品之重量是否改變？顯著水準為 0.05。

解　母體分配未知，但樣本數 n = 100>30，屬大樣本，故 $\overline{X} \sim (\mu, \frac{\sigma}{\sqrt{n}})$。

(1) H_0 : $\mu = 30$（雙尾檢定）

　　H_1 : $\mu \neq 30$

(2) 決策法則：

　　若 $C_1 \leq \overline{x} \leq C_2$，則接受 H_0

　　若 $\overline{x} < C_1$ 或 $\overline{x} > C_2$，則拒絕 H_0

　　$C_1 = \mu_0 - Z_{0.025} \times \frac{\sigma}{\sqrt{n}} = 30 - 1.96 \times \frac{2}{\sqrt{100}} = 29.608$

　　$C_2 = \mu_0 + Z_{0.025} \times \frac{\sigma}{\sqrt{n}} = 30 + 1.96 \times \frac{2}{\sqrt{100}} = 30.392$

　　∴若 $29.608 \leq \overline{x} \leq 30.392$，則接受 H_0

　　　若 $\overline{x} < 29.608$ 或 $\overline{x} > 30.392$，則拒絕 H_0

(3) 樣本平均數 $\overline{x} = 29$

(4) 結論：∵ $\overline{x} = 29 < C_1 = 29.608$

　　　　　∴拒絕 $H_0 \Rightarrow \mu \neq 30$

　　即此工廠產品之平均重量有顯著改變。

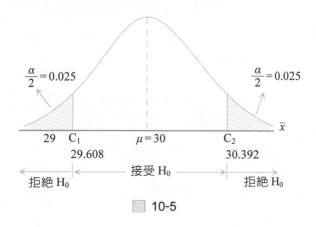

圖 10-5

二、標準檢定統計量法（Z(t)值法）

標準檢定統計量法是先將檢定統計量化為標準檢定統計量，再作檢定，檢定母體平均數 $\mu = \mu_0$ 時，標準檢定統計量為：$Z = \dfrac{\overline{X} - \mu_0}{\sigma/\sqrt{n}}$，將標準檢定統計量與臨界值比較，以決定接受虛無假設或拒絕虛無假設的方法。

假設檢定三種模式（左尾、右尾、雙尾檢定）之標準檢定統計量法決策法則說明於表 10-3 中。

■■▶ 例題 **10.12**

在例題 10.9 左尾檢定中，改以標準檢定統計量法來檢定重量，則結果將如何？

🔵 由題目得知：$n = 36$，$\overline{x} = 48$，$s = 6$，$\mu_0 = 50$，$\alpha = 0.05$

(1) H_0：$\mu \geq 50$（左尾檢定）

$\quad H_1$：$\mu < 50$

(2) 決策法則：

$\quad$ 若 $z \geq -Z_{0.05} = -1.645$，則接受 H_0

$\quad$ 若 $z < -Z_{0.05} = -1.645$，則拒絕 H_0

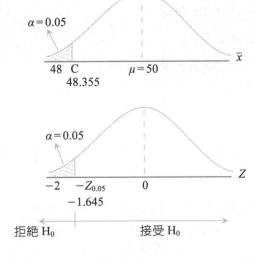

圖 10-6

(3)標準檢定統計量

$$z = \frac{\bar{x} - \mu_0}{\sigma/\sqrt{n}} = \frac{48 - 50}{6/\sqrt{36}} = -2$$

(4)結論：∵ $z = -2 < -Z_{0.05} = -1.645$

∴拒絕 $H_0 \Rightarrow \mu < 50$

即證據顯示柚子平均重量小於 50 公克。

●━━► 例題 **10.13**

在例題 10.10 右尾檢定中，改以標準檢定統計量法來檢定含納量，則結果將如何？

解 由題目得知：母體常態分配，$n = 20$，$\bar{x} = 40$，$s = 3$，$\mu_0 = 35$，$\alpha = 0.05$

(1) H_0 ：$\mu \leq 35$（右尾檢定）

H_1 ：$\mu > 35$

(2)決策法則：

若 $t \leq t_{(0.05, 19)} = 1.7291$，則接受 H_0

若 $t > t_{(0.05, 19)} = 1.7291$，則拒絕 H_0

(3)標準檢定統計量

$$t = \frac{\bar{x} - \mu_0}{s/\sqrt{n}} = \frac{40 - 35}{3/\sqrt{20}} = 7.4536$$

(4)結論：∵ $t = 7.4536 > t_{(0.05, 19)} = 1.7291$

∴拒絕 $H_0 \Rightarrow \mu > 35$

即證據顯示每罐蕃茄汁含納量超過 35 毫克的標準。

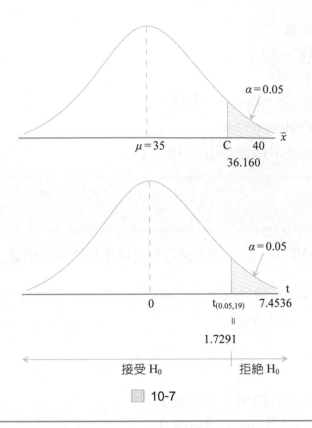

圖 10-7

● ━━➤ 例題 **10.14**

在例題 10.11 雙尾檢定中，改以標準檢定統計量來檢定重量，則結果將如何？

解 由題目得知，母體分配未知，$n = 100$，$\bar{x} = 29$，$\sigma = 2$，$\mu_0 = 30$，$\alpha = 0.05$

(1) H_0 ：$\mu = 30$（雙尾檢定）

$\quad$ H_1 ：$\mu \neq 30$

(2) 決策法則：

$\quad$ 若 $-Z_{0.025} \leq z \leq Z_{0.025}$，則接受 H_0

$\quad$ 若 $z < -Z_{0.025}$，或 $z > Z_{0.025}$，則拒絕 H_0

$\quad$ $-Z_{0.025} = -1.96$，$Z_{0.025} = 1.96$

(3) 標準檢定統計量

$$z = \frac{\bar{x} - \mu_0}{\sigma/\sqrt{n}} = \frac{29 - 30}{2/\sqrt{100}} = -5$$

(4)結論：$\because z = -5 < Z_{0.025} = -1.96$

　　　　$\therefore$拒絕 $H_0 \Rightarrow \mu \neq 30$

　　即證據顯示工廠產品之平均重量有顯著改變。

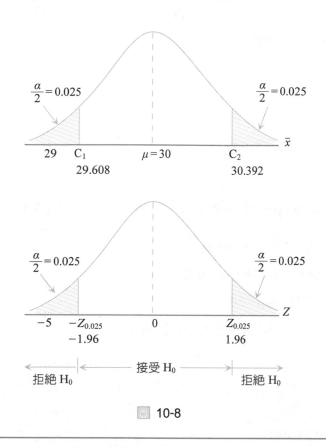

圖 10-8

三、P 值法

　　在已知的樣本結果下，求算拒絕 H_0 之機率值或稱為P值，根據P值的大小來決定是否拒絕虛無假設。若P值小於 α 顯著水準，則拒絕虛無假設 H_0，否則便接受虛無假設 H_0。

　　假設檢定三種模式（左尾、右尾、雙尾檢定）之 P 值法的計算方式說明於表 10-3 中。

■━━→ 例題 10.15

在例題 10.9 左尾檢定中，改以 P 值法檢定重量，則結果將如何？

解　由題目得知：$n = 36$，$\bar{x} = 48$，$s = 6$，$\mu_0 = 50$，$\alpha = 0.05$

(1) H_0：$\mu \geq 50$（左尾檢定）

　　H_1：$\mu < 50$

(2) 決策法則：

　　若 P 值 $\geq \alpha = 0.05$，則接受 H_0

　　若 P 值 $< \alpha = 0.05$，則拒絕 H_0

(3) P 值：

$$P \text{ 值} = P(\overline{X} < 48 \mid \mu = 50) = P\left(Z < \frac{48 - 50}{6/\sqrt{36}}\right) = P(Z < -2)$$

$$= 0.5 - 0.4772 = 0.0228$$

(4) 結論：∵ P 值 $= 0.0228 < \alpha = 0.05$

　　　∴ 拒絕 $H_0 \Rightarrow \mu < 50$

　　即證據顯示柚子平均重量小於 50 公克。

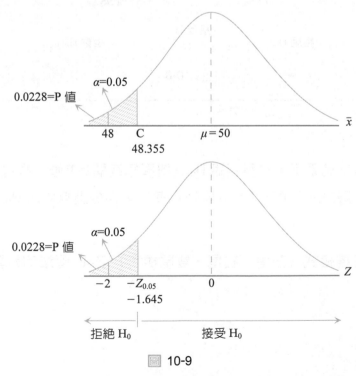

圖 10-9

■→ **例題 10.16**

在例題 10.10 右尾檢定中，改以 P 值法檢定含鈉量，則結果將如何？

🔵 由題目得知：母體常態分配，$n = 20$，$\bar{x} = 40$，$s = 3$，$\mu_0 = 35$，$\alpha = 0.05$

(1) $H_0 : \mu \leq 35$（右尾檢定）

　　$H_1 : \mu > 35$

(2) 決策法則：

　　若 P 值 $\geq \alpha = 0.05$，則接受 H_0

　　若 P 值 $< \alpha = 0.05$，則拒絕 H_0

(3) P 值：

$$P 值 = P(\bar{x} > 40) = P\left(t > \frac{40 - 35}{3/\sqrt{20}}\right) = P(t > 7.4536)$$

查 t 分配表，$df = 19$，$P(t > 3.8833) = 0.0005$

$P 值 = P(t > 7.4536) < P(t > 3.8833) = 0.0005$

$\therefore P 值 < 0.0005 < \alpha = 0.05$

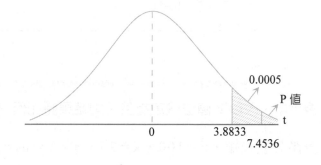

圖 10-10

(4) 結論：$\because$ P 值 $< \alpha = 0.05$

　　　　$\therefore$ 拒絕 $H_0 \Rightarrow \mu > 35$

　　即證據顯示每罐蕃茄汁含鈉量超過 35 毫克的標準。

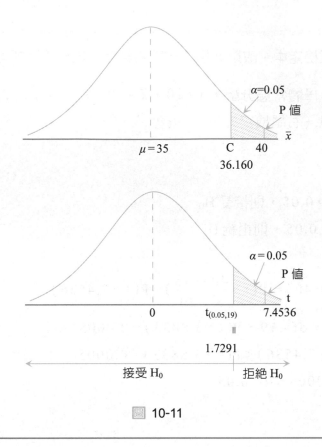

圖 10-11

■➤ 例題 **10.17**

在例題 10.11 雙尾檢定中，改以 P 值法檢定重量，則結果將如何？

解 由題目得知：母體分配未知，$n = 100$，$\bar{x} = 29$，$\sigma = 2$，$\mu_0 = 30$，$\alpha = 0.05$。

(1) $H_0 : \mu = 30$（雙尾檢定）

 $H_1 : \mu \neq 30$

(2) 決策法則：

 若 P 值 $\geq \alpha = 0.05$，則接受 H_0

 若 P 值 $< \alpha = 0.05$，則拒絕 H_0

(3) P 值：

 $$P \text{ 值} = 2P(\bar{x} < 29) = 2 \cdot P\left(Z < \frac{29 - 30}{2/\sqrt{100}}\right) = 2P(Z < -5) \doteqdot 0$$

 P 值很小，接近 0。

(4)結論：∵ P 值≒0 < α = 0.05

　　　　∴ 拒絕 $H_0 ⇒ μ ≠ 30$

即證據顯示工廠產品之平均重量有顯著改變。

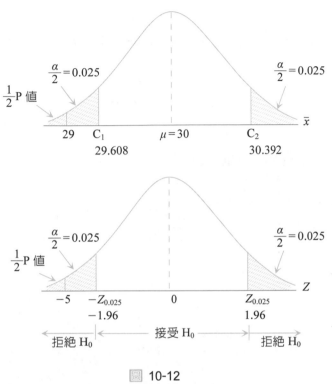

圖 10-12

四、信賴區間法

若 $(1-α)$ 100%的信賴區間包含虛無假設 $μ = μ_0$，則在顯著水準下，接受虛無假設 H_0，否則拒絕虛無假設 H_0。

假設檢定三種模式（左尾、右尾、雙尾檢定）之信賴區間說明於表 10-3 中。

■──→例題 10.18

在例題 10.9 左尾檢定中，改以信賴區間法檢定重量，則結果將如何？

解　由題目得知：$n = 36$，$\bar{x} = 48$，$s = 6$，$μ_0 = 50$，$α = 0.05$

　(1) $H_0 : μ ≥ 50$（左尾檢定）

　　　$H_1 : μ < 50$

(2)決策法則：

若 $\mu_0 = 50$ 包含在信賴區間中，則接受 H_0

若 $\mu_0 = 50$ 不包含在信賴區間中，則拒絕 H_0

(3)信賴區間：

$$(-\infty, \bar{x} + Z_{0.05} \times \frac{s}{\sqrt{n}}) = (-\infty, 48 + 1.645 \times \frac{6}{\sqrt{36}})$$

$$= (-\infty, 49.645)$$

(4)結論：$\because \mu_0 = 50$ 不包含在 $(-\infty, 49.645)$ 中

$\therefore$ 拒絕 $H_0 \Rightarrow \mu < 50$

即證據顯示柚子平均重量小於 50 公克。

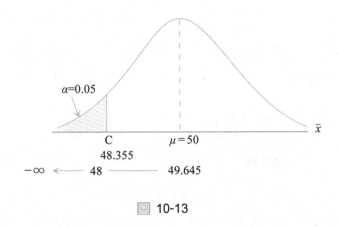

圖 10-13

■■➤ 例題 **10.19**

在例題 10.10 右尾檢定中，改以信賴區間法檢定含鈉量，則結果將如何？

🈙 由題目得知：母體常態分配，$n = 20$，$\bar{x} = 40$，$s = 3$，$\mu_0 = 35$，$\alpha = 0.05$

(1) $H_0 : \mu \leq 35$（右尾檢定）

$H_1 : \mu > 35$

(2)決策法則：

若 $\mu_0 = 35$ 包含在信賴區間中，則接受 H_0

若 $\mu_0 = 35$ 不包含在信賴區間中，則拒絕 H_0

(3)信賴區間：

$$\left(\bar{x} - t_{(0.05,19)} \times \frac{s}{\sqrt{n}}, \infty\right) = \left(40 - 1.7291 \times \frac{3}{\sqrt{20}}, \infty\right)$$

$$= (38.840, \infty)$$

(4)結論：∵ $\mu_0 = 35$ 未包含在 $(38.840, \infty)$ 中

　　　　　∴拒絕 $H_0 \Rightarrow \mu > 35$

即證據顯示每罐蕃茄汁含鈉量超過 35 毫克的標準。

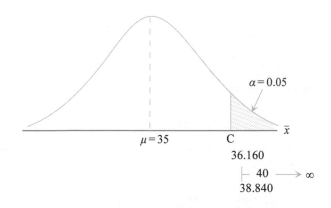

圖 10-14

◀━━▶ **例題 10.20**

在例題 10.11 雙尾檢定中，改以信賴區間法檢定重量，則結果將如何？

(解) 由題目得知：母體分配未知，$n = 100$，$\bar{x} = 29$，$\sigma = 2$，$\mu_0 = 30$，$\alpha = 0.05$

(1) H_0：$\mu = 30$（雙尾檢定）

　　H_1：$\mu \neq 30$

(2)決策法則：

　　若 $\mu_0 = 30$ 包含在信賴區間中，則接受 H_0

　　若 $\mu_0 = 30$ 不包含在信賴區間中，則拒絕 H_0

(3)信賴區間：

$$\left(\bar{x} - Z_{0.025} \times \frac{\sigma}{\sqrt{n}}, \bar{x} + Z_{0.025} \times \frac{\sigma}{\sqrt{n}}\right)$$

$$= \left(29 - 1.96 \times \frac{2}{\sqrt{100}}, 29 + 1.96 \times \frac{2}{\sqrt{100}}\right)$$

$$= (28.608, 29.392)$$

(4)結論：∵ $\mu_0 = 30$ 不包含在$(28.608, 29.392)$中

∴拒絕 $H_0 \Rightarrow \mu \neq 30$

即證據顯示工廠產品之平均重量有顯著改變。

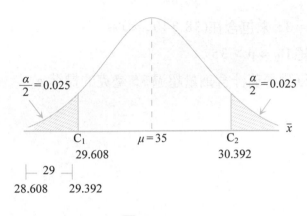

圖 10-15

10.3 型 I 誤差與型 II 誤差的計算

型 I 誤差發生的最大機率為顯著水準 α，即$\alpha = \max P(\text{I}) = \max P$（拒絕 H_0｜H_0 為真）$= 1 - P$（接受 H_0｜H_0 為真）

一般在假設檢定中，型 I 誤差就是指其發生的最大機率，即為顯著水準 α。

型 II 誤差的機率以β表示，指H_1為真卻接受H_0所犯錯的機率，即

$$\beta = P(\text{II}) = P\text{（接受 } H_0 \text{｜} H_1 \text{ 為真）} = 1 - P\text{（拒絕 } H_0 \text{｜} H_1 \text{ 為真）}$$

◆ 例題 10.21

某汽水工廠生產之罐裝汽水，平均容量為 $250c.c.$，標準差為 $10c.c.$之常態分配，若抽取 16 罐計算其平均容量，若 $241 \leq \bar{x} \leq 259$，則表示機器是正常的，即接受 $H_0 : \mu = 250$ 之假設，若在範圍之外，則拒絕虛無假設 H_0，求

(1)當$\mu = 250$時，求型 I 誤差α機率？

(2)當$\mu = 253$時，求型 II 誤差β機率？

解　$H_0 : \mu = 250$（雙尾檢定）

$H_1 : \mu \neq 250$

拒絕域為 $\{\bar{x} \mid \bar{x} < 241 \text{ 或 } \bar{x} > 259\}$

接受域為 $\{\bar{x} \mid 241 \leq \bar{x} \leq 259\}$

(1)$\alpha = P$（拒絕 H_0 | H_0 為真）

$= P$（$\bar{x} < 241$ 或 $\bar{x} > 259$ | $\mu = 250$）

$= 1 - P$（$241 \leq \bar{x} \leq 259$ | $\mu = 250$）

$= 1 - P\left(\dfrac{241 - 250}{10/\sqrt{16}} \leq Z \leq \dfrac{259 - 250}{10/\sqrt{16}}\right)$

$= 1 - P(-3.6 \leq Z \leq 3.6) \doteq 0$

(2)$\beta = P$（接受 H_0 | H_1 為真）

$= P$（$241 \leq \bar{x} \leq 259$ | $\mu = 253$）

$= P\left(\dfrac{241 - 253}{10/\sqrt{16}} \leq Z \leq \dfrac{259 - 253}{10/\sqrt{16}}\right)$

$= P(-4.8 \leq Z \leq 2.4)$

$= 0.5 + 0.4918$

$= 0.9918$

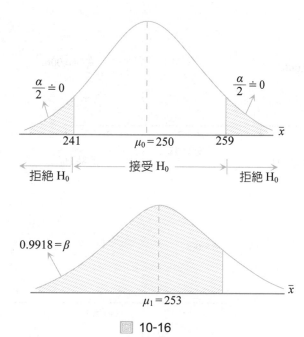

圖 10-16

➡ 例題 10.22

已知一常態母體變異數為 4，若對母體平均數作假設檢定，$H_0 : \mu = 5$，$H_1 : \mu \neq 5$，且拒絕域為 $\{x \mid \bar{x} > 6 \text{ 或 } \bar{x} < 4\}$ ，請問樣本數為 25 之一組隨機樣本所得之樣本平均數來檢定母體平均數所造成的型 I 誤差機率為何？若 $\mu = 6$ 時，型 II 誤差機率為何？

解 $H_0 : \mu = 5$（雙尾檢定）

$H_1 : \mu \neq 5$

拒絕域為 $\{\bar{x} \mid \bar{x} > 6 \text{ 或 } \bar{x} < 4\}$

接受域為 $\{\bar{x} \mid 4 \leq \bar{x} \leq 6\}$

(1) $\alpha = P(\text{I}) = P$（拒絕 $H_0 \mid H_0$ 為真）$= 1 - P$（接受 $H_0 \mid H_0$ 為真）

$= 1 - P$ $(4 \leq \bar{x} \leq 6 \mid \mu_0 = 5) = 1 - P$ $\left(\dfrac{4-5}{2/\sqrt{25}} \leq Z \leq \dfrac{6-5}{2/\sqrt{25}} \right)$

$= 1 - P$ $(-2.5 \leq Z \leq 2.5) = 1 - (0.4938 * 2) = 0.0124$

(2) $\beta = P(\text{II}) = P$（接受 $H_0 \mid H_1$ 為真）

$= P$ $(4 \leq \bar{x} \leq 6 \mid \mu_1 = 6) = P$ $\left(\dfrac{4-6}{2/\sqrt{25}} \leq Z \leq \dfrac{6-6}{2/\sqrt{25}} \right)$

$= P$ $(-5 \leq Z \leq 0) = 0.5$

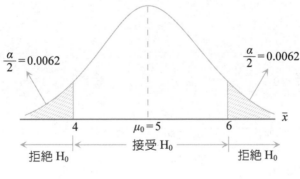

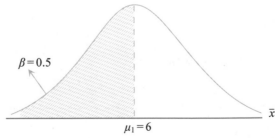

圖 10-17

■➤ 例題　10.23

承例題 10.22，若拒絕域改為 $\{\bar{x} \mid \bar{x} < 4.5 \text{ 或 } \bar{x} > 5.5\}$ ，則 α , β 值又將如何？

解　(1) $\alpha = P(\text{I}) = P（拒絕 H_0 \mid H_0 為真）= 1 - P（接受 H_0 \mid H_0 為真）$

$= 1 - P（4.5 \leq \bar{x} \leq 5.5 \mid \mu_0 = 5）$

$= 1 - P\left(\dfrac{4.5 - 5}{2/\sqrt{25}} \leq Z \leq \dfrac{5.5 - 5}{2/\sqrt{25}}\right)$

$= 1 - P（-1.25 \leq Z \leq 1.25）$

$= 1 - (0.3944 \times 2) = 1 - 0.7888 = 0.2112$

(2) $\beta = P(\text{II}) = P（接受 H_0 \mid H_1 為真）$

$= P（4.5 \leq \bar{x} \leq 5.5 \mid \mu_1 = 6）$

$= P\left(\dfrac{4.5 - 6}{2/\sqrt{25}} \leq Z \leq \dfrac{5.5 - 6}{2/\sqrt{25}}\right)$

$= P（-3.75 \leq Z \leq -1.25）= 0.5 - 0.3944 = 0.1056$

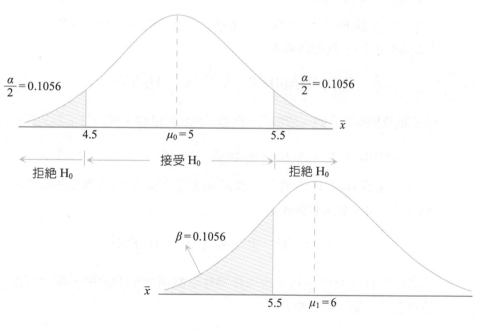

圖 10-18

由例題 10.22、例題 10.23 中得知，當樣本數固定時，若拒絕域改變，造成 α 值變小，則 β 值變大；β 值變小則 α 值變大。

若欲降低 α 值或 β 值，可調整臨界值 C。當拒絕域固定時，若增加樣本數則 α 值及 β 值會同時變小，表示樣本數的增加，相對地，檢定所得到的證據也會增加，造成兩種誤差的機率會相對地減少。

10.4 檢定力曲線與作業特性曲線

在假設檢定的過程中，必然會產生型 I、型 II 誤差，但在顯著水準 α 固定下，我們所求出的 β 值，希望 β 值愈小愈好，相對地，β 值愈小，表 $1-\beta$ 值愈大。$1-\beta$ 稱為檢定力，它是虛無假設為假時，拒絕虛無假設 H_0 的機率；或當對立假設為真時，接受 H_1 的機率。$1-\beta$ 是正確接受 H_1 的機率。

↘ 檢定力函數、檢定力曲線

$1-\beta=P$（拒絕 H_0 | H_1 為真），隨著 H_1 所設定之未知母體參數不同，$1-\beta$ 值亦不同，故用函數表示：

$$P(\theta)=1-\beta(\theta)=P（拒絕 H_0 | H_1 為眞）$$

此式稱為檢定力函數，依檢定力函數所繪出的曲線，稱為檢定力曲線。

↘ 作業特性函數、作業特性曲線

$\beta=P$（接受 H_0 | H_1 為真），隨著 H_1 所設定之未知母體參數不同，β 值亦不同，故用函數表示：

$$\beta(\theta)=OC(\theta)=P（接受 H_0 | H_1 為眞）$$

此式稱為作業特性函數，依作業特性函數所繪出的曲線，稱為作業特性曲線（或 OC 曲線）。

例題 10.24

$H_0 : \mu = 10$，$H_1 : \mu \neq 10$，$\alpha = 0.05$，$\sigma = 20$，$n = 36$，$\bar{x} = 3$，求 β 值及檢定力，並繪出 OC 曲線及檢定力曲線。

解

(1) $H_0 : \mu = 10$

$\quad H_1 : \mu \neq 10$

(2) 決策法則：若 $3.467 \leq \bar{x} \leq 16.533$，則接受 H_0

$\qquad\qquad$ 若 $\bar{x} < 3.467$ 或 $\bar{x} > 16.533$，則拒絕 H_0

$$C_1 = 10 - 1.96 \times \frac{20}{\sqrt{36}} = 3.467$$

$$C_2 = 10 + 1.96 \times \frac{20}{\sqrt{36}} = 16.533$$

表 10-4　β 值與檢定力

μ	$\beta(\mu)$	$P(\mu)$
⋮	⋮	⋮
0	0.1492	0.8508
5	0.6772	0.3228
10	⋮	⋮
15	0.6772	0.3228
20	0.1492	0.8508
⋮	⋮	⋮

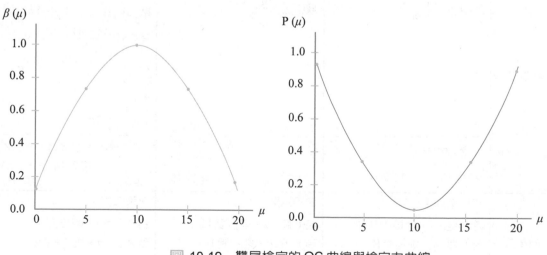

圖 10-19　雙尾檢定的 OC 曲線與檢定力曲線

10.5 母體變異數 σ^2 的假設檢定

母體變異數 σ^2 的假設檢定之三種模式如下：

表 10-5　σ^2 在三種假設檢定之情形

雙尾檢定	左尾檢定	右尾檢定
$H_0 : \sigma^2 = \sigma_0^2$	$H_0 : \sigma^2 \geq \sigma_0^2$	$H_0 : \sigma^2 \leq \sigma_0^2$
$H_1 : \sigma^2 \neq \sigma_0^2$	$H_1 : \sigma^2 < \sigma_0^2$	$H_1 : \sigma^2 > \sigma_0^2$

若母體為常態分配，則一組隨機樣本，其檢定統計量為卡方檢定統計量：

母體變異數 σ^2 之假設檢定的檢定統計量

$\chi^2 = \dfrac{(n-1)s^2}{\sigma_0^2}$ 其中 σ_0^2 為母體變異數的假設值，s^2 為樣本變異數，n 為樣本數，df = 自由度 = n−1

母體變異數 σ^2 假設檢定的決策法則如表 10-6：

表 10-6　母體變異數 σ^2 的假設檢定之兩種方法的決策法則

檢定方法 ＼ 統計假設	左尾 $H_0 : \sigma^2 \geq \sigma_0^2$ $H_1 : \sigma^2 < \sigma_0^2$	右尾 $H_0 : \sigma^2 \leq \sigma_0^2$ $H_0 : \sigma^2 > \sigma_0^2$	雙尾 $H_0 : \sigma^2 = \sigma_0^2$ $H_1 : \sigma^2 \neq \sigma_0^2$
檢定統計量法	決策法則： 若 $\chi_0^2 \geq \chi_{(1-\alpha,n-1)}^2$，則接受 H_0 若 $\chi_0^2 < \chi_{(1-\alpha,n-1)}^2$，則拒絕 H_0 其中 $\chi_0^2 = \dfrac{(n-1)s^2}{\sigma_0^2}$ 拒絕 H_0 ← → 接受 H_0	決策法則： 若 $\chi_0^2 \leq \chi_{(\alpha,n-1)}^2$，則接受 H_0 若 $\chi_0^2 > \chi_{(\alpha,n-1)}^2$，則拒絕 H_0 其中 $\chi_0^2 = \dfrac{(n-1)s^2}{\sigma_0^2}$ 接受 H_0 ← → 拒絕 H_0	決策法則： 若 $\chi_{(1-\frac{\alpha}{2},n-1)}^2 \leq \chi_0^2 \leq \chi_{(\frac{\alpha}{2},n-1)}^2$，則接受 H_0 若 $\chi_0^2 < \chi_{(1-\frac{\alpha}{2},n-1)}^2$ 或 $\chi_0^2 > \chi_{(\frac{\alpha}{2},n-1)}^2$，則拒絕 H_0。其中 $\chi_0^2 = \dfrac{(n-1)s^2}{\sigma_2^2}$ 其中 $\chi_0^2 = \dfrac{(n-1)s^2}{\sigma_0^2}$ 接受 H_0 拒絕 H_0 ← → 拒絕 H_0
P 值法	決策法則： 若 P 值 $\geq \alpha$，則接受 H_0 若 P 值 $< \alpha$，則拒絕 H_0 P 值 $= P(\chi^2 < \chi_0^2)$	決策法則： 若 P 值 $\geq \alpha$，則接受 H_0 若 P 值 $< \alpha$，則拒絕 H_0 P 值 $= P(\chi^2 > \chi_0^2)$	決策法則： 若 P 值 $\geq \alpha$，則接受 H_0 若 P 值 $< \alpha$，則拒絕 H_0 P 值 $= 2\min P(\chi^2 < \chi_0^2), P(\chi^2 > \chi_0^2)$

例題 10.25

某班的數學成績為常態分配,導師宣稱數學成績的變異數為 25(分)^2,隨機抽取班上 22 名學生,計算其平均分數 70 分,標準差 4 分,設 $\alpha = 0.05$,試檢定導師的宣稱是否屬實?

解 (一)檢定統計量法

(1) H_0 : $\sigma^2 = 25$ (雙尾檢定)

　 H_1 : $\sigma^2 \neq 25$

(2)決策法則:

　若 $\chi^2_{(0.975, 21)} \leq \chi^2_0 \leq \chi^2_{(0.025, 21)}$,則接受 H_0

　若 $\chi^2_0 < \chi^2_{(0.975, 21)}$ 或 $\chi^2_0 > \chi^2_{(0.025, 21)}$,則拒絕 H_0

　其中 $\chi^2_{(0.975, 21)} = 10.28293$

　　　 $\chi^2_{(0.025, 21)} = 35.4789$

(3)檢定統計量

$$\chi^2_0 = \frac{(n-1)s^2}{\sigma_0^2} = \frac{(22-1)(4)^2}{25} = 13.44$$

(4)結論: $\because \chi^2_{(0.975, 21)} = 10.28293 \leq \chi^2_0 = 13.44 \leq \chi^2_{(0.025, 21)} = 35.4789$

　　　 $\therefore$ 接受 $H_0 \Rightarrow \sigma^2 = 25$

　即導師的宣稱可能是對的。

(二) P 值法

(1) H_0 : $\sigma^2 = 25$

　 H_1 : $\sigma^2 \neq 25$

(2)決策法則:

　若 P 值 $\geq \alpha = 0.05$,則接受 H_0

　若 P 值 $< \alpha = 0.05$,則拒絕 H_0

(3) P 值:

　P 值 $= 2\min \{ P(\chi^2 > \chi^2_0), P(\chi^2 < \chi^2_0) \}$

　查 χ^2 分配表,得

　$\because P(\chi^2 < 13.2396) = P(\chi^2 < \chi^2_{(0.90, 21)}) = 0.10$

　$\therefore$ P 值 $= 2P(\chi^2 < 13.44) > 0.20 > \alpha = 0.05$

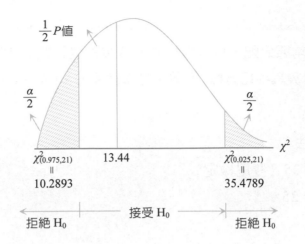

圖 10-20 例題 10.25 之 P 值和顯著水準α的關係

(4)結論：$\because$ P 值$> \alpha = 0.05$

$\therefore$ 接受 $H_0 \Rightarrow \sigma^2 = 25$

即導師的宣稱可能是對的。

● 例題 **10.26**

某工廠生產的零件直徑的標準差不超過 0.006 公分，現抽取 81 個成品檢查，得其標準差為 0.0071 公分，在$\alpha = 0.01$ 下，此工廠的宣稱是否值得相信？

解 (一)檢定統計量法

(1)H_0 : $\sigma^2 \leq (0.006)^2$

H_1 : $\sigma^2 > (0.006)^2$

(2)決策法則：

若 $\chi_0^2 \leq \chi_{(0.01, 80)}^2$，則接受 H_0

若 $\chi_0^2 > \chi_{(0.01, 80)}^2$，則拒絕 H_0

其中 $\chi_{(0.01, 80)}^2 = 112.329$

(3)檢定統計量

$$\chi_0^2 = \frac{(n-1)s^2}{\sigma_0^2} = \frac{(81-1)(0.0071)^2}{(0.006)^2} = 112.022$$

(4)結論：$\because \chi_0^2 = 112.022 < \chi_{(0.01, 80)}^2 = 112.329$

$\therefore$ 接受 $H_0 \Rightarrow \sigma^2 \leq (0.006)^2$

此工廠的零件直徑標準不超過 0.006 公分，宣稱屬實。

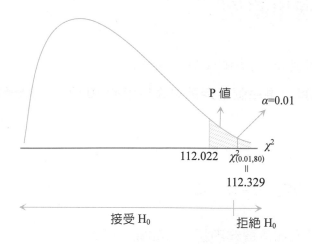

$\boxplus$ 10-21　例題 10.26 之 P 值和顯著水準 α 的關係

(二) P 值法

(1) H_0 ： $\sigma^2 \leq (0.006)^2$

　　H_1 ： $\sigma^2 > (0.006)^2$

(2) 決策法則：

　　若 P 值 $\geq \alpha = 0.01$，則接受 H_0

　　若 P 值 $< \alpha = 0.01$，則拒絕 H_0

(3) P 值：

　　P 值 $= P(\chi^2 > \chi_0^2) = P(\chi^2 > 112.022)$

　　$\because$ P 值 $= P(\chi^2 > 112.022) > P(\chi^2 > 112.329)$

　　　　　$= P(\chi^2 > \chi_{(0.010, 80)}^2)$

　　故 P 值 $> 0.010 = \alpha$

(4) 結論：$\because$ P 值 $> \alpha = 0.010$

　　　　　$\therefore$ 接受 $H_0 \Rightarrow \sigma^2 \leq (0.006)^2$

　　此工廠的宣稱值得採信。

10.6 Excel 應用範例

一、母體平均數左尾檢定，以例題 10.9 為例

水果攤老闆宣稱其水果每個平均重量大於等於 50 公克，隨機抽樣 36 個檢驗作檢定。

$\because n = 36 > 30$，由中央極限定理知 $\bar{x} \sim N(\mu, \frac{\sigma^2}{n})$

用臨界值 C 方法檢定，$C = \mu_0 - Z_\alpha \cdot \frac{s}{\sqrt{n}}$

1. 進入 Excel，鍵入如下資料內容：（如圖 10-22）

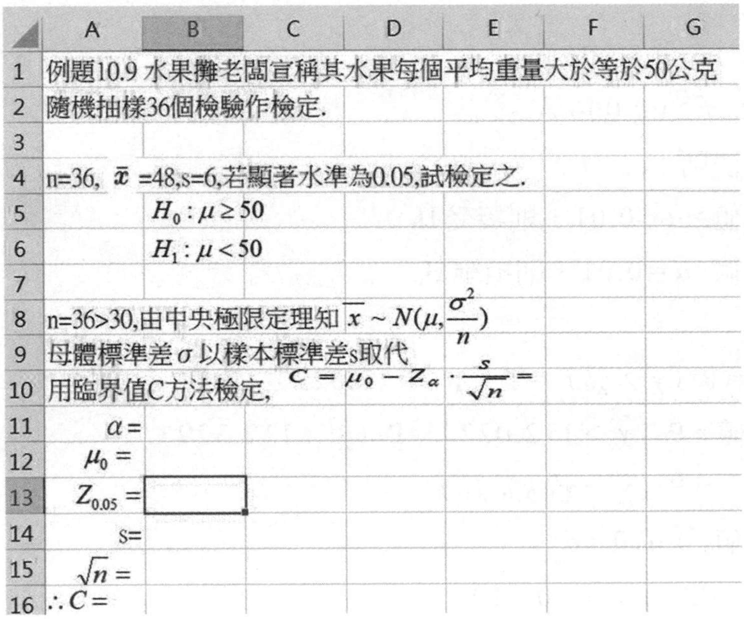

	A	B	C	D	E	F	G
1	例題10.9 水果攤老闆宣稱其水果每個平均重量大於等於50公克						
2	隨機抽樣36個檢驗作檢定.						
3							
4	n=36, $\bar{x}$ =48,s=6,若顯著水準為0.05,試檢定之.						
5		$H_0 : \mu \geq 50$					
6		$H_1 : \mu < 50$					
7							
8	n=36>30,由中央極限定理知 $\bar{x} \sim N(\mu, \frac{\sigma^2}{n})$						
9	母體標準差 σ 以樣本標準差s取代						
10	用臨界值C方法檢定, $C = \mu_0 - Z_\alpha \cdot \frac{s}{\sqrt{n}} =$						
11	$\alpha =$						
12	$\mu_0 =$						
13	$Z_{0.05} =$						
14	s=						
15	$\sqrt{n} =$						
16	$\therefore C =$						

圖 10-22

2. 輸入儲存格公式和函數：（如圖 10-23）

STEP 1 ▶

儲存格 B11 鍵入：0.05 → B12 鍵入：50 → B14 鍵入：6

STEP 2 ▶

求 $Z_{0.05}$，C：$\because P(Z > Z_{0.05}) = 0.05$　$\therefore P(Z < Z_{0.05}) = 0.95$

B13 儲存格鍵入："=NORM.S.INV(0.95)"

B16 儲存格鍵入："=B12-B13*B14/B15"

$\because \bar{x} = 48 < C = 48.355$　$\therefore$ 拒絕 H_0

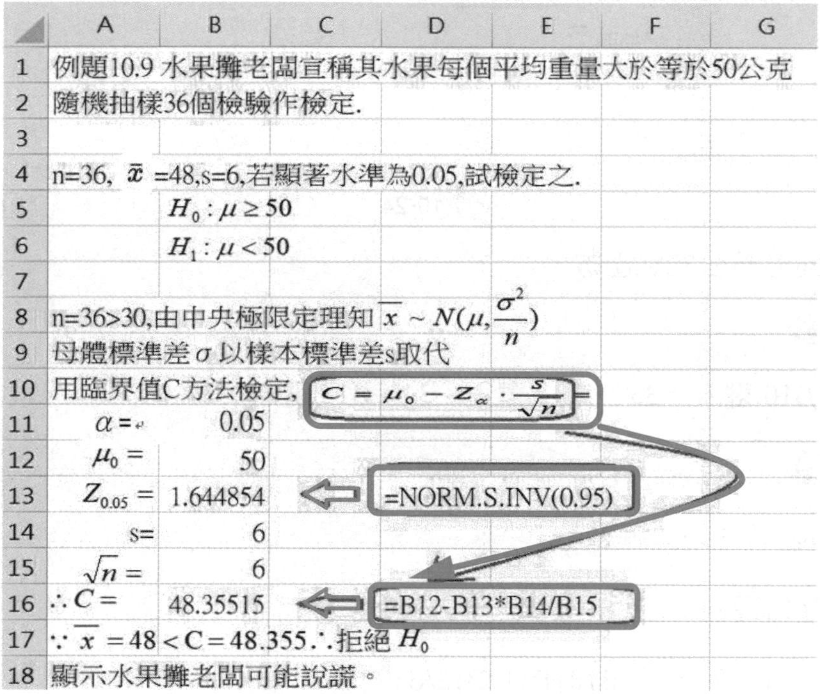

圖 10-23

二、母體平均數右尾檢定，以例題 10.10 為例

1. 進入 Excel，鍵入如下資料內容：（如圖 10-24）

	A	B	C	D	E
1	例題10.10				
2	$H_0 : \mu \le 35$				
3	$H_1 : \mu > 35$				
4	n=20, $\bar{x}$ =40, s=3,若顯著水準為0.05,試檢定之.				
5					
6	n=20<30,小樣本,所以 $\bar{x}$ 的抽樣分配為t分配.				
7	母體標準差 σ 以樣本標準差s取代				
8	用臨界值C方法檢定, $C = \mu_0 + t_{(0.05,19)} \cdot \dfrac{s}{\sqrt{n}} =$				
9					
10	$\mu_0 =$				
11	$t_{(0.05,19)} =$				
12	s=				
13	$\sqrt{n} =$				
14	$\therefore C =$				

圖 10-24

2. 輸入儲存格公式和函數：

STEP 1 ▶

儲存格 B10 鍵入：35 → B12 鍵入：3 → B13 鍵入：20^0.5

STEP 2 ▶

求 $t_{(0.05, 19)}$，C：

B11 儲存格鍵入："=T.INV(0.95,19)"

B14 儲存格鍵入："=B10+B11*B12/B13"

$\because \bar{x} = 40 > C = 36.160$　$\therefore$ 拒絕 H_0（如圖 10-25）

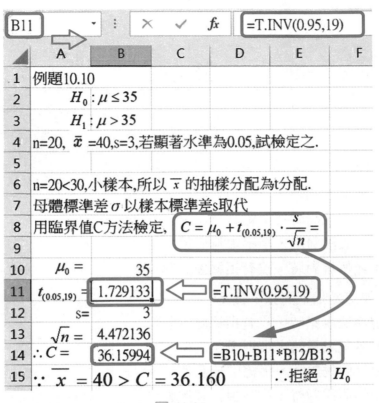

圖 10-25

習題

一、選擇題

( ) 1. 型 I 誤差是指下列哪一種？

(A)虛無假說錯時，沒有拒絕虛無假說

(B)虛無假說錯時，拒絕虛無假說

(C)虛無假說對時，拒絕虛無假說

(D)虛無假說對時，沒有拒絕虛無假說。

( ) 2. 型 II 誤差是指下列哪一種？

(A)虛無假說錯時，沒有拒絕虛無假說

(B)虛無假說錯時，拒絕虛無假說

(C)虛無假說對時，拒絕虛無假說

(D)虛無假說對時，沒有拒絕虛無假說。

( ) 3. 檢定力（Power）是測量哪一種能力？

(A)虛無假說錯時，沒有拒絕虛無假說的能力

(B)虛無假說錯時，拒絕虛無假說的能力

(C)虛無假說對時，拒絕虛無假說的能力

(D)虛無假說對時，沒有拒絕虛無假說的能力。

( ) 4. 某雙尾檢定的 p 值小於顯著水準 α 時，下列何者是對的？　(A)虛無假說不應該被拒絕　(B)應使用單尾檢定　(C)虛無假說應該被拒絕　(D)無法達成任何結論。

( ) 5. 某檢定的型 I 錯誤的機率 α 為 0.01，這是指下列哪一種情況？

(A)在虛無假說是錯時，100 次檢定中約只有一次不會拒絕虛無假說

(B)在虛無假說是對時，100 次檢定中約只有一次會拒絕虛無假說

(C)在虛無假說是錯時，100 次檢定中約只有一次會拒絕虛無假說

(D)在虛無假說是對時，100 次檢定中約只有一次不會拒絕虛無假說。

(　　) 6. 若 μ 的 95% 信賴區間為 $10 \leq \mu \leq 15$，則在顯著水準為 0.05 時，檢定 H_0：$\mu = 16$，H_1：$\mu \neq 16$ 的結論為何？　(A)拒絕虛無假說　(B)不拒絕虛無假說　(C)拒絕對立假說　(D)沒有結論。

(　　) 7. 有項膽固醇相關研究，已知 20～40 歲者其血液中膽固醇平均數為 180 mg/dL。 若想證明 41～60 歲中老年人的膽固醇高於 180 mg/dL，且中老年人膽固醇平均 數以 μ 表示，則虛無假設及對立假設要如何陳述？

(A) $H_0 : \mu = 180$ VS $H_1 : \mu > 180$

(B) $H_0 : \mu > 180$ VS $H_1 : \mu \leq 180$

(C) $H_0 : \mu \geq 180$ VS $H_1 : \mu < 180$

(D) $H_0 : \mu \leq 180$ VS $H_1 : \mu > 180$。

(　　) 8. 某藥廠宣稱，其生產之藥品每罐平均重量至少為 500 公克，標準差為 14 公克。 今自其藥品中隨機抽取 49 罐測定其重量，得其平均值 $(\bar{x})$ 為 488 公克。 下列何者為假設檢定之拒絕域？（Z 為標準常態分配，顯著水準為 0.05）　(A) $\bar{x} \leq 496.08$　(B) $Z \geq 1.95$　(C) $\bar{x} \leq 503.92$　(D) $Z \leq 1.645$。

(　　) 9. 檢定假設之顯著水準為 α，則 p-value 之值在什麼條件下拒絕虛無假設？　(A) p-value $\leq \alpha / 2$　(B) p-value $> \alpha / 2$　(C) p-value $\leq \alpha$　(D) p-value $> \alpha$。

(　　)10. 某工廠製造 LED 燈泡，根據市場調查，規定所製造的 LED 燈泡可用 1,200 小時，正式生產後，抽驗燈泡 64 個，得平均數 $\bar{x} = 1,194$ 小時，標準差 s = 36 小時，以顯著水準 $\alpha = 0.05$，檢定該廠製造的 LED 燈泡是否合乎規定？（選出正確者）　(A)拒絕 H_0　(B)接受域：[1190.18, 1204.82]　(C) p-value = 0.09175　(D)接受 H_0。

二、基礎題

1. 就下列各小題敘述，建立統計假設。

⑴臺北市國小一年級學童每人每日平均看電視 1.5 小時。

⑵某電池廠商宣稱其電池壽命平均為 500 小時，隨機抽取 60 個電池，計算出平均壽命為 470 小時，該宣稱是否屬實？

⑶某大學調查出開車上課的學生有 20%，今隨機抽出樣本共 100 人，得知有 30 人開車上課，則該調查是否可靠？

2. 臺北市衛生局欲了解：女性的平均壽命是否高於 70 歲，以臺北市的女性平均壽命為資料，若抽一組隨機樣本 n = 1600 人，得平均值為 72 歲，已知 $\sigma = 6$ 歲。 以 $\alpha = 0.05$，檢定女性平均壽命是否高於 70 歲。

分別以

(1)臨界值 C 法

(2)標準檢定統計量法

(3) P 值法

(4)信賴區間法

四種方法來作統計檢定的決策法則。

3. 某工廠生產的零件,平均每小時產量 $\mu = 75$ 個,最近在新任的品管經理管理下,發現平均產量有增加的趨勢,隨機抽取 20 個工作小時來觀察,發現每小時平均產量為 80 個,標準差 5 個,試用四種方法來檢定平均產量是否提高了?(假設平均產量為一常態分配)($\alpha = 0.05$)

4. 某品牌原子筆平均長度為 10 公分,$\sigma^2 = 0.03$(公分)^2,其長度為一常態分配,今隨機抽取 10 枝測量,長度分別為 10.1,10.2,9.8,9.7,10.0,10.1,10.4,9.7,9.9,10.2(公分)試以 $\alpha = 0.05$,分別檢驗原子筆的均勻程度是否有改變?原子筆的長度是否有改變?

5. 某電腦公司的維修部經理想要了解維修電腦的時間之標準差是否低於 1 小時,過去資料顯示維修時間為常態分配,今隨機抽出 20 部電腦維修的時間,計算得標準差為 50 分鐘,以 $\alpha = 0.05$,分別以檢定統計量法及 P 值法檢定之。

6. 有一廠商宣稱其產品厚度之標準差為 0.5 公分,隨機抽取該產品 20 件檢查,得其樣本標準差為 0.8 公分,以 $\alpha = 0.05$ 來檢定該工廠之宣稱是否屬實?假設產品厚度為常態分配。

7. 若一母體為常態分配,欲檢定母體平均數 μ,$H_0 : \mu \geq 2.5$,$H_1 : \mu < 2.5$,由此母體隨機抽取 20 筆資料,得其平均數為 2.3,標準差為 1.2,以 $\alpha = 0.05$ 檢定之。(分別以四種檢定方法檢定)

8. 某工廠生產鐵釘,規定長度為 4 公分,今抽出 16 根鐵釘,平均長度為 4.03 公分,標準差為 0.02 公分,在 $\alpha = 0.01$ 下,此批鐵釘是否能符合工廠的規定,假設鐵釘長度為常態分配,試分別以四種方法檢定之。

三、進階題

1. 若工廠宣稱其產品的平均重量為 15 公克,標準差 0.5 公克,若設立 $H_0 : \mu \geq 15$,$H_1 : \mu < 15$,拒絕域為 $\{\bar{x} \mid \bar{x} < 14.75\}$,隨機抽取樣本大小 100 個,求

(1)型 I 誤差機率,$\alpha = ?$

(2)當 $\mu = 14.8$ 時,型 II 誤差機率,$\beta = ?$

(3)畫出 OC 曲線

(4)畫出檢定力曲線

2. $H_0：\mu \geq 16$，$H_1：\mu < 16$，母體為 $\sigma = 0.4$ 之常態分配，若 $n = 25$，$\bar{x} = 15.90$，$\alpha = 0.05$，求

(1)$\mu = 15.8$ 時，型 II 誤差機率$\beta = ?$

(2)繪出 OC 曲線。

(3)繪出檢定力曲線。

3. 一袋中有 7 個球，已知有紅黑兩種顏色，用 θ 表示紅色的個數，若我們欲檢定 $H_0：\theta = 2$ v.s $H_1：\theta = 4$，任取兩顆球（用抽後不放回方式）。若取出的兩顆球皆為紅色，則拒絕H_0。試求此決策所犯型 I 及型 II 錯誤之機率。

四、實作題

以例題 10.11 為例，用 Excel 作母體平均數雙尾檢定。

NOTE

卡方檢定

學習目標

1. 基本概念
2. 適合度檢定（包含多項式母體比例檢定）
3. 獨立性檢定
4. 齊一性檢定
5. 應用卡方檢定注意事項及限制
6. Excel 應用範例

前言

文化大學推廣教育部今天公布「終身學習趨勢報告」，此報告以文大推廣部從 2005～2010 年「自費、非學位進修學習學員」為調查依據。台灣平均每人每年願意花新台幣 36,500 元投入非正式學制的終身學習，其中 30 歲者的學習力最衝，女性所占比例又比男性多，女男比例約 7 比 3；但男性比女性願意花更多的錢學習，男性每年願花 37,169 元購課，略勝女性每年購課金 35,817 元。

文化推廣部品質長顏敏仁說，據報告數據顯示，近 6 年來投入終身學習的學員比重最高的是 30～40 歲的青壯年，反而是 50～60 歲的民眾比重年年微幅下滑；顯見青壯年時期，確實是大眾思考職涯發展與提升知識的關鍵年齡。

像上述的報導所提到的性別和年齡對投入終身學習的影響，我們都可以運用本章所介紹的卡方檢定來確認。

11.1 基本概念

在我們經常收集到的統計資料中，主要可以區分為量的資料及質的資料（或稱類別性的資料），數量的資料可以算出平均數及變異數、標準差等，並針對平均數、變異數等作檢定；但類別性的資料無法計算平均數，只能以各類別的比例來表示。

在我們收集到的資料中，尤其是行銷研究中常作消費者行為調查，在問卷中常會詢問消費者的基本資料（或稱人口統計變數），如：性別、職業、宗教信仰、教育程度、出生地等均是類別性的資料，你不能把出生地台北、高雄加起來平均，也不能把男跟女加起來平均，你只能計算男性的人數（發生的次數）及其佔全部的比例。或問消費者對目前使用的某品牌數位相機之操作方便性滿意程度為何？可區分為很滿意、滿意、不滿意、很不滿意等 4 種類別，此稱為順序尺度；你不能給其 4、3、2、1 的數值後再將其平均，因為某消費者的很滿意與滿意是差 1 分嗎？或應該給 8、6、4、2 的分數呢？所以說順序尺度的數值是任意的，無法以平均數或變異數來加以敘述及解釋。

　　總統大選前之民意調查，詢問民眾支持的候選人，扁呂、連宋、暫不表態三類別，此為名目尺度，一樣無法計算平均數及變異數，針對上述所收集到的類別資料（包括順序尺度、名目尺度）最常使用的檢定方法即為本章將介紹的卡方檢定（χ^2 – test, chi-square test）。

　　利用卡方分配進行的卡方檢定主要用在：

1. 適合度檢定（Test of Goodness of Fit）

　　檢定抽樣所得的觀察次數是否符合虛無假設所假設的某種分配或比例。例如：檢定某校學生身高是否為常態分配、加油站加油的汽車數量是否為卜瓦松分配、顧客對 A、B、C 三種櫥窗裝飾方式偏好是否一致等，均屬適合度檢定。

2. 獨立性檢定（Test of Independence）

　　檢定二個變數（屬性）之間是否獨立（無關），我們可將此二變數先作一列聯表（或稱交叉表），再看每一格中的觀察次數與期望次數（根據虛無假設：二變數獨立所計算出來的次數）的差異來檢定此二變數是否獨立。例如：教育程度與支持改革法案的關係、男女性別是否影響對婚姻的滿意度等均屬於獨立性檢定。

3. 齊一性檢定（Test of Homogeneity）

　　檢定二個母體或二個以上母體的分配是否相同。例如：教育程度小學、中學、大學、研究所 4 個母體對民營法案的支持度是否相同。若檢定結果為相同亦即表示教育程度不影響支持民營法案與否，也就是說教育程度與支持民營法案與否獨立（無關）。如此看來，齊一性檢定與獨立性檢定似乎使用同樣的檢定方式而達成的目的也差不多，但在抽樣方式及設立假設上有些許不同，後面會加以說明。

11.2 適合度檢定（包含多項式母體比例檢定）

前面曾討論過單一母體比例檢定的問題，當時類別性資料只有 2 個可能即成功或失敗，我們是在檢定母體中成功的比例，而產生此種資料的實驗稱為二項實驗。但若實驗產生 2 種以上的結果時，我們稱之為多項實驗（Multinomial Experiment），而多項式母體比例檢定正是適合度檢定的一種：

> **多項實驗：**
>
> ① 整個實驗包含 n 次相同的試行
> ② 每次試行的結果可以被區分為 k 個種類中的一個。（k＞2）
> ③ 每一次的試行彼此間互相獨立。
> ④ 每次試行的各個可能結果出現的機率是相同，固定不變的，且
> $P_1 + P_2 + P_3 + \cdots\cdots + P_k = 1$

例如：擲一個骰子，所有的可能結果是 1、2、3、4、5、6 且每一結果出現的機率不論擲幾次都是各 $\frac{1}{6}$，且每一次擲出的結果並不影響下一次擲出的結果，所以擲一個骰子 n 次是一個多項實驗。

針對此可以作一假設檢定：

H_0：骰子是公正的。（$H_0 = P_1 = P_2 = P_3 = P_4 = P_5 = P_6 = \frac{1}{6}$）

H_1：骰子不公正（上述任一 P_i 不為前述之值）。

現在拿起骰子擲 60 次，記錄點數出現的次數如下：

表 11-1　擲 60 次骰子點數出現次數

點數	1	2	3	4	5	6	合計
觀察次數	8	9	11	10	12	10	60

則實際觀察到的次數與虛無假設的期望次數很接近嗎？若很接近則此差異也許只是抽樣誤差而已，我們不會拒絕虛無假設，若相差很大，則要拒絕相信骰子是公正的虛無假設。

📊 觀察次數

在抽樣實驗中得到的各種可能結果發生的次數。通常以 O_i 表示。

📊 期望次數

根據虛無假設為真時，期望各種可能結果會發生的次數，通常以 e_i 表示。

$e_i = np_i$（n 為樣本數，p_i 為虛無假設中的各類別之比例）。

接著要如何判斷 O_i 與 e_i 之間的差異是大或小呢？還有大到什麼程度，才拒絕虛無假設呢？

📊 適合度檢定的統計量

$$\chi^2 = \sum_{i=1}^{K} \frac{(O_i - e_i)^2}{e_i}$$

在大樣本時，此檢定統計量的抽樣分配近似具有自由度 $k-1-m$ 的卡方分配。

K：類別的組數

m：估計的母體參數個數

📊 決策法則

卡方檢定一律右尾檢定。

$\chi^2 > \chi^2_{(\alpha;\, k-1-m)}$，則拒絕 H_0。

✏️ 例題 11.1

小明想知道骰子是否公正，未被動過手腳，因此擲此一骰子 60 次，並記錄其結果如下：

表 11-2　擲 60 次骰子點數出現次數

點數	1	2	3	4	5	6	合計
觀察次數	8	9	11	10	12	10	60

解 要作此一檢定，一樣可分為 5 個步驟：

①設立假說：

H₀：骰子是公正的（$P_1 = P_2 = P_3 = P_4 = P_5 = P_6 = \frac{1}{6}$）

H₁：骰子是不公正的（任一 P_i 不為前述之值）

②選擇檢定統計量：

因為有 6 個類別是一多項式母體比例檢定，是適合度檢定的一種，以卡方分配來作檢定。

③決定拒絕域：

若 $\alpha = 0.05$，自由度 $= k - 1 - m = 6 - 1 - 0 = 5$，（此處沒有需要估計的母體參數所以 $m = 0$）

查卡方機率值表得到臨界值

$\chi^2_{(0.05\,;\,5)} = 11.0705$

當 $\chi^2 > 11.0705$ 則拒絕 H_0。

④計算檢定統計量：

表 11-3 例題 11.1 之觀察次數和期望次數比較

點數	1	2	3	4	5	6	合計
O 觀察次數	8	9	11	10	12	10	60
e_i 期望次數	10	10	10	10	10	10	60

$e_i = np_i$

$$\chi^2 = \sum_{i=1}^{6} \frac{(O_i - e_i)^2}{e_i}$$

$$= \frac{(8-10)^2}{10} + \frac{(9-10)^2}{10} + \frac{(11-10)^2}{10} + \frac{(10-10)^2}{10}$$

$$+ \frac{(12-10)^2}{10} + \frac{(10-10)^2}{10}$$

$$= \frac{10}{10} = 1$$

⑤作結論：

檢定統計量 $\chi^2 = 1 <$ 臨界值 11.0705 結論是不拒絕 H_0，即沒有足夠的理由認為骰子是不公正的，所以小明可以放心的使用這顆公正的骰子了。

例題 11.2

某國家之前進行一項社會福利法案的調查，贊成者佔 36%，反對者佔 27%，沒意見者佔 37%，之後政府及社會各界陸續舉辦了多場公聽會，並進行實況轉播讓全國人民可以收看；接著再進行一次全國性的調查，共抽樣 1,000 人，結果是贊成者 506 人，反對者 350 人，沒意見者 144 人，請問人民對社會福利法案的支持度是否已改變？

解　①設立假設：

H_0：人民對社會福利法案的支持度沒有改變

H_1：人民對社會福利法案的支持度有改變

②選擇檢定統計量：

因為有 3 個類別，為一多項式母體比例檢定，是適合度檢定的一種，以卡方分配來作檢定。

③決定拒絕域：

$\alpha = 0.05$，自由度 $= k - 1 - m = 3 - 1 - 0 = 2$

查卡方機率值表得到臨界值 $\chi^2_{(0.05\,;\,2)} = 5.99147$

當 $\chi^2 > 5.99147 \Rightarrow$ 拒絕 H_0

④計算檢定統計量：

表 11-4　例題 11.2 之觀察次數和期望次數比較

	贊成	反對	沒意見
O_i觀察次數	506	350	144
e_i期望次數	360	270	370

$e_i = np_i$，所以若虛無假設為真時，則樣本總數（n）1,000 人中預期有 1,000 × 36% = 360人贊成，1,000 × 27% = 270人反對，1,000 × 37% = 370人沒意見。

$$\chi^2 = \sum_{i=1}^{3} \frac{(O_i - e_i)^2}{e_i}$$

$$= \frac{(506 - 360)^2}{360} + \frac{(350 - 270)^2}{270} + \frac{(144 - 370)^2}{370}$$

$$= 59.21 + 23.70 + 138.04 = 220.95$$

⑤作結論：

　　檢定統計量 $\chi^2 = 220.95 > 5.99147$，落在拒絕域，因此拒絕 H_0。所以人民對社會福利法案的支持度已經改變。

　　另外適合度檢定也常被用來檢定抽樣資料是否來自某一假設的分配，亦即以樣本資料檢定其母體分配是否為某一特定分配。例如：H_0：某校學生身高為常態分配；H_1：某校學生身高不為常態分配。然後利用常態分配的機率值來得到期望次數 e_i，步驟及觀念跟前面的檢定一樣，在此不再多述。

11.3 獨立性檢定

　　檢定二個屬性變數之間是否獨立，稱為獨立性檢定。在許多研究調查中研究人員常想知道兩個類別性資料的屬性之間是否存在關係，尤其是在消費者行為調查中，一定會調查人口統計變數（如：性別、職業、教育程度……等）與某產品消費者偏好的品牌、購買場所、注重的功能等之關係，以了解男女對品牌偏好、注重的功能是否有差異，以作為擬定行銷廣告策略的參考。

　　其檢定時會將一屬性排成橫列（row，簡寫為 r），另一屬性排成縱行（column，簡寫為 c），形成一個 r 列 c 行，有 r×c 格的列聯表（交叉表），所以亦稱為列聯表檢定。

　　在做獨立性檢定時，虛無假設均假設兩個變數是獨立（無關的），對立假設則是兩個變數是不獨立（有關的）。

> ◎ 獨立性檢定的統計量
>
> $$\chi^2 = \sum_{i=1}^{r} \sum_{j=1}^{c} \frac{(O_{ij} - e_{ij})^2}{e_{ij}}$$
>
> r：橫列的個數
> c：縱行的個數
> O_{ij}：樣本的視察次數
> e_{ij}：根據虛無假設為真所計算出的期望次數
> 自由度 $= (r-1)(c-1)$

決策法則

$\chi^2 > \chi^2_{(\alpha;(r-1)(c-1))}$ 則拒絕 H_0

列聯表之自由度 $=(r-1)(c-1)$ 之原因如下:因為 $r \times c$ 的 列聯表有 $r \times c$ 個方格(即觀察資料),但因在抽樣後經過分類,r 列及 c 行的各個列總次數及行總次數均已固定,因此每一列及每一行均失去 1 個自由度(如表 11-5 打 × 處),但因最右下角的方格重覆計算,所以再加回 1,所以 $r \times c$ 的列聯表自由度為 $rc-r-c+1$,亦即 $(r-1)(c-1)$。

表 11-5 $r \times c$ 列聯自由度

行的類別

	1	2	3	4	5	……	C	
1							×	1 列小計
2							×	2 列小計
3							×	
4							×	
⋮					重覆計算故加回 1		⋮	
r	×	×		×	×	……	× ×	r 列小計
	1 行小計	2 行小計					C 行小計	總計

列的類別(左側縱向標註)

例題 11.3

某機車廠商想了解大專生使用機車的行為,以作為其促銷方案的參考,共抽樣調查了 175 位大專生,廠商想知道使用機車的主要用途是否與性別有關?($\alpha = 0.05$)

表 11-6 男、女使用機車主要用途及其人數

用途　　　　　性別	男(Y_1)	女(Y_2)	總計
上下學之用(X_1)	58	43	101
旅行、郊遊(X_2)	20	14	34
接送之用(X_3)	3	9	12
往返打工地點之需(X_4)	6	9	15
拉風、炫耀(X_5)	8	5	13
總計	95	80	175

請注意本例是先決定了總樣本數 175 人，至於各行（男、女）之邊際總次數 95 及 80 事先並未設定好，而是隨機抽樣的結果，各列（用途）之邊際總次數也是隨機抽樣的結果。此時，檢定二屬性（用途與性別）之關係即為獨立性檢定。

解 ①設立假設：

H$_0$：機車主要用途與性別無關（獨立）

H$_1$：機車主要用途與性別有關（不獨立）

②選擇檢定統計量：

以卡方分配來作獨立性檢定

③決定拒絕域：

$\alpha = 0.05$，自由度 $(r-1)(c-1) = (5-1)(2-1) = 4$

查卡方機率值表得到臨界值　$\chi^2_{(0.05\,;\,4)} = 9.488$

當計算出之 $\chi^2 > 9.488$ 則拒絕 H_0

④計算檢定統計量：

$$\chi^2 = \sum_{i=1}^{r} \sum_{j=1}^{c} \frac{(O_{ij} - e_{ij})^2}{e_{ij}}$$

O_{ij} 表示每一方格中的觀察次數，e_{ij} 表示根據 H_0 為真所得出每一方格的期望次數。因此根據 H_0 為真即用途與性別獨立，則根據獨立性定義，左上角的方格為（$X_1 \cap Y_1$），且其機率為 $P(X_1 \cap Y_1) = P(X_1) \times P(Y_1)$

而 $P(X_1) = \dfrac{101}{175}$，$P(Y_1) = \dfrac{95}{175}$，所以 $P(X_1 \cap Y_1) = \dfrac{101}{175} \times \dfrac{95}{175}$。

而 $X_1 \cap Y_1$ 的期望次數便是

$n \times P(X_1 \cap Y_1) = n \times P(X_1) \times P(Y_1) = 175 \times \dfrac{101}{175} \times \dfrac{95}{175} = \dfrac{101 \times 95}{175}$。

也就是樣本數乘上相對應的行及列之邊際機率。

> ↘ 期望次數
>
> $$e_{ij} = \frac{i \text{列和} \times j \text{行和}}{\text{樣本數}}$$

表 11-7　例題 11.3 之觀察次數和期望次數比較

用途＼性別	男（Y_1）	女（Y_2）	總計
上下學之用（X_1）	58(55)	43(46)	101
旅行、郊遊（X_2）	20(18)	14(16)	34
接送之用（X_3）	3(7)	9(5)	12
往返打工地點之需（X_4）	6(8)	9(7)	15
拉風、炫耀（X_5）	8(7)	5(6)	13
總計	95	80	175

$X_1 \cap Y_1$ 的期望次數 $= \dfrac{101 \times 95}{175} = 54.82 \approx 55$

$X_1 \cap Y_2$ 的期望次數 $= \dfrac{101 \times 80}{175} = 46.17 \approx 46$

$X_2 \cap Y_1$ 的期望次數 $= \dfrac{34 \times 95}{175} = 18.45 \approx 18$

$X_2 \cap Y_2$ 的期望次數 $= \dfrac{34 \times 80}{175} = 15.54 \approx 16$

$X_3 \cap Y_1$ 的期望次數 $= \dfrac{12 \times 95}{175} = 6.51 \approx 7$

$X_3 \cap Y_2$ 的期望次數 $= \dfrac{12 \times 80}{175} = 5.48 \approx 5$

$X_4 \cap Y_1$ 的期望次數 $= \dfrac{15 \times 95}{175} = 8.14 \approx 8$

$X_4 \cap Y_2$ 的期望次數 $= \dfrac{15 \times 80}{175} = 6.85 \approx 7$

$X_5 \cap Y_1$ 的期望次數 $= \dfrac{13 \times 95}{175} = 7.05 \approx 7$

$X_5 \cap Y_2$ 的期望次數 $= \dfrac{13 \times 80}{175} = 5.94 \approx 6$

$$\chi^2 = \sum_{i=1}^{5} \sum_{j=1}^{2} \frac{(O_{ij} - e_{ij})^2}{e_{ij}}$$

$$= \frac{(58-55)^2}{55} + \frac{(43-46)^2}{46} + \frac{(20-18)^2}{18} + \frac{(14-16)^2}{16} + \frac{(3-7)^2}{7}$$

$$+ \frac{(9-5)^2}{5} + \frac{(6-8)^2}{8} = \frac{(9-7)^2}{7} + \frac{(8-7)^2}{7} + \frac{(5-6)^2}{6}$$

$$= 7.67$$

⑤作結論：

$\chi^2 = 7.67$ 小於臨界值 9.488，未落在拒絕域，所以不拒絕 H_0，即機車的主要用途與性別無關。

11.4 齊一性檢定

　　檢定二個母體或二個以上母體的比例分配是否相同稱為齊一性檢定。11.1 節中曾舉例，若想了解教育程度小學、中學、大學、研究所對民營法案的支持度是否相同時，一般有兩種隨機抽樣的方法，一種是決定總樣本數 400 個後（這是事先決定，固定的），便進行隨機抽樣，至於樣本中有多少個教育程度是小學、中學、大學、研究所等事先無法知道，是抽樣後才決定的。也就是說列聯表中的總樣本數是事先設定的，而列或行的邊際總次數事先並未設定；此時便是檢定二個屬性是否無關（獨立），亦即 11.3 節所述的獨立性檢定。設立假設：

　　H_0：教育程度與對民營法案支持度無關（獨立）

　　H_1：教育程度與對民營法案支持度有關（不獨立）

　　但在本節所要敘述的情況是另一種抽樣方式，事先便決定教育程度，小學抽 100 人、中學 100 人、大學 100 人、研究所 100 人，亦即 4 個母體各抽 100 人，總計 400 人。亦即在本例中，各列（或行）的邊際總次數已事先決定。

　　此時應設立假設：

　　H_0：教育程度小學、中學、大學、研究所對民營法案支持度無差異。

　　H_1：教育程度小學、中學、大學、研究所對民營法案支持度有差異。

　　以上稱為齊一性檢定。其與獨立性檢定事實上目的並無不同，但因抽樣方式的不同，在設立假設時亦有些不同。

　　齊一性檢定之檢定統計量、決策法則與計算方式均與 11.3 節之獨立性檢定統計量相同，讀者請參閱 11.3 節。

例題 11.4

政府想了解教育程度不同是否對民營法案的支持度也會不同，因此針對 20 歲～50 歲之國民，就小學、中學、大學、研究所等教育程度各抽取 100 名詢問其支持度，調查結果如表 11-8：

表 11-8　教育程度對民營法案支持度調查

	小學	中學	大學	研究所	總計
贊　成	25	35	49	54	163
反　對	35	35	21	30	121
沒意見	40	30	30	16	116
總　計	100	100	100	100	400

問不同教育程度對民營法案的支持度一樣嗎？（$\alpha = 0.01$）

解　①設立假設：

H$_0$：教育程度小學、中學、大學、研究所對民營法案支持度無差異

H$_1$：教育程度小學、中學、大學、研究所對民營法案支持度有差異

②選擇檢定統計量：

以卡方分配來作齊一性檢定。

③決定拒絕域：

$\alpha = 0.01$，自由度 $df = (r-1)(c-1) = (3-1)(4-1) = 6$ 查卡方機率值表得

到臨界值 $\chi^2_{(0.01\,;\,6)} = 16.8119$

當計算出 $\chi^2 > 16.8119$ 則拒絕 H$_0$

④計算檢定統計量：

$$\chi^2 = \sum_{i=1}^{3} \sum_{j=1}^{4} \frac{(O_{ij} - e_{ij})^2}{e_{ij}}$$

$$e_{ij} = \frac{i \, 列和 \times j \, 行和}{樣本數}$$

表 11-9　例題 11.4 之觀察次數和期望次數比較

	小學	中學	大學	研究所	總計
贊　成	25(40.75)	35(40.75)	49(40.75)	54(40.75)	163
反　對	35(30.25)	35(30.25)	21(30.25)	30(30.25)	121
沒意見	40(29)	30(29)	30(29)	16(29)	116
總　計	100	100	100	100	400

（　）內為期望次數 e_{ij}

$$\chi^2 = \frac{(25 - 40.75)^2}{40.75} + \frac{(35 - 40.75)^2}{40.75} + \frac{(49 - 40.75)^2}{40.75}$$

$$+ \frac{(54 - 40.75)^2}{40.75} + \frac{(35 - 30.25)^2}{30.25} + \frac{(35 - 30.25)^2}{30.25}$$

$$+ \frac{(21 - 30.25)^2}{30.25} + \frac{(30 - 30.25)^2}{30.25} + \frac{(40 - 29)^2}{29}$$

$$+ \frac{(30 - 29)^2}{29} + \frac{(30 - 29)^2}{29} + \frac{(16 - 29)^2}{29} = 27.27$$

⑤作結論：

$\chi^2 = 27.34 > 16.8119$，落在拒絕域，則拒絕 H_0，也就是教育程度小學、中學、大學、研究所對民營法案的支持度有差異。

11.5　應用卡方檢定注意事項及限制

本章介紹的卡方檢定是近似檢定，必須符合下述二個條件，否則卡方檢定是無效率的。

⑴列聯表中的每一方格之期望次數需大於 5。

⑵每一類別發生的次數需符合多項實驗的條件。

若有方格中的期望次數小於 5，宜進行有意義的類別合併，使得合併後的各類別或各方格內的期望次數大於 5。如此卡方檢定才有效率。

此外，卡方檢定的統計量 $\chi^2 = \sum\limits_{i=1}^{k} \frac{(O_i - e_i)^2}{e_i}$ 有一個限制，即當樣本數增大時，χ^2 值也會增大，易形成拒絕虛無假設的結果，所以當想最後結果是拒絕 H_0 時，抽很大的樣本，就可辦到了，但此時的結果並不可靠。

11.6　Excel 應用範例

一、以例題 11.2 為例，利用 Excel 求卡方分配「適合度檢定」

卡方檢定「適合度檢定」的統計量公式：

$$\chi^2 = \sum \frac{(觀察值_i - 期望值_i)^2}{期望值}$$

$$\chi^2_{(K-1-m)} = \sum_{i=1}^{n} \frac{(O_i - E_i)^2}{E_i}$$

1. 進入 Excel，鍵入如下資料內容：

I15			×	✓	*fx*		
	A	B	C	D	E	F	G	H
1	例題11.2社會福利法案之調查,贊成者占36%,反對者占27%沒意見者占37%,							
2	想了解:人民對社會福利法案的支持度是否已改變?							
3	社會福利法案之調查,抽樣1000人調查,並記錄其結果如下:							
4		贊成	反對	沒意見				
5	O_i 觀察次數	506	350	144				
6	E_i 期望次數	360	270	370				
7	設立假設:							
8	H_0:人民對社會福利法案的支持度沒有改變							
9	H_1:人民對社會福利法案的支持度有改變							
10								
11		贊成	反對	沒意見	總計			
12	O_i 觀察次數	506	350	144				
13	E_i 期望次數	360	270	370				
14	$(O_i - E_i)^2 / E_i$							
15	$E_i = n \cdot p_i$							
16	$\chi^2 = $			臨界值:	$\chi^2_{(0.05;2)} = $			

圖 11-1

2. 期望次數：$E_i = n \cdot p_i$

儲存格 B6：鍵入 "=1000*0.36" → C6：鍵入 "=1000*0.27"

→ D6：鍵入 "=1000*0.37"

3. 計算：$(O_i - E_i)^2 / E_i$

儲存格 B14：鍵入公式 "=(B12-B13)^2/B13"

→ C14：鍵入 "=(C12-C13)^2/C13" → D14：鍵入 "=(D12-D13)^2/D13"

4. χ^2 統計量 & 臨界值 $\chi^2_{(0.05;2)}$：

→ B16：鍵入公式 "=SUM(B14:D14)" 得值：220.9581

→ F16 輸入函數："=CHISQ.INV.RT(0.05,2)" 得值：5.9914

∵ $\chi^2 > \chi^2_{(0.05;2)}$　∴拒絕 H_0，表示人民對社會福利法案的支持度有改變

	A	B	C	D	E	F	G	H	I
1	例題11.2社會福利法案之調查,贊成者占36%,反對者占27%沒意見者占37%,								
2	想了解:人民對社會福利法案的支持度是否已改變?								
3	社會福利法案之調查,抽樣1000人調查,並記錄其結果如下:								
4		贊成	反對	沒意見					
5	O_i 觀察次數	506	350	144					
6	E_i 期望次數	360	270	370					
7	設立假設:								
8	H_0	:人民對社會福利法案的支持度沒有改變							
9	H_1	:人民對社會福利法案的支持度有改變							
10									
11		贊成	反對	沒意見	總計				
12	O_i 觀察次數	506	350	144	1000				
13	E_i 期望次數	360	270	370	1000				
14	$(O_i - E_i)^2 / E_i$	59.21111	23.7037	138.0432	220.9581				
15	$E_i = n \cdot p_i$					$\alpha = 0.05$		自由度df=(k-1-m)	
16	$\chi^2 =$	220.9581		臨界值:	$\chi^2_{(0.05;2)} =$	5.991465	=CHISQ.INV.RT(0.05,2)		
17									

$$\chi^2 = \sum \frac{(觀察值_i - 期望值_i)^2}{期望值_i}$$

$$X^2_{(K-1-m)} = \sum_{i=1}^{n} \frac{(O_i - E_i)^2}{E_i}$$

圖 11-2

二、以例題 11.4 為例，利用 Excel 求卡方分配「獨立性檢定」

卡方檢定「獨立性檢定」的統計量公式：

$$檢定統計值 \chi^2 = \sum_{i=1}^{\tau} \sum_{j=1}^{c} \frac{(O_{ij} - e_{ij})^2}{\sigma_{ij}}$$

$$期望次數（Expected Frequency） e_{ij} = \frac{(第\ i\ 列和) \times (第\ j\ 列和)}{樣本數量}$$

1. 進入 Excel，鍵入如下資料內容：

	A	B	C	D	E	F	G	H	I	J	K	L	M
1	例題11.4 政府想了解不同教育程度是否對民營法案的支持度也會不同?(α =0.01)												
2	對20歲~50歲之國民,就小學、中學、大學、研究所等教育程度各100名詢問持度,												
3	調查結果如下表: O_{ij}								期望次數 e_{ij}				
4		小學	中學	大學	研究所	總計				小學	中學	大學	研究所
5	贊成	25	35	49	54	163			贊成				
6	反對	35	35	21	30	121			反對				
7	沒意見	40	30	30	16	116			沒意見				
8	總計	100	100	100	100	400			檢定統計值 $\chi^2 = \sum_{i=1}^{r}\sum_{j=1}^{c}\frac{(O_{ij}-e_{ij})^2}{e_{ij}}$				
9	設立假設:												
10	H_0 :教育程度小學、中學、大學、研究所隊名營法案支持度無差異									小學	中學	大學	研究所
11	H_1 :教育程度小學、中學、大學、研究所隊名營法案支持度有差異								贊成				
12										反對				
13	$\alpha =$									沒意見				
14	自由度df=												
15	臨界值: $\chi^2_{(0.01;6)} =$										總計:		
16	檢定統計量: $\chi^2 =$												

圖 11-3

2. 輸入儲存格公式和函數：

STEP 1

$\alpha = 0.01$，自由度= $(4-1)(3-1) = 6$， $\chi^2_{(0.01;6)} =$ CHISQ.INV.RT(0.01, 6)

STEP 2

J5 儲存格鍵入：

　"=F5*B8/F8" → J6 鍵入： "=F6*B8/F8" → J7 鍵入： "=F7*B8/F8"

STEP 3

K5 儲存格鍵入：

　"=F5*C8/F8" → J6 鍵入： "=F6*C8/F8" → J7 鍵入： "=F7*C8/F8"

STEP 4

L5 儲存格鍵入：

　"=F5*D8/F8" → J6 鍵入： "=F6*D8/F8" → J7 鍵入： "=F7*D8/F8"

STEP 5

M5 儲存格鍵入：

　"=F5*E8/F8" → J6 鍵入： "=F6*E8/F8" → J7 鍵入： "=F7*E8/F8"

STEP 6

J11 儲存格鍵入：

"=(B5-J5)^2/J5" → J12 鍵入："=(B6-J6)^2/J6" → J13 鍵入："=(B7-J7)^2/J7"

STEP 7

χ^2：儲存格輸入：=SUM(J11:M13)

$\because \chi^2 > \chi^2_{(0.05:2)}$　$\therefore$ 拒絕 H_0

表示：教育程度小學、中學、大學、研究所對民營法案支持度有差異

J11		×✓	f_x	=(B5-J5)^2/J5							
	A	B	C	D	E	F	G	H	I	J	K	L	M
1	例題11.4 政府想了解不同教育程度是否對民營法案的支持度也會不同?(α =0.01)												
2	對20歲~50歲之國民,就小學、中學、大學、研究所等教育程度各100名詢問持度,												
3	調查結果如下表: O_{ij}								期望次數 e_{ij}				
4		小學	中學	大學	研究所	總計					小學	中學	大學	研究所
5	贊成	25	35	49	54	163				贊成	40.75	40.75	40.75	40.75
6	反對	35	35	21	30	121				反對	30.25	30.25	30.25	30.25
7	沒意見	40	30	30	16	116				沒意見	29	29	29	29
8	總計	100	100	100	100	400			檢定統計值 $\chi^2 = \sum_{i=1}^{r}\sum_{j=1}^{c}\frac{(O_{ij}-e_{ij})^2}{e_{ij}}$				
9	設立假設:												
10	H_0	:教育程度小學、中學、大學、研究所對民營法案支持度無差異								小學	中學	大學	研究所
11	H_1	:教育程度小學、中學、大學、研究所對民營法案支持度有差異							贊成	6.087423	0.81135	1.670245	4.308282
12									反對	0.745868	0.745868	2.828512	0.002066
13	$\alpha =$	0.01							沒意見	4.172414	0.034483	0.034483	5.827586
14	自由度df=	6										總計:	27.26858
15	臨界值	$\chi^2_{(0.01:6)} =$	16.81189	=CHISO.INV.RT(0.01,6)									
16	檢定統計量	$\chi^2 =$	27.26858	=SUM(J11:M13)									
17	$\because \chi^2 > \chi^2_{(0.05:2)}$,$\therefore$ 拒絕H_0 ,表示:教育程度小學、中學、大學、研究所對民營法案支持度有差異												

圖 11-4

習 題

一、選擇題（*表示為複選題）

(　) 1. 卡方檢定適用於哪一種類型的資料？
(A)類別次數　(B)連續分數　(C)標準分數　(D)等第。

(　) 2. 某私立高中位在5個鄰里的中心位置，這5個鄰里可就讀高中的適齡人口相同，由此學校隨機抽取100位學生，計算來自這5個鄰里的學生人數分別為22, 24, 13, 24, 17，下列何種方法可以檢定這5個鄰里的學生人數是否有顯著差異？　(A)單一樣本平均數差異檢定　(B) K-S 適合度檢定　(C)卡方檢定　(D) ANOVA。

*(　) 3. 利用卡方分配進行卡方檢定主要應用在哪些方面？　(A)獨立性檢定　(B)適合度檢定　(C)齊一性檢定　(D)母體比率假設檢定。

(　) 4. 為研究膽固醇與心臟冠狀動脈血管疾病之間的關係，某人蒐集了1,000筆資料並歸納得到以下之列聯表：

是否有心臟冠狀動脈血管疾病	膽固醇指數			
	0-199（正常）	200-219（略高）	220-259（高）	260 以上（極高）
是	16	12	12	21
否	484	238	138	79

此檢定之檢定統計量應與下列哪一種分配相比較，以確認檢定之結果？
(A)自由度為8之卡方分配（Chi-square Distribution）
(B)自由度為8之t分配（t Distribution）
(C)自由度為3之卡方分配（Chi-square Distribution）
(D)標準常態分配。

二、題組題：獨立性檢定（*表示為複選題）

　　哈佛大學深水校區有 A、B 和 C 三家學生餐廳，該校區方圓 5 公里之內沒有其他餐廳可供學生選擇，故到該校區上課的學生只有三家餐廳可供選擇。經過一年的營運，學生選擇餐廳皆已進入成熟的階段。欲瞭解學生性別與選擇餐廳時的偏好是否相互獨立。欲進行市場調查，隨機抽取 300 位學生，詢問其前一天到哪一家餐廳用餐和其性別，調查結果如下表所示。試評估學生性別與選擇餐廳時的偏好是否相互獨立？（顯著水準 $\alpha = 0.05$）

觀察次數		優先餐廳選擇			
		A	B	C	總和
學生性別	男生	40	35	50	125
	女生	40	60	75	175
總和		80	95	125	300

(　) 1. 這個檢定用到哪種分配？
　　(A)常態分配　(B) T 分配　(C)卡方分配　(D)多項式分配。

*(　) 2. 下列假設，選出正確者？
　　(A) H_0：對餐廳選擇的偏好與學生性別相互獨立
　　(B) H_0：對餐廳選擇的偏好與學生性別並非相互獨立
　　(C) H_1：對餐廳選擇的偏好與學生性別相互獨立
　　(D) H_1：對餐廳選擇的偏好與學生性別並非相互獨立。

(　) 3. 自由度＝？　(A) 2　(B) 3　(C) 6　(D) 5。

(　) 4. 臨界值是下列哪一個？　(A) $\chi^2_{(0.01,6)}$　(B) $\chi^2_{(0.05,6)}$　(C) $\chi^2_{(0.01,2)}$　(D) $\chi^2_{(0.05,2)}$。

(　) 5. 計算結果：統計檢定量<臨界值，則檢定結果？　(A)接受對立無假設
　　(B)接受虛無假設　(C)拒絕虛無假設　(D)無法判斷。

(　) 6. 臨界值的卡方函數 $\chi^2_{\alpha,(r-1)\times(c-1)}$，Excel 是用下列哪個函數？
　　(A) CHISQ.INV.RT()　(B) CHISQ.INV()　(C) CHISQ.DIST.RT()
　　(D) CHISQ.DIST()。

三、基礎題

1. 大成公司研發出即食燕麥新產品，共設計了三種包裝方式，現進行市場調查了解消費者的喜好，共抽取 300 名消費者，記錄其偏好為：

A 包裝	B 包裝	C 包裝
110	101	89

問在 $\alpha = 0.05$ 之下，消費者對這三種包裝方式喜好一樣嗎？

2. 2003 年第 1 季作調查時，廠商對未來半年景氣的看法為：
樂觀者佔 20%、悲觀者 25%、持平者 55%。於 2003 年第 3 季時再針對 450 家廠商進行未來半年景氣看法時，得到結果為：樂觀者佔 30%、悲觀者佔 18%，持平者 52%，問在 $\alpha = 0.01$ 之下，2003 年第 3 季時廠商對未來半年景氣的看法是否已改變？

3. 由全校依年級別各抽查 100 位學生之成績為樣本，其中不及格者之人數如下：
（註：各年級不及格者所佔之比率各為 P_i，$i = 1, 2, 3, 4$）

年級別	一	二	三	四
不及格人數	20	30	30	20
及格人數	80	70	70	80

用 $\chi^2 -$ test，以 $\alpha = 0.05$ 檢定，$H_0 : P_1 = P_2 = P_3 = P_4$，$H_1 :$ 不是所有 P_i 均相等，$i = 1, 2, 3, 4$（註：此為 88 年政大統計系轉學考試題）

4. 每年感染流行性感冒的人數不少，因此衛生署鼓勵大家施打流感疫苗，尤其是抵抗力較差的老人家；今欲了解老人家得流感與施打疫苗與否是否有關，特隨機抽取 400 位年齡在 60 歲以上的老人家，結果如下：

	得流感	未得流感	
施打疫苗	50	100	150
未施打疫苗	200	50	250
	250	150	400

試在 $\alpha = 0.05$ 下，檢定打不打疫苗是否與得流感有關？

5. 一城市洗髮精共有 A、B、C 三種品牌，先前之市佔率分別為 40%，35% 及 25%，今 B 牌強力播放一新電視廣告後，作一市場調查 300 人，使用 A、B、C 三種洗髮精的人數分別為 108 人、114 人及 78 人，問市場佔有率是否已改變？（設 $\alpha = 0.05$）

6. 欲了解大學生上網情形，共抽樣 400 名大學生，其中有關大學生平均每天上網時間與性別之交義表如下表所示，問每天平均上網時間是否與性別有關？（設 $\alpha = 0.01$）

	男	女	
平均每天上網 1 小時以上	100	70	170
平均每天上網 1 小時（含）以下	130	100	230
	230	170	400

7. 某一民意調查顧問公司欲知台北與高雄市市民對其市政府之施政滿意程度之分配情況，故由台北市民中隨機抽出 500 人，由高雄市民中隨機抽出 3,400 人，而得如下資訊：

台北、高雄市市民對其市政府之施政滿意程度調查

	台北市	高雄市
非常滿意	60	75
滿意	100	125
不滿意	184	140
非常不滿意	156	60
總人數	500	400

在信賴係數為 0.975 的情況下，試問北、高兩市市民對其市政府之施政滿意程度分配是否相同？

8. 有 100 人同時應徵甲公司與乙公司，其中有 48 人被兩家公司錄取，有 12 人只有甲公司錄取，有 5 人只被乙公司錄取，有 35 人兩家公司都拒收，如果顯著水準是 0.05，檢定甲公司與乙公司錄取率是否相同。

甲公司	乙公司		總數
	錄取	拒收	
錄取	48	12	60
拒收	5	35	40
總數	53	47	100

9. 隨機訪問 1600 位成年人，記錄其在某選舉之前後，支持國民黨與否，其資料如下：

後 ＼ 前	支持	不支持
支持	794	150
不支持	86	570

設檢定 H_0：此選舉不影響成年人是否支持國民黨，顯著水準。

【$z(0.025) = 1.96$　$z(0.05) = 1.645$】

四、進階題

1. 某研究機構欲了解臺灣北、中、南三個地區對生活品質的滿意度是否有差異，以作為擬定建議方案的參考，於是在北區抽出 300 名、中區抽出 250 名、南區抽出 300 名 20 歲以上之民眾，得到結果如下：

	北區	中區	南區
非常滿意	35	22	17
滿意	121	98	106
不滿意	110	106	136
非常不滿意	34	24	41
合計	300	250	300

設 $\alpha = 0.01$，問北區、中區、南區民眾對生活品質的滿意度是否相同？（齊一性檢定）

2. 國內四家無線電視台，6 個月前在台北市晚間無線電視新聞之市場佔用率為：台視 55%、中視 20%、華視 15%、及民視 10%。但是在過去 6 個月中，台視主播離職換人，民視經歷人事改組。一家市內民調公司上星期，以電話訪查 450 位，晚間無線電視新聞之觀眾，詢問其最喜愛的新聞頻道，結果為台視 158 位、中視 102 位、華視 91 位、及民視 99 位。此民調公司於是做成結論：「主播離職、人事改組：造成無線電視新聞之市場佔用率大震盪」。以信心程度 95%，論證本結論是否正確。

五、實作題

以例題 11.3 為例，利用 Excel 求卡方分配「獨立性」。

NOTE

變異數分析

學習目標

① 變異數分析的意義

② 一因子變異數分析

③ Scheffe's 多重比較法

④ 二因子變異數分析

⑤ Excel 應用範例

前言

由於大學招生競爭愈來愈激烈，所以各大專院校很在乎學校在各方面的表現，尤其是教育部委託辦理的評鑑等級，更是攸關招生和各種補助的申請。每個學校對教育部的評鑑無不全力以赴，各校圖書館藏數是評鑑中的一個重要項目。因此我們可能會想知道大學、科技大學、學院、技術學院之間的館藏是否有顯著差異？

對於這樣的問題就可以用本章要介紹的變異數分析來解答。變異數分析所檢驗的虛無假設是：所有樣本所來自之母體之平均數都相等，只要拒絕虛無假設，則表示對立假設可以成立，所以只要至少有一個平均數是和其他平均數有顯著差異就可以了。至於那個顯著差異的狀況到底存在於哪些平均數之間？那就是變異數分析結束後，可用成對檢定來追蹤。

12.1 變異數分析的意義

變異數分析主要在檢定三個或三個以上母體平均數間是否有顯著的差異。由於研究的目標往往受到許多因素的影響，各個因素又有許多種處理方式可以採用，每一種方式對研究目標的影響不盡相同，變異數分析即提供研究者在比較各因素不同的處理方式間對研究目標的平均影響是否一致的統計分析方法。

例如管理人員想提昇產品銷售量，除了要求品質良好穩定外，更需暢通行銷通路、運用靈活的廣告手法以及創新產品。因此提昇產品銷售量即是管理人員的研究目標，而品質良好穩定，暢通行銷通路、廣告手法以及創新產品即是影響產品銷售量的因素；然而各個因素又有許多處理方式或做法可以採用，例如暢通行銷通路的方式可以是透過網路，或與便利商店結合、或與大賣場訂定促銷企劃等三種方式來進行。為了解三種行銷通路的成效，管理人員自然需比較網路、便利商店、大賣場三處的銷售量是否相等以及何處表現最佳。假設網路、便利商店、大賣場三處所創造的平均銷售量分別為 μ_1、μ_2、μ_3，變異數分析的意義即是在檢定網路、便利商店、大賣場三種行銷通路的銷售量是否相等，亦是在檢定以下的模式

$H_0：\mu_1 = \mu_2 = \mu_3$

$H_1：\mu_1 \mu_2 \mu_3$ 不全等

　　由於樣本資料所得的總變異可區分為由網路、便利商店、大賣場三處的銷售量所產生的已知處理方式的變異與一些研究者無法預知或掌握的未知變異，而變異數分析乃是藉著已知處理方式的變異數與未知變異數間的比較來決定接受虛無假設或拒絕虛無假設，因此該統計方法雖名為變異數分析，事實上在檢定三個或三個以上母體平均數間是否有顯著的差異。

　　檢定結果若接受虛無假設，即表示在樣本資料下，透過網路、或與便利商店結合、或與大賣場訂定促銷企劃的行銷通路所創造的平均銷售量相等；若拒絕虛無假設即表示在樣本資料下，透過網路、或與便利商店結合、或與大賣場訂定促銷企劃的行銷通路所創造的平均銷售量不相等。

　　而在進行變異數分析時，通常會配合實驗設計方法中的重複實驗或隨機性，將一些已知及未知的因素所可能產生的誤差自動抵銷，以增加資料分析的正確性。根據所研究的因素個數可將變異數分析區分為一因子變異數分析以及二因子變異數分析；譬如僅考慮行銷通路對銷售量的影響為一因子變異數分析，若同時考慮行銷通路與廣告手法對銷售量的影響則為二因子變異數分析。

12.2　一因子變異數分析

　　若僅考慮一個影響研究目標的因素且該因素共有 k 個處理方式，利用變異數分析時需符合下列三種假設：

(1) k 個處理方式均具有 k 個獨立的常態母體。

(2) k 個獨立的常態母體有相同變異數 σ^2，並符合 $\sigma_1^2 = \sigma_2^2 = \cdots = \sigma_k^2 = \sigma^2$。

(3)由 k 個獨立的常態母體抽取的樣本均是隨機取得。

以上述行銷通路為例，利用變異數分析時需符合下列三種假設：

(1)網路的銷售量、便利商店的銷售量、大賣場三處的銷售量是三個獨立的常態分配。

(2)三個獨立的銷售量常態母體有相同變異數 σ^2，並符合 $\sigma_1^2 = \sigma_2^2 = \sigma_3^2 = \sigma^2$。

(3)由網路、便利商店、大賣場三處所蒐集的銷售量樣本資料，均是自三個獨立銷售量常態母體隨機取得。

一因子變異數分析的步驟可分解如下：

(1)確立研究目標，並定義研究目標為應變數或稱依變數以 Y_{ij} 表示。

(2)確定影響研究目標最重要的因素。

(3)確定該重要因素可能的處理方式有 k 種。

(4)設 k 種處理方式所對應的應變數平均數分別為 $\mu_1 \mu_2 \cdots\cdots$ μ_k，並建立假設模式為

$H_0 : \mu_1 = \mu_2 = \cdots\cdots\cdots = \mu_k$

$H_1 : \mu_1 \mu_2 \cdots\cdots\cdots \mu_k$ 不全等

(5)蒐集資料並建立資料結構

1	2	3…	……j	k	
Y_{11}	Y_{12}	Y_{13}	Y_{1j}	Y_{1k}	
Y_{21}	Y_{22}	Y_{23}	Y_{2j}	Y_{2k}	
Y_{n1}	Y_{n2}	Y_{n3}	Y_{nj}	Y_{nk}	
$\sum Y_{i1}$	$\sum Y_{i2}$	$\sum Y_{i3}$	$\sum Y_{ij}$	$\sum Y_{ik}$	$\sum_i \sum_j Y_{ij}$
$\overline{Y}_1$	$\overline{Y}_2$	$\overline{Y}_3$	$\overline{Y}_j$	$\overline{Y}_k$	$\overline{Y}$

(6)計算

$$SST = \sum_i \sum_j (Y_{ij} - \overline{Y})^2 = 總差異平方和$$

$$SSC = \sum_{j=1}^{k} n_j (\overline{Y}_j - \overline{Y})^2 = 組間平方和（處理間平方和）$$

$$SSE = \sum_i \sum_j (Y_{ij} - \overline{Y}_j)^2 = 誤差平方和$$

$$MSC = SSC / v_1 = 組間變異數 \quad v_1 = k-1$$

$$MSE = SSE / v_2 = 誤差變異數 \quad v_2 = \sum_{j=1}^{k} n_j - k$$

由於 $SST = SSC + SSE$

且在計算過程中 SST 與 SSC 較易於計算，因此 SSE 值通常均利用 $SST - SSC$ 求得。

$$F = \frac{MSC}{MSE}$$

(7)建立一因子變異數分析表或稱 ANOVA 表。

表 12-1 變異數分析表

變異來源	ANOVA 表			
	SS	df	MS	F
組間	SSC	$K-1$	MSC	$\dfrac{MSC}{MSE}$
誤差	SSE	$\sum_{j=1}^{k} n_j - k$	MSE	
總合	SST	$\sum_{j=1}^{k} n_j - 1$		

(8)判斷接受虛無假設或拒絕虛無假設

當 $F > F_{(\alpha \,:\, (K-1),\, \sum_i n_i - k)}$；拒絕 H_0

■→ 例題 **12.1**

某公司推出新產品，管理人員為了解三種行銷通路──網路、與便利商店結合以及與
大賣場訂定促銷企劃的成效，分別透過三種方式試行行銷，經 5 週的觀察紀錄得資
料如下：（單位：百萬元）

表 12-2　三種行銷通路之銷售量

週次	網路	便利商店	大賣場
1	5	9	8
2	6	3	10
3	4	5	9
4	6	4	7
5	4	4	6

試判斷三種行銷通路──網路、與便利商店結合、以及與大賣場訂定促銷企劃的銷售
量是否均等？（$\alpha = 0.1$）

解 (1)確立研究目標；應變數為銷售量以 Y_{ij} 表示

(2)確立影響研究目標最重要的因素為行銷通路

(3)確定行銷通路可能的處理方式有 3 種；分別為網路、與便利商
店結合以及與大賣場訂定促銷企劃

(4)設網路的平均銷售量 μ_1、便利商店的平均銷售量 μ_2、大賣場平均銷售量 μ_3
建立假設模式

$H_0 : \mu_1 = \mu_2 = \mu_3$

$H_1 : \mu_1\ \mu_2\ \mu_3$ 不全等

(5)

週次	網路	便利商店	大賣場
1	5	9	8
2	6	3	10
3	4	5	9
4	6	4	7
5	4	4	6

$\sum_i Y_{i1} = 25 \quad \sum_i Y_{i2} = 25 \quad \sum_i Y_{i2} = 40 \quad \sum_i \sum_j Y_{ij} = 90$

$$\overline{Y}_1 = 5 \quad \overline{Y}_2 = 5 \quad \overline{Y}_3 = 8 \quad \overline{Y} = 6$$

(6) $SST = \sum\limits_{i=1}^{5} \sum\limits_{j=1}^{3} (Y_{ij} - \overline{Y})^2 = 66$

$SSC = \sum\limits_{j=1}^{3} n_j (Y_j - \overline{Y})^2 = 30$

$SSE = SST - SSC = 66 - 30 = 36$

$MSC = SSC/k - 1 = 30/2 = 15$

$MSE = SSE / \sum\limits_{j=1}^{k} n_j - k = 36/12 = 3$

$F = \dfrac{MSC}{MSE} = \dfrac{15}{3} = 5$

(7) 建立一因子變異分析表

表 12-3　例題 12.1 變異數分析表

ANOVA 表				
變異來源	*SS*	*df*	*MS*	*F*
組間	$SSC = 30$	2	15	5
誤差	$SSE = 36$	12	3	
總合	$SST = 66$			

$F_{(0.1;\,2,\,12)} = 2.8068$

$F = 5 > F_{(0.1;\,2,\,12)}$

三種行銷通路的平均銷售量不全等

➡️ 例題 12.2

分別由 A, B, C, D 四部生產相同產品的機器，抽出若干樣本檢驗。並檢驗其生產產品的重量是否有所差異。並得樣本資料如下：（單位：克）

表 12-4　檢驗四部機器產品之重量

A	*B*	*C*	*D*
14	9	7	8
12	7	5	7
15	11		9
11			

假設該資料符合變異數分析

試以 $\alpha = 0.05$ 檢查 A、B、C、D 四部機器生產產品重量是否相同。

解 (1)確定研究目標為產品重量 Y_{ij}

(2)確定影響研究目標最重要因素為生產機器

(3)確定因素可能處理方式有四種：分別為 A、B、C、D 四部機器

(4)設 A 機器產的平均產量 μ_1

設 B 機器產的平均產量 μ_2

設 C 機器產的平均產量 μ_3

設 D 機器產的平均產量 μ_4

(5)建立假設模式

$H_0 : \mu_1 = \mu_2 = \mu_3 = \mu_4$

$H_1 : \mu_1, \mu_2, \mu_3, \mu_4$ 不全等

(6)建立資料結構

A	B	C	D
14	9	7	8
12	7	5	7
15	11		9
11			

$\sum_i Y_{i1} = 52 \quad \sum_i Y_{i2} = 27 \quad \sum_i Y_{i3} = 12 \quad \sum_i Y_{i4} = 24 \quad \sum_i \sum_j Y_{ij} = 115$

$\overline{Y}_1 = 13 \quad \overline{Y}_2 = 9 \quad \overline{Y}_3 = 6 \quad \overline{Y}_4 = 8 \quad \overline{Y} = 10.833$

(7) $SST = 83.667$ $\qquad MSC = \dfrac{63.167}{3} = 21.056$

$SSC = 63.167$

$SSE = 20.500$ $\qquad MSE = \dfrac{20.500}{8} = 2.562$

$F = 8.217$

(8)建立一因子變異數分析表

表 12-5　例題 12.2 之變異數分析表

ANOVA 表				
變異來源	*SS*	自由度	*MS*	*F*
組間	$SSC = 63.167$	3	21.056	
誤差	$SSE = 20.500$	8	2.562	
總合	$SST = 83.667$	11		

(9) $F_{(0.05;3,8)} = 4.0662$

$F = 8.217 > F_{(0.05;3,8)}$

∴拒絕 H_0，表示 A, B, C, D 四部機器生產產品平均重量不全等

12.3　Scheffe's 多重比較法

　　當某因素 k 種處理方式經變異數分析後發現拒絕接受虛無假設時，即 k 個處理方式平均值不相等時，研究者自然希望了解 k 種處理方式間平均值真正的差異。因此，當僅考慮二處理方式間平均值的差異時，可用 t 檢定。但若同時考慮 k 個處理方式間平均值的差異時，則常用 Scheffe's 多重比較法；Scheffe's 多重比較法是同時決定 k 個處理方式中任意二個常態母體平均數 μ_j 與 μ_i 間的差異。亦即，若令信賴係數為 $1 - \alpha$，則共可同時建立 C_2^k 個 $\mu_i - \mu_j (i \neq j)$ 信賴區間，其信賴區間為：

$$(\overline{Y}_i - \overline{Y}_j) - \sqrt{(k-1)F_{(\alpha;k-1,\sum_i n_i - k)}} \sqrt{MSE} \sqrt{\frac{1}{n_1} + \frac{1}{n_2}} \leq \mu_i - \mu_j \leq$$

$$(\overline{Y}_i - \overline{Y}_j) + \sqrt{(k-1)F_{(\alpha;k-1,\sum_i n_i - k)}} \sqrt{MSE} \sqrt{\frac{1}{n_1} + \frac{1}{n_2}}$$

例題 12.3

利用 Scheffe's 多重比較，比較例題 12.1 三種行銷通路的平均值銷售量($\alpha = 0.1$)

解 由於共有三種行銷方式 $k = 3$

共可建立 $C_2^k = C_2^3 = 3$ 個 $\mu_i - \mu_j$ 的 90% 信賴區間

$\alpha = 0.1$

$F_{(0.1;2,12)} = 2.8068$

(1) $\mu_1 - \mu_2$ 的 90% 信賴區間為：

$$(\overline{Y}_1 - \overline{Y}_2) - \sqrt{(k-1)F}\sqrt{MSE}\sqrt{\frac{1}{n_1} + \frac{1}{n_2}} \leq \mu_1 - \mu_2 \leq$$

$$(\overline{Y}_1 - \overline{Y}_2) + \sqrt{(k-1)F}\sqrt{MSE}\sqrt{\frac{1}{n_1} + \frac{1}{n_2}}$$

$$\Rightarrow (5-5) - \sqrt{(3-1)2.8068}\sqrt{3}\sqrt{\frac{1}{5} + \frac{1}{5}} \leq$$

$$\mu_1 - \mu_2 \leq (5-5) + \sqrt{(3-1)2.8068}\sqrt{3}\sqrt{\frac{1}{5} + \frac{1}{5}}$$

$$\Rightarrow -2.595 \leq \mu_1 - \mu_2 \leq 2.595$$

(2) $\mu_1 - \mu_3$ 的 90% 信賴區間為：

$$(\overline{Y}_1 - \overline{Y}_3) - \sqrt{(k-1)F}\sqrt{MSE}\sqrt{\frac{1}{n_1} + \frac{1}{n_3}} \leq \mu_1 - \mu_2 \leq$$

$$(\overline{Y}_1 - \overline{Y}_3) + \sqrt{(k-1)F}\sqrt{MSE}\sqrt{\frac{1}{n_1} + \frac{1}{n_3}}$$

$$\Rightarrow (5-8) - \sqrt{(3-1)2.8068}\sqrt{3}\sqrt{\frac{1}{5} + \frac{1}{5}} \leq$$

$$\mu_1 - \mu_2 \leq (5-8) + \sqrt{(3-1)2.8068}\sqrt{3}\sqrt{\frac{1}{5} + \frac{1}{5}}$$

$$\Rightarrow -5.595 \leq \mu_1 - \mu_2 \leq -0.405$$

(3) $\mu_2 - \mu_3$ 的 90% 信賴區間為：

$$(\overline{Y}_2 - \overline{Y}_3) - \sqrt{(k-1)F}\sqrt{MSE}\sqrt{\frac{1}{n_2} + \frac{1}{n_3}} \leq \mu_2 - \mu_3 \leq$$

$$(\overline{Y}_2 - \overline{Y}_3) + \sqrt{(k-1)F}\sqrt{MSE}\sqrt{\frac{1}{n_2} + \frac{1}{n_3}}$$

$$\Rightarrow (5-8) - \sqrt{(3-1)2.8068}\sqrt{3}\sqrt{\frac{1}{5}+\frac{1}{5}} \le$$

$$\mu_2 - \mu_3 \le (5-8) + \sqrt{(3-1)2.8068}\sqrt{3}\sqrt{\frac{1}{5}+\frac{1}{5}}$$

$$\Rightarrow -5.595 \le \mu_2 - \mu_3 \le -0.405$$

12.4 二因子變異數分析

　　探討產品銷售量時除了考慮產品的行銷通路之外，產品的包裝方式也是影響銷售量的極大因素。本節所討論的是由隨機化區集的設計且未重覆實驗二因子變異數分析，所謂隨機化區集例如將產品的包裝方式分瓶裝、鋁箔包裝以及罐裝等三種，並將此三種包裝方式當作三個不同的區集，而未重覆實驗即是分別在每個區集中指派三種行銷通路中之一。所謂的二因子分別是行銷通路與包裝方式，二因子變異數分析即是探討行銷通路間與包裝方式間對產品平均銷售量的影響。

　　若令一因子為 A，另一區集因子為 B，且 A 因子有 k 個處理方式，B 因子有 b 個處理方式或稱之為區集，則二因子變異數分析的步驟如下：

(1)確立研究目標並定義研究目標為應變數或稱依變數以 Y_{ij} 表示

(2)確定影響研究目標最重要的因素

(3)確定區集的設計方式

(4)確定該重要因素可能的處理方式設有 k 種

(5)決定區集的個數設有 b 個

(6)設 k 種處理方式所對應應變數的平均數分別為 $\mu_1, \mu_2, \cdots, \mu_k$

(7)設 b 個區集所對應應變數的平均數分別為 $\mu'_1, \mu'_2, \cdots, \mu'_b$

(8)並建立二假設模式為

$H_0：\mu_1 = \mu_2 = \cdots\cdots = \mu_k$
$H_1：\mu_1, \mu_2, \cdots, \mu_k$ 不全等

$H_0' : \mu_1' = \mu_2' = \cdots\cdots = \mu_b'$

$H_1' : \mu_1' \mu_2' \cdots\cdots \mu_b'$ 不全等

(9)蒐集資料並建立資料結構

處 理 方 式

		1	2	3	……	k		
區	1	Y_{11}	Y_{12}	Y_{13}	……	Y_{1k}	ΣY_{1j}	$\overline{Y}_{1.}$
	2	Y_{21}	Y_{22}	Y_{23}	……	Y_{2k}	ΣY_{2j}	$\overline{Y}_{2.}$
集								
	b	Y_{b1}	Y_{b2}	Y_{b3}	……	Y_{bk}	ΣY_{bj}	$\overline{Y}_{3.}$
		ΣY_{i1}	ΣY_{i2}	ΣY_{i3}	……	ΣY_{ik}	$\Sigma\Sigma Y_{ij}$	
		$\overline{Y}_{.1}$	$\overline{Y}_{.2}$	$\overline{Y}_{.3}$		$\overline{Y}_{.k}$	$\overline{Y}$	

(10)計算

$$SST = \sum_i \sum_j (Y_{ij} - \overline{Y})^2 = 總差異平方和$$

$$SSC = \sum_{j=1}^{k} n_j (\overline{Y}_{.j} - \overline{Y})^2 = 組間平方和（處理平方和）$$

$$SSB = \sum_{i=1}^{b} n_i (\overline{Y}_{i.} - \overline{Y})^2 = 區集間平方和$$

$$SSE = \sum_i^b \sum_j^k (Y_{ij} - \overline{Y}_{.j} - \overline{Y}_{i.} + \overline{Y})^2 = 誤差平方和$$

$MSC = SSC/v_1 = 組間變異數；v_1 = k - 1$

$MSB = SSB/v_2 = 區集間變異數；v_2 = b - 1$

$MSE = SSE/v_3 = 誤差變異數；v_3 = (k-1)(b-1)$

由於 $SST = SSC + SSB + SSE$

且在計算過程中 SST、SSC 與 SSB 較易於計算，因此 SSE 值通常均利用 $SST - SSC - SSB$ 求得。

$$F = \frac{MSC}{MSE}$$

$$F = \frac{MSB}{MSE}$$

(11)建立二因子變異數分析表或稱 ANOVA 表

表 12-6　變異數分析表

ANOVA 表				
變異來源	SS	DF	MS	F
組間	SSC	$k-1$	$MSC = SSC/k-1$	MSC/MSE
區集間	SSB	$b-1$	$MSB = SSB/b-1$	MSB/MSE
誤差	SSE	$(k-1)(b-1)$	$MSE = SSE/(k-1)(b-1)$	
總合	SST	$kb-1$		

(12)判斷接受虛無假設或拒絕虛無假設

當 $F > F_{(\alpha;(k-1),(k-1)(b-1))}$；拒絕 H_0

當 $F > F_{(\alpha;(b-1),(k-1)(b-1))}$；拒絕 H'_0

➤ **例題 12.4**

某宅配公司管理部門為拓展其流通市場，計畫將其內部物流規劃重新調整，並想探討都會區與郊區消費者的接受度，提出 A、B、C 三項計畫；並在其都會區營業站中隨機取三個營業站且指派其中一計畫；此外同時在郊區之營業站中隨機取三個營業站並指派其中一計畫實施；觀察其一個月的營業量得樣本資料如下：（單位：百萬元）

表 12-7　郊區及都會區之營業量

	計畫		
郊區	2	4	6
都會區	14	10	18

試以二因子變異數分析探討三流通計畫的營業量是否均等以及郊區與都會區的營業量是否均等。

解　(1)確定研究目標；應變數為營業量 Y_{ij}

(2)確定影響研究目標最重要因素為物流規劃

(3)確定區集的設計方式

(4)確定因素可能處理方式有三種：分別為 A、B、C 三計畫

(5)確定二區集分別為郊區與大都會

(6)設 A 計畫的平均營業量為 μ_1

設 B 計畫的平均營業量為 μ_2

設 C 計畫的平均營業量為 μ_3

設郊區的平均營業量為 μ'_1

設大都會的平均營業量為 μ'_2

並建立二假設模式

$H_0：\mu_1 = \mu_2 = \mu_3$

$H_1：\mu_1, \mu_2, \mu_3$ 不全等

$H_0：\mu'_1 = \mu'_2$

$H_1：\mu'_1, \mu'_2$ 不全等

(7)蒐集資料並建立資料結構

表 12-8　例題 12.4 之資料結構

	計畫			
	A	B	C	
郊區	2	4	6	$\Sigma Y_{1j} = 12$　$\overline{Y}_{1.} = 4$
都會區	14	10	18	$\Sigma Y_{2j} = 42$　$\overline{Y}_{2.} = 14$
	$\Sigma Y_{i1} = 16$	$\Sigma Y_{i2} = 14$	$\Sigma Y_{i3} = 24$	$\cdots\cdots\Sigma\Sigma Y_{ij} = 54$
	$\overline{Y}_{.1} = 8$	$\overline{Y}_{.2} = 7$	$\overline{Y}_{.3} = 12$	$\overline{Y} = 9$

(8) $SST = 190$　　$MSC = \dfrac{28}{2} = 14$　　$F_1 = \dfrac{MSC}{MSE} = \dfrac{14}{6} = 2.333$

$SSC = 28$　　$MSB = \dfrac{150}{1} = 150$　　$F_2 = \dfrac{MSB}{MSE} = \dfrac{150}{6} = 25$

$SSB = 150$　　$MSE = \dfrac{12}{2} = 6$

$SSE = 12$

(9)建立二因子變異數分析表

表 12-9　例題 12.4 之變異數分析表

ANOVA 表				
變異來源	SS	自由度	MS	F
處理間（三計畫間）	$SSC = 28$	2	14	2.333
區集間	$SSB = 150$	1	150	25
誤差	$SSE = 12$	2	6	
總合	$SST = 190$	5		

(10) $F_{(0.05;2,2)} = 19.00003$

$F_{(0.05;1,2)} = 18.51276$

$F = 2.333 < F_{(0.05;2,2)} = 19$

$F = 25 > F_{(0.05;1,2)} = 18.51276$

$\therefore$ 接受 H_0，表示 A, B, C 三計畫平均營業量全等

拒絕 H'_0 表示郊區與都會區平均營業量不等

12.5　Excel 應用範例

一、以例題 12.2 為例，利用 Excel 求一因子變異數分析

STEP 1

進入 Excel，鍵入如下資料內容：（如圖 12-1）

	A	B	C	D	E	F
1	例題12.2 一因子變異數分析表					
2	A,B,C,D四部機器生產相同產品,抽出若干樣本檢驗,					
3	並檢驗其生產產品重量是否有差異?					
4		檢驗四部機器產品之重量				
5	A	B	C	D		
6	14	9	7	8		
7	12	7	5	7		
8	15	11		9		
9	11					
10						
11	設　μ_1 為　A　機器平均產量					
12	μ_2 為　B 機器平均產量					
13	μ_3 為　C 機器平均產量					
14						
15	μ_4 為　D　機器平均產量					
16						
17	假設模式　$H_0 : \mu_1 = \mu_2 = \mu_3 = \mu_4$					
18	$H_1 : \mu_1, \mu_2, \mu_3, \mu_4$ 不全等					

圖 12-1

STEP 2

選取「資料」→「資料分析」→「分析工具箱」→「單因子變異數分析」→ 按「確定」鈕。（如圖 12-2）

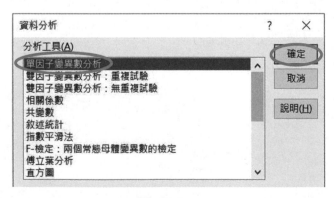

圖 12-2

STEP 3

在單因子變異數分析對話視窗之「輸入範圍」欄位，輸入「A5:D9」

在「分組方式」欄位，勾選「逐欄」→ 選擇「類別標記是在第一列」→ $\alpha(A)$ 欄位輸入「0.05」→ 選擇「輸出範圍」輸入「G1」→ 按「確定」鍵。（如圖 12-3、圖 12-4）

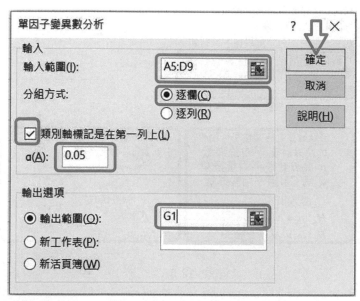

圖 12-3

圖 12-4

$\because F = 9.808081 >$ 臨界值 $= 4.0661$　$\therefore$ 拒絕 H_0

二、以例題 12.4 為例，利用 Excel 求二因子變異數分析

鍵入如下資料內容：（如圖 12-5）

	A	B	C	D	E	F	G	H
1	例題12.4 二因子變異數分析表							
2	某宅配公司管理部門為拓展其流通市場,計畫把內部物流規劃重新調整							
3	探討都會區和郊區消費者知接受程度							
4	提出A,B,C三項計畫							
5	觀察一個月的營業量得樣本資料如下:							
6	計畫	A	B	C				
7	郊區	2	4	6				
8	都會區	14	10	18				
9	試以 二因子變異數分析法,做下列檢定:							
10								
11	(1)三流通計畫之營業量是否相等?				(2)郊區和都會區之營業量是否相等?			
12	設 μ_1為 A計畫平均營業量				設 μ_1'為郊區平均營業量			
13	μ_2為 B計畫平均營業量				μ_2'為都會區平均營業量			
14	μ_3為 C計畫平均營業量							
15	假設模式				假設模式			
16	$H_0 : \mu_1 = \mu_2 = \mu_3$				$H_0 : \mu_1' = \mu_2'$			
17	$H_1 : \mu_1, \mu_2, \mu_3$不全等				$H_1 : \mu_1', \mu_2'$不全等			
18								

圖 12-5

STEP 1

　選取「資料」→「資料分析」→「分析工具箱」→「雙因子變異數分析：無重複實驗」→ 按「確定」鈕。

STEP 2

　在雙因子變異數分析對話視窗之「輸入範圍」欄位，輸入「A6:D8」→ 勾選「標記(L)」→ α(A)欄位輸入「0.05」→ 選擇「新工作表」→ 按「確定」鍵。（如圖 12-6）

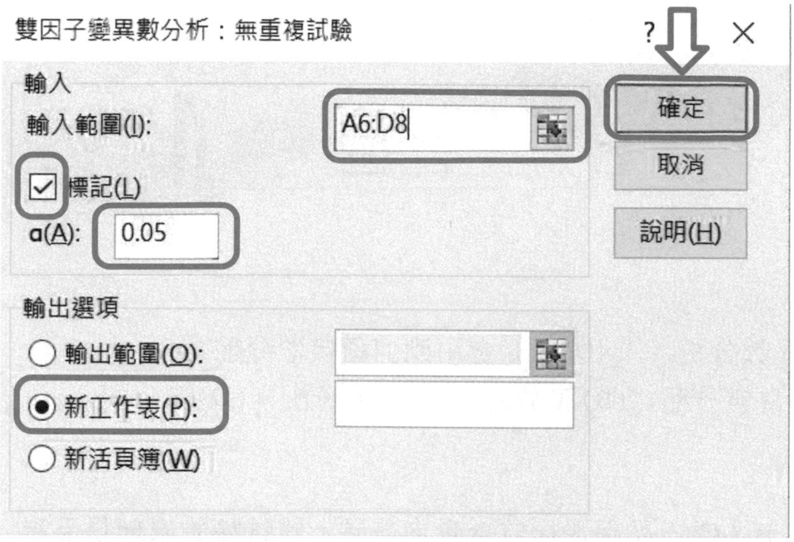

圖 12-6

	A	B	C	D	E	F	G
1	雙因子變異數分析：無重複試驗						
2							
3	摘要	個數	總和	平均	變異數		
4	郊區	3	12	4	4		
5	都會區	3	42	14	16		
6							
7	A	2	16	8	72		
8	B	2	14	7	18		
9	C	2	24	12	72		
10							
11							
12	ANOVA						
13	變源	SS	自由度	MS	F	P-值	臨界值
14	列	150	1	150	25	0.03775	18.51282
15	欄	28	2	14	2.333333	0.3	19
16	錯誤	12	2	6			
17							
18	總和	190	5				

圖 12-7

(1)P = 0.3 > 0.05，三計畫 A, B, C 之平均營業量相等。

(2)P = 0.03775 < 0.05，郊區和都會區之平均營業量不相等。

習題

一、選擇題

( ) 1. 變異數分析（ANOVA）會用到何種機率分配？
(A)常態分配 (B) T 分配 (C)卡方分配 (D) F 分配。

二、題組題

比較 A、B、C 三品種蛋白質含量之差異，此試驗的處理是品種，有三個水準（Level），每組有 4 觀察值，其觀測資料和 ANOVA 分析表如下，請完成 ANOVA 分析表。

	1	2	3	4
A	7	8	5	4
B	9	8	6	5
C	10	13	11	10

ANOVA Table					
Source	SS	df	MS	F-值	p-值
品種	56	(2)	(5)	(7)	(8)
誤差	(1)	(4)	(6)		
整體	82	(3)			

( ) 1. (1) = ? (A) 26 (B) 24 (C) 28 (D) 32。

( ) 2. 品種自由度，(2) = ? (A) 6 (B) 2 (C) 8 (D) 4。

( ) 3. 誤差自由度，(3) = ? (A) 6 (B) 7 (C)8 (D) 9。

( ) 4. 整體自由度，(4) = ? (A) 10 (B) 12 (C) 11 (D) 14。

( ) 5. (5) = ? (A)26 (B) 27 (C)28 (D) 32。

( ) 6. (6) = ? (A)2.9 (B) 2.4 (C)2.8 (D) 3.2。

( ) 7. (7) = ? (A)9.69 (B) 11.23 (C)9.21 (D) 8.62。

( ) 8. (8) = ?　(A)0.00569　(B) 0.0052　(C)0.00528　(D) 0.056。

( ) 9. 以 α = 0.05 檢定下，檢查此三種蛋白質均值是否有顯著差異？
　　　(A)有　(B)沒有　(C)無法判斷　(D)有時差異，有時沒有差異。

三、基礎題

1. 某食品廠推出新產品 A, B 並再就有產品中選出最暢銷產品 C。且將 15 個直營店中隨機分成三組進行促銷，其銷售量如下：（單元：萬元）

A	B	C
9	6	6
8	7	5
7	5	7
7	4	4
9	6	3

⑴建立 ANOVA 表。

⑵在 α = 0.05 下，A、B、C 三種產品平均促銷一樣嗎？

⑶在 α = 0.05 下，建立 Scheffe's 聯合信賴區間，比較三種產品間的差異。

2. 為研發學生語文能力評估方式，某教育單位擬定四種語文考試類型 A、B、C、D 並由某校隨機抽出 20 名學生隨機分四組，分別給予 A、B、C、D 四種測驗，並得測驗成績資料如下：

$SST = 1034$

$SSC = 654$

⑴試建立 ANOVA 表。

⑵以 α = 0.1 檢定四種考試類型學生平均成績是否均等。

3. 某工廠產品由 A、B、C、D 四種生產線時間生產，隨機由各生產線抽 5 個樣本，並得 ANOVA 變異數分析表：

變異來源	SS	DF	MS	F
組間			234.6	
誤差				
總合	1138.4			

(1)試完成 ANOVA 表。

(2)判斷 A、B、C、D 生產線平均產量相等嗎？（$\alpha = 0.05$）

4. 某行政區劃分成 1、2、3、4 四個小區域，為了解該區家庭每月消費支出的狀況，各區按照人口總數 1% 的住戶作為調查對象，並得樣本消費支出資料如下：（單位：萬元）

1	2	3	4
2	8	1	5
5	12	2	4
4	7	2	5
3	10	3	6
2	8	3	
1		1	
4			
3			

(1)建立 ANOVA 表。

(2)在 $\alpha = 0.05$ 下，該行政區 1、2、3、4 四個小區家庭每月平均消費支出是否均等？

(3)在 $\alpha = 0.05$ 下，建立 Scheffe's 聯合信賴區間，比較四個小區間的差異。

5. 為研究甲、乙、丙三種不同外殼之錄影帶其雜音量是否相同，乃分別測量甲、乙、丙三種外殼之帶子得知其資料如下：（假設其母體為常態分配，設 i = 1,2,3 分別表甲、乙、丙三種外殼之錄影帶，μ_1 為第 i 種外殼之錄影帶之平均雜音量，i = 1,2,3。）

	甲	乙	丙
n_1	5	4	7
$\bar{y}_1$	12	17	18

其中 n_1、$\bar{y}_1$ 分別為第 i 種外殼之錄影帶之樣本數及樣本平均 i=1,2,3。倘已知總平均（Total Sum of Square）為 148。

(1)建立 ANOVA 表。

(2)檢定三種外殼之帶子之平均雜音量是否相同。($\alpha = 0.05$)

四、進階題

1. 大考中心為探討數學題目類型，對理工法商科學生的影響設計安分測驗卷，並由理工法商科學生分別隨機取 3 名學生，再由每科 3 名學生中再隨機指派一位填寫一份測驗卷，得樣本成績資料如下：

	類型 1	類型 2	類型 3
理	89	100	67
工	82	95	88
法	30	60	42
商	69	80	53

(1) 建立 ANOVA 表。

(2) 在 $\alpha = 0.1$ 下，三類型數學試題學生平均成績是否均等？

(3) 在 $\alpha = 0.1$ 下，理工法商科學生平均成績是否均等？

2. 某現金卡業者為提高其在台北都會區的市場佔有率，選定西門鬧區、東區以及信義區等三處人潮聚集的場所，設置即時辦卡中心並推出：1、即時辦卡首刷八折優惠；2、贈送手機一只；3、贈易付卡五百元等三項不同的優惠，由辦卡者任意挑其一，經二週的促銷活動得辦卡的人數資料如下：

西門區	東區	信義區
18	25	32
23	13	17
9	12	11

(1) 建立 ANOVA 表。

(2) 在 $\alpha = 0.05$ 下，三地區平均辦卡人數是否均等？

(3) 在 $\alpha = 0.05$ 下，三種優惠方式平均辦卡人數是否均等？

3. 某研究中心測試 A、B、C 三種不同資料軟體處理系統，對一特定套裝資料所需處理時間隨機取其研究中心四名作業員分別對三項系統進行測試，得時間資料如下：（單位：分）

作業員	系統 A	系統 B	系統 C
1	15	16	24
2	20	17	19
3	15	12	22
4	18	13	21

⑴建立 ANOVA 表。

⑵在 $\alpha = 0.05$ 下，三系統平均所需時間是否均等？

⑶在 $\alpha = 0.05$ 下，四名作業員所需平均時間是否均等？

4.某筆記型電腦電池廠商有三種不同製程，他們想知道三種製程下所製造的電池充電時間是否有差別，所以從三種製程中各抽出5個電池，並記錄完全充電時間如下：

A 製程： 6.0　8.5　7.3　5.9　8.2

B 製程： 9.0　8.8　7.6　8.1　7.0

C 製程： 6.0　6.3　9.2　7.1　9.8

⑴若使用變異數分析方法處理該問題，應有哪些前提假設？

⑵建立 ANOVA 表。

⑶檢定三種製程對充電時間的影響是否有顯著差異？（$\alpha = 5\%$）

五、實作題

1.同例題12.2，試以 $\alpha = 0.03$ 檢定A, B, C, D四部機器生產產品重量是否有差異？

2.同例題12.4，試以 $\alpha = 0.025$ 檢定 A, B, C 三流通計畫之營業量是否相等？

相關與迴歸

學習目標

1. 相關
2. 簡單線性迴歸
3. 迴歸線的變異分析
4. 複迴歸
5. Excel 應用範例

前言

國人自殺死亡排名從前年度十大死因第十名、又爬升到了第九名，平均每二小時七分鐘就有 1 人自殺身亡，去年國人自殺死亡人數為 4,128 人，其中男性高達 68%，女性 32%，男性自殺人數是女性的二倍多，台南市立醫院個案輔導員侯乃毓指出，自殺不再是個人行為，而是影響整個社會群體的重要議題，有效自殺防治措施，有待政府、社會各資源單位共同努力。

這是 2009 年的一份報導，顯見這已成為眾所關注的社會現象，有各方學者（如教育學者、社會學者、心理學者、統計學者、經濟學者等）各從其專業來探討此一問題。就有一位計量經濟學家從經濟的角度來研究這個問題，將失業率自殺及自傷死亡率放在一起，來看看是否能找出這兩者有沒有關聯，或是不是有因果關係。

在很多時候，我們會對一件事物與另一件事物之間的關係很感興趣，最好是還可以提供給我們一個關係強度的指標。這個指標小表示關係強度低、指標大表示關係強度高，這就是本章要討論的相關分析，相關分析並不是指何者影響另一者。後面這個問題就是因果的部份，將會在迴歸分析中來討論。

13.1 相關

假設人力資源主管想了解參加教育訓練的時數和產品品質之間是否有特別的關係；教師想知道小考次數和學期成績是否有關係。面對這類問題，你要如何協助他們呢？在本節將教你如何描述兩變數之關係也就是相關（Correlation），和如何判斷相關程度是否顯著。

在討論相關時，通常都會以成對資料 (x, y) 的方式來呈現資料，將可能的解釋變數（自變數）放在 X 的位置，Y 則為被解釋變數。在本章要討論的兩變數之關係是針對線性相關而言。決定兩變數是否有線性關係的常用方法之一就是在平面座標裡劃出這些成對資料的散佈圖（Scatter Plot）。

下述的散佈圖顯示了不同型態的相關。

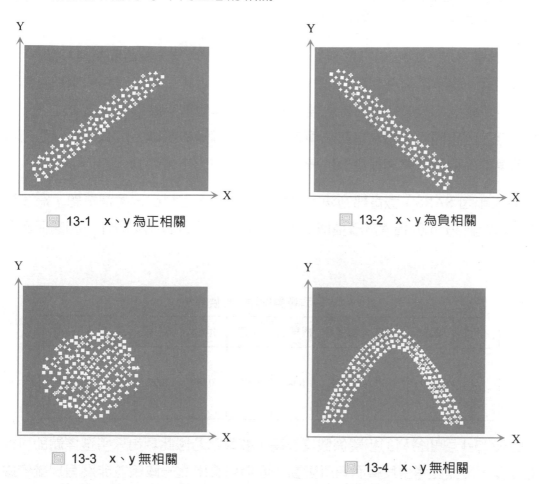

圖 13-1　x、y 為正相關　　　　　圖 13-2　x、y 為負相關

圖 13-3　x、y 無相關　　　　　圖 13-4　x、y 無相關

　　圖 13-1 表示 x 和 y 有正的線性相關，x 變大 y 也跟著變大，圖 13-2 表示 x 和 y 有負的線性相關，圖 13-3 則看不出兩者之關係也就是沒有相關，圖 13-4 則表示兩變數沒有線性相關但並不是沒有關係。

　　利用散佈圖可以看出兩變數是否有線性相關，但不夠精確，可能會過於主觀，同時也無法具體呈現相關程度的高低。更精確描述線性相關的方法就是計算出相關係數。相關係數可同時測度出兩變數線性相關之方向和強度。其公式如下：

$$r = \frac{\sum (x - \bar{x})(y - \bar{y})}{\sqrt{\sum (x - \bar{x})^2 \cdot \sum (y - \bar{y})^2}}$$

r：樣本的相關係數，若為母體相關係數則用希臘字母 ρ 來表示。$\bar{x}$ 和 $\bar{y}$ 分別為 x 和 y 的樣本平均數。

r 的值會介於 − 1 和 1 之間。若 r 為正表示正相關，若 r 為負即為負相關。r 的絕對值愈接近 1 表示兩變數相關的程度愈強；若愈接近零，表示線性相關程度愈小若為零表示兩者無線性關係。另外要注意的是，兩變數相關程度很高，並不一定代表兩者存在因果關係，因為有可能兩者都受第三個變數影響，也有可能只是巧合而已。因果關係的確認需要較高深的統計方法，已超出本書範圍。

2003 年因 SARS，教育部乃決定大學入學考試指定科目只考選擇題，為了說服大眾，乃針對 91 年的指考成績抽取 1 萬筆。將選擇題分數和總分作一相關係數分析如下：

表 13-1　各科選題與總分相關係數

科目	國文	英文	數學甲	數學乙	歷史	地理	物理	化學	生物
相關係數	0.89	0.99	0.97	0.94	0.98	0.97	0.97	0.99	0.98

由表 13-1 可知各科的相關係數皆很高，教育部乃據此認為只考選擇題即可鑑別考生程度，後雖因考生反彈而有所變動，但仍可看出此一政策並非沒有理論依據。

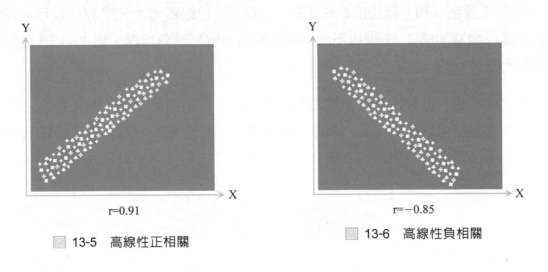

r=0.91

圖 13-5　高線性正相關

r=−0.85

圖 13-6　高線性負相關

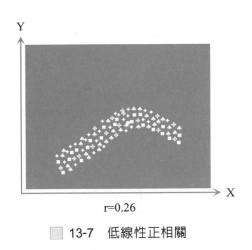

r=0.26

圖 13-7　低線性正相關

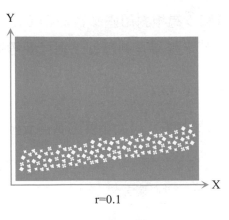

r=0.1

圖 13-8　低線性負相關

13.2　簡單線性迴歸

　　如果確認了兩個變數顯著相關後，則自變數變動後對應變數的影響有多大呢？這就有賴迴歸分析了。以圖形來說明迴歸分析就是在散佈圖中找出一條直線後，若給定 x 值即可預測 y 值為多少。散佈圖中的點不只兩點，因此無法找到一條直線通過每一點，因此只能找一條讓各點到該線垂直距離和為最小的直線，此即為迴歸線。在數學中一條直線乃決定於斜率和截距，所以找迴歸線就是求出其斜率和截距。在實際操作上因為距離平方和較易於數學推演。所以是以實際觀察到的 y 和迴歸線上的 y 差的平方和來計算。此平方和愈小表示此線和散佈的點配適的愈好。所以求迴歸線的方法就叫做最小平方法。其數學模型如下：

　　x 為自變數 y 為應變數的迴歸式如下：

$$\hat{y} = \hat{a} + \hat{b}x$$

　　$\hat{y}$ 是迴歸線上的 y 值，也就是給定 x 後 y 的預測值。斜率 $\hat{b}$ 和 y 軸截距 $\hat{a}$ 計算公式如下：

$$\hat{b} = \frac{\sum (x - \bar{x})(y - \bar{y})}{\sum (x - \bar{x})^2}$$

$$\hat{a} = \bar{y} - \hat{b}\bar{x}$$

$\hat{a}$ 和 $\hat{b}$ 為相對母體參數 a 和 b 的樣本統計量。$\bar{x}$ 和 $\bar{y}$ 分別為 x 和 y 的樣本平均數。對此公式之推導有興趣的讀者可參考進階教科書。

例題 13.1

某一公司收集了最近年度的廣告支出和營業金額資料。如表 13-2

表 13-2 某公司之廣告支出與營業額資料

廣告支出 x	1.3	1.5	1.2	1.6	1.1
營業額 y	34	38	36	41	35

（單位百萬）

試求出(1)相關係數(2)求出迴歸式之截距和係數。

解 (1)相關係數

$$r = \frac{\Sigma(x-\bar{x})(y-\bar{y})}{\sqrt{\Sigma(x-\bar{x})^2 \cdot \Sigma(y-\bar{y})^2}}$$

$$\bar{x} = \frac{1.3+1.5+1.2+1.6+1.1}{5} = 1.34$$

$$\bar{y} = (34+38+36+41+35)/5 = 36.8$$

$r = [(1.3-1.34)(34-36.8)+(1.5-1.34)(38-36.8)+$
$(1.2-1.34)(36-36.8)+(1.6-1.34)(41-36.8)+$
$(1.1-1.34)(35-36.8)] \diagup \{[(1.3-1.34)^2+(1.5-1.34)^2$
$+(1.2-1.34)^2+(1.6-1.34)^2+(1.1-1.34)^2]$
$[(34-36.8)^2+(38-36.8)^2+(36-36.8)^2$
$+(41-36.8)^2+(35-36.8)^2]\}^{\frac{1}{2}}$

$=1.94 \diagup \sqrt{0.172 \times 30.8} = 1.94 \diagup 2.30 = 0.84$

當然也可先將 r 的公式化簡再代入資料

$$r = \frac{n\Sigma x \times y - (\Sigma x) \times (\Sigma y)}{\sqrt{n\Sigma x^2 - (\Sigma x)^2} \times \sqrt{n\Sigma y^2 - (\Sigma y)^2}}$$

表 13-3 　相關係數的計算過程

	X	Y	$X \cdot Y$	X^2	Y^2
	1.3	34	44.2	1.69	1156
	1.5	38	57	2.25	1444
	1.2	36	43.2	1.44	1296
	1.6	41	65.6	2.56	1681
	1.1	35	38.5	1.21	1225
Σ	6.7	184	248.5	9.15	6802

$$r = \frac{5 \times 248.5 - 6.7 \times 184}{\sqrt{5 \times 9.15 - (6.7)^2} \times \sqrt{5 \times 6802 - (184)^2}}$$

$$= 9.7 \diagup (\sqrt{0.86} \times \sqrt{154}) = 0.84$$

(2)迴歸式

$$\hat{b} = \frac{\Sigma (x - \bar{x})(y - \bar{y})}{\Sigma (x - \bar{x})^2} \text{ 可改寫成}$$

$$= \frac{n \Sigma xy - (\Sigma x)(\Sigma y)}{n \Sigma x^2 - (\Sigma x)^2}$$

$$= \frac{9.7}{0.86} = 11.28$$

$$\hat{a} = \bar{y} - \hat{b}\bar{x} = 36.8 - 11.28 \times 1.34 = 21.69$$

r = 0.84 表示廣告支出和營業額的相關程度很高。迴歸式則為 $\hat{Y} = 21.68 + 11.28X$ 表示廣告支出增加 1 單位可以增加 11.28 單位的營業額。

　　在求得迴歸線後，即可預測對應於某一 x 值之 y 值，例如我們可以由父親的身高來預測兒子成年後的身高。將父親的身高代入迴歸式中的 x 就可算出兒子身高之預測值。在運用迴歸式作預測時要注意代入的 x 值是否在樣本 x 值附近，若離太遠則預測結果容易失真。例如收集到的觀察值 x 介於 15～30 之間，則代 x = 50 或 x = 5 到迴歸式中以預測 y 值都是不恰當的。

■■■▶ 例題 13.2

如上例中若要預測廣告支出為 1.4 時之營業額，即可將迴歸式中的 x 用 1.4 代入即可得營業額之預測值。

$\hat{y} = 21.69 + 11.28 \times 1.4 = 37.48$

由於本題 x 介於 1.1 到 1.6 之間，預測的範圍越接近此區間，其預測結果愈可信。

13.3 迴歸線的變異分析

在求出迴歸式之後，如何判斷模型的解釋能力呢？也就是對於應變數的變動，能由自變數解釋的部分有多少呢？比例愈高表示模型的解釋能力愈高，也就是自變數的選擇是恰當的。利用此觀念即可算出判定係數（Coefficient of Determination），係數值介於 0 到 1 之間，愈接近 1 表示迴歸線具有完全的解釋能力，反之表示自變數的選定並不適宜。接著說明如何算出判定係數，首先將總變異（SST）分成可被迴歸線解釋的部分（SSE）和無法為迴歸線解釋之部分（SSR），也就是

$$SST = \Sigma (y_i - \bar{y})^2$$
$$SSE = \Sigma (\hat{y}_i - \bar{y})^2$$
$$SSR = \Sigma (y_i - \hat{y}_i)^2$$

且 SST = SSE + SSR。

判定係數 R^2 即為可被解釋部分和總變異之比例。

$$R^2 = \frac{SSE}{SST} = r^2 \qquad r^2 : 相關係數$$

在簡單線性迴歸中判定係數就是相關係數的平方。如果相關係數為 0.95，則判定係數 $R^2 = 0.9025$，也就是應變數 y 的變動有 90.25%可由自變數 x 來解釋。

利用 Excel 來計算 R^2，在前例中的迴歸摘要輸出中，R 平方就是我們所謂的判定係數，由表中知本例之 $R^2 = 0.71$，也就是說營業額的變動中有 71%的部份可由廣告支出來解釋，在表中的 ANOVA 就是變異數分析，其中的迴歸之 SS 值 21.88 即為

SSE，也就是可由迴歸解釋之部分，殘差的 SS 值 8.92 即為 SSR，也就是無法由迴歸解釋的部份，總和的 SS 值 30.8 即為 SST。

$$R^2 = \frac{21.88}{30.8} = 0.71$$

13.4　複迴歸

上一節的迴歸模式中只用了一個解釋變數，所以稱為簡單線性迴歸，本節則將自變數的個數擴大到兩個以上，稱為複迴歸。兩者原理相同，都是利用最小平方法來求出截距和斜率，只不過在複迴歸中 x 的係數不只一項。另一不同是在判定係數的調整。複迴歸的迴歸式如下：

$$\hat{y} = \hat{a} + \hat{b}_1 x_1 + \hat{b}_2 x_2 + \cdots + \hat{b}_k x_k$$

其中，x_1，$x_2 \cdots x_k$ 為 k 個自變數，y 為應變數，$\hat{y}$ 則為迴歸值。$\hat{a}$ 為 y 的截距。$\hat{b}_i$ 則為 x_i 對 $\hat{y}$ 之影響。

例題 13.3

如前例，除了以廣告支出外，另外再考慮業務員人數對營業額之影響，資料如下：

表 13-4　廣告支出、業務員人數對營業額之影響

營業額 (Y)	34	38	36	41	35
廣告支出 X_1	1.3	1.5	1.2	1.6	1.1
業務員人數 X_2	11	14	12	15	12

解　設迴歸式為 $\hat{Y} = \hat{a} + \hat{b}_1 X_1 + \hat{b}_2 X_2$

根據最小平方法可得下列三式

$$\Sigma y_i = n\hat{a} + \hat{b}_1 \Sigma X_{i1} + \hat{b}_2 \Sigma X_{i2}$$

$$\Sigma X_{i1} y_i = \hat{a} \Sigma X_{i1} + \hat{b}_1 \Sigma X_{i1}^2 + \hat{b}_2 \Sigma X_{i1} X_{i2}$$

$$\Sigma X_{i2} y_i = \hat{a} \Sigma X_{i2} + \hat{b}_1 \Sigma X_{i1} X_{i2} + \hat{b}_2 \Sigma X_{i2}^2$$

再利用此三式來解出 $\hat{a}$， $\hat{b}_1$ 和 $\hat{b}_2$

將例中之數字代入可得

表 13-5 迴歸式計算過程

i	Y_i	X_{i1}	X_{i2}	$X_{i1}Y_i$	$X_{i2}Y_i$	X_{i1}^2	X_{i2}^2	$X_{i1} \cdot X_{i2}$
1	34	1.3	11	44.2	374	1.69	121	14.3
2	38	1.5	14	57	532	2.25	196	21
3	36	1.2	12	43.2	432	1.44	144	14.4
4	41	1.6	15	65.6	615	2.56	225	24
5	35	1.1	12	38.5	420	1.21	144	13.2
Σ	184	6.7	64	248.5	2373	9.15	830	86.9

$184 = 5 \times \hat{a} + \hat{b}_1 \times 6.7 + \hat{b}_2 \times 64 \cdots\cdots(1)$

$248.5 = \hat{a} \times 6.7 + \hat{b}_1 \times 9.15 + \hat{b}_2 \times 86.9 \cdots\cdots(2)$

$2373 = \hat{a} \times 64 + \hat{b}_1 \times 86.9 + \hat{b}_2 \times 830 \cdots\cdots(3)$

由(1)(2)和(3)即可釋出

$\hat{a} = 15.72$ 　　 $\hat{b}_1 = 1.18$ 　　 $\hat{b}_2 = 1.52$

加入新的解釋變數後，R的倍數和R平方皆提高了，也就是模型的解釋能力增加了，但此時R的倍數就不是簡單線性迴歸中的相關係數了，而是所有解釋變數的「總相關係數」，R平方也是判定係數。調整的 R 平方會比 R 平方來的小。因為解釋變數增加後，R平方一定會提高，所以用解釋變數的個數將R平方修正成為調整的R平方，以正確評估模型的解釋力，才不會以為解釋變數愈多愈好。

本題的迴歸式如下：

$\hat{y} = 15.72 + 1.18\,x_1 + 1.52\,x_2$

此時增加一單位的廣告支出使營業額增加1.18，不如前例的11.28，表示考慮了業務員人數後，廣告支出的影響力就沒那麼大了，這樣的問題屬於變數選擇的課題，有興趣讀者可參考進階的書籍。

13.5　Excel 應用範例

一、以例題 13.1 為例，利用 Excel 求相關係數與簡單回歸

STEP 1

進入 Excel，鍵入如下資料內容：（如圖 13-9）

	A	B	C	D	E	F	G
1	例題13.1某公司廣告支出和營業額資料如下:						
2	廣告支出(x)	營業額(y)					
3	1.3	34					
4	1.5	38					
5	1.2	36					
6	1.6	41					
7	1.1	35					
8	求(1)相關係數(2)求出回歸式之截距和係數						

圖 13-9

STEP 2

求相關係數方法有兩種：

(1)用統計函數："=CORREL(ARRY1 , ARRY2)"

(2)選取「資料」→「資料分析」→「分析工具箱」→「相關係數」→ 按「確定」鈕。（如圖 13-10）

	A	B	C	D	E	F	G	H
1	例題13.1某公司廣告支出和營業額資料如下:							
2	廣告支出(x)	營業額(y)						
3	1.3	34						
4	1.5	38						
5	1.2	36						
6	1.6	41						
7	1.1	35						
8	求(1)相關係數(2)求出回歸式之截距和係數							
9	方法一:用相關係數統計函數, =CORREL(資料陣列一,資料陣列二)							
10	r=	0.842873		=CORREL(A3:A7,B3:B7)				
11								
12	方法二:用資料分析增益集之相關係數功能操作: 資料->資料分析->相關係數							
13		廣告支出	營業額					
14	廣告支出	1						
15	營業額	0.842873	1					
16								
17	廣告支出和營業額之相關係數 r=		0.842873					

圖 13-10

STEP 3

求回歸方程式

⑴選取「資料」→「資料分析」→「分析工具箱」→「回歸」→按「確定」鈕。

⑵在回歸視窗之「輸入 Y 範圍」欄位，輸入「B2:B7」→「輸入 X 範圍」欄位，輸入「A2:A7」→勾選「標記」→選「新工作表」→按「確定」鍵。（如圖 13-11、圖 13-12）

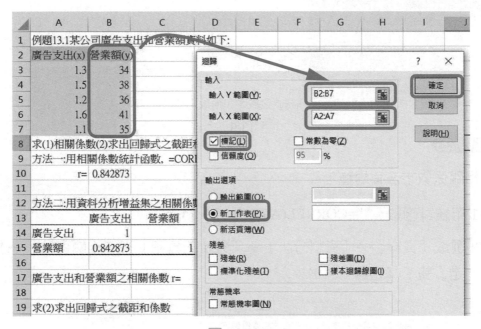

圖 13-11

	A	B	C	D	E	F	G	H	I
1	摘要輸出								
2									
3		迴歸統計							
4	R 的倍數	0.842873							
5	R 平方	0.710435							
6	調整的 R 平	0.613913							
7	標準誤	1.724201							
8	觀察值個數	5							
9									
10	ANOVA								
11		自由度	SS	MS	F	顯著值			
12	迴歸	1	21.8814	21.8814	7.360365	0.072979			
13	殘差	3	8.918605	2.972868					
14	總和	4	30.8						
15									
16		係數	標準誤	t 統計	P-值	下限 95%	上限 95%	下限 95.0%	上限 95.0%
17	截距	21.68605	5.62405	3.855949	0.030817	3.78781	39.58428	3.78781	39.58428
18	廣告支出(x)	11.27907	4.157417	2.712999	0.072979	-1.95169	24.50983	-1.95169	24.50983

圖 13-12

回歸式：y = 11.27907x + 21.68605

回歸式之截距= 21.68605

回歸式之係數= 11.27907

二、以例題 13.3 為例，利用 Excel 求複回歸

STEP 1

進入 Excel，鍵入如下資料內容：（如圖 13-13）

	A	B	C
1	資料如下:		
2	廣告支出(X1)	業務員人數(X2)	營業額(Y)
3	1.3	11	34
4	1.5	14	38
5	1.2	12	36
6	1.6	15	41
7	1.1	12	35
8	設回歸式為:	$\hat{y} = \hat{a} + \hat{b_1}X_1 + \hat{b_2}X_2$	

圖 13-13

STEP 2▶

選取「資料」→「資料分析」→「分析工具箱」→「回歸」→ 按「確定」鈕。

STEP 3▶

在回歸視窗之「輸入 Y 範圍」欄位，輸入「C2:C7」→「輸入 X 範圍」欄位，輸入「A2:B7」→ 勾選「標記」→ 選「新工作表」→ 按「確定」鍵。（如圖 13-14）

	A	B	C	D	E	F	G	H	I
1	摘要輸出								
2									
3	迴歸統計								
4	R 的倍數	0.977163							
5	R 平方	0.954848							
6	調整的 R 平方	0.909696							
7	標準誤	0.833871							
8	觀察值個數	5							
9									
10	ANOVA								
11		自由度	SS	MS	F	顯著值			
12	迴歸	2	29.40932	14.70466	21.14742	0.045152			
13	殘差	2	1.390681	0.695341					
14	總和	4	30.8						
15									
16		係數	標準誤	t 統計	P-值	下限 95%	上限 95%	下限 95.0%	上限 95.0%
17	截距	15.71685	3.26945	4.807184	0.040653	1.649538	29.78415	1.649538	29.78415
18	廣告支出(X1)	1.182796	3.668542	0.322416	0.777721	-14.6017	16.96726	-14.6017	16.96726
19	業務員人數(X2)	1.523297	0.462963	3.290325	0.081267	-0.46867	3.515265	-0.46867	3.515265

圖 13-14

$$\Rightarrow \hat{y} = 15.72 + 1.18X_1 + 1.52X_2$$

習 題

一、選擇題（*表示為複選題）

*(　) 1. 下列(A)～(D)散佈圖，哪些是正向關？

(A)
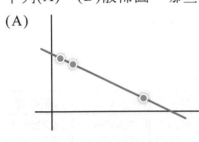

(B)

(C)
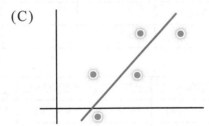

(D)
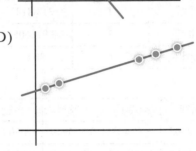

(　) 2. 相關係數 r 值，r 的值屬於何區間？

　　(A) [−1, 0]　　(B) [−1, 1]　　(C) [0, 1]　　(D) (−1, 0)。

(　) 3. 判斷係數值，的值屬於何區間？

　　(A) [−1, 0]　　(B) [−1, 1]　　(C) [0, 1]　　(D) (−1, 0)。

*(　) 4. 關於相關係數 r 和判斷係數，選出正確者？

　　(A)判斷係數是相關係數的平方

　　(B)判斷係數越接近 1，表示迴歸線越有解釋能力

　　(C) $r = \dfrac{SSE}{SST}$

　　(D) $r^2 = \dfrac{SSE}{SST}$。

二、題組題

某公司廣告支出和營業額資料，Excel 計算其迴歸分析和 ANOVA 表如下：

廣告支出(x)	營業額(y)
1.3	34
1.5	38
1.2	36
1.6	41
1.1	35

迴歸統計	
R 的倍數	0.842873
R 平方	0.710435
調整的 R	0.613913
標準誤	1.724201
觀察值個	5

ANOVA

	自由度	SS	MS	F	顯著值
迴歸	1	21.8814	21.8814	7.360365	0.072979
殘差	3	8.918605	2.972868		
總和	4	30.8			

	係數	標準誤	T 統計	P-值	下限 95%	上限 95%	下限 95.0%	上限 95.0%
截距	21.68605	5.62405	3.855949	0.030817	3.78781	39.58428	3.78781	39.58428
廣告支出	11.27907	4.157417	2.712999	0.072979	−1.95169	24.50983	−1.95169	24.50983

(　　) 1. 相關係數為何？　(A) 0.8428　(B) 0.7104　(C) 0.6139　(D) 1.7242。

(　　) 2. 判斷係數為何？(A) 0.8428　(B) 0.7104　(C) 0.6139　(D) 1.7242。

(　　) 3. 迴歸式之截距為何？(A) 21.686　(B) 11.279　(C) 5.624　(D) 4.1574。

(　　) 4. 迴歸式之係數為何？(A) 21.686　(B) 11.279　(C) 5.624　(D) 4.1574。

三、基礎題

1. 解釋下列各相關係數值之意義

(1) r = 1　(2) r = − 1　(3) r = 0　(4) r = 0.91　(5) r = − 0.85　(6) r = 0.1

2. 劃出下列資料之散佈圖並計算相關係數 r 值：

(1)
x	1	2	3	4	5
y	6	7	8	9	10

(2)
x	1	2	3	4	5
y	− 6	− 7	− 8	− 9	− 10

(3)
x	1	2	3	4	5
y	6	6	6	6	6

(4)
x	1	2	3	4	5
y	27	36	34	63	52

3. 以下列資料來回答：

x	9	6	8	4	3	3	5
y	5	7	5	8	10	9	8

(1)繪出其散佈圖。

(2)由圖形是否可看出 x y 之關係。

(3)利用最小平方法求出迴歸式。

(4)預測當 x = 7 時之 y 值。

4. 以下列資料來回答：

x	9	6	5	7	3	6	4
y	2	4	7	4	8	3	6

(1)利用最小平方法求出迴歸式。

(2)解釋迴歸線截距和斜率之意義。

5. 求出習題 3 之判定係數和相關係數。

6. 求出習題 4 之判定係數和相關係數。

四、進階題

1. 利用下列資料來回答，y 為被解釋變數，x_1、x_2、x_3 為解釋變數。

y	286	330	389	425	445	472	501	510	490	505
x_1	26	30	33	36	38	37	37	38	36	37
x_2	50	53	58	60	71	80	90	92	92	94
x_3	48	54	58	61	72	81	93	92	90	94

(1)求出迴歸式，並解釋截距和各係數之意義。

(2)總相關係數為多少？

(3)判定係數為多少？解釋其意義。

(4)調整的判定係數為多少？

(5)以解釋變數只有 x_1 來進行迴歸比較和(1)之不同。

2. 若從某國小五年級甲班出 15 名學生，其智商(X)與數學(Y)成績如下：

編號	1	2	3	4	5	6	7	8	9	10	11	12	13	14	15
智商(X)	100	95	110	72	86	105	88	94	68	130	84	108	120	90	78
數學成績	70	60	82	50	61	80	65	68	40	96	58	78	90	64	55

試計算樣本積差相關係數。

3. 研究員工在一年中曠職天數與此員工住家與公司間距離之間關係選出十名員工得到以下資料：

住家與公司距離	4	6	7	9	11	13	14	17	17	21
曠職天數	8	5	8	7	6	3	5	2	4	2

(1)求最小平方估計迴歸式。

(2)求樣本相關係數。

4. y 對 X_1, X_2, X_3, X_4, X_5 做複迴歸，模式為

$$y = \beta_0 + \beta_0 X_1 + \beta_2 X_2 + \beta_3 X_3 + \beta_4 X_4 + \beta_5 X_5 \ldots (A)$$

得到下列部分 ANOVA 表：

變異來源	自由度 DF	平方和 SS	均方和 MS	F 值
迴歸				
殘差		80		
總差	45	230		

(1)請將上面的 ANOVA 表完成。

(2)試問 $R^2 = ?$ 並在 $\alpha = 0.05$ 下檢定

  $H_0 : \beta_1 = \beta_2 = \beta_3 = \beta_4 = \beta_5 = 0$ 是否顯著？

五、實作題

求下列資料之相關係數、回歸方程式。

表 13-6

X	9	6	5	7	3	6	4
Y	2	4	7	4	8	3	6

附 表

表 1 二項分配機率值表

$$P(X \le k) = \sum_{x=0}^{k} C_x^n p^x (1-p)^{n-x}$$

$n = 5$

k	0.01	0.05	0.10	0.20	0.25	0.30	0.40	0.50	0.60	0.70	0.75	0.80	0.90	0.95	0.99
							p								
0	0.951	0.774	0.590	0.328	0.237	0.168	0.078	0.031	0.010	0.002	0.001	0.000	0.000	0.000	0.000
1	0.999	0.977	0.919	0.737	0.633	0.528	0.337	0.187	0.087	0.031	0.016	0.007	0.000	0.000	0.000
2	1.000	0.999	0.991	0.942	0.896	0.837	0.683	0.500	0.317	0.163	0.104	0.058	0.009	0.001	0.000
3	1.000	1.000	1.000	0.993	0.984	0.969	0.913	0.812	0.663	0.472	0.367	0.263	0.081	0.023	0.001
4	1.000	1.000	1.000	1.000	0.999	0.998	0.990	0.969	0.922	0.832	0.763	0.672	0.410	0.226	0.049

$n = 6$

k	0.01	0.05	0.10	0.20	0.25	0.30	0.40	0.50	0.60	0.70	0.75	0.80	0.90	0.95	0.99
							p								
0	0.941	0.735	0.531	0.262	0.178	0.118	0.047	0.016	0.004	0.001	0.000	0.000	0.000	0.000	0.000
1	0.999	0.967	0.886	0.655	0.534	0.420	0.233	0.109	0.041	0.011	0.005	0.002	0.000	0.000	0.000
2	1.000	0.998	0.984	0.901	0.831	0.744	0.544	0.344	0.179	0.070	0.038	0.017	0.001	0.000	0.000
3	1.000	1.000	0.999	0.983	0.962	0.930	0.821	0.656	0.456	0.256	0.169	0.099	0.016	0.002	0.000
4	1.000	1.000	1.000	0.998	0.995	0.989	0.959	0.891	0.767	0.580	0.466	0.345	0.114	0.033	0.001
5	1.000	1.000	1.000	1.000	1.000	0.999	0.996	0.984	0.953	0.882	0.822	0.738	0.469	0.265	0.059

$n = 7$

k	0.01	0.05	0.10	0.20	0.25	0.30	0.40	0.50	0.60	0.70	0.75	0.80	0.90	0.95	0.99
							p								
0	0.932	0.698	0.478	0.210	0.133	0.082	0.028	0.008	0.002	0.000	0.000	0.000	0.000	0.000	0.000
1	0.998	0.956	0.850	0.577	0.445	0.329	0.159	0.063	0.019	0.004	0.001	0.000	0.000	0.000	0.000
2	1.000	0.996	0.974	0.852	0.756	0.647	0.420	0.227	0.096	0.029	0.013	0.005	0.000	0.000	0.000
3	1.000	1.000	0.997	0.967	0.929	0.874	0.710	0.500	0.290	0.126	0.071	0.033	0.003	0.000	0.000
4	1.000	1.000	1.000	0.995	0.987	0.971	0.904	0.773	0.580	0.353	0.244	0.148	0.026	0.004	0.000
5	1.000	1.000	1.000	1.000	0.999	0.996	0.981	0.937	0.841	0.671	0.555	0.423	0.150	0.044	0.002
6	1.000	1.000	1.000	1.000	1.000	1.000	0.998	0.992	0.972	0.918	0.867	0.790	0.522	0.302	0.068

表 1（續） 二項分配機率值表

$n=8$

k	p														
	0.01	0.05	0.10	0.20	0.25	0.30	0.40	0.50	0.60	0.70	0.75	0.80	0.90	0.95	0.99
0	0.923	0.663	0.430	0.168	0.100	0.058	0.017	0.004	0.001	0.000	0.000	0.000	0.000	0.000	0.000
1	0.997	0.943	0.813	0.503	0.367	0.255	0.106	0.035	0.009	0.001	0.000	0.000	0.000	0.000	0.000
2	1.000	0.994	0.962	0.797	0.679	0.552	0.315	0.145	0.050	0.011	0.004	0.001	0.000	0.000	0.000
3	1.000	1.000	0.995	0.944	0.886	0.806	0.594	0.363	0.174	0.058	0.027	0.010	0.000	0.000	0.000
4	1.000	1.000	1.000	0.990	0.973	0.942	0.826	0.637	0.406	0.194	0.114	0.056	0.005	0.000	0.000
5	1.000	1.000	1.000	0.999	0.996	0.989	0.950	0.855	0.685	0.448	0.321	0.203	0.038	0.006	0.000
6	1.000	1.000	1.000	1.000	1.000	0.999	0.991	0.965	0.894	0.745	0.633	0.497	0.187	0.057	0.003
7	1.000	1.000	1.000	1.000	1.000	1.000	0.999	0.996	0.983	0.942	0.900	0.832	0.570	0.337	0.077

$n=9$

k	p														
	0.01	0.05	0.10	0.20	0.25	0.30	0.40	0.50	0.60	0.70	0.75	0.80	0.90	0.95	0.99
0	0.914	0.630	0.387	0.134	0.075	0.040	0.010	0.002	0.000	0.000	0.000	0.000	0.000	0.000	0.000
1	0.997	0.929	0.775	0.436	0.300	0.196	0.071	0.020	0.004	0.000	0.000	0.000	0.000	0.000	0.000
2	1.000	0.992	0.947	0.738	0.601	0.463	0.232	0.090	0.025	0.004	0.001	0.000	0.000	0.000	0.000
3	1.000	0.999	0.992	0.914	0.834	0.730	0.483	0.254	0.099	0.025	0.010	0.003	0.000	0.000	0.000
4	1.000	1.000	0.999	0.980	0.951	0.901	0.733	0.500	0.267	0.099	0.049	0.020	0.001	0.000	0.000
5	1.000	1.000	1.000	0.997	0.990	0.975	0.901	0.746	0.517	0.270	0.166	0.086	0.008	0.001	0.000
6	1.000	1.000	1.000	1.000	0.999	0.996	0.975	0.910	0.768	0.537	0.399	0.262	0.053	0.008	0.000
7	1.000	1.000	1.000	1.000	1.000	1.000	0.996	0.980	0.929	0.804	0.700	0.564	0.225	0.071	0.003
8	1.000	1.000	1.000	1.000	1.000	1.000	1.000	0.998	0.990	0.960	0.925	0.866	0.613	0.370	0.086

表 1（續） 二項分配機率值表

$n = 10$

k	p														
	0.01	0.05	0.10	0.20	0.25	0.30	0.40	0.50	0.60	0.70	0.75	0.80	0.90	0.95	0.99
0	0.904	0.599	0.349	0.107	0.056	0.028	0.006	0.001	0.000	0.000	0.000	0.000	0.000	0.000	0.000
1	0.996	0.914	0.736	0.376	0.244	0.149	0.046	0.011	0.002	0.000	0.000	0.000	0.000	0.000	0.000
2	1.000	0.988	0.930	0.678	0.526	0.383	0.167	0.055	0.012	0.002	0.000	0.000	0.000	0.000	0.000
3	1.000	0.999	0.987	0.879	0.776	0.650	0.382	0.172	0.055	0.011	0.004	0.001	0.000	0.000	0.000
4	1.000	1.000	0.998	0.967	0.922	0.850	0.633	0.377	0.166	0.047	0.020	0.006	0.000	0.000	0.000
5	1.000	1.000	1.000	0.994	0.980	0.953	0.834	0.623	0.367	0.150	0.078	0.033	0.002	0.000	0.000
6	1.000	1.000	1.000	0.999	0.996	0.989	0.945	0.828	0.618	0.350	0.224	0.121	0.013	0.001	0.000
7	1.000	1.000	1.000	1.000	1.000	0.998	0.988	0.945	0.833	0.617	0.474	0.322	0.070	0.012	0.000
8	1.000	1.000	1.000	1.000	1.000	1.000	0.998	0.989	0.954	0.851	0.756	0.624	0.264	0.086	0.004
9	1.000	1.000	1.000	1.000	1.000	1.000	1.000	0.999	0.994	0.972	0.944	0.893	0.651	0.401	0.096

$n = 15$

k	p														
	0.01	0.05	0.10	0.20	0.25	0.30	0.40	0.50	0.60	0.70	0.75	0.80	0.90	0.95	0.99
0	0.860	0.463	0.206	0.035	0.013	0.005	0.000	0.000	0.000	0.000	0.000	0.000	0.000	0.000	0.000
1	0.990	0.829	0.549	0.167	0.080	0.035	0.005	0.000	0.000	0.000	0.000	0.000	0.000	0.000	0.000
2	1.000	0.964	0.816	0.398	0.236	0.127	0.027	0.004	0.000	0.000	0.000	0.000	0.000	0.000	0.000
3	1.000	0.995	0.944	0.648	0.461	0.297	0.091	0.018	0.002	0.000	0.000	0.000	0.000	0.000	0.000
4	1.000	0.999	0.987	0.836	0.686	0.515	0.217	0.059	0.009	0.001	0.000	0.000	0.000	0.000	0.000
5	1.000	1.000	0.998	0.939	0.852	0.722	0.403	0.151	0.034	0.004	0.001	0.000	0.000	0.000	0.000
6	1.000	1.000	1.000	0.982	0.943	0.869	0.610	0.304	0.095	0.015	0.004	0.001	0.000	0.000	0.000
7	1.000	1.000	1.000	0.996	0.983	0.950	0.787	0.500	0.213	0.050	0.017	0.004	0.000	0.000	0.000
8	1.000	1.000	1.000	0.999	0.996	0.985	0.905	0.696	0.390	0.131	0.057	0.018	0.000	0.000	0.000
9	1.000	1.000	1.000	1.000	0.999	0.996	0.966	0.849	0.597	0.278	0.148	0.061	0.002	0.000	0.000
10	1.000	1.000	1.000	1.000	1.000	0.999	0.991	0.941	0.783	0.485	0.314	0.164	0.013	0.001	0.000
11	1.000	1.000	1.000	1.000	1.000	1.000	0.998	0.982	0.909	0.703	0.539	0.352	0.056	0.005	0.000
12	1.000	1.000	1.000	1.000	1.000	1.000	1.000	0.996	0.973	0.873	0.764	0.602	0.184	0.036	0.000
13	1.000	1.000	1.000	1.000	1.000	1.000	1.000	1.000	0.995	0.965	0.920	0.833	0.451	0.171	0.010
14	1.000	1.000	1.000	1.000	1.000	1.000	1.000	1.000	1.000	0.995	0.987	0.965	0.794	0.537	0.140

表 1（續） 二項分配機率值表

$n = 20$

k	p														
	0.01	0.05	0.10	0.20	0.25	0.30	0.40	0.50	0.60	0.70	0.75	0.80	0.90	0.95	0.99
0	0.818	0.358	0.122	0.012	0.003	0.001	0.000	0.000	0.000	0.000	0.000	0.000	0.000	0.000	0.000
1	0.983	0.736	0.392	0.069	0.024	0.008	0.001	0.000	0.000	0.000	0.000	0.000	0.000	0.000	0.000
2	0.999	0.925	0.677	0.206	0.091	0.035	0.004	0.000	0.000	0.000	0.000	0.000	0.000	0.000	0.000
3	1.000	0.984	0.867	0.411	0.225	0.107	0.016	0.001	0.000	0.000	0.000	0.000	0.000	0.000	0.000
4	1.000	0.997	0.957	0.630	0.415	0.238	0.051	0.006	0.000	0.000	0.000	0.000	0.000	0.000	0.000
5	1.000	1.000	0.989	0.804	0.617	0.416	0.126	0.021	0.002	0.000	0.000	0.000	0.000	0.000	0.000
6	1.000	1.000	0.998	0.913	0.786	0.608	0.250	0.058	0.006	0.000	0.000	0.000	0.000	0.000	0.000
7	1.000	1.000	1.000	0.968	0.898	0.772	0.416	0.132	0.021	0.001	0.000	0.000	0.000	0.000	0.000
8	1.000	1.000	1.000	0.990	0.959	0.887	0.596	0.252	0.057	0.005	0.001	0.000	0.000	0.000	0.000
9	1.000	1.000	1.000	0.997	0.986	0.952	0.755	0.412	0.128	0.017	0.004	0.001	0.000	0.000	0.000
10	1.000	1.000	1.000	0.999	0.996	0.983	0.872	0.588	0.245	0.048	0.014	0.003	0.000	0.000	0.000
11	1.000	1.000	1.000	1.000	0.999	0.995	0.943	0.748	0.404	0.113	0.041	0.010	0.000	0.000	0.000
12	1.000	1.000	1.000	1.000	1.000	0.999	0.979	0.868	0.584	0.228	0.102	0.032	0.000	0.000	0.000
13	1.000	1.000	1.000	1.000	1.000	1.000	0.994	0.942	0.750	0.392	0.214	0.087	0.002	0.000	0.000
14	1.000	1.000	1.000	1.000	1.000	1.000	0.998	0.979	0.874	0.584	0.383	0.196	0.011	0.000	0.000
15	1.000	1.000	1.000	1.000	1.000	1.000	1.000	0.994	0.949	0.762	0.585	0.370	0.043	0.003	0.000
16	1.000	1.000	1.000	1.000	1.000	1.000	1.000	0.999	0.984	0.893	0.775	0.589	0.133	0.016	0.000
17	1.000	1.000	1.000	1.000	1.000	1.000	1.000	1.000	0.996	0.965	0.909	0.794	0.323	0.075	0.001
18	1.000	1.000	1.000	1.000	1.000	1.000	1.000	1.000	0.999	0.992	0.976	0.931	0.608	0.264	0.017
19	1.000	1.000	1.000	1.000	1.000	1.000	1.000	1.000	1.000	0.999	0.997	0.988	0.878	0.642	0.182

表1（續）　二項分配機率值表

$n = 25$

k	p														
	0.01	0.05	0.10	0.20	0.25	0.30	0.40	0.50	0.60	0.70	0.75	0.80	0.90	0.95	0.99
0	0.778	0.277	0.072	0.004	0.001	0.000	0.000	0.000	0.000	0.000	0.000	0.000	0.000	0.000	0.000
1	0.974	0.642	0.271	0.027	0.007	0.002	0.000	0.000	0.000	0.000	0.000	0.000	0.000	0.000	0.000
2	0.998	0.873	0.537	0.098	0.032	0.009	0.000	0.000	0.000	0.000	0.000	0.000	0.000	0.000	0.000
3	1.000	0.966	0.764	0.234	0.096	0.033	0.002	0.000	0.000	0.000	0.000	0.000	0.000	0.000	0.000
4	1.000	0.993	0.902	0.421	0.214	0.090	0.009	0.000	0.000	0.000	0.000	0.000	0.000	0.000	0.000
5	1.000	0.999	0.967	0.617	0.378	0.193	0.029	0.002	0.000	0.000	0.000	0.000	0.000	0.000	0.000
6	1.000	1.000	0.991	0.780	0.561	0.341	0.074	0.007	0.000	0.000	0.000	0.000	0.000	0.000	0.000
7	1.000	1.000	0.998	0.891	0.727	0.512	0.154	0.022	0.001	0.000	0.000	0.000	0.000	0.000	0.000
8	1.000	1.000	1.000	0.953	0.851	0.677	0.274	0.054	0.004	0.000	0.000	0.000	0.000	0.000	0.000
9	1.000	1.000	1.000	0.983	0.929	0.811	0.425	0.115	0.013	0.000	0.000	0.000	0.000	0.000	0.000
10	1.000	1.000	1.000	0.994	0.970	0.902	0.586	0.212	0.034	0.002	0.000	0.000	0.000	0.000	0.000
11	1.000	1.000	1.000	0.998	0.989	0.956	0.732	0.345	0.078	0.006	0.001	0.000	0.000	0.000	0.000
12	1.000	1.000	1.000	1.000	0.997	0.983	0.846	0.500	0.154	0.017	0.003	0.000	0.000	0.000	0.000
13	1.000	1.000	1.000	1.000	0.999	0.994	0.922	0.655	0.268	0.044	0.011	0.002	0.000	0.000	0.000
14	1.000	1.000	1.000	1.000	1.000	0.998	0.966	0.788	0.414	0.098	0.030	0.006	0.000	0.000	0.000
15	1.000	1.000	1.000	1.000	1.000	1.000	0.987	0.885	0.575	0.189	0.071	0.017	0.000	0.000	0.000
16	1.000	1.000	1.000	1.000	1.000	1.000	0.996	0.946	0.726	0.323	0.149	0.047	0.000	0.000	0.000
17	1.000	1.000	1.000	1.000	1.000	1.000	0.999	0.978	0.846	0.488	0.273	0.109	0.002	0.000	0.000
18	1.000	1.000	1.000	1.000	1.000	1.000	1.000	0.993	0.926	0.659	0.439	0.220	0.009	0.000	0.000
19	1.000	1.000	1.000	1.000	1.000	1.000	1.000	0.998	0.971	0.807	0.622	0.383	0.033	0.001	0.000
20	1.000	1.000	1.000	1.000	1.000	1.000	1.000	1.000	0.991	0.910	0.786	0.579	0.098	0.007	0.000
21	1.000	1.000	1.000	1.000	1.000	1.000	1.000	1.000	0.998	0.967	0.904	0.766	0.236	0.034	0.000
22	1.000	1.000	1.000	1.000	1.000	1.000	1.000	1.000	1.000	0.991	0.968	0.902	0.463	0.127	0.002
23	1.000	1.000	1.000	1.000	1.000	1.000	1.000	1.000	1.000	0.998	0.993	0.973	0.729	0.358	0.026
24	1.000	1.000	1.000	1.000	1.000	1.000	1.000	1.000	1.000	1.000	0.999	0.996	0.928	0.723	0.222

表2 卜瓦松分配機率值表

$$P(X \le k) = \sum_{x=0}^{k} \frac{e^{-\mu}\mu^x}{x!}$$

k	0.10	0.20	0.30	0.40	0.50	1.00	1.50	2.00	2.50	3.00	3.50	4.00	4.50	5.00	5.50	6.00
0	0.905	0.819	0.741	0.670	0.607	0.368	0.223	0.135	0.082	0.050	0.030	0.018	0.011	0.007	0.004	0.002
1	0.995	0.982	0.963	0.938	0.910	0.736	0.558	0.406	0.287	0.199	0.136	0.092	0.061	0.040	0.027	0.017
2	1.000	0.999	0.996	0.992	0.986	0.920	0.809	0.677	0.544	0.423	0.321	0.238	0.174	0.125	0.088	0.062
3	1.000	1.000	1.000	.999	0.998	0.981	0.934	0.857	0.758	0.647	0.537	0.433	0.342	0.265	0.202	0.151
4	1.000	1.000	1.000	1.000	1.000	0.996	0.981	0.947	0.891	0.815	0.725	0.629	0.532	0.440	0.358	0.285
5						0.999	0.996	0.983	0.958	0.916	0.858	0.785	0.703	0.616	0.529	0.446
6						1.000	0.999	0.995	0.986	0.966	0.935	0.889	0.831	0.762	0.686	0.606
7							1.000	0.999	0.996	0.988	0.973	0.949	0.913	0.867	0.809	0.744
8								1.000	0.999	0.996	0.990	0.979	0.960	0.932	0.894	0.847
9									1.000	0.999	0.997	0.992	0.983	0.968	0.946	0.916
10										1.000	0.999	0.997	0.993	0.986	0.975	0.957
11											1.000	0.999	0.998	0.995	0.989	0.980
12												1.000	0.999	0.998	0.996	0.991
13													1.000	0.999	0.998	0.996
14														1.000	0.999	0.999
15															1.000	0.999
16																1.000
17																
18																
19																
20																

表 2（續）　卜瓦松分配機率值表

k	6.50	7.00	7.50	8.00	8.50	9.00	9.50	10	11	12	13	14	15
0	0.002	0.001	0.001	0.000	0.000	0.000	0.000	0.000	0.000	0.000	0.000	0.000	0.000
1	0.011	0.007	0.005	0.003	0.002	0.001	0.001	0.000	0.000	0.000	0.000	0.000	0.000
2	0.043	0.030	0.020	0.014	0.009	0.006	0.004	0.003	0.001	0.001	0.000	0.000	0.000
3	0.112	0.082	0.059	0.042	0.030	0.021	0.015	0.010	0.005	0.002	0.001	0.000	0.000
4	0.224	0.173	0.132	0.100	0.074	0.055	0.040	0.029	0.015	0.008	0.004	0.002	0.001
5	0.369	0.301	0.241	0.191	0.150	0.116	0.089	0.067	0.038	0.020	0.011	0.006	0.003
6	0.527	0.450	0.378	0.313	0.256	0.207	0.165	0.130	0.079	0.046	0.026	0.014	0.008
7	0.673	0.599	0.525	0.453	0.386	0.324	0.269	0.220	0.143	0.090	0.054	0.032	0.018
8	0.792	0.729	0.662	0.593	0.523	0.456	0.392	0.333	0.232	0.155	0.100	0.062	0.037
9	0.877	0.830	0.776	0.717	0.653	0.587	0.522	0.458	0.341	0.242	0.166	0.109	0.070
10	0.933	0.901	0.862	0.816	0.763	0.706	0.645	0.583	0.460	0.347	0.252	0.176	0.118
11	0.966	0.947	0.921	0.888	0.849	0.803	0.752	0.697	0.579	0.462	0.353	0.260	0.185
12	0.984	0.973	0.957	0.936	0.909	0.876	0.836	0.792	0.689	0.576	0.463	0.358	0.268
13	0.993	0.987	0.978	0.966	0.949	0.926	0.898	0.864	0.781	0.682	0.573	0.464	0.363
14	0.997	0.994	0.990	0.983	0.973	0.959	0.940	0.917	0.854	0.772	0.675	0.570	0.466
15	0.999	0.998	0.995	0.992	0.986	0.978	0.967	0.951	0.907	0.844	0.764	0.669	0.568
16	1.000	0.999	0.998	0.996	0.993	0.989	0.982	0.973	0.944	0.899	0.835	0.756	0.664
17		1.000	0.999	0.998	0.997	0.995	0.991	0.986	0.968	0.937	0.890	0.827	0.749
18			1.000	0.999	0.999	0.998	0.996	0.993	0.982	0.963	0.930	0.883	0.819
19				1.000	0.999	0.999	0.998	0.997	0.991	0.979	0.957	0.923	0.875
20					1.000	1.000	0.999	0.998	0.995	0.988	0.975	0.952	0.917
21							1.000	0.999	0.998	0.994	0.986	0.971	0.947
22								1.000	0.999	0.997	0.992	0.983	0.967
23									1.000	0.999	0.996	0.991	0.981
24										0.999	0.998	0.995	0.989
25										1.000	0.999	0.997	0.994
26											1.000	0.999	0.997
27												0.999	0.998
28												1.000	0.999
29													1.000

表 3 Z值到 0～3.09 之表

$$P(0 < Z < z)$$

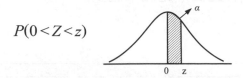

Z	0.00	0.01	0.02	0.03	0.04	0.05	0.06	0.07	0.08	0.09
0.0	0.0000	0.0040	0.0080	0.0120	0.0160	0.0199	0.0239	0.0279	0.0319	0.0359
0.1	0.0398	0.0438	0.0478	0.0517	0.0557	0.0596	0.0636	0.0675	0.0714	0.0753
0.2	0.0793	0.0832	0.0871	0.0910	0.0948	0.0987	0.1026	0.1064	0.1103	0.1141
0.3	0.1179	0.1217	0.1255	0.1293	0.1331	0.1368	0.1406	0.1443	0.1480	0.1517
0.4	0.1554	0.1591	0.1628	0.1664	0.1700	0.1736	0.1772	0.1808	0.1844	0.1879
0.5	0.1915	0.1950	0.1985	0.2019	0.2054	0.2088	0.2123	0.2157	0.2190	0.2224
0.6	0.2257	0.2291	0.2324	0.2357	0.2389	0.2422	0.2454	0.2486	0.2517	0.2549
0.7	0.2580	0.2611	0.2642	0.2673	0.2704	0.2734	0.2764	0.2794	0.2823	0.2852
0.8	0.2881	0.2910	0.2939	0.2967	0.2995	0.3023	0.3051	0.3078	0.3106	0.3133
0.9	0.3159	0.3186	0.3212	0.3238	0.3264	0.3289	0.3315	0.3340	0.3365	0.3389
1.0	0.3413	0.3438	0.3461	0.3485	0.3508	0.3531	0.3554	0.3577	0.3599	0.3621
1.1	0.3643	0.3665	0.3686	0.3708	0.3729	0.3749	0.3770	0.3790	0.3810	0.3830
1.2	0.3849	0.3869	0.3888	0.3907	0.3925	0.3944	0.3962	0.3980	0.3997	0.4015
1.3	0.4032	0.4049	0.4066	0.4082	0.4099	0.4115	0.4131	0.4147	0.4162	0.4177
1.4	0.4192	0.4207	0.4222	0.4236	0.4251	0.4265	0.4279	0.4292	0.4306	0.4319
1.5	0.4332	0.4345	0.4357	0.4370	0.4382	0.4394	0.4406	0.4418	0.4429	0.4441
1.6	0.4452	0.4463	0.4474	0.4484	0.4495	0.4505	0.4515	0.4525	0.4535	0.4545
1.7	0.4554	0.4564	0.4573	0.4582	0.4591	0.4599	0.4608	0.4616	0.4625	0.4633
1.8	0.4641	0.4649	0.4656	0.4664	0.4671	0.4678	0.4686	0.4693	0.4699	0.4706
1.9	0.4713	0.4719	0.4726	0.4732	0.4738	0.4744	0.4750	0.4756	0.4761	0.4767
2.0	0.4772	0.4778	0.4783	0.4788	0.4793	0.4798	0.4803	0.4808	0.4812	0.4817
2.1	0.4821	0.4826	0.4830	0.4834	0.4838	0.4842	0.4846	0.4850	0.4854	0.4857
2.2	0.4861	0.4864	0.4868	0.4871	0.4875	0.4878	0.4881	0.4884	0.4887	0.4890
2.3	0.4893	0.4896	0.4898	0.4901	0.4904	0.4906	0.4909	0.4911	0.4913	0.4916
2.4	0.4918	0.4920	0.4922	0.4925	0.4927	0.4929	0.4931	0.4932	0.4934	0.4936
2.5	0.4938	0.4940	0.4941	0.4943	0.4945	0.4946	0.4948	0.4949	0.4951	0.4952
2.6	0.4953	0.4955	0.4956	0.4957	0.4959	0.4960	0.4961	0.4962	0.4963	0.4964
2.7	0.4965	0.4966	0.4967	0.4968	0.4969	0.4970	0.4971	0.4972	0.4973	0.4974
2.8	0.4974	0.4975	0.4976	0.4977	0.4977	0.4978	0.4979	0.4979	0.4980	0.4981
2.9	0.4981	0.4982	0.4982	0.4983	0.4984	0.4984	0.4985	0.4985	0.4986	0.4986
3.0	0.4987	0.4987	0.4987	0.4988	0.4988	0.4989	0.4989	0.4989	0.4990	0.4990

表 4　*t*－分配表（右尾機率值）

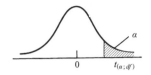

df	α						
	0.1000	0.0500	0.0250	0.0100	0.0050	0.0010	0.0005
1	3.0777	6.3137	12.7062	31.8210	63.6559	318.2888	636.5776
2	1.8856	2.9200	4.3027	6.9645	9.9250	22.3285	31.5998
3	1.6377	2.3534	3.1824	4.5407	5.8408	10.2143	12.9244
4	1.5332	2.1318	2.7765	3.7469	4.6041	7.1729	8.6101
5	1.4759	2.0150	2.5706	3.3649	4.0321	5.8935	6.8685
6	1.4398	1.9432	2.4469	3.1427	3.7074	5.2075	5.9587
7	1.4149	1.8946	2.3646	2.9979	3.4995	4.7853	5.4081
8	1.3968	1.8595	2.3060	2.8965	3.3554	4.5008	5.0414
9	1.3830	1.8331	2.2622	2.8214	3.2498	4.2969	4.7809
10	1.3722	1.8125	2.2281	2.7638	3.1693	4.1437	4.5868
11	1.3634	1.7959	2.2010	2.7181	3.1058	4.0248	4.4369
12	1.3562	1.7823	2.1788	2.6810	3.0545	3.9296	4.3178
13	1.3502	1.7709	2.1604	2.6503	3.0123	3.8520	4.2209
14	1.3450	1.7613	2.1448	2.6245	2.9768	3.7874	4.1403
15	1.3406	1.7531	2.1315	2.6025	2.9467	3.7329	4.0728
16	1.3368	1.7459	2.1199	2.5835	2.9208	3.6861	4.0149
17	1.3334	1.7396	2.1098	2.5669	2.8982	3.6458	3.9651
18	1.3304	1.7341	2.1009	2.5524	2.8784	3.6105	3.9217
19	1.3277	1.7291	2.0930	2.5395	2.8609	3.5793	3.8833
20	1.3253	1.7247	2.0860	2.5280	2.8453	3.5518	3.8496
25	1.3163	1.7081	2.0595	2.4851	2.7874	3.4502	3.7251
30	1.3104	1.6973	2.0423	2.4573	2.7500	3.3852	3.6460
40	1.3031	1.6839	2.0211	2.4233	2.7045	3.3069	3.5510
50	1.2987	1.6759	2.0086	2.4033	2.6778	3.2614	3.4960
100	1.2901	1.6602	1.9840	2.3642	2.6259	3.1738	3.3905
∞	1.2816	1.6449	1.9600	2.3263	2.5758	3.0902	3.2905

表 5 卡方分配表（右尾機率值α）

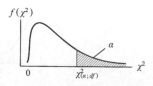

df	\(\alpha\)											
	0.9950	0.9900	0.9750	0.9500	0.9000	0.1000	0.0500	0.0250	0.0100	0.0050	0.0010	0.0005
1	0.0000	0.0002	0.0010	0.0039	0.0158	2.7055	3.8415	5.0239	6.6349	7.8794	10.8274	12.1153
2	0.0100	0.0201	0.0506	0.1026	0.2107	4.6052	5.9915	7.3778	9.2104	10.5965	13.8150	15.2014
3	0.0717	0.1148	0.2158	0.3518	0.5844	6.2514	7.8147	9.3484	11.3449	12.8381	16.2660	17.7311
4	0.2070	0.2971	0.4844	0.7107	1.0636	7.7794	9.4877	11.1433	13.2767	14.8602	18.4662	19.9977
5	0.4118	0.5543	0.8312	1.1455	1.6103	9.2363	11.0705	12.8325	15.0863	16.7496	20.5147	22.1057
6	0.6757	0.8721	1.2373	1.6354	2.2041	10.6446	12.5916	14.4494	16.8119	18.5475	22.4575	24.1016
7	0.9893	1.2390	1.6899	2.1673	2.8331	12.0170	14.0671	16.0128	18.4753	20.2777	24.3213	26.0179
8	1.3444	1.6465	2.1797	2.7326	3.4895	13.3616	15.5073	17.5345	20.0902	21.9549	26.1239	27.8674
9	1.7349	2.0879	2.7004	3.3251	4.1682	14.6837	16.9190	19.0228	21.6660	23.5893	27.8767	29.6669
10	2.1558	2.5582	3.2470	3.9403	4.8652	15.9872	18.3070	20.4832	23.2093	25.1881	29.5879	31.4195
11	2.6032	3.0535	3.8157	4.5748	5.5778	17.2750	19.6752	21.9200	24.7250	26.7569	31.2635	33.1382
12	3.0738	3.5706	4.4038	5.2260	6.3038	18.5493	21.0261	23.3367	26.2170	28.2997	32.9092	34.8211
13	3.5650	4.1069	5.0087	5.8919	7.0415	19.8119	22.3620	24.7356	27.6882	29.8193	34.5274	36.4768
14	4.0747	4.6604	5.6287	6.5706	7.7895	21.0641	23.6848	26.1189	29.1412	31.3194	36.1239	38.1085
15	4.6009	5.2294	6.2621	7.2609	8.5468	22.3071	24.9958	27.4884	30.5780	32.8015	37.6978	39.7173
16	5.1422	5.8122	6.9077	7.9616	9.3122	23.5418	26.2962	28.8453	31.9999	34.2671	39.2518	41.3077
17	5.6973	6.4077	7.5642	8.6718	10.0852	24.7690	27.5871	30.1910	33.4087	35.7184	40.7911	42.8808
18	6.2648	7.0149	8.2307	9.3904	10.8649	25.9894	28.8693	31.5264	34.8052	37.1564	42.3119	44.4337
19	6.8439	7.6327	8.9065	10.1170	11.6509	27.2036	30.1435	32.8523	36.1908	38.5821	43.8194	45.9738
20	7.4338	8.2604	9.5908	10.8508	12.4426	28.4120	31.4104	34.1696	37.5663	39.9969	45.3142	47.4977
21	8.0336	8.8972	10.2829	11.5913	13.2396	29.6151	32.6706	35.4789	38.9322	41.4009	46.7963	49.0096
22	8.6427	9.5425	10.9823	12.3380	14.0415	30.8133	33.9245	36.7807	40.2894	42.7957	48.2676	50.5105
23	9.2604	10.1957	11.6885	13.0905	14.8480	32.0069	35.1725	38.0756	41.6383	44.1814	49.7276	51.9995
24	9.8862	10.8563	12.4011	13.8484	15.6587	33.1962	36.4150	39.3641	42.9798	45.5584	51.1790	53.4776
25	10.5196	11.5240	13.1197	14.6114	16.4734	34.3816	37.6525	40.6465	44.3140	46.9280	52.6187	54.9475
26	11.1602	12.1982	13.8439	15.3792	17.2919	35.5632	38.8851	41.9231	45.6416	48.2898	54.0511	56.4068
27	11.8077	12.8785	14.5734	16.1514	18.1139	36.7412	40.1133	43.1945	46.9628	49.6450	55.4751	57.8556
28	12.4613	13.5647	15.3079	16.9279	18.9392	37.9159	41.3372	44.4608	48.2782	50.9936	56.8918	59.2990
29	13.1211	14.2564	16.0471	17.7084	19.7677	39.0875	42.5569	45.7223	49.5878	52.3355	58.3006	60.7342
30	13.7867	14.9535	16.7908	18.4927	20.5992	40.2560	43.7730	46.9792	50.8922	53.6719	59.7022	62.1600
40	20.7066	22.1642	24.4331	26.5093	29.0505	51.8050	55.7585	59.3417	63.6908	66.7660	73.4029	76.0963
50	27.9908	29.7067	32.3574	34.7642	37.6886	63.1671	67.5048	71.4202	76.1538	79.4898	86.6603	89.5597
60	35.5344	37.4848	40.4817	43.1880	46.4589	74.3970	79.0820	83.2977	88.3794	91.9518	99.6078	102.6971
70	43.2753	45.4417	48.7575	51.7393	55.3289	85.5270	90.5313	95.0231	100.4251	104.2148	112.3167	115.5766
80	51.1719	53.5400	57.1532	60.3915	64.2778	96.5782	101.8795	106.6285	112.3288	116.3209	124.8389	128.2636
90	59.1963	61.7540	65.6466	69.1260	73.2911	107.5650	113.1452	118.1359	124.1162	128.2987	137.2082	140.7804
100	67.3275	70.0650	74.2219	77.9294	82.3581	118.4980	124.3421	129.5613	135.8069	140.1697	149.4488	153.1638

表6-1 F-分配表（右尾機率值$\alpha = 0.1$）

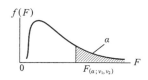

分母的自由度 v_2	分子的自由度 (v_1)																
	1	2	3	4	5	6	7	8	9	10	11	12	13	14	15	16	17
1	39.864	49.500	53.593	55.833	57.240	58.204	58.906	59.439	59.857	60.195	60.473	60.705	60.902	61.073	61.220	61.350	61.465
2	8.526	9.000	9.162	9.243	9.293	9.326	9.349	9.367	9.381	9.392	9.401	9.408	9.415	9.420	9.425	9.429	9.433
3	5.538	5.462	5.391	5.343	5.309	5.285	5.266	5.252	5.240	5.230	5.222	5.216	5.210	5.205	5.200	5.196	5.193
4	4.545	4.325	4.191	4.107	4.051	4.010	3.979	3.955	3.936	3.920	3.907	3.896	3.886	3.878	3.870	3.864	3.858
5	4.060	3.780	3.619	3.520	3.453	3.405	3.368	3.339	3.316	3.297	3.282	3.268	3.257	3.247	3.238	3.230	3.223
6	3.776	3.463	3.289	3.181	3.108	3.055	3.014	2.983	2.958	2.937	2.920	2.905	2.892	2.881	2.871	2.863	2.855
7	3.589	3.257	3.074	2.961	2.883	2.827	2.785	2.752	2.725	2.703	2.684	2.668	2.654	2.643	2.632	2.623	2.615
8	3.458	3.113	2.924	2.806	2.726	2.668	2.624	2.589	2.561	2.538	2.519	2.502	2.488	2.475	2.464	2.454	2.446
9	3.360	3.006	2.813	2.693	2.611	2.551	2.505	2.469	2.440	2.416	2.396	2.379	2.364	2.351	2.340	2.330	2.320
10	3.285	2.924	2.728	2.605	2.522	2.461	2.414	2.377	2.347	2.323	2.302	2.284	2.269	2.255	2.244	2.233	2.224
11	3.225	2.860	2.660	2.536	2.451	2.389	2.342	2.304	2.274	2.248	2.227	2.209	2.193	2.179	2.167	2.156	2.147
12	3.177	2.807	2.606	2.480	2.394	2.331	2.283	2.245	2.214	2.188	2.166	2.147	2.131	2.117	2.105	2.094	2.084
13	3.136	2.763	2.560	2.434	2.347	2.283	2.234	2.195	2.164	2.138	2.116	2.097	2.080	2.066	2.053	2.042	2.032
14	3.102	2.726	2.522	2.395	2.307	2.243	2.193	2.154	2.122	2.095	2.073	2.054	2.037	2.022	2.010	1.998	1.988
15	3.073	2.695	2.490	2.361	2.273	2.208	2.158	2.119	2.086	2.059	2.037	2.017	2.000	1.985	1.972	1.961	1.950
16	3.048	2.668	2.462	2.333	2.244	2.178	2.128	2.088	2.055	2.028	2.005	1.985	1.968	1.953	1.940	1.928	1.917
17	3.026	2.645	2.437	2.308	2.218	2.152	2.102	2.061	2.028	2.001	1.978	1.958	1.940	1.925	1.912	1.900	1.889
18	3.007	2.624	2.416	2.286	2.196	2.130	2.079	2.038	2.005	1.977	1.954	1.933	1.916	1.900	1.887	1.875	1.864
19	2.990	2.606	2.397	2.266	2.176	2.109	2.058	2.017	1.984	1.956	1.932	1.912	1.894	1.878	1.865	1.852	1.841
20	2.975	2.589	2.380	2.249	2.158	2.091	2.040	1.999	1.965	1.937	1.913	1.892	1.875	1.859	1.845	1.833	1.821
21	2.961	2.575	2.365	2.233	2.142	2.075	2.023	1.982	1.948	1.920	1.896	1.875	1.857	1.841	1.827	1.815	1.803
22	2.949	2.561	2.351	2.219	2.128	2.060	2.008	1.967	1.933	1.904	1.880	1.859	1.841	1.825	1.811	1.798	1.787
23	2.937	2.549	2.339	2.207	2.115	2.047	1.995	1.953	1.919	1.890	1.866	1.845	1.827	1.811	1.796	1.784	1.772
24	2.927	2.538	2.327	2.195	2.103	2.035	1.983	1.941	1.906	1.877	1.853	1.832	1.814	1.797	1.783	1.770	1.759
25	2.918	2.528	2.317	2.184	2.092	2.024	1.971	1.929	1.895	1.866	1.841	1.820	1.802	1.785	1.771	1.758	1.746
26	2.909	2.519	2.307	2.174	2.082	2.014	1.961	1.919	1.884	1.855	1.830	1.809	1.790	1.774	1.760	1.747	1.735
27	2.901	2.511	2.299	2.165	2.073	2.005	1.952	1.909	1.874	1.845	1.820	1.799	1.780	1.764	1.749	1.736	1.724
28	2.894	2.503	2.291	2.157	2.064	1.996	1.943	1.900	1.865	1.836	1.811	1.790	1.771	1.754	1.740	1.726	1.715
29	2.887	2.495	2.283	2.149	2.057	1.988	1.935	1.892	1.857	1.827	1.802	1.781	1.762	1.745	1.731	1.717	1.705
30	2.881	2.489	2.276	2.142	2.049	1.980	1.927	1.884	1.849	1.819	1.794	1.773	1.754	1.737	1.722	1.709	1.697
40	2.835	2.440	2.226	2.091	1.997	1.927	1.873	1.829	1.793	1.763	1.737	1.715	1.695	1.678	1.662	1.649	1.636
50	2.809	2.412	2.197	2.061	1.966	1.895	1.840	1.796	1.760	1.729	1.703	1.680	1.660	1.643	1.627	1.613	1.600
100	2.756	2.356	2.139	2.002	1.906	1.834	1.778	1.732	1.695	1.663	1.636	1.612	1.592	1.573	1.557	1.542	1.528
∞	2.706	2.303	2.084	1.945	1.847	1.774	1.717	1.670	1.632	1.599	1.571	1.546	1.524	1.505	1.487	1.471	1.457

表 6-1（續） $F-$分配表（右尾機率值$\alpha=0.1$）

分母的自由度 v_2	分子的自由度(v_1)																
	18	19	20	21	22	23	24	25	26	27	28	29	30	40	50	100	∞
1	61.566	61.658	61.740	61.815	61.883	61.945	62.002	62.055	62.103	62.148	62.189	62.229	62.265	62.529	62.688	63.007	63.325
2	9.436	9.439	9.441	9.444	9.446	9.448	9.450	9.451	9.453	9.454	9.456	9.457	9.458	9.466	9.471	9.481	9.491
3	5.190	5.187	5.184	5.182	5.180	5.178	5.176	5.175	5.173	5.172	5.170	5.169	5.168	5.160	5.155	5.144	5.134
4	3.853	3.848	3.844	3.841	3.837	3.834	3.831	3.828	3.826	3.823	3.821	3.819	3.817	3.804	3.795	3.778	3.761
5	3.217	3.212	3.207	3.202	3.198	3.194	3.191	3.187	3.184	3.181	3.179	3.176	3.174	3.157	3.147	3.126	3.105
6	2.848	2.842	2.836	2.831	2.827	2.822	2.818	2.815	2.811	2.808	2.805	2.803	2.800	2.781	2.770	2.746	2.722
7	2.607	2.601	2.595	2.589	2.584	2.580	2.575	2.571	2.568	2.564	2.561	2.558	2.555	2.535	2.523	2.497	2.471
8	2.438	2.431	2.425	2.419	2.414	2.409	2.404	2.400	2.396	2.392	2.389	2.386	2.383	2.361	2.348	2.321	2.293
9	2.312	2.305	2.298	2.292	2.287	2.282	2.277	2.272	2.268	2.265	2.261	2.258	2.255	2.232	2.218	2.189	2.160
10	2.215	2.208	2.201	2.194	2.189	2.183	2.178	2.174	2.170	2.166	2.162	2.159	2.155	2.132	2.117	2.087	2.056
11	2.138	2.130	2.123	2.117	2.111	2.105	2.100	2.095	2.091	2.087	2.083	2.080	2.076	2.052	2.036	2.005	1.972
12	2.075	2.067	2.060	2.053	2.047	2.041	2.036	2.031	2.027	2.022	2.019	2.015	2.011	1.986	1.970	1.938	1.904
13	2.023	2.014	2.007	2.000	1.994	1.988	1.983	1.978	1.973	1.969	1.965	1.961	1.958	1.931	1.915	1.882	1.847
14	1.978	1.970	1.962	1.955	1.949	1.943	1.938	1.933	1.928	1.923	1.919	1.916	1.912	1.885	1.869	1.834	1.798
15	1.941	1.932	1.924	1.917	1.911	1.905	1.899	1.894	1.889	1.885	1.880	1.876	1.873	1.845	1.828	1.793	1.755
16	1.908	1.899	1.891	1.884	1.877	1.871	1.866	1.860	1.855	1.851	1.847	1.843	1.839	1.811	1.793	1.757	1.719
17	1.879	1.870	1.862	1.855	1.848	1.842	1.836	1.831	1.826	1.821	1.817	1.813	1.809	1.781	1.763	1.726	1.686
18	1.854	1.845	1.837	1.829	1.823	1.816	1.810	1.805	1.800	1.795	1.791	1.787	1.783	1.754	1.736	1.698	1.657
19	1.831	1.822	1.814	1.807	1.800	1.793	1.787	1.782	1.777	1.772	1.767	1.763	1.759	1.730	1.711	1.673	1.631
20	1.811	1.802	1.794	1.786	1.779	1.773	1.767	1.761	1.756	1.751	1.746	1.742	1.738	1.708	1.690	1.650	1.608
21	1.793	1.784	1.776	1.768	1.761	1.754	1.748	1.742	1.737	1.732	1.728	1.723	1.719	1.689	1.670	1.630	1.587
22	1.777	1.768	1.759	1.751	1.744	1.737	1.731	1.726	1.720	1.715	1.711	1.706	1.702	1.671	1.652	1.611	1.567
23	1.762	1.753	1.744	1.736	1.729	1.722	1.716	1.710	1.705	1.700	1.695	1.691	1.686	1.655	1.636	1.594	1.550
24	1.748	1.739	1.730	1.722	1.715	1.708	1.702	1.696	1.691	1.686	1.681	1.676	1.672	1.641	1.621	1.579	1.533
25	1.736	1.726	1.718	1.710	1.702	1.695	1.689	1.683	1.678	1.672	1.668	1.663	1.659	1.627	1.607	1.565	1.518
26	1.724	1.715	1.706	1.698	1.690	1.683	1.677	1.671	1.666	1.660	1.656	1.651	1.647	1.615	1.594	1.551	1.504
27	1.714	1.704	1.695	1.687	1.680	1.673	1.666	1.660	1.655	1.649	1.645	1.640	1.636	1.603	1.583	1.539	1.491
28	1.704	1.694	1.685	1.677	1.669	1.662	1.656	1.650	1.644	1.639	1.634	1.630	1.625	1.592	1.572	1.528	1.479
29	1.695	1.685	1.676	1.668	1.660	1.653	1.647	1.640	1.635	1.630	1.625	1.620	1.616	1.583	1.562	1.517	1.468
30	1.686	1.676	1.667	1.659	1.651	1.644	1.638	1.632	1.626	1.621	1.616	1.611	1.606	1.573	1.552	1.507	1.457
40	1.625	1.615	1.605	1.596	1.588	1.581	1.574	1.568	1.562	1.556	1.551	1.546	1.541	1.506	1.483	1.434	1.378
50	1.588	1.578	1.568	1.559	1.551	1.543	1.536	1.529	1.523	1.517	1.512	1.507	1.502	1.465	1.441	1.388	1.327
100	1.516	1.505	1.494	1.485	1.476	1.468	1.460	1.453	1.446	1.440	1.434	1.428	1.423	1.382	1.355	1.293	1.215
∞	1.444	1.432	1.421	1.410	1.401	1.392	1.383	1.375	1.368	1.361	1.354	1.348	1.342	1.295	1.263	1.185	1.008

表 6-2　F-分配表（右尾機率值 $\alpha = 0.05$）

v_2	分子的自由度（v_1）																
	1	2	3	4	5	6	7	8	9	10	11	12	13	14	15	16	17
1	161.446	199.499	215.707	224.583	230.160	233.988	236.767	238.884	240.543	241.882	242.981	243.905	244.690	245.363	245.949	246.466	246.917
2	18.513	19.000	19.164	19.247	19.296	19.329	19.353	19.371	19.385	19.396	19.405	19.412	19.419	19.424	19.429	19.433	19.437
3	10.128	9.552	9.277	9.117	9.013	8.941	8.887	8.845	8.812	8.785	8.763	8.745	8.729	8.715	8.703	8.692	8.683
4	7.709	6.944	6.591	6.388	6.256	6.163	6.094	6.041	5.999	5.964	5.936	5.912	5.891	5.873	5.858	5.844	5.832
5	6.608	5.786	5.409	5.192	5.050	4.950	4.876	4.818	4.772	4.735	4.704	4.678	4.655	4.636	4.619	4.604	4.590
6	5.987	5.143	4.757	4.534	4.387	4.284	4.207	4.147	4.099	4.060	4.027	4.000	3.976	3.956	3.938	3.922	3.908
7	5.591	4.737	4.347	4.120	3.972	3.866	3.787	3.726	3.677	3.637	3.603	3.575	3.550	3.529	3.511	3.494	3.480
8	5.318	4.459	4.066	3.838	3.688	3.581	3.500	3.438	3.388	3.347	3.313	3.284	3.259	3.237	3.218	3.202	3.187
9	5.117	4.256	3.863	3.633	3.482	3.374	3.293	3.230	3.179	3.137	3.102	3.073	3.048	3.025	3.006	2.989	2.974
10	4.965	4.103	3.708	3.478	3.326	3.217	3.135	3.072	3.020	2.978	2.943	2.913	2.887	2.865	2.845	2.828	2.812
11	4.844	3.982	3.587	3.357	3.204	3.095	3.012	2.948	2.896	2.854	2.818	2.788	2.761	2.739	2.719	2.701	2.685
12	4.747	3.885	3.490	3.259	3.106	2.996	2.913	2.849	2.796	2.753	2.717	2.687	2.660	2.637	2.617	2.599	2.583
13	4.667	3.806	3.411	3.179	3.025	2.915	2.832	2.767	2.714	2.671	2.635	2.604	2.577	2.554	2.533	2.515	2.499
14	4.600	3.739	3.344	3.112	2.958	2.848	2.764	2.699	2.646	2.602	2.565	2.534	2.507	2.484	2.463	2.445	2.428
15	4.543	3.682	3.287	3.056	2.901	2.790	2.707	2.641	2.588	2.544	2.507	2.475	2.448	2.424	2.403	2.385	2.368
16	4.494	3.634	3.239	3.007	2.852	2.741	2.657	2.591	2.538	2.494	2.456	2.425	2.397	2.373	2.352	2.333	2.317
17	4.451	3.592	3.197	2.965	2.810	2.699	2.614	2.548	2.494	2.450	2.413	2.381	2.353	2.329	2.308	2.289	2.272
18	4.414	3.555	3.160	2.928	2.773	2.661	2.577	2.510	2.456	2.412	2.374	2.342	2.314	2.290	2.269	2.250	2.233
19	4.381	3.522	3.127	2.895	2.740	2.628	2.544	2.477	2.423	2.378	2.340	2.308	2.280	2.256	2.234	2.215	2.198
20	4.351	3.493	3.098	2.866	2.711	2.599	2.514	2.447	2.393	2.348	2.310	2.278	2.250	2.225	2.203	2.184	2.167
21	4.325	3.467	3.072	2.840	2.685	2.573	2.488	2.420	2.366	2.321	2.283	2.250	2.222	2.197	2.176	2.156	2.139
22	4.301	3.443	3.049	2.817	2.661	2.549	2.464	2.397	2.342	2.297	2.259	2.226	2.198	2.173	2.151	2.131	2.114
23	4.279	3.422	3.028	2.796	2.640	2.528	2.442	2.375	2.320	2.275	2.236	2.204	2.175	2.150	2.128	2.109	2.091
24	4.260	3.403	3.009	2.776	2.621	2.508	2.423	2.355	2.300	2.255	2.216	2.183	2.155	2.130	2.108	2.088	2.070
25	4.242	3.385	2.991	2.759	2.603	2.490	2.405	2.337	2.282	2.236	2.198	2.165	2.136	2.111	2.089	2.069	2.051
26	4.225	3.369	2.975	2.743	2.587	2.474	2.388	2.321	2.265	2.220	2.181	2.148	2.119	2.094	2.072	2.052	2.034
27	4.210	3.354	2.960	2.728	2.572	2.459	2.373	2.305	2.250	2.204	2.166	2.132	2.103	2.078	2.056	2.036	2.018
28	4.196	3.340	2.947	2.714	2.558	2.445	2.359	2.291	2.236	2.190	2.151	2.118	2.089	2.064	2.041	2.021	2.003
29	4.183	3.328	2.934	2.701	2.545	2.432	2.346	2.278	2.223	2.177	2.138	2.104	2.075	2.050	2.027	2.007	1.989
30	4.171	3.316	2.922	2.690	2.534	2.421	2.334	2.266	2.211	2.165	2.126	2.092	2.063	2.037	2.015	1.995	1.976
40	4.085	3.232	2.839	2.606	2.449	2.336	2.249	2.180	2.124	2.077	2.038	2.003	1.974	1.948	1.924	1.904	1.885
50	4.034	3.183	2.790	2.557	2.400	2.286	2.199	2.130	2.073	2.026	1.986	1.952	1.921	1.895	1.871	1.850	1.831
100	3.936	3.087	2.696	2.463	2.305	2.191	2.103	2.032	1.975	1.927	1.886	1.850	1.819	1.792	1.768	1.746	1.726
∞	3.842	2.996	2.605	2.372	2.214	2.099	2.010	1.939	1.880	1.831	1.789	1.752	1.720	1.692	1.666	1.644	1.623

表 6-2（續） F－分配表（右尾機率值 $\alpha = 0.05$）

ν_2	分子的自由度（ν_1）																
	18	19	20	21	22	23	24	25	26	27	28	29	30	40	50	100	∞
1	247.324	247.688	248.016	248.307	248.579	248.823	249.052	249.260	249.453	249.631	249.798	249.951	250.096	251.144	251.774	253.043	254.317
2	19.440	19.443	19.446	19.448	19.450	19.452	19.454	19.456	19.457	19.459	19.460	19.461	19.463	19.471	19.476	19.486	19.496
3	8.675	8.667	8.660	8.654	8.648	8.643	8.638	8.634	8.630	8.626	8.623	8.620	8.617	8.594	8.581	8.554	8.526
4	5.821	5.811	5.803	5.795	5.787	5.781	5.774	5.769	5.763	5.759	5.754	5.750	5.746	5.717	5.699	5.664	5.628
5	4.579	4.568	4.558	4.549	4.541	4.534	4.527	4.521	4.515	4.510	4.505	4.500	4.496	4.464	4.444	4.405	4.365
6	3.896	3.884	3.874	3.865	3.856	3.849	3.841	3.835	3.829	3.823	3.818	3.813	3.808	3.774	3.754	3.712	3.669
7	3.467	3.455	3.445	3.435	3.426	3.418	3.410	3.404	3.397	3.391	3.386	3.381	3.376	3.340	3.319	3.275	3.230
8	3.173	3.161	3.150	3.140	3.131	3.123	3.115	3.108	3.102	3.095	3.090	3.084	3.079	3.043	3.020	2.975	2.928
9	2.960	2.948	2.936	2.926	2.917	2.908	2.900	2.893	2.886	2.880	2.874	2.869	2.864	2.826	2.803	2.756	2.707
10	2.798	2.785	2.774	2.764	2.754	2.745	2.737	2.730	2.723	2.716	2.710	2.705	2.700	2.661	2.637	2.588	2.538
11	2.671	2.658	2.646	2.636	2.626	2.617	2.609	2.601	2.594	2.588	2.582	2.576	2.570	2.531	2.507	2.457	2.404
12	2.568	2.555	2.544	2.533	2.523	2.514	2.505	2.498	2.491	2.484	2.478	2.472	2.466	2.426	2.401	2.350	2.296
13	2.484	2.471	2.459	2.448	2.438	2.429	2.420	2.412	2.405	2.398	2.392	2.386	2.380	2.339	2.314	2.261	2.206
14	2.413	2.400	2.388	2.377	2.367	2.357	2.349	2.341	2.333	2.326	2.320	2.314	2.308	2.266	2.241	2.187	2.131
15	2.353	2.340	2.328	2.316	2.306	2.297	2.288	2.280	2.272	2.265	2.259	2.253	2.247	2.204	2.178	2.123	2.066
16	2.302	2.288	2.276	2.264	2.254	2.244	2.235	2.227	2.220	2.212	2.206	2.200	2.194	2.151	2.124	2.068	2.010
17	2.257	2.243	2.230	2.219	2.208	2.199	2.190	2.181	2.174	2.167	2.160	2.154	2.148	2.104	2.077	2.020	1.960
18	2.217	2.203	2.191	2.179	2.168	2.159	2.150	2.141	2.134	2.126	2.119	2.113	2.107	2.063	2.035	1.978	1.917
19	2.182	2.168	2.155	2.144	2.133	2.123	2.114	2.106	2.098	2.090	2.084	2.077	2.071	2.026	1.999	1.940	1.878
20	2.151	2.137	2.124	2.112	2.102	2.092	2.082	2.074	2.066	2.059	2.052	2.045	2.039	1.994	1.966	1.907	1.843
21	2.123	2.109	2.096	2.084	2.073	2.063	2.054	2.045	2.037	2.030	2.023	2.016	2.010	1.965	1.936	1.876	1.812
22	2.098	2.084	2.071	2.059	2.048	2.038	2.028	2.020	2.012	2.004	1.997	1.990	1.984	1.938	1.909	1.849	1.783
23	2.075	2.061	2.048	2.036	2.025	2.014	2.005	1.996	1.988	1.981	1.973	1.967	1.961	1.914	1.885	1.823	1.757
24	2.054	2.040	2.027	2.015	2.003	1.993	1.984	1.975	1.967	1.959	1.952	1.945	1.939	1.892	1.863	1.800	1.733
25	2.035	2.021	2.007	1.995	1.984	1.974	1.964	1.955	1.947	1.939	1.932	1.926	1.919	1.872	1.842	1.779	1.711
26	2.018	2.003	1.990	1.978	1.966	1.956	1.946	1.938	1.929	1.921	1.914	1.907	1.901	1.853	1.823	1.760	1.691
27	2.002	1.987	1.974	1.961	1.950	1.940	1.930	1.921	1.913	1.905	1.898	1.891	1.884	1.836	1.806	1.742	1.672
28	1.987	1.972	1.959	1.946	1.935	1.924	1.915	1.906	1.897	1.889	1.882	1.875	1.869	1.820	1.790	1.725	1.654
29	1.973	1.958	1.945	1.932	1.921	1.910	1.901	1.891	1.883	1.875	1.868	1.861	1.854	1.806	1.775	1.710	1.638
30	1.960	1.945	1.932	1.919	1.908	1.897	1.887	1.878	1.870	1.862	1.854	1.847	1.841	1.792	1.761	1.695	1.622
40	1.868	1.853	1.839	1.826	1.814	1.803	1.793	1.783	1.775	1.766	1.759	1.751	1.744	1.693	1.660	1.589	1.509
50	1.814	1.798	1.784	1.771	1.759	1.748	1.737	1.727	1.718	1.710	1.702	1.694	1.687	1.634	1.599	1.525	1.438
100	1.708	1.691	1.676	1.663	1.650	1.638	1.627	1.616	1.607	1.598	1.589	1.581	1.573	1.515	1.477	1.392	1.283
∞	1.604	1.587	1.571	1.556	1.542	1.529	1.517	1.506	1.496	1.486	1.476	1.468	1.459	1.394	1.350	1.244	1.010

表 6-3 F-分配表（右尾機率值$\alpha = 0.025$）

v_2	分子的自由度(v_1)																
	1	2	3	4	5	6	7	8	9	10	11	12	13	14	15	16	17
1	647.793	799.482	864.151	899.599	921.835	937.114	948.203	956.643	963.279	968.634	973.028	976.725	979.839	982.545	984.874	986.911	988.715
2	38.506	39.000	39.166	39.248	39.298	39.331	39.356	39.373	39.387	39.398	39.407	39.415	39.421	39.427	39.431	39.436	39.439
3	17.443	16.044	15.439	15.101	14.885	14.735	14.624	14.540	14.473	14.419	14.374	14.337	14.305	14.277	14.253	14.232	14.213
4	12.218	10.649	9.979	9.604	9.364	9.197	9.074	8.980	8.905	8.844	8.794	8.751	8.715	8.684	8.657	8.633	8.611
5	10.007	8.434	7.764	7.388	7.146	6.978	6.853	6.757	6.681	6.619	6.568	6.525	6.488	6.456	6.428	6.403	6.381
6	8.813	7.260	6.599	6.227	5.988	5.820	5.695	5.600	5.523	5.461	5.410	5.366	5.329	5.297	5.269	5.244	5.222
7	8.073	6.542	5.890	5.523	5.285	5.119	4.995	4.899	4.823	4.761	4.709	4.666	4.628	4.596	4.568	4.543	4.521
8	7.571	6.059	5.416	5.053	4.817	4.652	4.529	4.433	4.357	4.295	4.243	4.200	4.162	4.130	4.101	4.076	4.054
9	7.209	5.715	5.078	4.718	4.484	4.320	4.197	4.102	4.026	3.964	3.912	3.868	3.831	3.798	3.769	3.744	3.722
10	6.937	5.456	4.826	4.468	4.236	4.072	3.950	3.855	3.779	3.717	3.665	3.621	3.583	3.550	3.522	3.496	3.474
11	6.724	5.256	4.630	4.275	4.044	3.881	3.759	3.664	3.588	3.526	3.474	3.430	3.392	3.359	3.330	3.304	3.282
12	6.554	5.096	4.474	4.121	3.891	3.728	3.607	3.512	3.436	3.374	3.321	3.277	3.239	3.206	3.177	3.152	3.129
13	6.414	4.965	4.347	3.996	3.767	3.604	3.483	3.388	3.312	3.250	3.197	3.153	3.115	3.082	3.053	3.027	3.004
14	6.298	4.857	4.242	3.892	3.663	3.501	3.380	3.285	3.209	3.147	3.095	3.050	3.012	2.979	2.949	2.923	2.900
15	6.200	4.765	4.153	3.804	3.576	3.415	3.293	3.199	3.123	3.060	3.008	2.963	2.925	2.891	2.862	2.836	2.813
16	6.115	4.687	4.077	3.729	3.502	3.341	3.219	3.125	3.049	2.986	2.934	2.889	2.851	2.817	2.788	2.761	2.738
17	6.042	4.619	4.011	3.665	3.438	3.277	3.156	3.061	2.985	2.922	2.870	2.825	2.786	2.753	2.723	2.697	2.673
18	5.978	4.560	3.954	3.608	3.382	3.221	3.100	3.005	2.929	2.866	2.814	2.769	2.730	2.696	2.667	2.640	2.617
19	5.922	4.508	3.903	3.559	3.333	3.172	3.051	2.956	2.880	2.817	2.765	2.720	2.681	2.647	2.617	2.591	2.567
20	5.871	4.461	3.859	3.515	3.289	3.128	3.007	2.913	2.837	2.774	2.721	2.676	2.637	2.603	2.573	2.547	2.523
21	5.827	4.420	3.819	3.475	3.250	3.090	2.969	2.874	2.798	2.735	2.682	2.637	2.598	2.564	2.534	2.507	2.483
22	5.786	4.383	3.783	3.440	3.215	3.055	2.934	2.839	2.763	2.700	2.647	2.602	2.563	2.528	2.498	2.472	2.448
23	5.750	4.349	3.750	3.408	3.183	3.023	2.902	2.808	2.731	2.668	2.615	2.570	2.531	2.497	2.466	2.440	2.416
24	5.717	4.319	3.721	3.379	3.155	2.995	2.874	2.779	2.703	2.640	2.586	2.541	2.502	2.468	2.437	2.411	2.386
25	5.686	4.291	3.694	3.353	3.129	2.969	2.848	2.753	2.677	2.613	2.560	2.515	2.476	2.441	2.411	2.384	2.360
26	5.659	4.265	3.670	3.329	3.105	2.945	2.824	2.729	2.653	2.590	2.536	2.491	2.452	2.417	2.387	2.360	2.335
27	5.633	4.242	3.647	3.307	3.083	2.923	2.802	2.707	2.631	2.568	2.514	2.469	2.429	2.395	2.364	2.337	2.313
28	5.610	4.221	3.626	3.286	3.063	2.903	2.782	2.687	2.611	2.547	2.494	2.448	2.409	2.374	2.344	2.317	2.292
29	5.588	4.201	3.607	3.267	3.044	2.884	2.763	2.669	2.592	2.529	2.475	2.430	2.390	2.355	2.325	2.298	2.273
30	5.568	4.182	3.589	3.250	3.026	2.867	2.746	2.651	2.575	2.511	2.458	2.412	2.372	2.338	2.307	2.280	2.255
40	5.424	4.051	3.463	3.126	2.904	2.744	2.624	2.529	2.452	2.388	2.334	2.288	2.248	2.213	2.182	2.154	2.129
50	5.340	3.975	3.390	3.054	2.833	2.674	2.553	2.458	2.381	2.317	2.263	2.216	2.176	2.140	2.109	2.081	2.056
100	5.179	3.828	3.250	2.917	2.696	2.537	2.417	2.321	2.244	2.179	2.124	2.077	2.036	2.000	1.968	1.939	1.913
∞	5.024	3.689	3.116	2.786	2.567	2.408	2.288	2.192	2.114	2.048	1.993	1.945	1.903	1.866	1.833	1.803	1.776

表 6-3（續）　　F-分配表（右尾機率值$\alpha=0.025$）

ν_2	分子的自由度（ν_1）																	
	18	19	20	21	22	23	24	25	26	27	28	29	30	40	50	100	∞
1	990.345	991.800	993.081	994.303	995.351	996.341	997.272	998.087	998.843	999.542	1000.240	1000.823	1001.405	1005.596	1008.098	1013.163	1018.256
2	39.442	39.446	39.448	39.450	39.452	39.455	39.457	39.458	39.459	39.461	39.462	39.463	39.465	39.473	39.478	39.488	39.498
3	14.196	14.181	14.167	14.155	14.144	14.134	14.124	14.115	14.107	14.100	14.093	14.086	14.081	14.036	14.010	13.956	13.902
4	8.592	8.575	8.560	8.546	8.533	8.522	8.511	8.501	8.492	8.483	8.475	8.468	8.461	8.411	8.381	8.319	8.257
5	6.362	6.344	6.329	6.314	6.301	6.289	6.278	6.268	6.258	6.250	6.242	6.234	6.227	6.175	6.144	6.080	6.015
6	5.202	5.184	5.168	5.154	5.141	5.128	5.117	5.107	5.097	5.088	5.080	5.072	5.065	5.012	4.980	4.915	4.849
7	4.501	4.483	4.467	4.452	4.439	4.426	4.415	4.405	4.395	4.386	4.378	4.370	4.362	4.309	4.276	4.210	4.142
8	4.034	4.016	3.999	3.985	3.971	3.959	3.947	3.937	3.927	3.918	3.909	3.901	3.894	3.840	3.807	3.739	3.670
9	3.701	3.683	3.667	3.652	3.638	3.626	3.614	3.604	3.594	3.584	3.576	3.568	3.560	3.505	3.472	3.403	3.333
10	3.453	3.435	3.419	3.403	3.390	3.377	3.365	3.355	3.345	3.335	3.327	3.319	3.311	3.255	3.221	3.152	3.080
11	3.261	3.243	3.226	3.211	3.197	3.184	3.173	3.162	3.152	3.142	3.133	3.125	3.118	3.061	3.027	2.956	2.883
12	3.108	3.090	3.073	3.057	3.043	3.031	3.019	3.008	2.998	2.988	2.979	2.971	2.963	2.906	2.871	2.800	2.725
13	2.983	2.965	2.948	2.932	2.918	2.905	2.893	2.882	2.872	2.862	2.853	2.845	2.837	2.780	2.744	2.671	2.595
14	2.879	2.861	2.844	2.828	2.814	2.801	2.789	2.778	2.767	2.758	2.749	2.740	2.732	2.674	2.638	2.565	2.487
15	2.792	2.773	2.756	2.740	2.726	2.713	2.701	2.689	2.679	2.669	2.660	2.652	2.644	2.585	2.549	2.474	2.395
16	2.717	2.698	2.681	2.665	2.651	2.637	2.625	2.614	2.603	2.594	2.584	2.576	2.568	2.509	2.472	2.396	2.316
17	2.652	2.633	2.616	2.600	2.585	2.572	2.560	2.548	2.538	2.528	2.519	2.510	2.502	2.442	2.405	2.329	2.247
18	2.596	2.576	2.559	2.543	2.529	2.515	2.503	2.491	2.481	2.471	2.461	2.453	2.445	2.384	2.347	2.269	2.187
19	2.546	2.526	2.509	2.493	2.478	2.465	2.452	2.441	2.430	2.420	2.411	2.402	2.394	2.333	2.295	2.217	2.133
20	2.501	2.482	2.464	2.448	2.434	2.420	2.408	2.396	2.385	2.375	2.366	2.357	2.349	2.287	2.249	2.170	2.085
21	2.462	2.442	2.425	2.409	2.394	2.380	2.368	2.356	2.345	2.335	2.325	2.317	2.308	2.246	2.208	2.128	2.042
22	2.426	2.407	2.389	2.373	2.358	2.344	2.332	2.320	2.309	2.299	2.289	2.280	2.272	2.210	2.171	2.090	2.003
23	2.394	2.374	2.357	2.340	2.325	2.312	2.299	2.287	2.276	2.266	2.256	2.247	2.239	2.176	2.137	2.056	1.968
24	2.365	2.345	2.327	2.311	2.296	2.282	2.269	2.257	2.246	2.236	2.226	2.217	2.209	2.146	2.107	2.024	1.935
25	2.338	2.318	2.300	2.284	2.269	2.255	2.242	2.230	2.219	2.209	2.199	2.190	2.182	2.118	2.079	1.996	1.906
26	2.314	2.294	2.276	2.259	2.244	2.230	2.217	2.205	2.194	2.184	2.174	2.165	2.157	2.093	2.053	1.969	1.878
27	2.291	2.271	2.253	2.237	2.222	2.208	2.195	2.183	2.171	2.161	2.151	2.142	2.133	2.069	2.029	1.945	1.853
28	2.270	2.251	2.232	2.216	2.201	2.187	2.174	2.161	2.150	2.140	2.130	2.121	2.112	2.048	2.007	1.922	1.829
29	2.251	2.231	2.213	2.196	2.181	2.167	2.154	2.142	2.131	2.120	2.110	2.101	2.092	2.028	1.987	1.901	1.807
30	2.233	2.213	2.195	2.178	2.163	2.149	2.136	2.124	2.112	2.102	2.092	2.083	2.074	2.009	1.968	1.882	1.787
40	2.107	2.086	2.068	2.051	2.035	2.020	2.007	1.994	1.983	1.972	1.962	1.952	1.943	1.875	1.832	1.741	1.637
50	2.033	2.012	1.993	1.976	1.960	1.945	1.931	1.919	1.907	1.895	1.885	1.875	1.866	1.796	1.752	1.656	1.545
100	1.890	1.868	1.849	1.830	1.814	1.798	1.784	1.770	1.758	1.746	1.735	1.725	1.715	1.640	1.592	1.483	1.347
∞	1.752	1.729	1.709	1.690	1.672	1.656	1.640	1.626	1.613	1.600	1.588	1.577	1.566	1.484	1.429	1.029	1.010

表 6-4　F-分配表（右尾機率值 $\alpha = 0.01$）

v_2	分子的自由度(v_1)																
	1	**2**	**3**	**4**	**5**	**6**	**7**	**8**	**9**	**10**	**11**	**12**	**13**	**14**	**15**	**16**	**17**
1	4052.181	4999.500	5403.352	5624.583	5763.650	5858.986	5928.356	5981.070	6022.473	6055.847	6083.317	6106.321	6125.865	6142.674	6157.285	6170.101	6181.435
2	98.503	99.000	99.166	99.249	99.299	99.333	99.356	99.374	99.388	99.399	99.408	99.416	99.422	99.428	99.433	99.437	99.440
3	34.116	30.817	29.457	28.710	28.237	27.911	27.672	27.489	27.345	27.229	27.133	27.052	26.983	26.924	26.872	26.827	26.787
4	21.198	18.000	16.694	15.977	15.522	15.207	14.976	14.799	14.659	14.546	14.452	14.374	14.307	14.249	14.198	14.154	14.115
5	16.258	13.274	12.060	11.392	10.967	10.672	10.456	10.289	10.158	10.051	9.963	9.888	9.825	9.770	9.722	9.680	9.643
6	13.745	10.925	9.780	9.148	8.746	8.466	8.260	8.102	7.976	7.874	7.790	7.718	7.657	7.605	7.559	7.519	7.483
7	12.246	9.547	8.451	7.847	7.460	7.191	6.993	6.840	6.719	6.620	6.538	6.469	6.410	6.359	6.314	6.275	6.240
8	11.259	8.649	7.591	7.006	6.632	6.371	6.178	6.029	5.911	5.814	5.734	5.667	5.609	5.559	5.515	5.477	5.442
9	10.561	8.022	6.992	6.422	6.057	5.802	5.613	5.467	5.351	5.257	5.178	5.111	5.055	5.005	4.962	4.924	4.890
10	10.044	7.559	6.552	5.994	5.636	5.386	5.200	5.057	4.942	4.849	4.772	4.706	4.650	4.601	4.558	4.520	4.487
11	9.646	7.206	6.217	5.668	5.316	5.069	4.886	4.744	4.632	4.539	4.462	4.397	4.342	4.293	4.251	4.213	4.180
12	9.330	6.927	5.953	5.412	5.064	4.821	4.640	4.499	4.388	4.296	4.220	4.155	4.100	4.052	4.010	3.972	3.939
13	9.074	6.701	5.739	5.205	4.862	4.620	4.441	4.302	4.191	4.100	4.025	3.960	3.905	3.857	3.815	3.778	3.745
14	8.862	6.515	5.564	5.035	4.695	4.456	4.278	4.140	4.030	3.939	3.864	3.800	3.745	3.698	3.656	3.619	3.586
15	8.683	6.359	5.417	4.893	4.556	4.318	4.142	4.004	3.895	3.805	3.730	3.666	3.612	3.564	3.522	3.485	3.452
16	8.531	6.226	5.292	4.773	4.437	4.202	4.026	3.890	3.780	3.691	3.616	3.553	3.498	3.451	3.409	3.372	3.339
17	8.400	6.112	5.185	4.669	4.336	4.102	3.927	3.791	3.682	3.593	3.519	3.455	3.401	3.353	3.312	3.275	3.242
18	8.285	6.013	5.092	4.579	4.248	4.015	3.841	3.705	3.597	3.508	3.434	3.371	3.316	3.269	3.227	3.190	3.158
19	8.185	5.926	5.010	4.500	4.171	3.939	3.765	3.631	3.523	3.434	3.360	3.297	3.242	3.195	3.153	3.116	3.084
20	8.096	5.849	4.938	4.431	4.103	3.871	3.699	3.564	3.457	3.368	3.294	3.231	3.177	3.130	3.088	3.051	3.018
21	8.017	5.780	4.874	4.369	4.042	3.812	3.640	3.506	3.398	3.310	3.236	3.173	3.119	3.072	3.030	2.993	2.960
22	7.945	5.719	4.817	4.313	3.988	3.758	3.587	3.453	3.346	3.258	3.184	3.121	3.067	3.019	2.978	2.941	2.908
23	7.881	5.664	4.765	4.264	3.939	3.710	3.539	3.406	3.299	3.211	3.137	3.074	3.020	2.973	2.931	2.894	2.861
24	7.823	5.614	4.718	4.218	3.895	3.667	3.496	3.363	3.256	3.168	3.094	3.032	2.977	2.930	2.889	2.852	2.819
25	7.770	5.568	4.675	4.177	3.855	3.627	3.457	3.324	3.217	3.129	3.056	2.993	2.939	2.892	2.850	2.813	2.780
26	7.721	5.526	4.637	4.140	3.818	3.591	3.421	3.288	3.182	3.094	3.021	2.958	2.904	2.857	2.815	2.778	2.745
27	7.677	5.488	4.601	4.106	3.785	3.558	3.388	3.256	3.149	3.062	2.988	2.926	2.871	2.824	2.783	2.746	2.713
28	7.636	5.453	4.568	4.074	3.754	3.528	3.358	3.226	3.120	3.032	2.959	2.896	2.842	2.795	2.753	2.716	2.683
29	7.598	5.420	4.538	4.045	3.725	3.499	3.330	3.198	3.092	3.005	2.931	2.868	2.814	2.767	2.726	2.689	2.656
30	7.562	5.390	4.510	4.018	3.699	3.473	3.304	3.173	3.067	2.979	2.906	2.843	2.789	2.742	2.700	2.663	2.630
40	7.314	5.179	4.313	3.828	3.514	3.291	3.124	2.993	2.888	2.801	2.727	2.665	2.611	2.563	2.522	2.484	2.451
50	7.171	5.057	4.199	3.720	3.408	3.186	3.020	2.890	2.785	2.698	2.625	2.562	2.508	2.461	2.419	2.382	2.348
100	6.895	4.824	3.984	3.513	3.206	2.988	2.823	2.694	2.590	2.503	2.430	2.368	2.313	2.265	2.223	2.185	2.151
∞	6.635	4.605	3.782	3.319	3.017	2.802	2.639	2.511	2.407	2.321	2.248	2.185	2.130	2.082	2.039	2.000	1.965

表 6-4（續）　$F-$分配表（右尾機率值$\alpha=0.01$）

ν_2	分子的自由度(ν_1)																
	18	19	20	21	22	23	24	25	26	27	28	29	30	40	50	100	∞
1	6191.432	6200.746	6208.662	6216.113	6223.097	6228.685	6234.273	6239.861	6244.518	6249.174	6252.900	6257.091	6260.350	6286.427	6302.260	6333.925	6365.590
2	99.444	99.448	99.448	99.451	99.455	99.455	99.455	99.459	99.462	99.462	99.462	99.462	99.466	99.477	99.477	99.491	99.499
3	26.751	26.719	26.690	26.664	26.639	26.617	26.597	26.579	26.562	26.546	26.531	26.517	26.504	26.411	26.354	26.241	26.125
4	14.079	14.048	14.019	13.994	13.970	13.949	13.929	13.911	13.894	13.878	13.864	13.850	13.838	13.745	13.690	13.577	13.463
5	9.609	9.580	9.553	9.528	9.506	9.485	9.466	9.449	9.433	9.418	9.404	9.391	9.379	9.291	9.238	9.130	9.020
6	7.451	7.422	7.396	7.372	7.351	7.331	7.313	7.296	7.281	7.266	7.253	7.240	7.229	7.143	7.091	6.987	6.880
7	6.209	6.181	6.155	6.132	6.111	6.092	6.074	6.058	6.043	6.029	6.016	6.003	5.992	5.908	5.858	5.755	5.650
8	5.412	5.384	5.359	5.336	5.316	5.297	5.279	5.263	5.248	5.234	5.221	5.209	5.198	5.116	5.065	4.963	4.859
9	4.860	4.833	4.808	4.786	4.765	4.746	4.729	4.713	4.698	4.684	4.672	4.660	4.649	4.567	4.517	4.415	4.311
10	4.457	4.430	4.405	4.383	4.363	4.344	4.327	4.311	4.296	4.283	4.270	4.258	4.247	4.165	4.115	4.014	3.909
11	4.150	4.123	4.099	4.077	4.057	4.038	4.021	4.005	3.990	3.977	3.964	3.952	3.941	3.860	3.810	3.708	3.602
12	3.910	3.883	3.858	3.836	3.816	3.798	3.780	3.765	3.750	3.736	3.724	3.712	3.701	3.619	3.569	3.467	3.361
13	3.716	3.689	3.665	3.643	3.622	3.604	3.587	3.571	3.556	3.543	3.530	3.518	3.507	3.425	3.375	3.272	3.165
14	3.556	3.529	3.505	3.483	3.463	3.444	3.427	3.412	3.397	3.383	3.371	3.359	3.348	3.266	3.215	3.112	3.004
15	3.423	3.396	3.372	3.350	3.330	3.311	3.294	3.278	3.264	3.250	3.237	3.225	3.214	3.132	3.081	2.977	2.868
16	3.310	3.283	3.259	3.237	3.216	3.198	3.181	3.165	3.150	3.137	3.124	3.112	3.101	3.018	2.967	2.863	2.753
17	3.212	3.186	3.162	3.139	3.119	3.101	3.083	3.068	3.053	3.039	3.026	3.014	3.003	2.920	2.869	2.764	2.653
18	3.128	3.101	3.077	3.055	3.035	3.016	2.999	2.983	2.968	2.955	2.942	2.930	2.919	2.835	2.784	2.678	2.566
19	3.054	3.027	3.003	2.981	2.961	2.942	2.925	2.909	2.894	2.880	2.868	2.855	2.844	2.761	2.709	2.602	2.489
20	2.989	2.962	2.938	2.916	2.895	2.877	2.859	2.843	2.829	2.815	2.802	2.790	2.778	2.695	2.643	2.535	2.421
21	2.931	2.904	2.880	2.857	2.837	2.818	2.801	2.785	2.770	2.756	2.743	2.731	2.720	2.636	2.584	2.476	2.360
22	2.879	2.852	2.827	2.805	2.785	2.766	2.749	2.733	2.718	2.704	2.691	2.679	2.667	2.583	2.531	2.422	2.306
23	2.832	2.805	2.780	2.758	2.738	2.719	2.702	2.686	2.671	2.657	2.644	2.632	2.620	2.536	2.483	2.373	2.256
24	2.789	2.762	2.738	2.716	2.695	2.676	2.659	2.643	2.628	2.614	2.601	2.589	2.577	2.492	2.440	2.329	2.211
25	2.751	2.724	2.699	2.677	2.657	2.638	2.620	2.604	2.589	2.575	2.562	2.550	2.538	2.453	2.400	2.289	2.169
26	2.715	2.688	2.664	2.642	2.621	2.602	2.585	2.569	2.554	2.540	2.526	2.514	2.503	2.417	2.364	2.252	2.132
27	2.683	2.656	2.632	2.609	2.589	2.570	2.552	2.536	2.521	2.507	2.494	2.481	2.470	2.384	2.330	2.218	2.097
28	2.653	2.626	2.602	2.579	2.559	2.540	2.522	2.506	2.491	2.477	2.464	2.451	2.440	2.354	2.300	2.187	2.064
29	2.626	2.599	2.574	2.552	2.531	2.512	2.495	2.478	2.463	2.449	2.436	2.423	2.412	2.325	2.271	2.158	2.034
30	2.600	2.573	2.549	2.526	2.506	2.487	2.469	2.453	2.437	2.423	2.410	2.398	2.386	2.299	2.245	2.131	2.006
40	2.421	2.394	2.369	2.346	2.325	2.306	2.288	2.271	2.256	2.241	2.228	2.215	2.203	2.114	2.058	1.938	1.805
50	2.318	2.290	2.265	2.242	2.221	2.202	2.183	2.167	2.151	2.136	2.123	2.110	2.098	2.007	1.949	1.825	1.683
100	2.120	2.092	2.067	2.043	2.021	2.001	1.983	1.965	1.949	1.934	1.919	1.906	1.893	1.797	1.735	1.598	1.427
∞	1.934	1.905	1.878	1.854	1.831	1.810	1.791	1.773	1.756	1.739	1.724	1.710	1.696	1.592	1.523	1.358	1.009

表 6-5 F-分配表（右尾機率值$\alpha = 0.005$）

ν_2	分子的自由度（ν_1）											
	1	2	3	4	5	6	7	8	9	10	11	12
1	16212.463	19997.358	21614.134	22500.753	23055.822	23439.527	23715.198	23923.814	24091.452	24221.838	24333.596	24426.728
2	198.503	199.012	199.158	199.245	199.303	199.332	199.361	199.376	199.390	199.390	199.419	199.419
3	55.552	49.800	47.468	46.195	45.391	44.838	44.434	44.125	43.881	43.685	43.525	43.387
4	31.332	26.284	24.260	23.154	22.456	21.975	21.622	21.352	21.138	20.967	20.824	20.705
5	22.785	18.314	16.530	15.556	14.939	14.513	14.200	13.961	13.772	13.618	13.491	13.385
6	18.635	14.544	12.917	12.028	11.464	11.073	10.786	10.566	10.391	10.250	10.133	10.034
7	16.235	12.404	10.883	10.050	9.522	9.155	8.885	8.678	8.514	8.380	8.270	8.176
8	14.688	11.043	9.597	8.805	8.302	7.952	7.694	7.496	7.339	7.211	7.105	7.015
9	13.614	10.107	8.717	7.956	7.471	7.134	6.885	6.693	6.541	6.417	6.314	6.227
10	12.827	9.427	8.081	7.343	6.872	6.545	6.303	6.116	5.968	5.847	5.746	5.661
11	12.226	8.912	7.600	6.881	6.422	6.102	5.865	5.682	5.537	5.418	5.320	5.236
12	11.754	8.510	7.226	6.521	6.071	5.757	5.524	5.345	5.202	5.085	4.988	4.906
13	11.374	8.186	6.926	6.233	5.791	5.482	5.253	5.076	4.935	4.820	4.724	4.643
14	11.060	7.922	6.680	5.998	5.562	5.257	5.031	4.857	4.717	4.603	4.508	4.428
15	10.798	7.701	6.476	5.803	5.372	5.071	4.847	4.674	4.536	4.424	4.329	4.250
16	10.576	7.514	6.303	5.638	5.212	4.913	4.692	4.521	4.384	4.272	4.179	4.099
17	10.384	7.354	6.156	5.497	5.075	4.779	4.559	4.389	4.254	4.142	4.050	3.971
18	10.218	7.215	6.028	5.375	4.956	4.663	4.445	4.276	4.141	4.030	3.938	3.860
19	10.073	7.093	5.916	5.268	4.853	4.561	4.345	4.177	4.043	3.933	3.841	3.763
20	9.944	6.987	5.818	5.174	4.762	4.472	4.257	4.090	3.956	3.847	3.756	3.678
21	9.829	6.891	5.730	5.091	4.681	4.393	4.179	4.013	3.880	3.771	3.680	3.602
22	9.727	6.806	5.652	5.017	4.609	4.322	4.109	3.944	3.812	3.703	3.612	3.535
23	9.635	6.730	5.582	4.950	4.544	4.259	4.047	3.882	3.750	3.642	3.551	3.474
24	9.551	6.661	5.519	4.890	4.486	4.202	3.991	3.826	3.695	3.587	3.497	3.420
25	9.475	6.598	5.462	4.835	4.433	4.150	3.939	3.776	3.645	3.537	3.447	3.370
26	9.406	6.541	5.409	4.785	4.384	4.103	3.893	3.730	3.599	3.492	3.402	3.325
27	9.342	6.489	5.361	4.740	4.340	4.059	3.850	3.687	3.557	3.450	3.360	3.284
28	9.284	6.440	5.317	4.698	4.300	4.020	3.811	3.649	3.519	3.412	3.322	3.246
29	9.230	6.396	5.276	4.659	4.262	3.983	3.775	3.613	3.483	3.376	3.287	3.211
30	9.180	6.355	5.239	4.623	4.228	3.949	3.742	3.580	3.451	3.344	3.255	3.179
40	8.828	6.066	4.976	4.374	3.986	3.713	3.509	3.350	3.222	3.117	3.028	2.953
50	8.626	5.902	4.826	4.232	3.849	3.579	3.376	3.219	3.092	2.988	2.900	2.825
100	8.241	5.589	4.542	3.963	3.589	3.325	3.127	2.972	2.847	2.744	2.657	2.583
∞	7.880	5.298	4.279	3.715	3.350	3.091	2.897	2.744	2.621	2.519	2.433	2.358

表 6-5（續） $F-$分配表（右尾機率值$\alpha = 0.005$）

v_2	分子的自由度（v_1）											
	13	**14**	**15**	**16**	**17**	**18**	**19**	**20**	**21**	**22**	**23**	**24**
1	24504.960	24572.015	24631.619	24683.774	24728.477	24765.730	24802.983	24836.510	24862.587	24892.390	24914.742	24937.093
2	199.419	199.419	199.434	199.449	199.449	199.449	199.449	199.449	199.449	199.449	199.449	199.449
3	43.270	43.172	43.085	43.008	42.939	42.881	42.826	42.779	42.732	42.692	42.655	42.623
4	20.603	20.515	20.438	20.371	20.311	20.258	20.211	20.167	20.128	20.093	20.060	20.030
5	13.293	13.215	13.146	13.086	13.033	12.985	12.942	12.903	12.868	12.837	12.807	12.780
6	9.950	9.878	9.814	9.758	9.709	9.664	9.625	9.589	9.556	9.527	9.499	9.474
7	8.097	8.028	7.968	7.915	7.868	7.826	7.788	7.754	7.723	7.695	7.669	7.645
8	6.938	6.872	6.814	6.763	6.718	6.678	6.641	6.608	6.578	6.551	6.526	6.503
9	6.153	6.089	6.032	5.983	5.939	5.899	5.864	5.832	5.803	5.776	5.752	5.729
10	5.589	5.526	5.471	5.422	5.379	5.340	5.306	5.274	5.245	5.219	5.195	5.173
11	5.165	5.103	5.049	5.001	4.959	4.921	4.886	4.855	4.827	4.801	4.778	4.756
12	4.836	4.775	4.721	4.674	4.632	4.595	4.561	4.530	4.502	4.476	4.453	4.431
13	4.573	4.513	4.460	4.413	4.372	4.334	4.301	4.270	4.243	4.217	4.194	4.173
14	4.359	4.299	4.247	4.201	4.159	4.122	4.089	4.059	4.031	4.006	3.983	3.961
15	4.181	4.122	4.070	4.024	3.983	3.946	3.913	3.883	3.855	3.830	3.807	3.786
16	4.031	3.972	3.920	3.875	3.834	3.797	3.764	3.734	3.707	3.682	3.659	3.638
17	3.903	3.844	3.793	3.747	3.707	3.670	3.637	3.607	3.580	3.555	3.532	3.511
18	3.793	3.734	3.683	3.637	3.597	3.560	3.527	3.498	3.471	3.446	3.423	3.402
19	3.696	3.638	3.587	3.541	3.501	3.464	3.432	3.402	3.375	3.350	3.327	3.306
20	3.611	3.553	3.502	3.457	3.416	3.380	3.348	3.318	3.291	3.266	3.243	3.222
21	3.536	3.478	3.427	3.382	3.342	3.305	3.273	3.243	3.216	3.191	3.168	3.147
22	3.469	3.411	3.360	3.315	3.275	3.239	3.206	3.176	3.149	3.125	3.102	3.081
23	3.408	3.351	3.300	3.255	3.215	3.179	3.146	3.116	3.089	3.065	3.042	3.021
24	3.354	3.296	3.246	3.201	3.161	3.125	3.092	3.062	3.035	3.011	2.988	2.967
25	3.304	3.247	3.196	3.152	3.111	3.075	3.043	3.013	2.986	2.961	2.939	2.918
26	3.259	3.202	3.151	3.107	3.067	3.031	2.998	2.968	2.941	2.917	2.894	2.873
27	3.218	3.161	3.110	3.066	3.026	2.990	2.957	2.927	2.900	2.876	2.853	2.832
28	3.180	3.123	3.073	3.028	2.988	2.952	2.919	2.890	2.863	2.838	2.815	2.794
29	3.145	3.088	3.038	2.993	2.953	2.917	2.885	2.855	2.828	2.803	2.780	2.759
30	3.113	3.056	3.006	2.961	2.921	2.885	2.853	2.823	2.796	2.771	2.748	2.727
40	2.888	2.831	2.781	2.737	2.697	2.661	2.628	2.598	2.571	2.546	2.523	2.502
50	2.760	2.703	2.653	2.609	2.569	2.533	2.500	2.470	2.443	2.418	2.395	2.373
100	2.518	2.461	2.411	2.367	2.326	2.290	2.257	2.227	2.199	2.174	2.150	2.128
∞	2.294	2.237	2.187	2.142	2.101	2.064	2.031	2.000	1.972	1.945	1.921	1.898

表 6-5（續）　F-分配表（右尾機率值$\alpha=0.005$）

ν_2	分子的自由度（ν_1）									
	25	26	27	28	29	30	40	50	100	∞
1	24959.445	24981.797	24996.698	25011.599	25026.500	25041.401	25145.710	25212.765	25339.425	25466.084
2	199.449	199.463	199.463	199.463	199.463	199.478	199.478	199.478	199.478	199.507
3	42.590	42.561	42.535	42.510	42.488	42.466	42.310	42.211	42.022	41.829
4	20.003	19.977	19.953	19.931	19.911	19.892	19.751	19.667	19.497	19.325
5	12.756	12.732	12.711	12.691	12.673	12.656	12.530	12.454	12.300	12.144
6	9.451	9.430	9.410	9.391	9.374	9.358	9.241	9.170	9.026	8.879
7	7.623	7.603	7.584	7.566	7.550	7.534	7.422	7.354	7.217	7.076
8	6.482	6.462	6.444	6.427	6.411	6.396	6.288	6.222	6.087	5.951
9	5.708	5.689	5.671	5.655	5.639	5.625	5.519	5.454	5.322	5.188
10	5.153	5.134	5.116	5.100	5.085	5.071	4.966	4.902	4.772	4.639
11	4.736	4.717	4.700	4.684	4.668	4.654	4.551	4.488	4.359	4.226
12	4.412	4.393	4.376	4.360	4.345	4.331	4.228	4.165	4.037	3.904
13	4.153	4.134	4.117	4.101	4.087	4.073	3.970	3.908	3.780	3.647
14	3.942	3.923	3.906	3.891	3.876	3.862	3.760	3.697	3.569	3.436
15	3.766	3.748	3.731	3.715	3.701	3.687	3.585	3.523	3.394	3.260
16	3.618	3.600	3.583	3.567	3.553	3.539	3.437	3.375	3.246	3.112
17	3.492	3.473	3.457	3.441	3.426	3.412	3.311	3.248	3.119	2.984
18	3.382	3.364	3.347	3.332	3.317	3.303	3.201	3.139	3.009	2.873
19	3.287	3.269	3.252	3.236	3.221	3.208	3.106	3.043	2.913	2.776
20	3.203	3.184	3.168	3.152	3.137	3.123	3.022	2.959	2.828	2.690
21	3.128	3.110	3.093	3.077	3.063	3.049	2.947	2.884	2.753	2.614
22	3.061	3.043	3.026	3.011	2.996	2.982	2.880	2.817	2.685	2.546
23	3.001	2.983	2.966	2.951	2.936	2.922	2.820	2.756	2.624	2.484
24	2.947	2.929	2.912	2.897	2.882	2.868	2.765	2.702	2.569	2.428
25	2.898	2.880	2.863	2.847	2.833	2.819	2.716	2.652	2.519	2.377
26	2.853	2.835	2.818	2.802	2.788	2.774	2.671	2.607	2.473	2.330
27	2.812	2.794	2.777	2.761	2.747	2.733	2.630	2.565	2.431	2.287
28	2.775	2.756	2.739	2.724	2.709	2.695	2.592	2.527	2.392	2.247
29	2.740	2.722	2.705	2.689	2.674	2.660	2.557	2.492	2.357	2.210
30	2.708	2.689	2.672	2.657	2.642	2.628	2.524	2.459	2.323	2.176
40	2.482	2.464	2.447	2.431	2.416	2.401	2.296	2.230	2.088	1.932
50	2.353	2.335	2.317	2.301	2.286	2.272	2.164	2.097	1.951	1.786
100	2.108	2.089	2.071	2.054	2.039	2.024	1.912	1.840	1.681	1.485
∞	1.877	1.857	1.839	1.821	1.805	1.789	1.669	1.590	1.402	1.009

NOTE

習題解答

第 1 章

一、選擇題

1. (B)　2. (B)　3. (A)　4. (A,B)　5. (A)

6. (B)　7. (D)　8. (A,B,C)　9. (A)　10. (D)

二、實作題

平均身高：175.3076923

最高身高：185

最低身高：166

個數：13

第 2 章

一、選擇題

1. (A,D)　2. (A,B,C,D)　3. (A,B,C)　4. (A,B,D)

5. (A)　6. (B)　7. (D)　8. (B,C)　9. (A,D)　10. (A)

二、基礎題

1. (1)市民

　(2)車輛

　(3)購物者

　(4)進入者

　(5)各國國民

2. 數值變數：(1)、(3)、(5)

　類別變數：(2)、(4)

3. 離散變數：(1)、(4)

　連續變數：(2)、(3)、(5)

4. (1)投票的合格選民。

　(2)不是合格選民，不代表投票當天不是合格選民，必須考慮此時間落差的影響，一般來說影響甚少。

5. (1)某學科測驗成績、數值變數

　(2)接受啟發性教學的學生

　(3)所有接受啟發性教學的學生

6. (1)圓餅圖如下圖

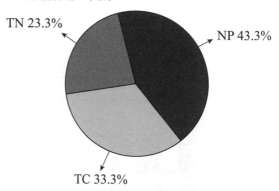

(2)

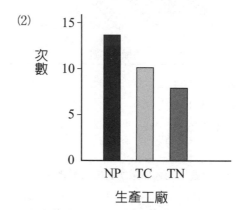

(3)佔 33.3%

(4)台北生產工廠的產量 > 台中生產工廠的產量 > 台南生產工廠的產量

7. (1)

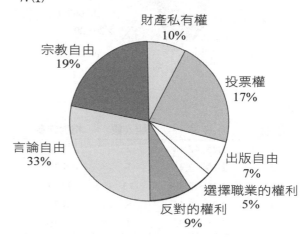

(2)

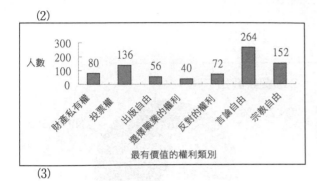

(3)

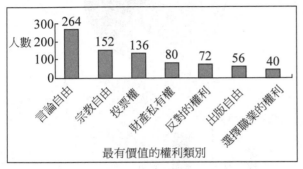

(4)言論自由 264 人

　　宗教自由 152 人

　　投票權 136 人

8.

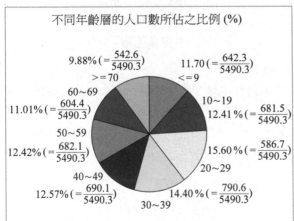

9.

組別	組界	組次數	相對次數
1	1.75～2.10	2	3/30
2	2.10～2.45	5	5/30
3	2.45～2.80	13	13/30
4	2.80～3.15	8	8/30
5	3.15～3.50	1	1/30

10. 次數分配表及相對次數直方圖如下所示。

組別	組界	組次數	相對次數
1	1.49～2.19	2	2/50（＝0.04）
2	2.19～2.89	8	8/50（＝0.16）
3	2.89～3.59	6	6/50（＝0.12）
4	3.59～4.29	18	18/50（＝0.36）
5	4.29～4.99	9	9/50（＝0.18）
6	4.99～5.69	4	4/50（＝0.08）
7	5.69～6.39	3	3/50（＝0.06）

此表呈對稱分配，無離群值

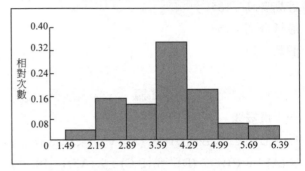

三、進階題

1. (1)次數分配表，之相對次數直方圖如下所示。

組別	組界	組次數	相對次數
1	11.5～13.5	6	6/50（＝0.12）
2	13.5～15.5	12	12/50（＝0.24）
3	15.5～17.5	12	12/50（＝0.24）
4	17.5～19.5	7	7/50（＝0.14）
5	19.5～21.5	9	9/50（＝0.18）
6	21.5～23.5	3	3/50（＝0.06）
7	23.5～25.5	1	1/50（＝0.02）

(2)右偏

(3) 30%

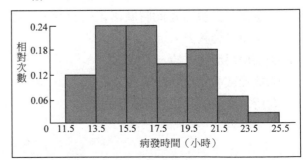

2. (1)次數分配表如下，相對次數直方圖可參照
　　相對次數繪製。

組別	組界	組次數	相對次數
1	0.65～1.25	3	3/40
2	1.25～1.85	16	16/40
3	1.85～2.45	6	6/40
4	2.45～3.05	10	10/40
5	3.05～3.65	2	2/40
6	3.65～4.25	3	3/40

　(2)右偏

　(3)第二組次數偏高

四、實作題

30 位新生學年總成績如下：

70	71	72	85	74
83	56	91	88	81
79	80	77	75	54
77	75	84	90	84
76	78	65	77	89
67	78	52	73	63

組界
57.4
63.4
69.4
75.4
81.4
87.4
93.4

資料個數	30
最大值	91
最小值	52
平均值	7
分組數	7
組限	5

組界	頻率
57.4	3
63.4	1
69.4	2
75.4	7
81.4	9
87.4	4
93.4	4
其他	0

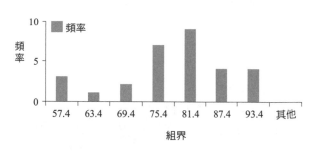

直方圖

第 3 章

一、選擇題

1. (A,B,C)　2. (A,B,C)　3. (B)　4. (C)　5. (A)

6.(D)　7. (C)　8. (B)　9. (C)　10. (B)

二、基礎題

1. (1)$\bar{x} = 3.75$

　(2)$Me = 4$

　(3)$m = 4$

2. (1)$\bar{x} = 5.82$

　(2)$Me = 6$

　(3)$m = 6$

3. (1)$\bar{x} = 1.08$　$Me = 1$　$m = 1$

　(2)

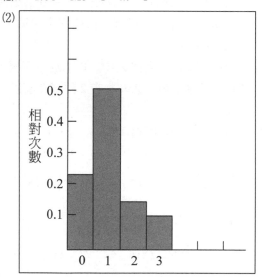

4. (1)$\bar{x} = 216$

　(2)$Me = 212.5$

(3)平均數與中位數均可，因資料並未產生極端偏移情形

5. (1)$\mu = 21.6667$

(2)$\sigma^2 = 16.622$，$\sigma = 4.077$

6. (1)$R = 6$

(2)$\bar{x} = 4.25$

(3)$s^2 = 4.5$ $s = 2.1213$

(4)2.83（倍）

7. (1) 100%

(2) 95%

(3) 68%

(4) 16%

8. (1)$S = \dfrac{R}{4} = \dfrac{7-1}{4} = 1.5$

(2)$S = 1.96$ 與預估值近似

(3)4.47 ± 1.96 佔 60%；$4.47 \pm 2(1.96)$ 佔 100% 不違反謝比雪夫定理

(4)與經驗法則大致相同，資料成對稱分配。

9. $Me = 7.5$

$Q_1 = 5.5$

$Q_2 = 12.5$

10. 若班上學年總成績排名為第 71 百分位數就是我在班上的排名，是每一百位學生中第 71 高或第 29 名次。

11. 18 歲至 24 歲的台灣人中，P74 為有 2 雙或 2 雙以上的運動鞋；P59 為有 2 部或 2 部以上的照相機。

12. (1)先排序該組資料：3，3，3，6，14，15，18，18，18，18，22，25，37，43，56，72

(2)$i = 16 \times \dfrac{32}{100} = 5.12$ 故 $P_{32} = X_{(6)} = 15$

(3)$i = 16 \times \dfrac{75}{100} = 12$

故 $P_{75} = \dfrac{X_{(12)} + X_{(13)}}{2} = \dfrac{25 + 37}{2} = 31$

三、進階題

1. 組距為 $\dfrac{0.66}{6} = 0.11$

(1)組界及相對次數計算如下，相對次數直方圖略，圖成對稱（鐘形分配）。

組別	組界	組次數	相對次數
1	0.74～0.85	2	2/32
2	0.85～0.96	4	4/32
3	0.96～1.07	10	10/32
4	1.07～1.18	8	8/32
5	1.18～1.29	4	4/32
6	1.29～1.40	4	4/32

(2)$\bar{x} = 1.0675$ $s = 0.1552$

(3)

k	相對次數
1	71.88%
2	90.6%
3	100%

(4)符合謝比雪夫定理。

但較不符合經驗法則。根據經驗法則，1 倍標準差包含 68% 量測值，2 倍標準差包含 95% 量測值。3 倍標準差包含 100% 量測值。所以 $k = 2$ 不符合經驗法則。

(5) 56.25%

2. (1) 68%

(2) 95%

(3) 100%

3. (1)組距為 $= \dfrac{27}{7} = 3.86 \simeq 4$，相對次數直方圖略

(2)$\bar{x} = 2.8844$ $s = 6.7358$

(3)

k	相對次數
1	約 66.7% = 30/45
2	約 97.8% = 44/45
3	約 100% = 45/45

(4)符合謝比雪夫定理和經驗法則。

4.利用組中點(mp_i)求解即可：

組界	0-20	20-40	40-60	60-80	80-100
組中點mp_i	10	30	50	70	90
組次數(f_i)	12	23	30	25	10

$$\sum_{i=1}^{k} mp_i f_i = 4960,\quad \sum_{i=1}^{k} mp_i^2 \times f_i = 300400,\quad N = 100$$

$$\sigma^2 = \frac{\sum_{i=1}^{k} mp_i^2 f_i - \frac{(\Sigma mp_i f_i)^2}{N}}{N}$$

$$= \frac{300400 - \frac{4960^2}{100}}{100} = 543.84$$

$$\sigma = \sqrt{\sigma^2} = \sqrt{543.84} = 23.32$$

四、實作題

以例題 3.11，某大學財務金融系推甄面試共 25 位面試成績如下：

18.3	23.5	25.6	16	19.2
21.2	20.8	24.7	21	21.6
22.7	26.2	23.6	22.8	24.5
21.5	28.4	21.8	23.1	20.9
20.2	21	20.2	19.6	24.1

1. 利用 Excel 求算母體資料之敘述統計：個數、最大值、最小值、全距、平均值、中位數、四分位數、變異數、標準差、P20 百分位數。

個數	25
最大值	28.4
最小值	16
全距	12.4
平均值	22.1
中位數	21.6
眾數	21
第一四分位數	20.5
第二四分位數	21.6
第三四分位數	23.85
P20	20.2
P70	23.52
母體變異數	6.8768
母體標準差	2.622365

2. 求 P32、P75 百分位數，樣本標準差。

P32	20.932
P75	23.85
樣本標準差	2.67644

第 4 章

一、選擇題

1. (C)　2. (A)　3. (C)　4. (A)　5. (C)

6. (B)　7. (A,B,D)　8. (B)　9. (C)　10. (C)

二、基礎題

1. (1) ∵ A、B 互斥 ∴ $P(A \cap B) = 0$

   (2) $P(A \cup B) = 0.8$

   (3) $P(A^c) = 0.7$

   (4) $P(A^c \cap B^c) = 0.2$

   (5) $P(A^c \cup B^c) = 1$

   (6) $P(A \cap B^c) = 0.3$

2. $P(A|B) = \dfrac{1}{2}$

   $P(B|A) = \dfrac{3}{4}$

   $P(A^c|B^c) = \dfrac{5}{6}$

   $P(B^c|A^c) = \dfrac{5}{8}$

3. 設某生數學及格之事件為 A，英文及格之事件為 B，

   由題意得知　$P(A) = 4/7$　$P(B) = 3/8$　$P(A \cup B) = 5/6$

   則 $P(A \cap B) = 19/168$

4. $P(A) = \dfrac{91}{216}$

   $P(B) = P(A) = \dfrac{91}{216}$

   $P(A \cup B) = \dfrac{146}{216} = \dfrac{73}{108}$

   $P(A \cap B) = \dfrac{36}{216} = \dfrac{1}{6}$

5. (1)設 T 表示喜歡新產品，F 表不喜歡

$$則\ S = \begin{cases} (T,T,T,T),(T,T,T,F),(T,T,F,T),(T,T,F,F) \\ (T,F,T,T),(T,F,T,F),(T,F,F,T),(T,F,F,F) \\ (F,T,T,T),(F,T,T,F),(F,T,F,T),(F,T,F,F) \\ (F,F,T,T),(F,F,T,F),(F,F,F,T),(F,F,F,F) \end{cases}$$

(2)(T,T,T,T),(T,T,T,F),(T,T,F,T),(T,T,F,F)

(T,F,T,T),(T,F,T,F),(T,F,F,T),(F,T,T,T)

(F,T,T,F),(F,T,F,T),(F,F,T,T)

(3)可以，$\dfrac{11}{16}$

三、進階題

1. (1) $P(A \cup B \cup C) = 0.8$

(2) $P(A^c \cap B) = 0.3$

(3) $P(B^c \cup C)^c = 0.3$

2. (1) $P(A^c \cap B^c) = 0.49$

(2) $P(A^c \cap B) = 0.26$

(3) $P(A \cap B) = 0.12$

(4) $P(B|A) = 0.48$

(5) $P(A|B) = 0.32$

3. (1) $P(E) = 0.5$，$P(F) = 0.3$

$P(E \cup F) = 0.65$，$P(E \cap F) = 0.15$

(2) $P(G) = 0.5$，$P(H) = 0$

$P(G \cup H) = 0.5$，$P(G \cap H) = 0$

4. 設三位男性分別為 X1、X2、X3，女性為 Y

則 S = {(X1,X1), (X1,X2), (X1,X3), (X1,Y),

(X2,X1), (X2,X2)

(X2,X3), (X2,Y), (X3,X1), (X3,X2),

(X3,X3), (X3,Y)

(Y,X1), (Y1,X2), (Y,X3), (Y,Y)}

(1) $4/16 = 1/4$

(2) $9/16$

(3) $1/16$

5. (1) $1 - \dfrac{C_2^5}{C_2^9} = 1 - \dfrac{10}{36} = \dfrac{13}{18}$

(2) $1 - \dfrac{C_2^2}{C_2^9} = 1 - \dfrac{1}{36} = \dfrac{35}{36}$

(3) $\dfrac{C_1^2 \cdot C_1^4}{C_2^9} = \dfrac{8}{36} = \dfrac{2}{9}$

6. (1) P（不良品）= 0.037

(2) P（甲｜不良品）= 0.405

7. (1) P（紅）= 17/40

(2) P（丙｜紅）= 20/51

8. (1) $P(W1 \cap B2) = \dfrac{4}{7} \times \dfrac{3}{6} = \dfrac{2}{7}$

(2) $P(W1|B2) = \dfrac{2}{3}$

9. $P(A \cap B) = P(B) - P(\overline{A} \cap B) = 0.32 - 0.2 = 0.12$

(1) $P(A \cap B) = P(B) - P(\overline{A} \cap B)$

$= 0.32 - 0.2 = 0.12$

(2) $P(\overline{A} - \overline{B}) = P(\overline{A}) - P(\overline{A} \cap B)$

$= 1 - P(A) - P(\overline{A} \cap B)$

$= 1 - 0.45 - 0.2 = 0.35$

10. 設 A = 至少有兩人是同月同日生之事件

設 $P(A) = 1 - P(A^C)$

$= 1 - \dfrac{n(A^C)}{n(S)}$

$= 1 - \dfrac{365 \times 364 \times \cdots\cdots \times 336}{365^{30}}$

$= 0.7063$

第 5 章

一、選擇題

1. (A)　2. (C)　3. (B)　4. (C)　5. (B)　6. (C)

7. (C)　8. (A)　9. (A)　10. (B)　11. (A)

二、基礎題

1. 離散隨機變數：(1),(3),(7)

連續隨機變數：(2),(4),(5),(6)

2. (1)略

(2) $E(X) = 1.35$

(3) $P(X \geqq 3) = 0.05 + 0.05 = 0.1$

$P(1 < X \leq 3) = 0.3 + 0.05 = 0.35$

(4) $E(X^2) = 2.85$

$Var(X) = 1.0275$

3. (1) 0,1,2,3

(2) $P(X = 3) = \dfrac{1}{5} \times \dfrac{1}{4} \times \dfrac{1}{3} = \dfrac{1}{60}$

$P(X = 2) = \dfrac{1}{5} \times \dfrac{1}{4} \times \dfrac{2}{3} + \dfrac{1}{5} \times \dfrac{3}{4} \times \dfrac{1}{3} + \dfrac{4}{5}$

$\times \dfrac{1}{4} \times \dfrac{1}{3} = \dfrac{9}{60}$

$P(X=1)=\dfrac{1}{5}\times\dfrac{3}{4}\times\dfrac{2}{3}+\dfrac{4}{5}\times\dfrac{1}{4}\times\dfrac{2}{3}+\dfrac{4}{5}$
$\qquad\times\dfrac{3}{4}\times\dfrac{1}{3}=\dfrac{26}{60}=\dfrac{13}{30}$

$P(X=0)=\dfrac{4}{5}\times\dfrac{3}{4}\times\dfrac{2}{3}=\dfrac{2}{5}$

X	0	1	2	3
f(x)	$\dfrac{2}{5}$	$\dfrac{13}{30}$	$\dfrac{9}{60}$	$\dfrac{1}{60}$

(3) $P(X\geqq2)=\dfrac{10}{60}$

4. (1) $P(X=3)=C_3^3\times(0.7)^3=0.343$

$\quad P(X=2)=C_2^3\times(0.7)^2\times(0.3)=0.441$

$\quad P(X=1)=C_1^3\times(0.7)\times(0.3)^2=0.189$

$\quad P(X=0)=C_0^3\times(0.3)^3=0.027$

X	0	1	2	3
f(x)	0.027	0.189	0.441	0.343

(2) $P(X\geqq1)=0.973$

這代表三名顧客中至少有一位使用信用卡消費之機率為 0.973

(3)略

5. (1) $S=\{0,1,2,3,\cdots\cdots\cdots..\}=\{X\mid X$ 為非負整數$\}$

(2) $f(x)=P(X=x)=C_x^{x+2}\times P^3\times(1-P)^x$

為機率分配函數

(3) $P(X<3)=P(X=0)+P(X=1)+P(X=2)$
$\qquad\qquad=0.001158125$

6. (1) $P(Y=0)=\dfrac{C_0^2\times C_2^2}{C_2^4}=\dfrac{1}{6}$

$\quad P(Y=1)=\dfrac{C_1^2\times C_1^2}{C_2^4}=\dfrac{2}{3}$

$\quad P(Y=2)=\dfrac{C_2^2\times C_0^2}{C_2^4}=\dfrac{1}{6}$

Y	0	1	2
f(y)	$\dfrac{1}{6}$	$\dfrac{2}{3}$	$\dfrac{1}{6}$

(2)略

三、進階題

1. (1) 450 元

(2) 150 元

2. (1) $P(X\geqq2)=0.5$

(2) $P(1\leqq X\leqq3)=0.75$

(3) $E(X)=1.55$

(4) $E(X^2)=3.65$

$\quad Var(X)=1.2475$

3. (1) $E(X^2+3X-4)=4.3$

(2)

X	0	1	2	3	4
X^2+3X-4	-4	0	6	14	24

Y	-4	0	6	14	24
f(y)	0.2	0.3	0.3	0.15	0.05

(3) $E(Y)=4.3$

$\quad E(Y^2)=72.2$

$\quad Var(Y)=53.71$

4.

X	0	1	2	3
Y	0	-1	0	3
f(x)	0.1	0.3	0.4	0.2

$E(Y)=0.3$

$E(Y^2)=2.1$

$Var(Y)=2.01$

5. (1) $EX=500\times0.1+550\times0.1+600\times0.2+$
$\qquad650\times0.3+700\times0.2+750\times0.1=635$

$\quad EX^2=500^2\times0.1+550^2\times0.1+600^2\times0.2+650^2$
$\qquad\times0.3+700^2\times0.2+750^2\times0.1=408250$

$\quad VX=EX^2-(EX^2)=5025$

(2)根據 Chebyshev's 定理：

$\quad \mu_X\pm k\sigma_x$ 之機率 $1-\dfrac{1}{k^2}$

$\quad EX\pm2\times\sqrt{VX}$

$\quad\Rightarrow 635\pm2\times\sqrt{5025}$

$\quad\Rightarrow[493.23,776.77]$

6. Let $X_1, X_2,..., X_{10}$ Ber$(p=0.2)$ $x=\sum\limits_{i=1}^{10}x_i$

(1) $X\longrightarrow b(n=10, p=0.2)$，其 p.m.f 為

$\quad f_x(x)=C_x^{10}(0.2)^x(0.8)^{10-x}, x=0,1,2,...10$

(2) $P(X \leq 2) = \sum_{x=0}^{2} C_x^{10}(0.2)^x(0.8)^{10-x}$

(3) $\Theta X_i \to \text{Ber}(p=0.2) \Rightarrow EX_i = p = 0.2$

7. 設 X 為 20 位顧客中會到餐廳用餐的總人數，由題意知，

 $X \to b(n=20, p=0.8)$。

(1) $P(X \geq 19) = P(X=19) + P(X=20)$

 $= C_{19}^{20} \cdot 0.8^{19} \times 0.2^1 + C_{20}^{20} \cdot 0.8^{20}$

 $= 0.0692$

(2) $P(X<10) = \sum_{x=0}^{9} C_x^{20} \cdot 0.8^x \cdot 0.2^{20-x} = 0.0006$

四、實作題

X：0, 1, 2, 3, 4

p=0.6

n=4

→ X~B(4, 0.6)　　X：二項式機率分配

→ X 機率分配如下表

X	0	1	2	3	4
f(x)	0.0256	0.1536	0.3456	0.3456	0.1296

P(X≤3)=0.5248

P(X≥2)=0.8208

第 6 章

一、選擇題

1.(A)　2.(A)　3.(A)　4.(A)　5.(A)

6.(D)　7.(C)　8.(D)　9.(A)　10.(A)

二、基礎題

1. (1) 0.0036

 (2) 0.996

 (3) 0.006

2. (1) 0.009

 (2) 0.991

 (3) 0.207（查附表 A-3 頁）

3. (1) 0.192（查附表 A-4 頁）

 (2) 0.573（查附表 A-4 頁）

 (3) 0.995

(4) 6（位）

4. 0.3011

 $E(X)=0.375$，$\text{Var}(X)=0.3291$

5. 0.213

6. (1) 0.647

 (2) 0.185

 (3) 0.125（查附表 A-6 頁）

 (4) 0.777

7. (1) 0.007（查附表 A-6 頁）

 (2) 0.146（查附表 A-6 頁）

 (3) 0.068

 (4) 0.602

8. $E(X)=15$，$\text{Var}(X)=15$

9. (1) 0.130（查附表 A-7 頁）

 (2) 0.572

三、進階題

1. (1) 0.1176

 (2) 0.1064

2. (1) 0.0918

 (2) 0.0064

3. 0.537

4. 0.019

5. (1) 0.259

 (2) 0.996（查附表 A-6 頁）

6. (1) Y→Poisson(1), Y：一分鐘內打來電話數

 $P(Y=0) = \dfrac{e^{-1} \cdot e^0}{0!} = e^{-1} = 0.368$

 (2) Z→Poisson(30), Z：三十分鐘內打來電話數

 $P(Z \geq 3) = 1 - P(Z=0) - P(Z=1) - P(Z=2)$

 $= 1 - \dfrac{e^0 \cdot 30^0}{0!} - \dfrac{e^{-30} \cdot 30^1}{1!}$

 $- \dfrac{e^{-30} \cdot 30^2}{2!}$

 $= 1 - e^{-30} - 30e^{-30} - 450e^{-30}$

 $= 1 - 481e^{-30} \doteqdot 1,000$

四、實作題

利用 Excel 分別用二項式分配和卜瓦松分配求

P(X=2)機率值。

方法一：（利用二項式分配）

p=0.01,n=300,X∼B(n,p)

求 P(X=2)

P(X=2)=0.224414254

=BINOM.DIST(2,300,0.01,0)

方法二：（利用卜瓦松分配）

不良品在 100 件中有一件，300 件產品中有不良品 3 件。

X∼Poisson(3)

求 P(X=2)

P(X=2)=0.224041808

=POISSON.DIST(2,3,FALSE)

第 7 章

一、選擇題

1. (C)　2. (B)　3. (A,B,C)　4. (A,C)　5. (D)

6. (C)　7. (B)　8. (C)　9. (A)　10. (B)

二、基礎題

1. (1)

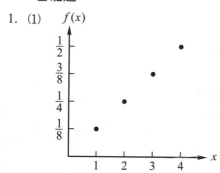

$$f(x)=\frac{x}{8}\geq 0 \text{，} 3x\leq 4$$

(2) $P(0\leq \times \leq 4)$

$$= \int_0^4 f(x)dx = \int_0^4 \frac{x}{8}\,dx = \frac{1}{16}x^2 \Big|_0^4 = 1$$

(3) $\frac{1}{2}$

(4) $P(x=2)=0$

(5) $P(x\leq 2.5) = \int_0^{2.5} \frac{x}{8}\,dx = \frac{1}{16}x^2 \Big|_0^{2.5} = \frac{25}{64}$

(6)由(3) $P(1\leq x \leq 3) = \int_1^3 \frac{x}{8}\,dx = \frac{1}{16}x^2 \Big|_1^3$

$$= \frac{1}{16}(3^2 - 1^2) = \frac{1}{2}$$

$$E(X) = \int_0^4 x \cdot \frac{x}{8}\,dx = \int_0^4 \frac{x^2}{8}\,dx = \frac{1}{24}x^3 \Big|_0^4 = \frac{64}{24}$$

$$= \frac{8}{3}$$

$$Var(X) = E(X^2) - [E(X)]^2$$

$$= \int_0^4 x^2 \cdot \frac{x}{8}\,dx - (\frac{8}{3})^2 = 8 - \frac{64}{9} = \frac{8}{9}$$

2. (1) 0.4878

(2) 0.0011

(3) 0.6403

(4) 0.0681

(5) 0.9949

(6) 0.0564

(7) 0.0506

3. (1) $a = -0.81$

(2) $b = 0.55$

(3) $a = 1.96$

(4) $b = -1.14$

(5) $c = 0.21$

4. (1) 0.9544

(2) 0

(3) 0

(4) 1

(5) 0.0445

(6) 0.9793

5. (1) $a = 51.732$

(2) $a = 53.395$

(3) $a = 47.151$

(4) $a = 50.935$

6. (1) 0.0498

(2) 0.0183

(3) 0.9179

(4) 0.8347

(5) 0.0473

(6) 0

三、進階題

1. 76 分，64 分

2. $Q_1 = 66.214$ $Q_2 = 68$ $Q_3 = 69.786$

3. (1) 89.44%

   (2) 508.32

   (3) 0.8944

4. 0.0002

5. 0.0565

6. $X_1, X_2, ..., X_6 \to N(\mu = 180, \sigma^2 = 100)$

   $\Rightarrow Y = \sum_{i=0}^{6} X_i \to N(1080, 600)$

   (1) $P(Y < 1000) = P\left(\dfrac{Y - 1080}{\sqrt{600}} < \dfrac{1000 - 1080}{\sqrt{600}}\right)$

   $= P(Z < -3.27) = 0$

   (2) $P(X < 170) = P\left(\dfrac{X - 180}{10} < \dfrac{170 - 180}{10}\right)$

   $= P(Z < -1) = 0.1587$

   (3) $Y \to N(1080, 600)$，$P(Y < k)$

   $= P\left(Z < \dfrac{k - 1080}{\sqrt{600}}\right) = 0.01$

   $\Rightarrow \dfrac{k - 1080}{\sqrt{600}} = -2.33 \Rightarrow k = 1080 - 2.33\sqrt{600}$

   $= 1022.93$

四、實作題

1. P(X<48)=0.066807201=NORM.DIST(48,60,8, TRUE)

2. P(X>82)=0.0029797632=1-NORM.DIST (82,60,8,TRUE)

3. P(60<X<70)=0.394350226=NORM.DIST (70,60,8,TRUE)-NORM.DIST(60,60,8,TRUE)

第 8 章

一、選擇題

1. (A)　2. (A)　3. (A)　4. (B)　5. (B)

6. (C)　7. (C)　8. (B)　9. (A)　10. (C)

二、基礎題

1. $\overline{X} \sim N(30 ; (\frac{5}{4})^2)$

2. $\overline{X} \sim N(30 ; (\frac{25}{7})^2)$

3. $\overline{X} \sim N(30 ; (\frac{10}{4})^2)$

4. 根據中央極限定理 $\overline{X} \sim N(68 ; (\frac{10}{6})^2)$

5. (1) 0.89

   (2) 0.01

   (3) 0.05

   (4) 0.9

   (5) 0.99

   (6) 0.025

   (7) 0.09

   (8) $a = -1.341$

   (9) $a = 2.145$

   (10) $a = 1.746$

   (11) $a = 2.060$

   (12) 0.925

   (13) 0.94

   (14) 0.94

   (15) 0.095

   (16) $a = 40.6465$

   (17) $a = 14.6114$

   (18) $a = 14.6114$

   (19) $a = 40.6465$

6. (1) 4.818

   (2) 2.203

   (3) 6.757

   (4) 3.372

   (5) $\dfrac{1}{3.326}$

   (6) $\dfrac{1}{14.253}$

三、進階題

1. (1)

Ω	$\bar{x}$	$f(\Omega)$
(1，1)	1	1/9
(1，3)	2	1/9
(1，5)	3	1/9
(3，1)	2	1/9
(3，3)	3	1/9
(3，5)	4	1/9
(5，1)	3	1/9
(5，3)	4	1/9
(5，5)	5	1/9

(2) $E(\overline{X})=3$，$Var(\overline{X})=\dfrac{4}{3}$

(3) $\mu=3=E(\overline{X})$，$\sigma^2=\dfrac{8}{3}$，$Var(\overline{X})=\dfrac{\sigma^2}{n}=\dfrac{4}{3}$

2. (1)

Ω	$\bar{x}$	$f(\Omega)$
(1，1)	1	0.01
(1，3)	2	0.07
(1，5)	3	0.02
(3，1)	2	0.07
(3，3)	3	0.49
(3，5)	4	0.14
(5，1)	3	0.02
(5，3)	4	0.14
(5，5)	5	0.04

(2) $E(\overline{X})=3.2$，$Var(\overline{X})=0.58$

(3) $\mu=1\times0.1+3\times0.7+5\times0.2=3.2=E(\overline{X})$

$\sigma^2=E(X^2)-[E(X)]^2=1.16$

$Var(\overline{X})=\dfrac{\sigma^2}{n}=0.58$

3. (1)

Ω	$\bar{x}$	$f(\Omega)$
(1，3)	2	1/12
(1，5)	3	1/12
(1，7)	4	1/12
(3，1)	2	1/12
(3，5)	4	1/12
(3，7)	5	1/12
(5，1)	3	1/12
(5，3)	4	1/12
(5，7)	6	1/12
(7，1)	4	1/12
(7，3)	5	1/12
(7，5)	6	1/12

(2) $E(\overline{X})=4$，$Var(\overline{X})=\dfrac{5}{3}$

(3) $\mu=4=E(\overline{X})$

$\sigma^2=5$　$Var(\overline{X})=\dfrac{N-n}{N-1}\dfrac{\sigma^2}{n}=\dfrac{5}{3}$

4. (1) $\overline{X}\sim N\left(50;\dfrac{25}{16}\right)$

(2) 0.0548

(3) 0.7333

5. (1) $\overline{X}\sim N\left(150;\dfrac{400}{49}\right)$

(2) 0.0808

6. (1) $\overline{X}\sim N\left(150;\dfrac{36}{25}\right)$

(2) 0.0475

(3) 0.9876

(4) 0.7967

7. (1) $\overline{X}\sim N\left(72;\dfrac{225}{100}\right)$

(2) 0.2514

(3) 0.2514

(4) 0.8854

8. (1) $\overline{X}\sim N\left(25000;\dfrac{(4000)^2}{36}\right)$

(2) 0.7734

(3) 0.9332

9. (1) $\mu=160, n=36$

(2) $N(160;225/36)$

(3) 0.4483

(4) 0.6730

10. (1) 採取抽後不放回方式(Without Replacement)：
(120,140), (120,170), (120,190), (140,170), (140,190), (170,190) 共 6 種。

(2) 採分層隨機抽樣，本題可利用性別做分層因子，且利用比例配置法，由於各層皆二人，因此，各層分別隨機抽取一人：
(120,170), (120,190), (140,170), (140,190) 共 4 種。

(3) $\overline{X}=130,145,155,165,180$ 所以 $\overline{X}$ 之抽樣分配為：

$$f(\overline{x}) = \begin{cases} \dfrac{1}{6}, \overline{x}=130,145,165,180 \\ \dfrac{2}{6}, \overline{x}=155 \end{cases}$$

(4) $E(\overline{X}) = 130 \times \dfrac{1}{6} + 145 \times \dfrac{1}{6} + 155 \times \dfrac{2}{6} + 165$

$\qquad\qquad \times \dfrac{1}{6} + 180 \times \dfrac{1}{6} = 155$

$\quad E(\overline{X}^2) = 130^2 \times \dfrac{1}{6} + 145^2 \times \dfrac{1}{6} + 155^2 \times \dfrac{2}{6}$

$\qquad\qquad + 165^2 \times \dfrac{1}{6} + 180^2 \times \dfrac{1}{6} = 24266.67$

$\quad V(\overline{X}) = E(\overline{X}^2) - [E(\overline{X})]^2 = 241.67, \sigma_{\overline{X}} = 15.546$

11. $\because \overline{X} \to N\left(4, \dfrac{9}{4}\right), \overline{Y} \to N\left(7, \dfrac{16}{4}\right)$

$\quad \therefore \overline{X} - \overline{Y} \to N\left(-3, \dfrac{25}{4}\right)$

$\quad P(\overline{X} < \overline{Y}) = P(\overline{X} - \overline{Y} < 0)$

$\qquad = P\left(\dfrac{(\overline{X} < \overline{Y}) - (-3)}{\sqrt{\dfrac{25}{4}}} < \dfrac{0 - (-3)}{\sqrt{\dfrac{25}{4}}}\right)$

$\qquad = P(Z < 1.2) = 0.8849$

四、實作題

1. P(9.8862<χ^2<=39.3641)=0.970000269
   =CHISQ.DIST(39.3641,24,1)-CHISQ.DIST
   (9.8862,24,1)

2. P(χ^2<=45.7222)= 0.995220137
   =CHISQ.DIST(45.7222,24,1)

第9章

一、選擇題

1. (C)　2. (A,B,C)　3. (B)　4. (C)　5. (B)
6. (A)　7. (B)　8. (D)　9. (C)　10. (A)

二、基礎題

1. (1) 12.667
   (2) 23.067

2. (1) $\hat{\theta}_1$, $\hat{\theta}_2$
   (2) $\hat{\theta}_1$

3. (297.142, 298.858)

4. (123.234, 139.366)公分

5. (19.02, 20.98)

6. 46

7. (1) 16
   (2) 9
   (3)(14.685, 17.314)
   (4)(4.725, 22.404)
   (5)(2.174, 4.733)

三、進階題

1. (1)(994.1066, 1005.8934)小時
   (2)(5.410, 14.445)小時

2. (1)(86.339, 93.661)秒
   (2) 68 次

3. (1)(3.644, 6.856)分鐘
   (2)(3.205, 18.409)分鐘

4. (1)(1.964, 2.018)
   (2)(0.0260, 0.0690)

5. (1)(17.997, 21.837)磅
   (2)(3.528, 6.367)磅

6. 606 位

7. (1) 450
   (2) 102.0408
   (3)(423.724, 476.276)
   (4) 92%

8. $\overline{X}=65$，n=6
   $\Rightarrow \mu$之 95%信賴區間：
   $\left(\overline{X} - 1.96\dfrac{10}{\sqrt{6}}, \overline{X} + 1.96\dfrac{10}{\sqrt{6}}\right) \Rightarrow (56,998，73.002)$

9. 由於$\overline{X}=100.5$，$S^2=8.857$，$S=2.976$，
   n=8，查 t 表，$t_{0.025}(7)=2.365$
   所以 μ 之 95 %信賴區間為
   $\left[100.5 - 2.365\dfrac{2.976}{\sqrt{8}}, 100.5 + 2.365\dfrac{2.976}{\sqrt{8}}\right]$
   $=(98.012, 102.987)$

四、實作題

常態分布，已知母體變異數 σ^2
$1-\alpha$ 水平的常態信賴區間為：
$(\overline{x} - z_{\alpha/2} \cdot \dfrac{\sigma}{\sqrt{n}}, \overline{x} + z_{\alpha/2} \cdot \dfrac{\sigma}{\sqrt{n}})$

99%信賴區間：

$1 - \alpha = 0.99, \alpha = 0.01, \alpha/2 = 0.005$

$\overline{X} = 50, \sigma = 2, n = 100$

$Z_{\alpha/2} = 2.575829$

99%信賴區間 $= (49.485, 50.515)$

以 $\overline{X}$ 估計 μ 之最大誤差為 0.515

第 10 章

一、選擇題

1. (C)　2. (A)　3. (B)　4. (C)　5. (B)

6. (A)　7. (D)　8. (A)　9. (C)　10. (D)

二、基礎題

1. (1)$H_0 : \mu = 1.5$

　　$H_1 : \mu \neq 1.5$

　(2)$H_0 : \mu \geq 500$

　　$H_1 : \mu < 500$

　(3)$H_0 : p \leq 0.2$

　　$H_1 : p > 0.2$

2. $H_0 : \mu \leq 70$

　$H_1 : \mu > 70$

　(1)臨界值 C 法：

　　$C = 70.247$

　　拒絕 $H_0 \Rightarrow \mu > 70$，資料表示有顯著證據認為台北市的女性平均壽命高於 70 歲。

　(2)標準檢定統計量法：

　　$z = 13.33$

　　拒絕 H_0

　(3)P 值法

　　P 值 $\doteq 0$

　　拒絕 H_0

　(4)信賴區間法：

　　區間 $= (71.753, \infty)$

　　拒絕 H_0

3. $H_0 : \mu \leq 75$

　$H_1 : \mu > 75$

　(1)臨界值 C 法：

$C = 76.933$

拒絕 $H_0 \Rightarrow \mu > 75$，資料顯示平均產量有顯著地提高。

(2)標準檢定統計量法：

　$t = 4.472$

　拒絕 H_0

(3)P 值法：

　P 值 $< 0.0005 < \alpha = 0.05$

　拒絕 H_0

(4)信賴區間法：

　區間 $= (78.067, \infty)$

　拒絕 H_0

4. (1)$H_0 : \sigma^2 = 0.03$

　　$H_1 : \sigma^2 \neq 0.03$

　　$\chi^2 = 16.29$

　　接受 $H_0 \Rightarrow \sigma^2 = 0.03$，原子筆的均勻程度未改變。

　(2)$H_0 : \mu = 10$

　　$H_1 : \mu \neq 10$

　　$t = 0.1357$

　　接受 H_0

5. $H_0 : \sigma \geq 60$

　$H_0 : \sigma < 60$

　(1)檢定統計量法：

　　$\chi^2 = 13.1944$

　　接受 $H_0 \Rightarrow \mu \geq 60$，未有充分的證據顯示維修電腦時間之標準差低於 1 小時。

　(2)P 值法：

　　P 值 $> \alpha = 0.05$

　　接受 H_0

6. $H_0 : \sigma = 0.5$

　$H_1 : \sigma \neq 0.5$

　$\chi^2 = 48.64$

　拒絕 $H_0 \Rightarrow \sigma \neq 0.5$，資料顯示產品厚度之標準差已改變。

7. $H_0 : \mu \geq 2.5$

　$H_1 : \mu < 2.5$

(1)臨界值 C 法：

　　$C = 2.036$

　　接受 $H_0 \Rightarrow \mu \geq 2.5$

(2)標準檢定統計量法：

　　$t = -0.7454$

　　接受 H_0

(3) P 值法：

　　P 值 $> \alpha = 0.05$

　　接受 H_0

(4)信賴區間法：

　　區間 $= (-\infty, 2.764)$

　　接受 H_0

8. $H_0 : \mu = 4$

　　$H_1 : \mu \neq 4$

(1)臨界值 C 法：

　　$C_1 = 3.9853$

　　$C_2 = 4.0147$

　　拒絕 $H_0 \Rightarrow \mu \neq 4$，此批鐵釘不符合工廠的規定長度。

(2)標準檢定統計量法：

　　$t = 6$

　　拒絕 H_0

(3) P 值法：

　　P 值 $< 0.01 = \alpha$

　　拒絕 H_0

(4)信賴區間法：

　　區間 $= (4.0153 \ 4.0447)$

　　拒絕 H_0

三、進階題

1. $H_0 : \mu \geq 15$

　　$H_1 : \mu < 15$

(1) $\alpha \doteq 0$

(2) $\beta = 0.8413$

(3) OC 曲線

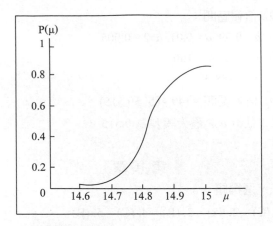

(4)檢定力曲線

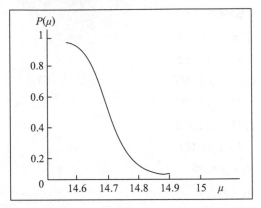

2. $H_0 : \mu \geq 16$

　　$H_1 : \mu < 16$

　　$\beta = 0.1949$

3. (1) $H_0 : \theta = 2$ v.s $H_1 : \theta = 4$

(2)檢定統計量：X 表示兩顆球中紅色之個數

(3)拒絕域：$C = \{X = 2\}$

　　H_0 為真時：紅球 2 個，黑球 5 個，故

　　$X \xrightarrow[H_0]{} \text{Hyper}(N = 7, K = 2, n = 2)$

　　$\alpha\text{-risk} = P(\text{type error})$

　　　　$= P(C | H_0) = P(X = 2)_{H_0}$

　　　　$= \dfrac{C_2^2 C_0^5}{C_2^7} = \dfrac{1}{21}$

　　H_1 為真時：紅球 4 個，黑球 3 個，故

　　$X \xrightarrow[H_0]{} \text{Hyper}(N = 7, K = 2, n = 2)$

$\beta\text{-risk} = P(\text{type II error})$

$= P(C^C | H_1) = P(X \leq 1)_{H_0}$

$= P(X=0)_{H_1} + P(X=1)_{H_1}$

$= \dfrac{C_0^4 C_2^3}{C_2^7} + \dfrac{C_1^4 C_1^3}{C_2^7} = \dfrac{15}{21}$

四、實作題

$H_0 : \mu = 30$（雙尾檢定）

$H_1 : \mu \neq 30$

$n = 100$，$\overline{X} = 29$，若顯著水準為 0.05，試檢定之

$n = 100 > 30$，大樣本，所以 $\bar{x} \sim N(\mu, \dfrac{\sigma^2}{n})$

$\sigma = 2$

用臨界值 C 方法檢定，

$C = \mu_0 - Z_\alpha \cdot \dfrac{s}{\sqrt{n}}$

$C_2 = \mu_0 + Z_{0.025} \cdot \dfrac{\sigma}{\sqrt{n}}$

$\mu_0 = 30$

$Z_{0.025} = 1.959964$

$\sigma = 2$

$\sqrt{n} = 10$

$C_1 = 29.60801$

$C_2 = 30.39199$

$\because \bar{x} = 29 < C_1 = 29.608$

$\therefore$ 拒絕 H_0

第 11 章

一、選擇題

1. (A)　2. (C)　3. (A,B,C)　4. (C)

二、題組題

1. (C)　2. (A,D)　3. (A)　4. (D)　5. (B)　6. (A)

三、基礎題

1. $H_0 = P_A = P_B = P_C = \dfrac{1}{3}$

   H_1：任一 P_i 不為前述之值

   $\chi^2 = 2.22 < 5.99147$

   $\Rightarrow$ 不拒絕 H_0

2. H_0：廠商對未來半年景氣的看法沒有改變

H_1：廠商對未來半年景氣的看法有改變

$\chi^2 = 32.06 < 9.21034$

$\Rightarrow$ 拒絕 H_0

3. $H_0 : P_1 = P_2 = P_3 = P_4$

   H_1：不是所有 P_i 均相等

   $\chi^2 = 4 < 7.81473$

   $\Rightarrow$ 不拒絕 H_0

4. H_0：打不打疫苗與得流感無關

   H_1：打不打疫苗與得流感有關

   $\chi^2 = 87.11 > 3.84146$

   $\Rightarrow$ 拒絕 H_0

5. $H_0 : P_A = 40\%, P_B = 35\%, P_C = 25\%$

   H_1：上述任一 P_i 不為前述之值

   $\chi^2 = 2.09 < 5.99147$

   $\Rightarrow$ 不拒絕 H_0

6. H_0：平均每天上網時間與性別無關

   H_1：平均每天上網時間與性別有關

   $\chi^2 = 0.2119 < 6.6349$

   $\Rightarrow$ 不拒絕 H_0

7. H_0：北、高兩市市民對其市政府施政滿意程度分配相同

   H_1：北、高兩市市民對其市政府施政滿意程度分配程度分配不盡相同

   $\alpha = 0.025$

   $W = \sum\limits_i \sum\limits_j \dfrac{(O_{ij} - E_{ij})}{E_{ij}}$

   $C = \{\chi^2 > \chi^2_{0.025}(3) = 9.348\}$

	台北市	高雄市	Q_{ij} / E_{ij}
非常滿意	60 / 7	75 / 60	135
滿意	100 / 125	125 / 100	225
不滿意	184 / 180	140 / 144	324
非常不滿	156 / 120	60 / 96	216
	500	400	900

$W_0 = 42.5 > C$

$\therefore$ 拒絕 H_0。

8. 設 $P_甲$：為甲公司之錄取率；

    $P_乙$：為乙公司之錄取率

$\begin{cases} H_0 : P_甲 = P_乙 \\ H_1 : P_甲 \neq P_乙 \end{cases}$ against

顯著水準 $\alpha = 0.05$

檢定統計量 $W = \dfrac{(B-C)^2}{B+C}$

$C = \{W > x_{0.05}^2(1) = 3.8416\}$

$W_0 = \dfrac{(12-5)^2}{12+5} = 2.882$

$\because W_0 > C \quad \therefore$ 接受 H_0

結論：在 $\alpha = 0.05$ 下，甲公司與乙公司之錄取率並無顯著差異。

9. （McNemar change Test）

H_0：此選舉不影響成年人是否支持國民黨 v.s.

H_1：此選舉會影響成年人是否支持國民黨

$\alpha = 0.05$

$Z = \dfrac{B-C}{\sqrt{B+C}}$

$C = \{|Z| > 1.96\}$

$Z_0 = \dfrac{150-86}{\sqrt{150+86}} = 4.166$

$\because Z_0 > C \quad \therefore$ 拒絕 H_0

結論：在 5％ 之顯著水準下，表示此選舉會顯著影響成年人是否支持國民黨。

四、進階題

1. H_0：北、中、南三區民眾對生活品質的滿意度無差異

    H_1：北、中、南三區民眾對生活品質的滿意度有差異

$\chi^2 = 12.05 < 16.8119$

$\Rightarrow$ 不拒絕 H_0

2. H_0：各家之市場佔用率沒有改變

    H_1：各家之市場佔用率有改變

$\alpha = 0.05$

$w = \sum_i \dfrac{(O_1 - E_i)^2}{E_1} = \sum_i \dfrac{O_i^2}{E_i} - n$

$C = \{x_{0.05}^2(3) = 7.815\}$

TV	台視	中視	華視	民視	
Q_i	158	102	91	99	n = 450
E_i	247.5	90	67.5	45	

其中

$E_1 = 450 \times 0.55 = 247.5$

$E_2 = 450 \times 0.2 = 90$

$E_3 = 450 \times 0.15 = 67.5$

$E_4 = 450 \times 0.1 = 45$

$W_0 = \dfrac{158^2}{247.5} + \dfrac{102^2}{90} + \dfrac{91^2}{67.5} + \dfrac{99^2}{45} - 450$

    $= 106.946 > C$

$\therefore$ 拒絕 H_0

結論：在 $\alpha = 5\%$ 下，各家市場佔用率有顯著之改變。

五、實作題

設立假設：

H_0：機車主要用途與性別無關（獨立）

H_1：機車主要用途與性別有關（不獨立）

調查結果如下表：

	男(Y1)	女(Y2)	總計
上下學之用(X1)	58	43	101
旅行郊遊(X2)	20	14	34
接送之用(X3)	3	9	12
往返打工地點之需(X4)	6	9	15
拉風炫耀(X5)	8	5	13
總計	95	80	175

第 12 章

一、選擇題

1. (D)

二、題組題

1. (A) 2. (B) 3. (D) 4. (C) 5. (C)

6. (A) 7. (A) 8. (A) 9. (A)

三、基礎題

1. (1)

Source	S.S.	df	M.S	F
Treatment	25.5	2	12.6	7.875
Error	19.2	12	1.6	
Total	44.4	14		

(2) $F = 7.875 > F_{(0.05 \,; 2, 12)}$

⇒拒絕 H_0，即 A, B, C 平均銷售法不均等。

(3)① μ_1 與 μ_2 間

$(0.17 \,; 4.63)$

② μ_1 與 μ_3 間

$(0.77 \,; 5.23)$

③ μ_2 與 μ_3 間

$(-1.63 \,; 2.83)$

2. (1)

Source	S.S.	df	M.S	F
Treatment	654	3	218	9.1789
Error	380	16	23.75	
Total	1034	19		

(2) $F = 9.1789 > F_{(0.1 \,; 3, 16)}$

⇒拒絕 H_0

3. (1)

Source	S.S.	df	M.S	F
Treatment	703.8	3	234.6	8.6369
Error	434.6	16	27.1625	
Total	1	19		

(2) $F = 8.6369 > F_{(0.05 \,; 3, 16)}$

⇒拒絕 H_0，表示 A, B, C, D 四生產線平均產量不均等。

4. (1)

Source	S.S.	df	M.S	F
Treatment	157.48	3	52.49	29.32
Error	34	19	1.79	
Total	191.48	22		

(2) $F = 29.32 > F_{(0.05 \,; 3, 19)} = 3.127$

⇒拒絕 H_0，第 1, 2, 3, 4 區四區的平均消費支出不均等。

(3)① μ_1 與 μ_2 間

$(-8.336 \,; -3.664)$

② μ_1 與 μ_3 間

$(-1.336 \,; 3.336)$　$(-1.214, 3.214)$

③ μ_1 與 μ_4 間

$(-4.336 \,; 0.336)$　$(-4.510, 0.5102)$

④ μ_2 與 μ_3 間

$(4.664 \,; 9.336)$　$(4.518, 9.482)$

⑤ μ_2 與 μ_4 間

$(1.664 \,; 6.334)$　$(1.250, 6.750)$

⑥ μ_3 與 μ_4 間

$(-5.336 \,; -0.664)$　$(-5.646, -0.354)$

5. (1) $SST = 148$（總變異）

$$SSB = \sum_i n_1 (\bar{y}_{i.} - \bar{y}_{..})^2 \,, \left(\bar{y}_{..} = \frac{\sum n_i \bar{y}_{i.}}{\sum n_i} = 15.875 \right)$$

$$= 5 \times (12 - 15.875)^2 + 4 \times (17 - 15.875)^2$$
$$+ 7 \times (18 - 15.875)^2$$
$$= 111.75 \text{（組間變異）}$$

$SSE = SST - SSB = 36.25$（組內變異）

One-way ANOVA table

Source	S.S.	d.f.	M.S.	F-value
Between	111.75	2	55.875	20.038
Within	36.25	13	2.788	
Total	148	15		

(2) a. $\begin{cases} H_0: \text{三種外殼帶子之平均雜音量均相同 v.s.} \\ H_1: \text{三程外殼袋子平均雜音量不完全相同} \end{cases}$

b. $\alpha = 0.05$

c. $F = \dfrac{MSB}{MSE}$

d. $C = \{F > F_{0.05}(2, 13) = 3.8056\}$

e. $F_0 = 20.038 > C$　∴拒絕 H_0

結論：在 5% 之顯著水準下，三種外殼帶子之平均雜音量是有顯著差異。

四、進階題

1. (1)

來源	SS	df	MS	F
處理 SSC	995.25	2	497.625	6.23
集區 SSB	3	3	1247.9017	15.623
誤差 SSE	479.2949	6	79.882	
總和 SST	5218.25	12		

(2) $F = 6.0894 > F_{(0.1;2,6)} = 3.463$

∴ 拒絕 H_0，類型 I、II、III 平均成績不全等。

(3) $F = 15.3926 > F_{(0.1;3,6)} = 3.289$

∴ 拒絕 H_0'，理、工、法、商科四科平均成績不全等。

2. (1)

來源	SS	df	MS	F
處理 SSC	2	2	11.0889	0.34
集區 SSB	3	2	154.0389	4.718
誤差 SSE	1	4	32.647	
總和 SST	4	8		

(2) $F = 0.33898 < F_{(0.05;2,4)} = 6.944$

∴ 接受 H_0，因此西門區、東區、信義區，平均辦卡人數均等。

(3) $4.701695 < F_{(0.05;2,4)} = 6.944$

∴ 接受 H_0，因此三種優惠平均辦卡人數無差異。

3. (1)

來源	SS	df	MS	F
處理 SSC	1	2	50.3334	8.26
集區 SSB	1	3	3.3468	0.549
誤差 SSE	36.546	6	6.091	
總和 SST	1	11		

(2) $F = 7.9474 > F_{(0.05,2,6)} = 5.143$

∴ 拒絕 H_0，系統間平均所需時間不全等。

(3) $F = 0.5263 < F_{(0.05;3,6)} = 4.757$

∴ 接受 H_0，作業員間所需時間無顯著差異。

4. (1) 假設各製程所生產電池充電所需的時間皆為常態分配，且各製程所生產電池之充電所需時間之變異數皆相等，各製程間是獨立的（常態性、同質性與獨立性假設）

(2) One-way ANOVA table：

Source	SS	DF	MS	F-value
Between	2.121	2	1.061	0.622
Within	20.456	12	1.705	
Total	22.577	14		

(3) $\begin{cases} H_0：三種製程對充電時間不會影響 \ \text{v.s.} \\ H_1：三程製程對充電時間會影響 \end{cases}$

$\alpha = 0.05$

$F = \dfrac{MSB}{MSE}$

$C = \{F > F_{0.05}(2.12) = 3.885\}$

由 ANOVA Table 知 $F = 0.622 < C$ 所以，接受 H_0。

結論：在 5% 顯著水準下，三種製程對充電時間是「沒有顯著」的影響。

五、實作題

1. 檢驗四部機器產品之重量：

A	B	C	D
14	9	7	8
12	7	5	7
15	11		9
11			

設 μ_1 為 A 機器平均產量

μ_2 為 B 機器平均產量

μ_3 為 C 機器平均產量

μ_4 為 D 機器平均產量

假設模式

$H_0：\mu_1 = \mu_2 = \mu_3 = \mu_4$

$H_1：\mu_1, \mu_2, \mu_3, \mu_4$ 不全等

單因子變異數分析

摘要

組	個數	總和	平均	變異數
A	4	52	13	3.333333
B	3	27	9	4
C	2	12	6	2
D	3	24	8	1

ANOVA

變源	SS	自由度	MS	F
組間	80.917	3	26.97222	9.808081
組內	22	8	2.75	

總和 102.92　　11

$F = 9.808080 > F_{(0.03, 3, 8)} = 5.038565075$

$\therefore$ 拒絕 H_0

表示 A, B, C, D 四部機器生產產品平均重量不全等

2. 提出 A, B, C 三項計畫，觀察一個月的營業量得樣本資料如下：

計畫	A	B	C
郊區	2	4	6
都會區	14	10	18

試以二因子變異數分析法，做下列檢定：

設 μ_1 為 A 計畫平均營業量

　μ_2 為 B 計畫平均營業量

　μ_3 為 C 計畫平均營業量

假設模式

$H_0：\mu_1 = \mu_2 = \mu_3$

$H_1：\mu_1, \mu_2, \mu_3$ 不全等

雙因子變異數分析：無重複試驗

摘要	個數	總和	平均	變異數
郊區	3	12	4	4
都會區	3	42	14	16
A	2	16	8	72
B	2	14	7	18
C	2	24	12	72

ANOVA

變源	SS	自由度	MS	F	P-值	臨界值
列	150	1	150	25	0.03775	38.50633
欄	28	2	14	2.333333	0.3	39
錯誤	12	2	6			
總和	190	5				

P = 0.3 > 0.025，三計畫 A, B, C 之平均營業量相等。

第 13 章

一、選擇題

1. (C,D)　2. (B)　3. (C)　4. (A,B,D)

二、題組題

1. (A)　2. (B)　3. (A)　4. (B)

三、基礎題

1. (1) r = 1，表示完全線性正相關。

　(2) r = −1，表示完全線性負相關。

　(3) r = 0，表示完全無線性關係。

　(4) r = 0.91，表示高度線性正相關。

　(5) r = −0.85，表示高度線性負相關。

　(6) r = 0.1，表示低線性正相關。

2. (1)散佈圖　相關係數 r = 1

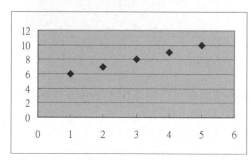

(2)散佈圖　相關係數 r = −1

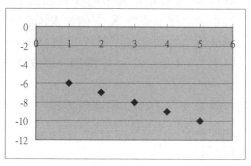

(3)散佈圖　相關係數 r = 0

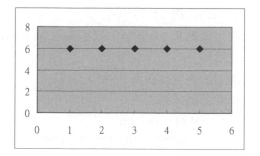

(4)散佈圖　相關係數 r =0.83

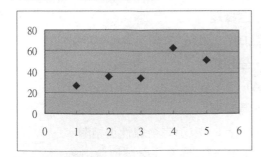

3. (1)散佈圖

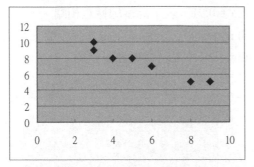

(2)由散佈圖可看出X和Y呈高度負線性相關。

(3)$\hat{Y} = 11.66 - 0.78X$

(4)$\hat{Y} = 11.66 - 0.78 \times 7 = 6.2$

4. (1)$\hat{Y} = 10.54 - 0.99X$

(2)截距 10.54 表示當 X=0 時 Y 的值為 10.54，
但本題之樣本資料 X 之值並未包含零，故
無法確定的判定 X=0 時 Y 之值為多少。
斜率為−0.99，表示 X 增加一單位 Y 會減
少−0.99 單位。

5. 判定係數 $R^2 = 0.949$；相關係數 r = −0.974

6. 判定係數 $R^2 = 0.799$；相關係數 r = −0.894

四、進階題

1. (1)$\hat{Y} = -93.64 + 10.13X_1 + 1.82X_2 + 0.56X_3$

(2)總相關係數 = 0.9950

(3)判定係數 $R^2 = 0.9901$，表示X_1，X_2和X_3可
以解釋 99%的 Y 之變動。

(4)調整的判定係數為 0.985。

(5)此時迴歸式為：

$\hat{Y} = -204.81 + 18.39X_1$

X_1對$\hat{Y}$的影響由 10.13 變成 18.39。

R^2 由 0.99 降為 0.87，表示由 X_1 只能解釋
87%的 Y 變動。

2. $\Sigma x_i = 1428$, $\Sigma x_i^2 = 140138$, $\underset{i}{\Sigma} x_i y_i = 100424$

$\Sigma y_i = 1017$, $\Sigma y_i^2 = 72179$, n = 15

$SS_{xy} = \Sigma xy - \dfrac{\Sigma x \Sigma y}{n} = 100424 - \dfrac{1428 \times 1017}{15}$
$= 3605.6$

$SS_x = \Sigma x^2 - \dfrac{(\Sigma x)^2}{n} = 140138 - \dfrac{(1428)^2}{15} = 4192.4$

$SS_y = \Sigma y^2 - \dfrac{(\Sigma y)^2}{n} = 72179 - \dfrac{(1017)^2}{15} = 3226.4$

$r_{xy} = \dfrac{3605.6}{\sqrt{4192.4 \times 3226.4}} = 0.9804$

3. $\Sigma x = 199$, $\Sigma x^2 = 1687$, $\Sigma xy = 500$, $\Sigma y = 50$,

$\Sigma y^2 = 296$

n = 10, $SS_{xy} = -95$, $SS_x = 270.9$, $SS_y = 46$

(1) $\hat{\beta}_1 = \dfrac{SS_{xy}}{SS_x} = -0.3507$, $\hat{\beta}_0 = \bar{y} - \hat{\beta}_1 \bar{x} = 9.173$

$\hat{y} = 9.173 - 0.3507x$

(2) $r_{xy} = \dfrac{SS_{xy}}{\sqrt{SS_x \cdot SS_y}} = -0.851$

(3) $\mu_{y|x=8}$之 95% C.I.

$[\hat{y} = 9.173 - 0.3507(8) = 6.3674]$

$\left[MSE = \dfrac{SS_y - \dfrac{SS_{xy}^2}{SS_x}}{n-2} = 1.585 \right]$

$\hat{y} \pm t_{0.025}(8) \cdot \sqrt{\left[\dfrac{1}{n} + \dfrac{(8 - \bar{x})^2}{SS_x} \right] MSE}$

$\Rightarrow 6.3674 \pm 2.306 \times \sqrt{\left[\dfrac{1}{10} + \dfrac{(8 - 11.9)^2}{270.9} \right] \times 1.585}$

$\Rightarrow [5.22, 7.515]$為$\mu_{y|x=8}$之 95% C.I.

4. (1) ANOVA 表

變異來源	自由度	平方和 SS	均方和 MS	F 值
迴歸	5	150	30	15
殘差	40	80	2	
總變異	45	230		

(2) a. $R^2 = \dfrac{SSR}{SST} = \dfrac{150}{230} = 65.22\%$

b. $\begin{cases} H_0 : \beta_1 = \beta_2 = \cdots = \beta_5 = 0 & \text{v.s.} \\ H_1 : \beta_1, \beta_2, \cdots, \beta_3 \text{ 不完全為 } 0 \end{cases}$

$\alpha = 0.05$

$$F = \frac{MSR}{MSE}$$

$C = \{F > F_{0.05}(5, 40) = 2.4495\}$

由 ANOVA 表知 F = 15 ＜ C

∴拒絕 H_0，在 $\alpha = 0.05$ 下，$\beta_1, \beta_2 \cdots\cdots \beta_5$ 有顯著之不全為 0。

(3)(Partial F-test)：$\begin{cases} H_0 : \beta_1 = 0 & \text{v.s.} \\ H_1 : \beta_1 \neq 0 \end{cases}$

$\alpha = 0.05$

$$F_P = \frac{MSR(X_1|X_2,X_3,X_4,X_5)}{MSE(X_1,X_2,X_3,X_4,X_5)}$$

$C = \{F > F_{0.05}(1, 40) = 4.0847\}$

$$F_P = \frac{\dfrac{30}{1}}{\dfrac{80}{40}} = 15$$

∵ $F_P > C$,

∴拒絕 H_0，在 $\alpha = 0.05$ 下，β_1 有顯著不同於 0。

五、實作題

相關係數：

用相關係數統計函數，=CORREL（資料陣列一，資料陣列二）

'r = － 0.895550325　　=CORREL(A4:A10,B4:B10)

摘要輸出

迴歸統計	
R 的倍數	0.89555
R 平方	0.80201
調整的 R 平方	0.762412
標準誤	1.068963
觀察值個數	7

ANOVA

	自由度	SS	MS	F	顯著值
迴歸	1	23.14373	23.14373	20.25385	0.006397
殘差	5	5.713415	1.142683		
總和	6	28.85714			

	截距	x
係數	10.536585	-0.993902
標準誤	1.325077	0.220846
t 統計	7.951676	-4.50043
P-值	0.000507	0.006397
下限 95%	7.130366	-1.561606
上限 95%	13.942805	-0.4261992
下限 95.0%	7.13036572	-1.5616057
上限 95.0%	13.942805	-0.4261992

迴歸式之截距 = 10.53659

迴歸式之係數 = － 0.9939

迴歸方程式：y = － 0.9939x + 10.53659

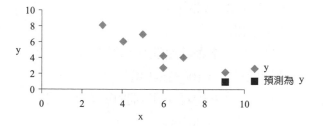

x 樣本迴歸線圖

國家圖書館出版品預行編目資料

統計學 / 劉明德等 編著. -- 五版. --
新北市 : 全華.
　2020.10
　　面 ；　　公分
　參考書目：面
　ISBN 978-986-503-471-9(平裝)
　1.統計學
510　　　　　　　　　　　　109012497

統計學(第五版)

作者 / 劉明德、蔡旭琛、陳哲炯、林貞純、柳克婷、徐惠莉、林弘文、王愷、吳玉僑

發行人 / 陳本源

執行編輯 / 陳翊淳

封面設計 / 戴巧耘

出版者 / 全華圖書股份有限公司

郵政帳號 / 0100836-1 號

印刷者 / 宏懋打字印刷股份有限公司

圖書編號 / 0802004

五版二刷 / 2021 年 07 月

定價 / 新台幣 500 元

ISBN / 978-986-503-471-9 (平裝)

全華圖書 / www.chwa.com.tw

全華網路書店 Open Tech / www.opentech.com.tw

若您對本書有任何問題，歡迎來信指導 book@chwa.com.tw

臺北總公司(北區營業處)
地址：23671 新北市土城區忠義路 21 號
電話：(02) 2262-5666
傳真：(02) 6637-3695、6637-3696

南區營業處
地址：80769 高雄市三民區應安街 12 號
電話：(07) 381-1377
傳真：(07) 862-5562

中區營業處
地址：40256 臺中市南區樹義一巷 26 號
電話：(04) 2261-8485
傳真：(04) 3600-9806(高中職)
　　　(04) 3601-8600(大專)

歡迎加入

全華會員

● 會員獨享

會員享購書折扣、紅利積點、生日禮金、不定期優惠活動…等。

● 如何加入會員

掃 QRcode 或填妥讀者回函卡直接傳真 (02) 2262-0900 或寄回，將由專人協助登入會員資料，待收到 E-MAIL 通知後即可成為會員。

如何購買

全華書籍

1. 網路購書

全華網路書店「http://www.opentech.com.tw」，加入會員購書更便利，並享有紅利積點回饋等各式優惠。

2. 實體門市

歡迎至全華門市（新北市土城區忠義路 21 號）或各大書局選購。

3. 來電訂購

(1) 訂購專線：(02) 2262-5666 轉 321-324
(2) 傳真專線：(02) 6637-3696
(3) 郵局劃撥（帳號：0100836-1　戶名：全華圖書股份有限公司）
※ 購書未滿 990 元者，酌收運費 80 元。

OpenTech 全華網路書店 .com.tw

全華網路書店 www.opentech.com.tw
E-mail: service@chwa.com.tw

※ 本會員制如有變更則以最新修訂制度為準，造成不便請見諒。

讀者回函卡

掃 QRcode 線上填寫 ▶▶

姓名：

生日：西元_____年____月____日　性別：□男 □女

電話：（　　　）　　　手機：

e-mail：（必填）

註：數字零，請用 φ 表示，數字1與英文L請另註明並書寫端正，謝謝。

通訊處：□□□□□

學歷：□高中・職　□專科　□大學　□碩士　□博士

職業：□工程師　□教師　□學生　□軍・公　□其他

學校/公司：　　　　　　科系/部門：

・需求書類：

□A. 電子 □B. 電機 □C. 資訊 □D. 機械 □E. 汽車 □F. 工管 □G. 土木 □H. 化工 □I. 設計

□J. 商管 □K. 日文 □L. 美容 □M. 休閒 □N. 餐飲 □O. 其他

・本次購買圖書為：　　　　　　書號：

・您對本書的評價：

封面設計：□非常滿意 □滿意 □尚可 □需改善，請說明

內容表達：□非常滿意 □滿意 □尚可 □需改善，請說明

版面編排：□非常滿意 □滿意 □尚可 □需改善，請說明

印刷品質：□非常滿意 □滿意 □尚可 □需改善，請說明

書籍定價：□非常滿意 □滿意 □尚可 □需改善，請說明

整體評價：請說明

・您在何處購買本書？

□書局 □網路書店 □書展 □團購 □其他

・您購買本書的原因？（可複選）

□個人需要 □公司採購 □親友推薦 □老師指定用書 □其他

・您希望全華以何種方式提供出版訊息及特惠活動？

□電子報 □DM □廣告 （媒體名稱　　　　　　）

・您是否上過全華網路書店？（www.opentech.com.tw）

□是 □否 您的建議

・您希望全華出版哪方面書籍？

・您希望全華加強哪些服務？

感謝您提供寶貴意見，全華將秉持服務的熱忱，出版更多好書，以饗讀者。

填寫日期：　　／　　／

2020.09 修訂

親愛的讀者：

感謝您對全華圖書的支持與愛護，雖然我們很慎重的處理每一本書，但恐仍有疏漏之處，若您發現本書有任何錯誤，請填寫於勘誤表內寄回，我們將於再版時修正，您的批評與指教是我們進步的原動力，謝謝！

全華圖書　敬上

勘　誤　表

書　號		書　名	作　者
頁　數	行　數	錯誤或不當之詞句	建議修改之詞句

我有話要說：　（其它之批評與建議，如封面、編排、內容、印刷品質等・・・）